Johann Englschall, Wendelin Ferstl, Roswitha Forstner, Heiderose Kolditz

Politik – Wir sind dabei

Gesamtband für die Jahrgangsstufen 9 und 10

1. Auflage

Bestellnummer 65600

■ Haben Sie Anregungen oder Kritikpunkte zu diesem Buch?
■ Dann senden Sie eine E-Mail an 65600_001@bv-1.de
Autoren und Verlag freuen sich auf Ihre Rückmeldung.

www.bildungsverlag1.de

Bildungsverlag EINS GmbH
Sieglarer Straße 2, 53842 Troisdorf

ISBN 978-3-427-**65600**-5

© Copyright 2009: Bildungsverlag EINS GmbH, Troisdorf
Das Werk und seine Teile sind urheberrechtlich geschützt. Jede Nutzung in anderen als den gesetzlich zugelassenen Fällen bedarf der vorherigen schriftlichen Einwilligung des Verlages.
Hinweis zu § 52a UrhG: Weder das Werk noch seine Teile dürfen ohne eine solche Einwilligung eingescannt und in ein Netzwerk eingestellt werden. Dies gilt auch für Intranets von Schulen und sonstigen Bildungseinrichtungen.

Inhaltsverzeichnis

Gesellschaft im Wandel 7

1	**Altersstruktur**	**8**
1.1	Aufbau der Bevölkerung	8
1.2	Vergleich mit Entwicklungsländern	9
1.3	Demografische Bestimmungsfaktoren	10
1.4	Folgen der Veränderungen der Altersstruktur	12
2	**Familie**	**14**
2.1	Familien im Umbruch	14
2.2	Wandel der Familie und neue Familienformen	15
2.3	Rechtliche Grundlagen von Ehe und Familie	16
2.4	Scheidung	17
2.5	Sozialisation und Erziehung	18
3	**Kulturelle Vielfalt**	**20**
3.1	Migration – ein altbekanntes Phänomen	20
3.2	Vorurteile gegenüber Fremden	21
3.3	Ausländer und Deutsche	22
3.4	Integration	24
3.5	Wissen um andere Kulturen	25
4	**Soziale Ungleichheit**	**26**
4.1	Gleichheit im Staat – Ungleichheit in der Gesellschaft	26
4.2	Sozialstruktur der Gesellschaft	27
4.3	Armut in Deutschland ist Kinderarmut	28
4.4	Straßenkinder in Deutschland – eine gesellschaftliche Randgruppe	29
4.5	Ungleichheit zwischen Jungen und Mädchen	30
4.6	Ungleichheit zwischen Frauen und Männern	31
	Rund ums Thema – Merkkiste	32
	Projektvorschlag: Kulturelle Vielfalt an unserer Schule	34

Freiheitlich-demokratische Grundordnung 35

1	**Staatsaufbau nach der Stunde Null**	**36**
2	**Das Grundgesetz – unsere Verfassung**	**37**
2.1	Der unveränderliche Verfassungskern	37
2.2	Menschen- und Grundrechte	38
3	**Demokratie**	**40**
3.1	Demokratie und Volkssouveränität	40
3.2	Demokratie und Wahl	41
3.3	Demokratie als politischer Prozess	44
3.4	Demokratie und Verbände	46
3.5	Demokratie und Parteien	48
3.6	Demokratie als politisches System	50
3.7	Demokratie – Notwendigkeit der Kontrolle staatlicher Macht	56
3.8	Demokratie – der lange Weg der Gesetzgebung	58
4	**Bundesstaat**	**60**
4.1	Föderalismus	60

4.2	Bundesland Bayern	62
4.3	Das politische System in Bayern	63
4.4	Kommunale Selbstverwaltung in Bayern	64
5	**Rechtsstaat**	**68**
5.1	Rechtsstaat und Gewaltenteilung	68
5.2	Jugendliche und Jugendschutz	70
5.3	Schutz der Jugend vor Alkohol	71
5.4	Jugendstrafrecht	72
6	**Sozialstaat**	**74**
6.1	Sozialstaat in der Praxis	74
6.2	Hartz IV	75
6.3	Ausgestaltung des Sozialstaats in der Bundesrepublik	76
	Rund ums Thema – Merkkiste	78
	Projektvorschlag: Vergleich von Nachrichtensendungen im Fernsehen	80

Mitwirkung in der Demokratie ... 81

1	**Mitwirkung im demokratischen Umfeld Jugendlicher**	**82**
1.1	Mitwirkung Jugendlicher in Schule, Familie und Clique	82
2	**Mitwirkung in Organisationen, Institutionen und Initiativen**	**84**
3	**Mitwirkung Jugendlicher in der Gesellschaft**	**86**
3.1	Beispiele: „Es geht auch anders"	86
3.2	Politisches Interesse Jugendlicher	87
4	**Mitwirkung durch Wahlen**	**88**
4.1	Wahlen auf kommunaler und Länderebene	88
4.2	Ein- und Ausblicke	89
5	**Pluralismus**	**90**
6	**Gemeinwohl**	**91**
7	**Konstruktive Konfliktlösung**	**92**
	Rund ums Thema – Merkkiste	94
	Projektvorschlag: Besuch in der Gemeinde oder im Landtag	96

Das Zusammenwachsen Europas und die Erweiterung der Europäischen Union ... 97

1	**Europa – eine Wertegemeinschaft?**	**98**
1.1	Kulturelle Wurzeln der Europäer und Europas	98
1.2	Motive für einen europäischen Zusammenschluss	99
2	**Stationen auf dem Weg zur Europäischen Union (EU)**	**100**
2.1	Die Entstehung der Europäischen Gemeinschaft (EG)	100
2.2	Die Europäische Union (EU)	102
2.3	Bisherige Erweiterungen, Beitrittsbedingungen und Beitrittskandidaten	104
3	**Organe der Europäischen Union**	**106**
3.1	So funktioniert die EU – Organe der EU im Überblick	106
3.2	Das Europäische Parlament und der Rat der Europäischen Union	108
3.3	Die Europäische Kommission, der Europäische Gerichtshof (EuGH) und weitere Einrichtungen der EU	110
4	**Strukturelemente der Europäischen Union (Politikfelder)**	**112**
4.1	EU-Binnenmarkt und Schengener Abkommen	112
4.2	Zollunion und AKP-Abkommen	114

Inhaltsverzeichnis

4.3	Wirtschafts- und Währungsunion (WWU) – Euro als Einheitswährung	116
4.4	Europäisches Zentralbankensystem (ESZB)	118
4.5	Regional- und Strukturförderung	120
4.6	Wettbewerbspolitik	122
4.7	Sozial- und Beschäftigungspolitik	124
4.8	Umweltpolitik	126
4.9	Verbraucherschutz	128
4.10	(Öko-) Fairer Handel mit den Entwicklungsländern	130
4.11	Agrarpolitik	132
4.12	Migrationen	134
5	**Gemeinsame Außen- und Sicherheitspolitik (GASP)**	**136**
6	**Zusammenarbeit in der Innen- und Justizpolitik (Europol und Eurojust)**	**138**
7	**Europäische Verfassung – Grundlagenvertrag**	**140**
8	**Europäische Union als „Global Player"**	**142**
	Rund ums Thema – Einsichten	144
	Projektvorschlag: MEUTE – EU für junge Leute	146

Globalisierung ... 147

1	**Internationale Arbeitsteilung und ihre Folgen**	**148**
1.1	Die Herstellung einer Jeans	148
1.2	Erfolgsstorys	150
1.3	Die Folgen der globalen Arbeitsteilung für den Wirtschaftsstandort Deutschland	152
2	**Neue Technologien und deren Folgen**	**154**
2.1	Neue Techniken verändern die Ausbildung	154
2.2	Neue Techniken verändern die Arbeitswelt	156
2.3	Neue Techniken verändern die Gesellschaft	158
3	**Globale politische und sicherheitspolitische Herausforderungen**	**160**
3.1	Brennpunkte und deren Akteure	160
3.2	Herausforderung „Fundamentalismus"	162
3.3	Herausforderung „Waffensysteme"	164
3.4	Herausforderung „Dauerkrisenherde"	166
3.5	Herausforderung „Ressourcenknappheit"	168
3.6	Herausforderung „Armut – Bevölkerungswachstum – Bildung"	170
4	**Globale Umweltprobleme und Umweltschutz**	**172**
4.1	Globale Umweltprobleme bei Boden und Luft	172
4.2	Umweltproblem Klimawandel	174
4.3	Folgen der globalen Umweltprobleme und Möglichkeiten des Umweltschutzes	176
5	**Bedeutung der eigenen kulturellen Identität in einer globalisierten Welt**	**178**
5.1	Unterschiedliche Auffassungen von kultureller Identität	178
5.2	Folgen der Globalisierung für die eigene kulturelle Identität	180
6	**Globalisierung in der Diskussion**	**182**
6.1	Globalisierung als wegweisendes Phänomen	182
6.2	Lösungsansätze für eine positive Zukunft	184
	Rund ums Thema – Einsichten	186
	Projektvorschlag: Durchführung eines Jugend-Gipfels in der Schule	188
	Glossar	189
	Sachwortverzeichnis	194
	Bildquellenverzeichnis	198

Vorwort

Dem Selbstverständnis des Lehrplans entsprechend enthalten die einzelnen Kapitel Elemente zur Handlungsorientierung, zum fächerübergreifenden Unterricht sowie zur Vernetzung einzelner Inhalte.

Im Bereich der Handlungsorientierung sollen die Schüler/-innen z. B. auf der Grundlage von Texten, Grafiken, Statistiken, Diagrammen und Tabellen mithilfe von Arbeitsanweisungen oder Fragen das Wissen möglichst selbstständig erarbeiten und so auch Methodenkompetenz erlangen. Da Sozialkunde ein gesellschaftlich relevantes Fach ist, bei dem unterschiedliche Bereiche wie z. B. Politik, Wirtschaft, Kultur oder Umwelt betroffen sind, wurden die Lerninhalte, die einen inneren Bezug zueinander haben, entsprechend dargestellt, vernetzt. Je nach Schwerpunkt bestehen intensive Berührungspunkte mit Fächern wie Deutsch, Geschichte, Religion/Ethik, Erdkunde, Betriebs- und Volkswirtschaftslehre und unterstreichen somit die fächerübergreifende Funktion des Faches Sozialkunde.

Das jeweilige Element wird durch ein entsprechendes Icon visualisiert:

➡ handlungsorientiert

➡ fächerübergreifend

➡ vernetzt

Ziel politischer Bildung liegt einerseits in der Vermittlung von Wissen und andererseits in der Vermittlung von Basistugenden (z. B. Toleranz, Konflikt- und Kompromissfähigkeit) und Werten im Sinne des Grundgesetzes. Mithilfe der entsprechend ausgewählten Materialien sowie der einzelnen Arbeitsvorschläge soll die politische Urteilsfähigkeit der Schülerinnen und Schüler entwickelt werden, die dann zu einem politisch verantwortungsvollen Handeln in einer globalen vernetzten Welt führen soll.

Die dem Lehrplan entsprechenden Hauptkapitel sind nach folgendem Schema aufgebaut:

Nach der Einstiegsseite, die das Thema eröffnet, folgen jeweils auf einer Doppelseite Materialen und Aufgaben für eine Unterrichtsstunde. Altersgemäße Zusammenfassungen („Rund ums Thema") am Ende jedes der fünf Hauptkapitel erleichtern es den Schülerinnen und Schülern, wesentliche Lerninhalte im Gedächtnis zu behalten. Dieses Grundwissen befindet sich in der 9. Jahrgangsstufe in der „Merkkiste"; in der 10. Jahrgangsstufe können die Schüler/-innen entsprechend ihrer fortgeschrittenen Reife grundlegende Erkenntnisse bei den „Einsichten" vertiefen.

Projektseiten am Ende der Hauptkapitel bieten ein Übungsfeld für die erworbenen Kompetenzen. Sie eröffnen Chancen für fächerübergreifendes, vernetztes und handlungsorientiertes selbstständiges Arbeiten.

Das Glossar dient sowohl der Erarbeitung von Lerninhalten als auch als Nachschlagewerk; die Begriffe sind mit * gekennzeichnet. Ein Stichwortverzeichnis erleichtert das Auffinden bestimmter Begriffe.

Nach Vorgabe des Lehrplans sollen beim ersten Thema für die 9. Jahrgangsstufen von den vier angebotenen Aspekten mindestens zwei ausgewählt werden. Die Summe der in der 10. Jahrgangsstufe vorgestellten Unterrichtseinheiten ermöglicht es der Lehrkraft, durch eine gezielte, eventuell tagesaktuelle Auswahl Schwerpunkte zu setzen.

Im vorliegenden Arbeitsbuch werden die Schüler/-innen durchgängig gesiezt, auch wenn dies im schulischen Alltag je nach Altersstufe anders gehandhabt werden kann.

Für Anregungen und Kritik ist das Autorenteam jederzeit offen!

Johann Englschall, Wendelin Ferstl, Roswitha Forstner, Heiderose Kolditz

Gesellschaft im Wandel

Großmutter Maria
- * 1887 in Talhausen
- 10 Geschwister
- Volksschule
- Arbeit auf dem Hof der Eltern
- Heirat Okt. 1913
- Mann ist Kleinbauer
- bis 1916 drei Kinder
- Dez. 1916 fällt der Mann im Krieg
- 1919 2. Ehe mit Bruder des Mannes
- † 1921 bei Geburt einer Tochter

Großmutter Elise
- * 1895 in Richt
- 8 Geschwister
- 1901 Tod der Mutter nach Beinbruch
- wächst im Waisenhaus auf
- Arbeit am Hof des Vaters
- 1918 Kind von einem russischen Kriegsgefangenen
- zieht nach München
- arbeitet in Haushalten
- später in Großküchen
- Tochter zeitweilig auf dem Hof der Großeltern, bei der Mutter oder im Heim
- nach Heirat der Tochter Mithilfe in deren Haushalt
- 1958 zur Aufbesserung der Rente Aushilfstätigkeiten
- † 1978

Großmutter Käthe
- * 1895 in Saarwellingen
- Vater Land- und Gastwirt
- 5 Geschwister
- 1918 Heirat mit einem Lehrer
- 1920 Geburt der Tochter Maria
- Hausfrau und Mutter
- hilft später im Haushalt der Tochter
- danach Pflege durch die Tochter
- † 1980

Großmutter Marie
- * 1890 in Dieterskirchen
- kinderreiche Bauernfamilie
- 1912 Heirat mit einem Druckereibesitzer
- 1914 Geburt des 1. Sohnes
- 1922 Geburt des 2. Sohnes
- führt den Haushalt, in dem auch noch ein kinderloses Ehepaar und eine Haushälterin leben
- arbeitet im Schreibwarengeschäft, das zur Druckerei gehört
- † 1941

Mutter Luise
- * 1918 in München
- Besuch der Volksschule
- 1932 wegen der großen Arbeitslosigkeit Beschäftigung in derselben Großküche wie die Mutter
- 1937 Pflichtjahr in einem Haushalt
- ab 1938 als angelernte Kontoristin in Süßwarenfabrik
- 1949 Heirat
- Mann nach Studium zeitweise arbeitslos, deshalb weiter voll berufstätig
- 1950–1955 Geburt von 3 Töchtern und Geburt eines Sohnes
- 1955 Ausscheiden aus dem Berufsleben
- 1959 Geburt eines weiteren Sohnes
- 1980 Tod des Ehemannes
- seitdem regelmäßige Mithilfe im Haushalt der ältesten Tochter

Mutter Maria
- * 1920 in Saarwellingen
- 1939 Abitur
- 1939–1945 Studium der Volkswirtschaft in München, Abschluss als Dipl.-Volkswirtin
- 1946 Heirat mit Rechtsanwalt und Mitbesitzer der Druckerei
- 1948 Geburt eines Sohnes
- 1957 Geburt einer Tochter
- arbeitet in Druckerei, Zeitungsverlag und Schreibwarengeschäft der Schwiegereltern
- später leitet sie zusammen mit ihrem Schwager und danach allein das Geschäft
- führt dazu den Haushalt und pflegt 1955 den schwer kranken Schwiegervater
- † 1988

Tochter Therese
- * 1950
- Abitur
- Studium für Lehramt an Gymnasien
- 1972 Heirat
- 4 Kinder
- seit 1980 teilzeitbeschäftigt
- Mutter hilft im Haushalt, lebt dort seit 2003 als Pflegefall

Tochter Lisa
- * 1954
- Abitur
- Jurastudium
- 1983 Heirat
- 1985 Geburt des Sohnes
- 1985–1994 nicht berufstätig
- arbeitet jetzt als selbstständige Rechtsanwältin

Tochter Eva
- * 1955
- Realschulabschluss und Meisterschule für Mode
- Kostümbildnerin
- 1982 Heirat
- 3 Kinder
- macht Aushilfstätigkeiten im Büro
- kunsthandwerklich tätig

Tochter Maria
- * 1957
- Abitur
- Studium Deutsch und Politik in Berlin
- 1984 Geburt der Tochter
- 1989 Übernahme des Geschäfts in Oberpfalz
- Wochenendbeziehung
- Lebensgefährte in Berlin

Enkelin Katharina
- * 1980
- Abitur 1999
- soziales Praktikum in Bolivien
- Studium der Biotechnologie und der Lebensmitteltechnologie
- 2006 Abschluss als Diplomingenieurin
- Praktikum in Costa Rica
- seit 2007 Assistentin an einer Universität, Promotion
- seit 1998 feste Beziehung, Kinderwunsch

Enkelin Elisabeth
- * 1983
- Abitur
- halbjähriger Aufenthalt in Australien
- Medizinstudium
- Single

Enkelin Theresa
- * 1984
- Abitur
- halbjähriges soziales Praktikum in Uganda
- Medizinstudium
- fester Freund, denkt an Gründung einer Familie

Vergleichen Sie die einzelnen Lebensläufe miteinander in Bezug auf Lebenserwartung, Familiengröße, Ausbildung und Berufstätigkeit, Stellung innerhalb der Familie und Lebensform.

1 Altersstruktur

1.1 Aufbau der Bevölkerung

Unsere Gesellschaft ist nichts Feststehendes, Statisches. Sie befindet sich vielmehr in dauernder Bewegung und Entwicklung. Es ändern sich u. a. das politische System, die wirtschaftlichen Verhältnisse und die Sozialstruktur. Untersucht werden diese Veränderungen, der soziale Wandel, in erster Linie von den Sozialwissenschaftlern. Sie interpretieren z. B. die Statistiken über Altersaufbau und Familienformen unserer Gesellschaft, denn hinter den bloßen Zahlen verbergen sich Werthaltungen und Lebenseinstellungen, die sich ihrerseits wieder auf die Bevölkerungsstruktur auswirken.

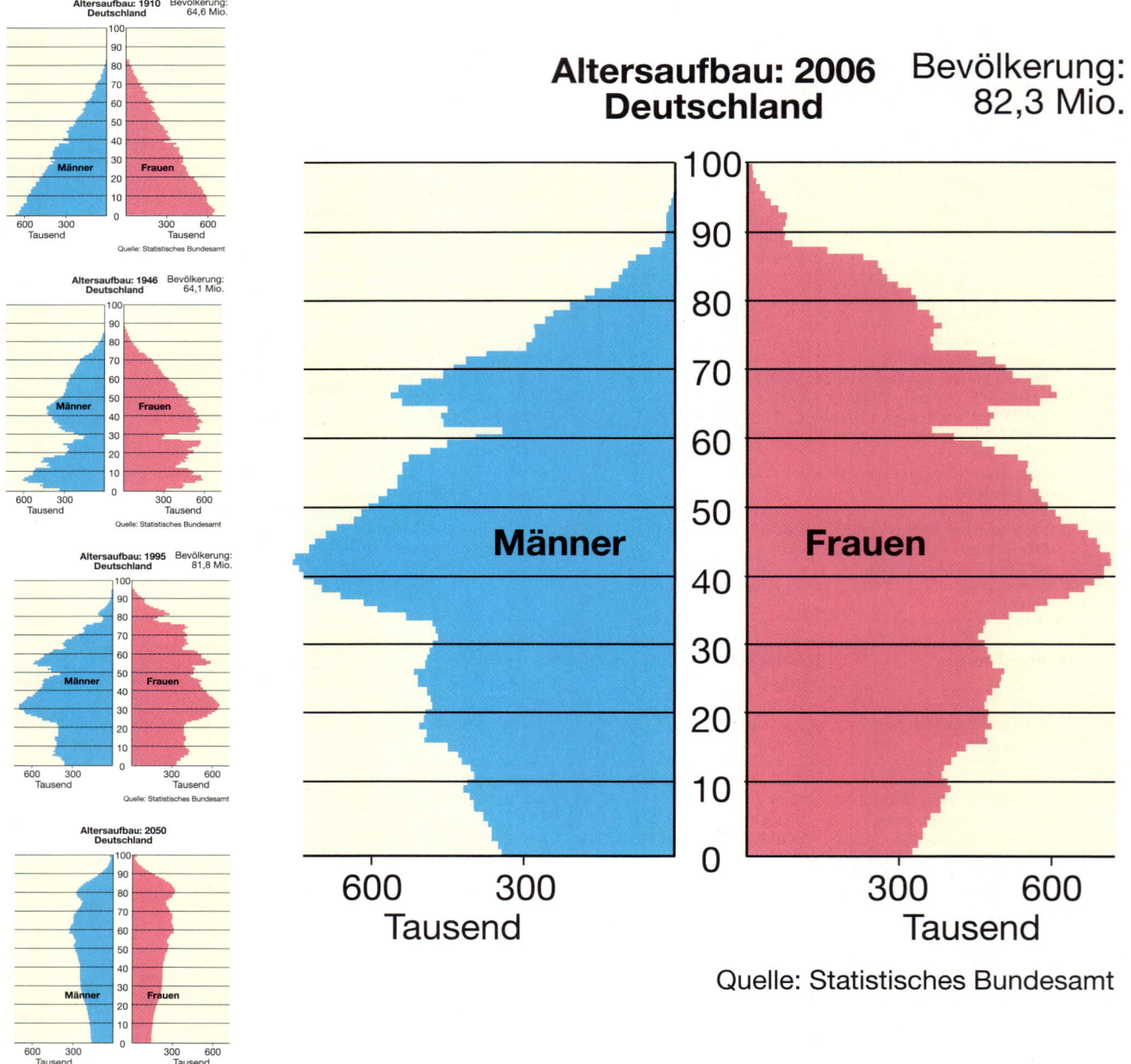

Aufgaben
1. *Beschreiben Sie die wesentlichen Unterschiede der verschiedenen Pyramiden.*
2. *Einschnitte entstehen durch eine verringerte Geburtenzahl bzw. durch eine erhöhte Zahl der Todesfälle, Ausbuchtung durch das Gegenteil. Auf welche geschichtlichen Ereignisse lassen sich die Ausbuchtungen in der Pyramide von 2006 zurückführen?*

Altersstruktur

1.2 Vergleich mit Entwicklungsländern

M1

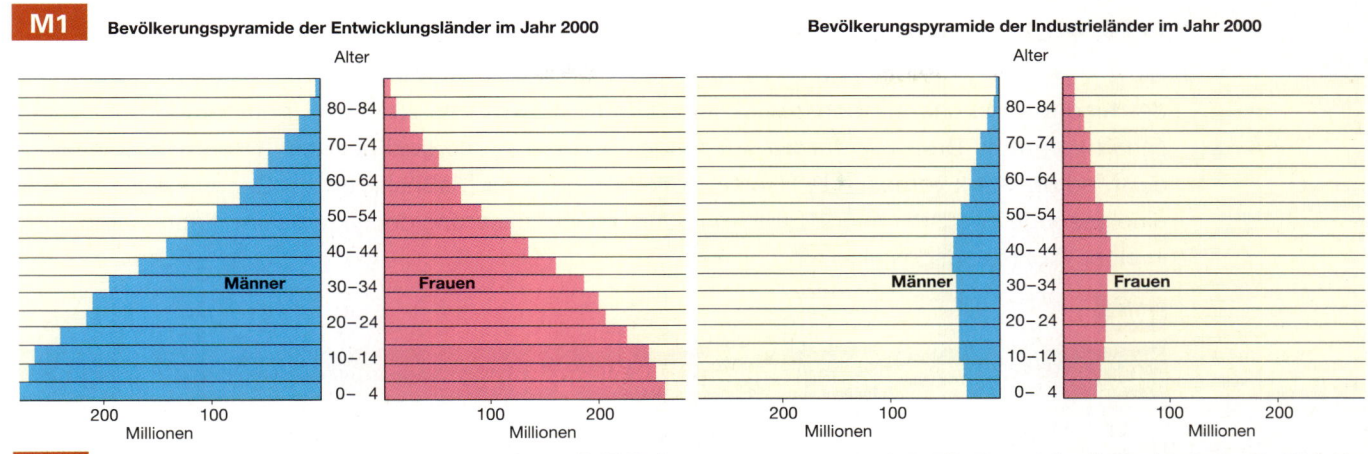

Bevölkerungspyramide der Entwicklungsländer im Jahr 2000
Bevölkerungspyramide der Industrieländer im Jahr 2000
Quelle: UN-Bevölkerungsabteilung, World Population Prospects: The 2000 Revision.

M2

M3

Altersstruktur in verschiedenen Entwicklungsländern					
	Bolivien	Liberia	Südafrika	Vietnam	BRD
0–14 Jahre	34,3 %	43,6 %	32,46 %	26,3 %	13,9 %
15–64 Jahre	61,1 %	53,6 %	62,76 %	67,9 %	66,3 %
65 Jahre u. mehr	4,6 %	2,7 %	4,78 %	5,8 %	19,8 %

M4 Gründe und Folgen der unterschiedlichen demografischen Entwicklungen (Stichpunkte):

Schrumpfung der Bevölkerung, Alterung der Gesellschaft, Armuts-, Umwelt-, Bürgerkriegsflüchtlinge, Massenarbeitslosigkeit der jungen Generation, Verknappung der Arbeitskräfte, Forderung nach Masseneinwanderung, Fehlen ausreichender sozialer Sicherungssysteme, starkes Bevölkerungswachstum, Gefährdung der Renten- und Pflegeversicherung, Kinder als Altersversorgung, u. a.

Aufgaben

1. Erstellen Sie in Partnerarbeit eine Zahlentabelle und vergleichen Sie den Anteil von Jugendlichen und Kindern, den Anteil der Erwerbspersonen mit dem Anteil der über 65-Jährigen (M1).
2. Zeichnen Sie ein Säulendiagramm, damit die Unterschiede der oben genannten Länder ersichtlich werden (M3).
3. Welche Aussagen treffen auf Entwicklungsländer, welche auf Industriestaaten zu (M4)? Diskutieren Sie die Probleme, die sich daraus jeweils ergeben könnten. Beziehen Sie die Bilder mit ein (M2).

1.3 Demografische Bestimmungsfaktoren

Alterung der Gesellschaft

Ganz allgemein zeigt sich, dass die Menschen in Deutschland immer älter werden und die Zahl der Kinder und Jugendlichen zurückgeht. Langfristig wird es zu einer Überalterung der Gesellschaft kommen. Ursachen für die steigende Lebenswartung sind Fortschritte auf allen Gebieten der Medizin, stark verbesserte Hygienevorkehrungen und Maßnahmen zur Gesundheitsvorsorge, eine gesündere, ausreichende Ernährung und die Verbesserung der allgemeinen Lebensumstände in einer Wohlstandsgesellschaft.

M1

Durchschnittliche Lebenserwartung von Neugeborenen		
Jahr 1901–1910	weiblich 38,45 J.	männlich 35,58 J.
Jahr 1986–1988	weiblich 78,68 J.	männlich 72,21 J.
Jahr 1995	weiblich 79,5 J.	männlich 73,5 J.
Jahr 2004	weiblich 87,8 J.	männlich 81,7 J.

Geburtenrückgang

Der Geburtenrückgang in der Bundesrepublik lässt sich mit der Veränderung der Familiengrößen und -strukturen und dem Wandel der Familienaufgaben ganz unterschiedlich erklären.

M2 Zufällig aufgeschnappte Meinungen zur Familie anlässlich eines Klassentreffens

Familie

Emma, die Karrierefrau: Schön, dass wir uns nach 10 Jahren mal wiedersehen! Maria, erzähl mal, was hast Du so alles gemacht, beruflich und so?
Maria, Hausfrau und Mutter von vier Kindern: Gleich nach Beginn meiner Beamtenlaufbahn habe ich Jo, meinen jetzigen Mann, kennengelernt. Wir sind zusammengezogen und bald stellte sich der erste Nachwuchs ein. Wir heirateten.
Katharina lacht und ruft dazwischen: Warum hast Du nicht die Pille genommen? Du arbeitest doch noch als Beamtin?
Maria: Nein, unmöglich, denn inzwischen haben wir vier Kinder, zwischen zwei und neun Jahren. Mein Mann verdient ganz gut, sodass wir Arbeitsteilung machen und ich für Kindererziehung und Haushalt zuständig bin.
Emma: Naja, dann hat sich das mit der beruflichen Selbstverwirklichung ja wohl erledigt. Mir wär's zu wenig, Windeln wechseln, Kochen, Kindergeburtstage ausrichten und vor allem überstehen! Es gibt ja kaum noch einen vernünftigen Grund, Kinder in die Welt zu setzen. Wenn man einen guten Job hat, klappt's ja auch so mit der Altersversorgung. Ich bin Single und lebe für meinen Beruf. Ich habe mich ganz bewusst gegen Ehe und Kinder entschieden und möchte den Urlaub, den ich einmal im Jahr habe, ganz entspannt verbringen. Meine knappe Freizeit möchte ich mit niemandem teilen.

Maria verteidigt sich: Aber Kinder zu haben macht Spaß, ich wollte schon immer eine große Familie haben. Wir fahren ja auch in Urlaub, meist zum Zelten, was ich sehr schön finde.
Julia und Markus, gut verdienendes Ehepaar: Igitt! Wir verdienen gut und wollen für uns selbst arbeiten. Kinder kosten viel Geld. Nicht wahr, Maria? Wir brauchen unser Gehalt für uns: Reisen, Auto, Kleidung, Eigentumswohnung ... Gerade rechtzeitig zu unserem Meeting sind wir von einem Kanada-Trip zurückgekommen.
Julia ergänzt: Außerdem lieben wir uns – Kinder würden da vorerst nur stören. Wir genügen uns selbst!
Katharina, Designerin, lebt mit Mario, einem Wirtschaftsberater, zusammen: Ja, das kann ich auch bestätigen, außerdem hat es den Anschein, dass man als Eltern ganz schön viel Verantwortung übernehmen muss, findet ihr nicht auch? Man muss ja fast schon studierter Pädagoge sein, um den Ansprüchen, die Kindererziehung an einen stellt, zu genügen.
Sandra, die zum zweiten Mahl verheiratet ist, wirft ein: Mit Kindern ist man auf lange Zeit festgelegt – man kann beruflich und auch privat nicht mehr so flexibel und auch mobil sein, wenn man sich verändern will. Dauernd müsste man auf die Kinder Rücksicht nehmen.

So wird an diesem Abend noch heiß diskutiert.

Aufgaben

1. Finden Sie Beispiele aus Ihrem Erfahrungsbereich für die Ursachen der steigenden Lebenserwartung (M1).
2. Arbeiten Sie die Gründe der einzelnen Gesprächspartner des Klassentreffens heraus, weshalb sie kinderlos bleiben wollen (M2).
3. Überlegen Sie weitere Argumente, die Marias Position unterstützen könnten.

Altersstruktur

M3 Migration – Zuwanderung

Zu einem immer wichtigeren Faktor für die Gesamtentwicklung der Bevölkerung und ihrer Altersstruktur ist die Migration geworden.

Shell Studie: Gefragt wurde nach der Meinung der Jugendlichen, inwieweit „Deutschland zukünftig mehr, genauso viel oder weniger Zuwanderer als bisher aufnehmen sollte". Waren es bei der letzten Shell Jugendstudie 48 % der Jugendlichen, die einen weiteren Zuzug von Migrantinnen und Migranten eher stoppen wollten, so hat sich der Anteil aktuell auf eine Mehrheit von 58 % aller Jugendlichen erhöht. 5 % sprechen sich im Vergleich zu 7 % bei der letzten Shell Jugendstudie für einen noch stärkeren Zuzug aus, während 24 % im Vergleich zu vorher 28 % der Meinung sind, dass auch in Zukunft genauso viele Zuwanderer wie bisher aufgenommen werden sollten. Keine Meinung äußern 14 % im Vergleich zu 18 % bei der letzten Erhebung.

Der Wunsch nach einer zukünftigen Verringerung bzw. einer Begrenzung des weiteren Zuzugs von Migrantinnen und Migranten nach Deutschland wird von 56 % der Jugendlichen aus den alten Bundesländern und sogar 65 % der Jugendlichen aus den neuen Bundesländern geäußert. Generell gilt, dass diejenigen Jugendlichen, die keine Kontakte zu Ausländern haben, sich deutlich häufiger für eine Begrenzung des weiteren Zuzugs von Migranten aussprechen. Jugendliche aus den alten Bundesländern ohne Kontakt zu Ausländern fordern zu 67 % und Jugendliche aus den neuen Bundesländern ohne Kontakt sogar zu 80 % eine Begrenzung. Bei Jugendlichen mit Kontakten sind es in den alten Bundesländern 55 % im Vergleich zu 58 % in den neuen Ländern.

Gesellschaft im Wandel 3
Globalisierung 5.2
EU 4.12

(Ulrich Schneekloth: Politik und Gesellschaft: Einstellungen, Engagement, Bewältigungsprobleme, in: 15. Shell Jugendstudie Jugend 2006, Shell Deutschland, Fischer Taschenbuch Verlag, Frankfurt 2006, S. 133 ff.)

M4 Bevölkerungsszenarien für Deutschland im Jahr 2050

- Situation ohne Zuwanderung: Rückgang der Bevölkerung um 28 % auf 58,8 Mio., rapide Abnahme der Menschen im arbeitsfähigen Alter (um 41 %) bei gleichzeitigem Anstieg der über 65-jährigen um rund ein Drittel.
- Situation bei mäßiger Zuwanderung 200 000 bis 240 000: Rückgang der Bevölkerung um 10 % auf 73,3 Mio. Die Zahl der alten Menschen steigt.
- Situation bei angestrebter stabiler Bevölkerungszahl: notwendige Nettozuwanderung 32 400 Menschen pro Jahr, trotzdem mehr alte Menschen, vor allem aufgrund der ebenfalls älter werdenden Einwanderer.
- Situation bei angestrebter stabiler Zahl der erwerbsfähigen Bevölkerung: Nettozuwanderung um 3,4 Mio. Menschen pro Jahr, dadurch Zunahme der Bevölkerung um 13 % auf 92 Mio.
- Situation bei angestrebtem stabilen Altersquotienten: Nettozuwanderung um 3,4 Mio. Menschen pro Jahr, dadurch Zunahme der Bevölkerung um 266 % auf 299 Mio. Das Verhältnis zwischen jungen und alten Menschen bleibt gleich.

Die UNO errechnete diese Szenarien für Deutschland auf der Basis von 1995: Bevölkerung 81,7 Mio., Personen im erwerbsfähigen Alter (15–64-jährige) 55,8 Mio., Relation der 15- bis 64-jährigen zur Bevölkerung über 65 Jahre: 4,4 : 1

(Metzler Aktuell: Arbeitsblätter für Geographie, Wirtschaft, Zeitgeschichte und Politik: 1, Deutschland ein Einwanderungsland: Die Situation, 24 Deutschland, Pol/Wi/Geo, Jan. 2001, Schroedel Hannover)

Familie, kulturelle Vielfalt

Aufgaben

3. Vergleichen Sie die Einstellung der Jugendlichen zum weiteren Zuzug von Migranten in einem Säulendiagramm.
4. Stellen Sie Chancen und Risiken der Zuwanderung nach Deutschland in einer Tabelle gegenüber.
5. Machen Sie sich Gedanken, in welchen Bereichen sich ohne Zuwanderung Probleme ergeben können.
6. Schreiben Sie einen Leserbrief zu der These: „Ohne Einwanderung keine Zukunft".

1.4 Folgen der Veränderung der Altersstruktur

Überalterung der Gesellschaft

M1 Herr Sozpol referiert: „Eine Veränderung der demografischen Zusammensetzung findet in allen Industriestaaten statt. Als gesellschaftliche Konsequenz ergibt sich daraus, dass in Zukunft immer mehr ältere und weniger jüngere Menschen leben werden, die Last trägt die mittlere Generation. Bis 2050 wird sich die Zahl der Pflegebedürftigen von derzeit zwei Millionen auf vier Millionen erhöhen. Wegen der Veränderung der traditionellen Familienstrukturen verlagert sich die notwendige Pflege zunehmend auf Pflegedienste, deren Kosten von der Pflegeversicherung nicht mehr ausreichend gedeckt werden können. Auch die Finanzierung der Renten gestaltet sich immer schwieriger. Der Generationenvertrag ist in Gefahr." Er schreibt an die Tafel:

> 2050
> - Generationenvertrag in Gefahr
> - Gefährdung der sozialen Sicherungssysteme
> - Pflegeversicherung in Zahlungsnot
> - Änderung der Rentenbezugsdauer
> - 34 % der Bevölkerung älter als 60 Jahre
> - 9 Mio. älter als 80 Jahre
> - 28 % weniger Jugendliche und Kinder
> - Durchschnittsalter der Bevölkerung 50 Jahre
>
> Nur noch 75 Millionen Menschen leben in Deutschland.

Kevin langweilt sich, bereits die dritte Stunde redet Herr Sozpol nun schon über die Veränderung der Altersstruktur, ihre Ursachen und Folgen. Kevin nickt ein und träumt sich weg. Plötzlich findet er sich in einer anderen Welt wieder. In der ehemaligen Turnhalle seines Schulzentrums haben sich ungefähr 250 alte Menschen versammelt, alle tragen ein Headset und schauen auf einen riesigen Bildschirm. „Wir begrüßen das Jahr 2050", sagt eine grauhaarige, aber gut aussehende Sprecherin. Zwischen den Tischen gleiten Roboter hin und her und reichen den alten Leuten, die liebevoll von farbigen Pflegekräften betreut werden, ihre Getränke. Werbeeinblendung: Neue, noch bequemere Treppenlifter, Beatmungsgeräte, Schnabeltassensets, Handys mit großen Tasten und Ortungsfunktion, begehbare Badewannen, „Reisebüro 60 plus" wirbt für Wellnessurlaub im Seniorenpark. Das Bild wechselt. Auf den Straßen der Stadt sind viele elektrobetriebene Zweisitzer unterwegs, die ab und zu von einem Rollstuhlflitzer überholt werden. Man sieht kaum Kinder auf der Straße. Endlich bringt der Reporter eine 30-jährige vor die Kamera. „Bei uns dreht sich alles nur um die Senioren. Ich war in Indien in Urlaub, es war ein ganz anderes Gefühl, so viele Kinder und Jugendliche auf den Straßen! Meine Kinder haben nun einen einstündigen Schulweg, weil ihr Schulzentrum in eine riesige Senioren-WG umgebaut wird. Die Alten sind eine Last!"

M2

SCHÖNE AUSSICHT

Kevin wacht auf und hört, wie Sandra vor der Klasse steht und argumentiert: „Das Gerede mit den Alten als Last geht mir auf den Wecker. Ich finde meine Großeltern und Urgroßeltern richtig toll. Sicher, meine Urgroßtante Mimi ist jetzt 89 Jahre alt und muss von ihrer Tochter gepflegt werden, weil sie total verwirrt ist, aber bis zu ihrem 85. Geburtstag hat sie noch alleine gelebt. Uropi und Uromi leben in einer Senioren-WG. Uropi ist geistig noch so fit, dass er Mathenachhilfe in einer Paukkammer gibt. Er weiß unheimlich viel über Kunst und Kultur, wenn ich ein Referat halten muss, kann er mir immer helfen. Uromi macht den DJ im Seniorenclub. Oma und Opa, die Eltern meiner Mutter, sind einfach Klasse. Opa baut, seit er in Rente ist, Brunnen in Bolivien und ist oft ein Vierteljahr im Ausland. Oma hat zwar ihre Praxis an einen jüngeren Arzt übergeben, macht aber jetzt tageweise an einem Ärzteprojekt mit, das obdachlose, nicht krankenversicherte Personen betreut. Alte Leute sind nicht nur verwirrt und gebrechlich!"

Alterstruktur

vgl. auch Kapitel 2.3 „Rechtliche Gundlagen von Ehe und Familie"

Budget = Staatshaushalt

Neue Ansätze in der Familienpolitik

M3 Familienpolitische Kontroverse im Bundestag

Frau Pro: Ich bin der Meinung, dass man die Geburtenrate nur anheben kann, wenn man die Frauen fördert und eine ordentliche Familienpolitik betreibt, was natürlich den Staat teuer kommen kann.

Herr Kontra: Wie, verehrte Kollegin, stellen Sie sich das denn wohl vor? Bei unserem schmalen Budget!

Frau Pro: Das Elterngeld ist ja schon eingeführt und wenn die Männer mitmachen, dann wäre das schon attraktiv für junge Familien, wieder mehr Kinder zu bekommen. Auch Ganztagsschulen würden helfen, die älteren Kinder mehr zu fördern und die berufstätigen Eltern zu entlasten.

Herr Kontra: Wie sollen die Männer denn „mitmachen"? Sie bringen doch eh meist den Löwenanteil für den Haushalt mit ein!

Frau Pro: Nun, es geht auch darum, die Vaterrolle neu zu überdenken, denn auch Väter sollten mehr in die Erziehung eingebunden werden. Ich gebe zu bedenken, dass das Elterngeld dazu beiträgt: „12+2" das bedeutet, dass zwei Monate länger gezahlt wird, wenn die Väter während dieser Zeit zu Hause bleiben und sich um die Kinder kümmern.

Herr Kontra: Ich gebe zu, dass wir Männer bezüglich der Familie umdenken sollten, aber das traditionelle Familienbild ist immer noch „modern", besonders wenn die Männer mehr verdienen als die Frauen. Die Einrichtung von Krippenplätzen und Tagesmutterstellen wäre sinnvoller, als uns ins Haus zu „verbannen".

Frau Pro: Das klingt plausibel, aber gut ausgebildete Frauen kann man nicht mehr nur auf Kinder, Küche usw. beschränken. Die Einstellung der Männer muss sich ändern, wenn ein neues Familienmodell entstehen soll, das alle Mitglieder – Vater, Mutter, Kinder – mit einbezieht. Männer sind immer, auch als Väter, unabhängiger, da sie eben ihren Beruf als Grund angeben können, weshalb sie oft nicht aktiv am Familienleben und der Kindererziehung teilnehmen. Der „schwarze Peter" wird immer der Frau und Familienmutter zugeschoben. Sie hat Zeit zu haben und berufliche Interessen wegen der Kinder hintanzustellen. In anderen europäischen Ländern wie zum Beispiel England, Frankreich, Dänemark oder Schweden ist dies längst nicht mehr so. Frauen werden dort beruflich gefördert, auch wenn sie Mütter sind. Es gibt Ganztagsschulen, in denen die Kinder sich gut entwickeln können.

Herr Kontra: Ein Problem haben Sie nicht erkannt, verehrte Kollegin, das sind die Kosten.

Frau Pro: Bedenken Sie doch, Herr Kollege, dass die Frauen, die während der Familienzeit berufstätig bleiben, in Renten-, Krankenversicherung und ins „Steuersäckel" einzahlen.

M4

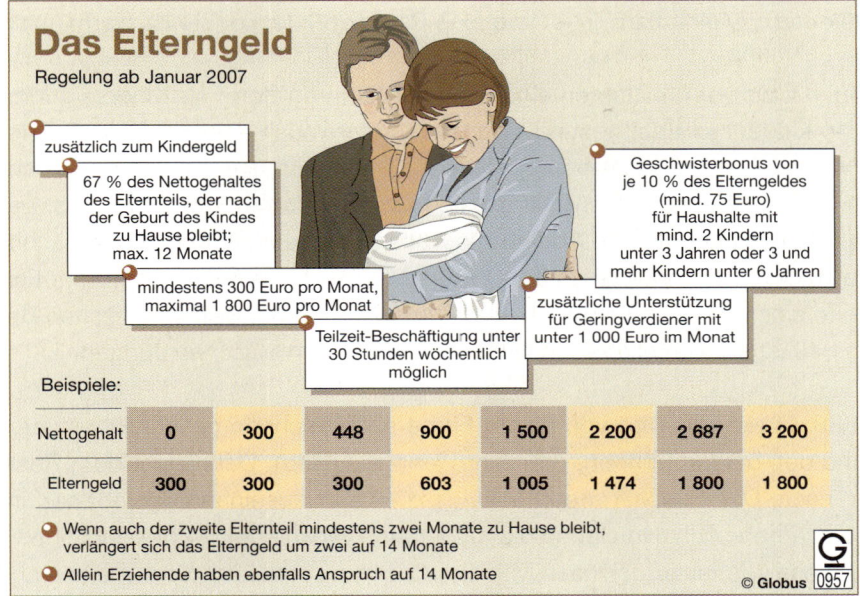

Aufgaben

1. Informieren Sie sich, was man unter dem Generationenvertrag versteht.
2. Erörtern Sie die Vor- und Nachteile einer älter werdenden Gesellschaft eventuell im Deutschunterricht.
3. Entwerfen Sie einen Werbeprospekt für ein Mehrgenerationenhaus im Jahr 2020.
4. Welche Weichen müssen Ihrer Meinung nach gestellt werden, damit in Deutschland wieder mehr Kinder geboren werden?
5. Erklären Sie anhand des Schaubilds das neue Elterngeld (M4).

2 Familie

2.1 Familien im Umbruch

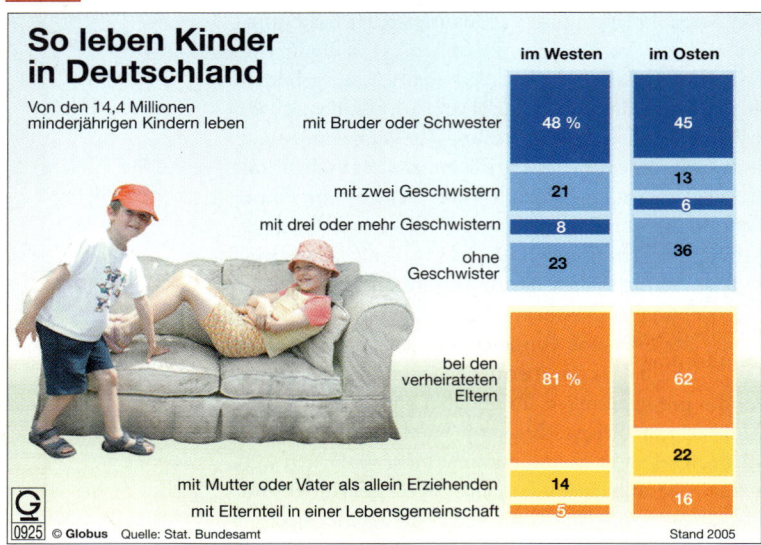

M2

M1 Johannas Mutter ist 19, als sie schwanger wird, ihr Vater ist 32. Für ihre Mutter ist er die große Liebe, er aber fühlt sich noch zu jung für eine Vaterschaft und verlässt die werdende Mutter. Neun Jahre lebt Johanna mit ihrer Mutter allein, bis diese eine neue Beziehung eingeht. Die neue, ungewohnte Situation bereitet Johanna zunächst Schwierigkeiten, da sie glaubt, der Lebensgefährte nehme ihr die Mutter weg. Sie benimmt sich ihm gegenüber „unmöglich", wie sie selbst zugibt. Erst nach einigen Monaten beginnt sie ihn zu akzeptieren und findet es gut, dass die beiden heiraten, denn jetzt hat sie eine neue Familie. Ihren leiblichen Vater besucht sie in den Ferien immer mal wieder.

Carolin, 14, erzählt immer begeistert von ihrer großen Familie. Sie hat insgesamt noch vier Geschwister. Allerdings flunkert sie immer ein bisschen, denn nur ihr kleiner Bruder Lars, 9, stammt aus der jetzigen Ehe ihrer Eltern. Beide haben bereits Kinder aus ihren ersten Ehen, ihre Mutter eins und ihr Stiefvater zwei, die schon älter sind und studieren. Alle zusammen wohnen in einer großen Altbauwohnung. Bei Familienfesten wird's kompliziert und manchmal stressig, da sich nicht alle „Ex" immer gut verstehen. Meist aber ist Carolin froh, viele verschiedene Verwandte zu haben. Sie ist der Meinung: „Meine Familie ist wie eine Patchworkdecke. Sie ist warm, groß und bunt."

Dr. Gabi G., 40, hat bis vor drei Jahren eigentlich nur für ihren Beruf als Kinderärztin gelebt. Irgendwann wollte sie Kinder nicht nur gesund machen, sondern auch eigene haben. Da sie finanziell gut gestellt ist und auch genügend Wohnraum vorhanden ist – im Grünen – und sie sich auch ein Au-pair-Mädchen leisten könnte, entschließt sie sich zur Adoption eines Kleinkindes. Leider teilen ihr die Behörden mit, dass sie für eine Adoption bereits zu alt sei. Sie gibt nicht so schnell auf, zumal sie durch eine Freundin erfährt, dass in der Dritten Welt Kinder manchmal zur Adoption freigegeben würden. Mithilfe einer seriösen Vermittlungsagentur stellt sie bei vietnamesischen Behörden einen Antrag und mit 40 ist sie nun glückliche Mutter eines vietnamesischen Jungen.

Wolfgang E., 38, Ingenieur, wird von seiner Firma nach Sachsen geschickt, wo er, getrennt von seiner Frau und den beiden Söhnen, drei Jahre lang allein lebt. Dann zieht der „Rest" der Familie nach Dresden nach. Das Ehepaar merkt bald, dass es sich auseinandergelebt hat und die Partner trennen sich einvernehmlich. Nun leben die Kinder eine Woche beim Vater und eine Woche bei der Mutter. Da es diese wieder zurück nach München zieht, nicht zuletzt wegen eines neuen Partners, und die beiden Söhne, jetzt zehn und zwölf Jahre alt, es vorziehen, beim Vater zu bleiben, beantragt dieser das Sorgerecht für die beiden Kinder, das er auch erhält. Die beiden besuchen ihre Mutter jedoch oft in den Ferien in München.

Aufgaben

1. Verbalisieren Sie die wesentlichen Inhalte des Schaubildes (M2).
2. Finden Sie Gründe in den Texten, weshalb es zu den unterschiedlichsten Familienformen kommt (M1).

3. Diskutieren Sie eigene Erfahrungen in der Klasse.

Familie

2.2 Wandel der Familie und neue Familienformen

M1 Der Wandel der Familie erfolgt in drei Entwicklungsstufen

Historische Großfamilie

Eltern, Großeltern, Kinder, unverheiratete Verwandte, Knechte und Mägde unter einem Dach

Funktionen und Aufgaben:
- gemeinsames Leben
- gemeinsame Arbeit auf Bauernhof oder im Handwerksbetrieb
- Weitergabe von Wissen und Erfahrung durch die Eltern
- Teilnahme der Kinder an der Arbeit der Eltern
- Pflege und Betreuung der Alten und Kranken

Geborgenheit und Sicherheit in wirtschaftlicher und sozialer Hinsicht

Industrialisierung

- Trennung von Wohn- und Arbeitsplatz
- Auflösung der Generationenfamilie
- Eltern, Großeltern und erwachsene Kinder leben in getrennten Haushalten
- Übernahme von Erziehungsaufgaben durch Kindergarten und Schule
- Altenbetreuung in Altersheimen
- Krankenpflege in Krankenhäusern
- staatliche Versicherungen gegen Unfall, Arbeitslosigkeit, Krankheit sowie für Altersversorgung und Pflegebedürftigkeit

Moderne Kleinfamilie (Idealform)

- Eheschließung aus Liebe und Zuneigung
- Zusammenleben von Mann und Frau mit ihren Kindern

Funktionen und Aufgaben:
- gefühlsmäßige Befriedigung
- liebevolle Betreuung der Kinder
- Bereitstellung von Kleidung, Ernährung und Wohnung
- Vermittlung der gesellschaftlichen Normen
- Verantwortung für schulische und berufliche Entwicklung der Kinder
- Erholungsort vom Alltag

Idealform der Familie bis in die 60er-Jahre

Die meisten jungen Leute haben auch heute den Wunsch, eine Familie zu gründen, obwohl sich seit den 60er-Jahren neue Formen des Zusammenlebens herausgebildet haben. Auch die Einstellung zu Kindern hat sich geändert.
Die Gründe für diesen Wandel sind vielfältig. Die Menschen legen nicht mehr so viel Wert auf religiöse Vorschriften, mithilfe moderner Verhütungsmittel wird Familienplanung möglich, Kinderlosigkeit wird von der Gesellschaft akzeptiert, der Wunsch nach Selbstverwirklichung wird großgeschrieben, materielle Werte wie Reisen, Haus, Auto schätzt man höher als die Freude an Kindern. Frauen, die sich für eine Familie entscheiden, müssen ihr Leben ganz bewusst planen. Entweder geben sie ihren Beruf auf und werden „Familienfrau" oder sie bleiben trotz Kindern voll berufstätig oder teilzeitbeschäftigt. Viele Frauen entscheiden sich für das sogenannte Drei-Phasen-Modell. In der ersten Ehephase übt die Frau noch ihren Beruf aus, nach der Geburt des/der Kinder verrichtet sie Familienarbeit, wenn die Kinder in die Schule kommen oder aus dem Haus gehen, versucht sie den Wiedereinstieg in den Beruf.

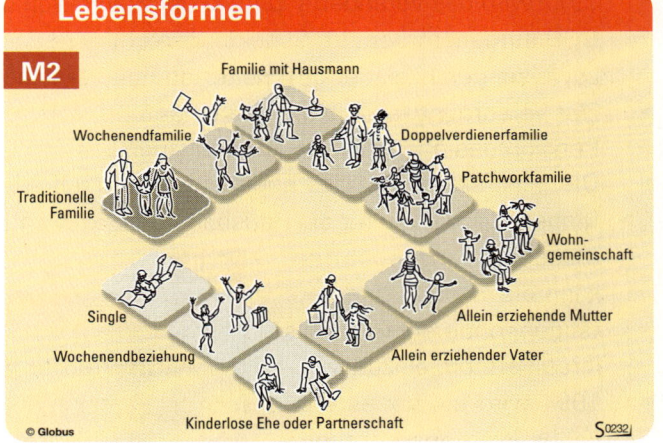

M2 Lebensformen

Durchschnittsalter bei Heirat

Männer		Frauen
25,5 J.	1971	22,9 J.
26,3 J.	1981	22,9 J.
27,5 J.	1986	24,9 J.
28,6 J.	1991	26,9 J.
32,4 J.	2004	29,4 J.

(Statistisches Bundesamt)

Aufgaben

1. Erklären Sie mithilfe des Schaubildes, welche Funktionen der Großfamilie durch andere Institutionen ersetzt wurden (M1).
2. Stellen Sie den Wandel der Familie in einer kleinen Bildgeschichte dar.
3. Diskutieren Sie die Gründe, warum junge Leute immer später heiraten und Kinder bekommen.
4. Erstellen Sie eine Statistik zu den Lebensformen in Ihrer Klasse und Ihrem Bekanntenkreis und ordnen Sie diese dem Schaubild M2 zu.

2.3 Rechtliche Grundlagen von Ehe und Familie

M1 Artikel 6 des Grundgesetzes, Absatz 1:
Ehe und Familie stehen unter dem besonderen Schutz der staatlichen Ordnung.

Artikel 124 der Bayerischen Verfassung, Absatz 1:
Ehe und Familie sind die natürliche und sittliche Grundlage der menschlichen Gemeinschaft und stehen unter dem besonderen Schutz des Staates.

Die Voraussetzungen einer gültigen Eheschließung bestehen darin, dass die zukünftigen Ehepartner volljährig sind. Ehemündigkeit besteht aber auch mit der Vollendung des 16. Lebensjahres, wenn eine Einverständniserklärung der Eltern vorliegt. Die standesamtliche Trauung ist die Voraussetzung für eine gültige Ehe. Auf dem Standesamt wird dann auch der Ehename festgelegt. Der Staat erlaubt ab Januar 2009 rein kirchliche Trauungen. Nach staatlichem Recht gilt das Paar jedoch als unverheiratet. Bei der Eheschließung gilt ebenfalls der Artikel 3 des Grundgesetzes:

„Alle Menschen sind vor dem Gesetz gleich. Mann und Frau sind gleichberechtigt. Der Staat fördert die tatsächliche Gleichberechtigung von Mann und Frau und wirkt auf die Beseitigung bestehender Nachteile hin."

M2 Diesbezüglich hat der Gesetzgeber einige Gesetzesänderungen im Ehe- und Familienrecht vorgenommen:

- 1957 wird das Letztentscheidungsrecht des Ehemannes ersatzlos gestrichen, d. h.: In Eheangelegenheiten entscheiden die Ehepartner gemeinsam. Auch kann der Ehemann das Dienstverhältnis seiner Frau nicht mehr fristlos kündigen.
- 1977 wird das veränderte Leitbild der Frau durch die Reform des Ehe- und Familienrechts ins BGB aufgenommen. Im Scheidungsrecht wird das Zerrüttungsprinzip eingeführt, das Schuldzuweisungen bzgl. der gescheiterten Ehe verneint.
- Der Versorgungsausgleich wird eingeführt, d. h., dass Geschiedene Anteil an der Rente oder Pension des ehemaligen Partners haben.
- Die Schlüsselgewalt des Ehemannes wird aufgehoben, d. h., beide Partner können Anschaffungen tätigen, die für die Haushaltsführung wichtig sind. Ist es notwendig, eine neue Waschmaschine anzuschaffen, kann die Ehefrau den Kauf tätigen, ohne die Erlaubnis ihres Partners einzuholen.
- 1994 wird ein neues eheliches Namensrecht eingeführt: Die Eheleute entscheiden über ihre Namen und die ihrer Kinder (siehe Namensrecht).
- 1997 wird Vergewaltigung in der Ehe unter Strafe gestellt.
- 2007 erhalten Eltern das Elterngeld.

Ehepartner können sich für eine der drei Möglichkeiten entscheiden:
1 Ehename: Geburtsname der Frau
2 Ehename: Geburtsname des Mannes
3 Ehename: kein gemeinsamer Ehename
Doppelnamen möglich

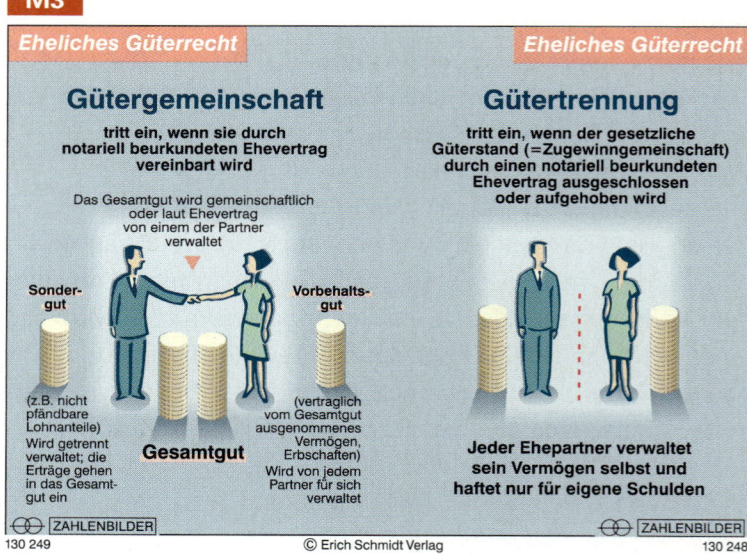

Aufgaben

1. Welche Verpflichtungen übernehmen die Bundesrepublik und der Freistaat Bayern gegenüber der Familie (M1)?
2. Diskutieren Sie, inwiefern die Gesetzesänderungen im Ehe- und Familienrecht zur Gleichstellung zwischen Mann und Frau beigetragen haben (M2, M3).

2.4 Scheidung

M1 Die Scheidung muss von den Ehepartnern beantragt werden, sie wird vor einem Familiengericht verhandelt und entschieden. Eine einjährige Trennungsphase geht in der Regel der Scheidung voraus. Der Partner, der besser gestellt ist, muss den finanziell Schwächeren unterstützen. Beide Eltern müssen für den Unterhalt der Kinder aufkommen, d.h. entweder durch Unterhaltszahlungen für die Kinder oder durch Übernahme elterlicher Pflichten. Nach der neuesten Rechtsprechung wurde eine Reform des Unterhaltsrechts vorgenommen, die ab dem 1. 1. 2008 gültig ist. Danach haben Kinder absoluten Vorrang bezüglich der Unterhaltszahlungen, wobei es keinen Unterschied macht, ob sie aus ehelichen oder nichtehelichen Verbindungen stammen. Der Gesetzgeber will dadurch vermeiden, dass Kinder nach der Trennung der Eltern auf Sozialleistungen angewiesen sind. Nach dieser Unterhaltsrechtsreform stehen die unterhaltsberechtigten Ehepartner (meist Ehefrauen) erst an zweiter Stelle. Danach erst kommen die unverheirateten Partner(innen). Das Gesetz beinhaltet des Weiteren „die Stärkung der nachehelichen Eigenverantwortung", was besagt, dass alle Mütter und Väter, die ihr Kind betreuen, zunächst für die Dauer von 3 Jahren nach der Geburt des Kindes Anspruch auf Betreuungsunterhalt haben. Diese Unterhaltsfrist kann, wenn notwendig, z. B. bei schwerer Erkrankung des Kindes, verlängert werden. Außerdem gilt es für die Ex-Ehepartner als zumutbar, in den vor der Ehe ausgeübten Beruf zurückzukehren, auch wenn damit ein geringerer Lebensstandard als während der Ehe einhergeht. Eine Verlängerung der Unterhaltszahlung ist möglich, wenn die Ehepartner lange Zeit verheiratet waren.

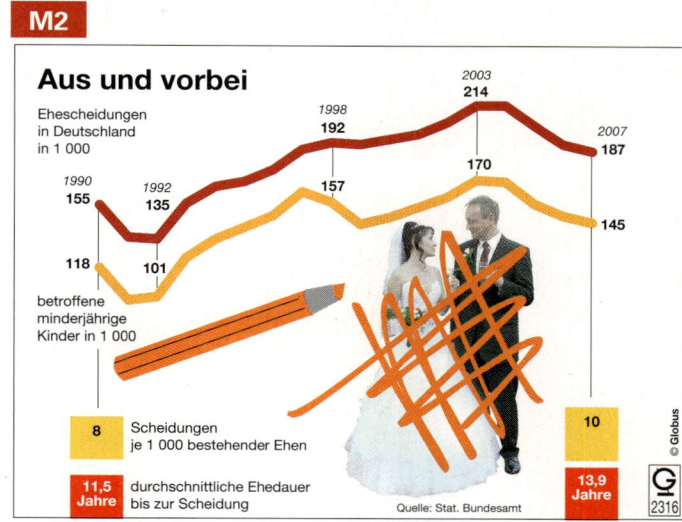

M2

M3 Scheidung: Wie kommen Kinder damit zurecht?

| Ich fand die Zeit vor der Scheidung meiner Eltern anstrengend: Immer nur Streitereien und Spannungen. Nach der Trennung lebte ich bei meiner Mutter. Und weil sie wieder arbeiten musste, musste ich mich um viele Dinge selber kümmern. Ich bin dadurch früh selbstständig geworden.
Lena, heute 19 Jahre alt | Als ich erfahren habe, dass meine Eltern sich trennen, habe ich das in mich reingefressen. Ich habe mich völlig zurückgezogen – auch von meinen Freunden. Und in der Schule habe ich nur noch Stress gemacht. Das ging etwa ein Jahr so.
Jana, heute 17 Jahre alt | Als meine Mutter zum ersten Mal mit mir und meinem Bruder bei ihrem neuen Freund übernachtet hat, da habe ich erst gemerkt, was Scheidung bedeutet. Bis dahin habe ich gedacht, dass ich die Trennung ganz gut weggesteckt hätte. Irrtum.
Moritz, heute 18 Jahre alt |

Mattes, Wolfgang u. a.: Politik erleben – Sozialkunde, Schöningh Verlag, Braunschweig, 2007, S. 55

M4 Sind Scheidungskinder gegenüber anderen Kindern benachteiligt?

Remo H. Largo, Professor für Kinderheilkunde und Vater von drei Kindern, beantwortet die Frage mit „Nein": „… Dass die Betreuung des Kindes erhalten bleibt, ist die wichtigste Voraussetzung bei einer Trennung. Ich kenne Familien, da war das Kind durch die Scheidung in seinem Wohlbefinden und in seiner Entwicklung überhaupt nicht beeinträchtigt. … Wir haben herausgefunden, dass sich in Scheidungsfamilien, in denen es den Kindern gut geht, die Eltern gegenseitig bei der Kinderbetreuung unterstützen. Ihnen ist es gelungen, ihre negativen Gefühle zueinander weitgehend abzubauen.

Claus Peter Simon, Können Scheidungskinder glücklich werden? In: Geo Wissen 2004, Nr. 34, Verlag Gruner und Jahr, S. 115 ff.

Aufgaben
1. Erkären Sie die Aussage des Schaubilds mit eigenen Worten (M2).
2. Stellen Sie die wichtigsten Regeln der Trennung und Ehescheidung zusammen (M1).
3. Versetzen Sie sich in die Lage der drei Jugendlichen und sprechen Sie über deren Erfahrungen (M3).

2.5 Sozialisation und Erziehung

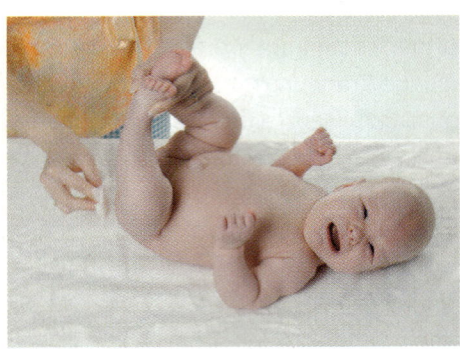

M1 Kaiser Friedrich II. wollte um 1286 die Ursprache der Menschen herausfinden. Eine Chronik berichtet über dieses mittelalterliche Experiment: „Und deshalb befahl er den Ammen und Pflegerinnen, sie sollten den Kindern Milch geben, dass sie an den Brüsten säugen möchten, sie baden und waschen, aber in keiner Weise mit ihnen schön tun und zu ihnen sprechen. Er wollte nämlich erforschen, ob sie die hebräische, als älteste, oder Griechisch oder Latein oder Arabisch oder aber die Sprache ihrer Eltern sprechen, die sie geboren hatten. Aber er mühte sich vergebens, weil die Knaben und anderen Kinder alle starben. Denn sie möchten nicht zu leben ohne das Händepatschen und das fröhliche Gesichterschneiden und die Koseworte ihrer Ammen und Näherinnen."

Verständigung: Ein zehn Jahre alter, tauber spanischer Junge, der die bisherige Zeit seines Lebens unter Hühnern verbrachte, hat die Verhaltensweise der Tiere angenommen. Das Kind, das jetzt in einem Heim lebt, befand sich ständig unter den Tieren, wenn seine Eltern auf die umliegenden Felder ihres entlegenen Heimatortes im Nordwesten Spaniens zur Arbeit gingen. Wie die Ärzte des Gehörlosenheimes mitteilten, imitiert der Junge noch immer die Flügelbewegungen der Tiere mit seinen Armen und wirft beim Trinken den Kopf in den Nacken. Zudem hat er die Fähigkeit entwickelt, lange auf einem Bein stehen zu können.

(Seidel, Michael: Erziehung wozu? Diesterweg-Modelle für den politischen Unterricht, Frankfurt a. Main, 1979, S. 16f.)

Sozialisation = Übernahme von Rollen und Normen der Gesellschaft

Sozialisation ist die Prägung des Menschen durch seine menschliche Umwelt. Sie ist ein lebenslanger Prozess. Babys sind viel mehr als z.B. Affenbabys auf die Fürsorge ihrer Umgebung angewiesen. Erst ungefähr ein Jahr nach seiner Geburt hat sich der Säugling bis zu einem Stadium entwickelt, in dem andere höhere Säugetiere bereits geboren werden.

In den ersten Monaten braucht das Baby nur Nahrung, Pflege, Sicherheit und liebevolle Zuwendung durch die Eltern. Erst im Umgang mit seiner Umwelt und durch Nachahmung erwirbt es z.B. die Muttersprache, Tischmanieren oder auch die Beherrschung seiner Gefühle. Der Grundstein für eine erfolgreiche Sozialisation wird in den ersten Lebensjahren gelegt. In dieser Phase seines

Impuls = Anregung

Lebens ist das Kind besonders empfänglich für Impulse seiner Umwelt. Es knüpft erste Kontakte zu anderen Menschen. Die Erfahrungen, die es dabei macht, sind entscheidend dafür, wie es sich in seinem späteren Leben gegenüber anderen Menschen verhält; ob es auf Menschen zugeht, ob es aufgeschlossen, optimistisch, ängstlich oder kontaktunfähig ist. In der Regel vermitteln die Eltern und die übrige Familie dem Kind das Gefühl, geborgen zu sein und geliebt zu werden. Dieses Urvertrauen wirkt sich entscheidend auf die körperliche, geistige und gefühlsmäßige Entwicklung des Kindes aus.

Wichtig neben der liebevollen Zuwendung ist die dauerhafte und zuverlässige Versorgung und eine intensive Kommunikation. Auch die geistigen Fähigkeiten und speziellen Begabungen entwickeln

sensibilisieren = empfindlich machen

sich in den ersten Lebensjahren. Die fünf Sinne des Kindes müssen sensibilisiert und angeregt werden, die Neugierde des Kindes muss geweckt werden und es muss motiviert werden selbstständige Erfahrungen zu machen. Bereits in der Familie wird das Kind vorbereitet, später verschiedene soziale Rollen* zu übernehmen. Unbewusst behandeln Eltern Mädchen ganz anders als kleine Jungen, z.B. bekommen Mädchen Puppen und Jungen Autos zum Spielen.

Familie

M2 Erziehungsstile

Erziehung = bewusstes Einwirken auf Sozialisation

„Mein Vater war die absolute Autorität im Haus. Beim Essen durften wir Kinder nicht reden. Wenn ich meine Hausaufgaben nicht perfekt gemacht habe oder mit meiner Schwester gestritten habe, bekam ich Ohrfeigen von meinem Vater. Meine Mutter hat mich eher mit Schweigen oder Wegsperren bestraft. Diskutiert wurde bei uns nicht. Mein Vater hatte auf alle Fälle immer Recht. Wenn wir z. B. mit unserer Ritterburg spielten, mussten wir alles, was wir mühevoll aufgebaut hatten, sofort entfernen, wenn Vater nach Hause kam. Ich brauchte in der Schule lange, bis ich mich traute, die eigene Meinung zu sagen und mich gegenüber anderen durchzusetzen."

„Meine Eltern waren begeistert von den Ideen der Studenten der 68er Jahre. Sie sind selbst autoritär erzogen worden und wollten es bei mir besser machen. Ich durfte alles, was ich wollte, ich kannte keine Grenzen. Noch als Dreijährige, so zeigen Fotos, verschmierte ich Spinat und andere „Lieblingsspeisen" auf dem ganzen Tisch und sogar an den Wänden. Mama fand das in Ordnung. Es gab keine Verbote, oft gab es endlose Diskussionen, fast immer hatte ich den längeren Atem und siegte. In der Schule konnte ich mich nicht in die Klassengemeinschaft einfügen, ich wollte nicht mitarbeiten, störte ständig den Unterricht und bekam schlechte Noten, ich war Außenseiterin. Doch irgendwann packte mich der Ehrgeiz, ich war ja intelligent, ich wurde immer besser und statt Außenseiterin wurde ich Klassentyrann. Ich habe mein Führungsrolle genutzt und von den Schwächeren absoluten Gehorsam verlangt. Ich brauchte unbedingt Anerkennung."

„Bei uns gibt es einige Regeln, an die man sich unbedingt halten muss. Meine Geschwister und ich müssen im Haushalt helfen, Spülmaschine ausräumen und Bad putzen sind meine Aufgaben, mein Vater ist für den Müll und die Getränke zuständig. Wenn ich meine Arbeit für die Schule ordentlich erledige, kann ich frei über meine Freizeit entscheiden. Probleme gibt es eigentlich nicht, außer beim Weggehen, da muss ich immer Kompromisse schließen. Habe ich Probleme, kann ich sie mit meinen Eltern eigentlich immer besprechen. Natürlich gibt es auch mal Krach, aber danach sind wir schnell wieder versöhnt. Meine Eltern können Fehler zugeben und geben mir das Gefühl, akzeptiert zu sein."

Das Zauberwort heißt Kompromiss

Reibereien und festgefahrene Situationen im Familienalltag kennen alle Familien nur zu gut. Thomas Gordon hat das Modell einer „Familienkonferenz" entwickelt. Hierbei sollen Probleme nicht durch Macht oder Überredung gelöst werden, sondern durch Zuhören und Ich-Botschaften. Dazu gehört:

- Wünsche klar, eindrücklich und wirksam äußern;
- aktiv zuhören, d. h. dem Gegenüber durch Mimik und Gestik sowie durch gelegentliche Zusammenfassungen signalisieren, dass man seinen Worten folgt und was man verstanden hat;
- mit Widerstand umgehen: Widerstand nicht brechen, sich aber auch nicht beugen;
- Konflikte in der Familie verstehen und ohne Anwendung von Macht lösen;
- Lösungswege beschreiben, bei denen weder Eltern noch Kinder unterliegen.

Das Ziel aller dieser Bemühungen ist ein partnerschaftliches Miteinander in der Familie.

M3

„Erzieh mich doch, erzieh mich doch!"

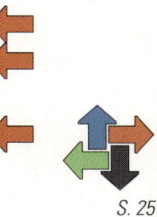

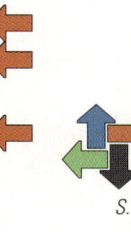

Aufgaben

1. Entwerfen Sie ein Flugblatt für eine Elterninitiative: Ratschläge für junge Eltern.
2. Sammeln Sie Beispiele für misslungene Sozialisation von Kindern heute und diskutieren Sie über mögliche Folgen.
3. Stellen Sie die drei unterschiedlichen Erziehungsstile an Beispielen im Rollenspiel dar (M2).
4. Welche Problematik aus Sicht des Kindes und aus Sicht der Mutter wird in der Karikatur angesprochen (M3)?
5. Vergleichen Sie Erziehungsstile und Erziehungsziele aus der Geschichte Ihres Heimatlandes und anderen Kulturen.

S. 25

3 Kulturelle Vielfalt

3.1 Migration – ein altbekanntes Phänomen

M1 Schlagzeilen aus Vergangenheit und Gegenwart:
- Deutsche ziehen nach Russland – der Ruf der Zarin Katharina II. (1762–1796)
- Aufbruch in die neue Welt – Massenauswanderung nach Amerika – nach Missernten, Mäuse-, Hagel- und Hungerjahren – 1815–1914: 5,5 Millionen Deutsche nach Amerika
- 1912: 270 000 Polen im Ruhrgebiet
- Flucht aus Nazideutschland – Juden, linke Politiker und Künstler
- Flucht und Vertreibung nach dem II. Weltkrieg – Über 12 Millionen Menschen suchen eine neue Heimat.
- Ohne Gastarbeiter kein Wohlstand! 1964 Empfang des einemillionsten Gastarbeiters Armando Rodriguez aus Portugal
- Weltweit Flüchtlinge und Asylbewerber
- Nach Zerfall des Kommunismus kehren viele Deutschstämmige aus Polen, Rumänien und der ehemaligen UdSSR nach Deutschland zurück.

M2 Mikrozensus 2005: Die verborgene Vielfalt der Deutschen

Was schon seit längerem bekannt ist, ist jetzt mit Zahlen belegt. Die Bevölkerung Deutschlands ist multikultureller denn je: Fast jeder Fünfte ist ausländischer Herkunft.

Zum ersten Mal wurde die Kategorie „Personen mit Migrationshintergrund" vom Statistischen Bundesamt in den Mikrozensus 2005, die sogenannte „kleine Volkszählung", eingeführt. Dadurch wird ein genaueres Bild der Vielfalt der Bevölkerung in Deutschland jenseits von „Ausländerstatistiken" vermittelt. Diese Datenerfassung ist wichtig, da sie die reale ethnische Vielfalt der deutschen Gesellschaft dokumentiert, die nicht allein an der Staatsangehörigkeit festgemacht werden kann. Dem Mikrozensus zufolge lebten 2005 rund 15,3 Millionen Menschen mit Migrationshintergrund in Deutschland.

Heinrich Böll Stiftung, Berlin, www.migration-boell.de/web/migration/46_795.asp, Zugriff: 5.12.2007

M3 Wiesbaden, 04.05.2007 Das statistische Bundesamt hat jetzt weitere Daten aus dem Mikrozensus 2005 zur Bevölkerung mit Migrationshintergrund in Deutschland ausgewertet. Am höchsten ist ihr Anteil an der Gesamtbevölkerung in Großstädten, vor allem in Stuttgart mit 40 %, in Frankfurt am Main mit 39,5 % und in Nürnberg mit 37 %. Bei den unter 5-Jährigen liegt dieser Anteil bei über 60 %, unter anderem in Nürnberg (67 %).
Fast 62 % der nach Deutschland Zugewanderten kommen aus Europa: Die neun wichtigsten Herkunftsländer sind die Türkei (mit 4,2 % aller Zugewanderten), die Russische Föderation (9,4 %), Polen (6,9 %), Rumänien sowie Serbien und Montenegro (jeweils 3 %), Kroatien (2,6 %), Bosnien und Herzegowina (2,3 %) und Griechenland (2,2 %)

Statistisches Bundesamt, Wiesbaden, Pressemitteilung vom 4.5.2007

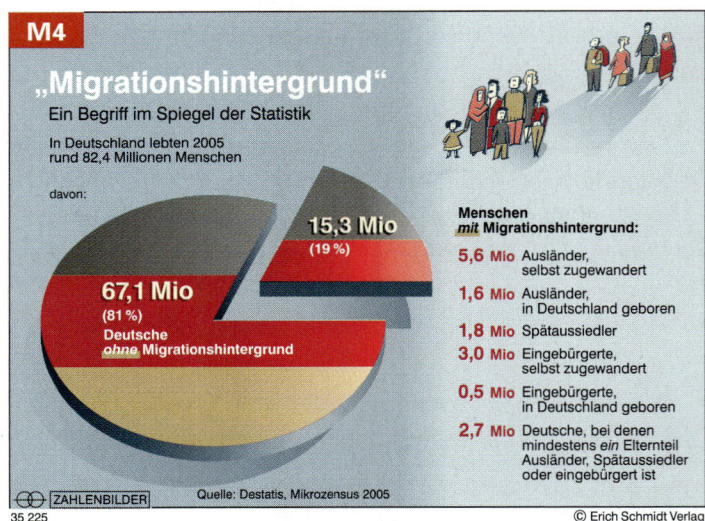

M4 „Migrationshintergrund" – Ein Begriff im Spiegel der Statistik

---

Aufgaben
1. Finden Sie Gründe, weshalb Menschen zu allen Zeiten ihre Heimatländer verlassen haben und verlassen (M1). Informieren Sie sich z. B. mithilfe eines Geschichtsbuches.
2. Formulieren Sie eine Definition, was man unter Migrationshintergrund versteht.

Kulturelle Vielfalt

3.2 Vorurteile gegenüber Fremden

Zwei Schülerinnen erzählen:

M1 Christina M.: „Ich bin die Christina und am 28.09.1991 in Tadschikistan geboren, aber hier in Deutschland aufgewachsen. Wir sind am 27.09.1992 nach Deutschland gezogen, also war ich genau ein Jahr alt und kann mich an meinen Geburtsort eigentlich gar nicht mehr erinnern.
Ich bin zweisprachig aufgewachsen. Ich spreche russisch und deutsch.
Als ich in den Kindergarten kam, konnte ich ja noch kein Deutsch, sondern nur Russisch, doch jetzt kann ich Deutsch besser als Russisch, da mein Umfeld eigentlich deutsch war. Die Kinder im Kindergarten, in der Schule und auch meine derzeitige Clique sprechen deutsch und genauso deutsch fühle ich mich auch. Meine Familie lebt nach der deutschen Kultur, doch wir behalten immer die russische Kultur und die Bräuche im Kopf. Meine Familie redet meist russisch mit mir, sodass ich meine Muttersprache ja nicht vergesse. Aber das stört mich nicht, denn ich will sie ja auch nicht verlernen. Es ist mir wichtig, dass ich russisch sprechen kann, denn es ist doch ein Teil von mir. Ich bin sehr zufrieden, so wie ich lebe, keiner grenzt mich aus und das hat auch noch niemand, nur weil ich nicht hier geboren bin."

Ela S.: „Als ich nach Deutschland kam, war ich 11 Jahre alt. Da mein Vater hier eine Arbeit hatte und wir ihn nicht oft sahen, hat meine Mutter beschlossen, nach Deutschland zu ziehen. Es war ein seltsames Gefühl und am Anfang auch sehr hart für uns. Ich hatte sehr viele Freunde in Oberschlesien, wo ich gewohnt hatte. Ich ging bis zur vierten Klasse in Polen zur Schule und meine Deutschkenntnisse waren mehr als schlecht, denn ich konnte überhaupt kein Deutsch. Als wir dann in Deutschland waren, konnte ich nur einen Satz, den mir meine Mutter beigebracht hatte: Ich nicht verstehen Deutsch. Ich ging auf die Martinsschule in eine Übergangsklasse für Kinder, die die Sprache nicht beherrschen. Da habe ich mich schnell eingelebt und viele Freunde gefunden. Wir haben uns alle gegenseitig geholfen und irgendwann ging es bergauf mit meinen Sprachkenntnissen. Nach einem Jahr wechselte ich auf das Gymnasium Seligenthal, das ich immer noch besuche. Die Zeit war hart und wir waren oft in Oberschlesien meine Familie besuchen. Aber jetzt, nach fast sechs Jahren, geht es mir bestens. Ich vermisse zwar meine Familie immer noch und wir fahren sie oft besuchen, aber zurückziehen würde ich nicht mehr, da ich eine tolle Klasse habe und viele, viele Freunde, die durch nichts zu ersetzen sind. Deutschland ist einfach cool."

M2

M3 **Fremde sind Leute**

Fremde sind Leute, die später gekommen sind als wir: in unser Haus, in unseren Betrieb, in unsere Straße, unsere Stadt, unser Land.
Die Fremden sind frech: die einen wollen so leben wie wir, die anderen wollen nicht so leben wie wir. Beides ist natürlich widerlich.
Alle erheben dabei Ansprüche auf Arbeit, auf Wohnungen und so weiter, als wären sie normale Einheimische.
Manche wollen unsere Töchter heiraten, und manche wollen sie sogar nicht heiraten, was noch schlimmer ist.
Fremdsein ist ein Verbrechen, das man nie wieder gutmachen kann.

Gabriel Laub, in: das baugerüst Nr. 1/2001, S. 93

Aufgaben

1. Bilden Sie Dreiergruppen und interviewen Sie sich gegenseitig über Ihre Wurzeln. Stellen Sie dann Ihre/n Partner/-in in der Klasse vor.
2. Erfinden Sie je eine Sprechblase für die zwölf Personen in der Karikatur (M2). Was könnten die beiden Personen mit dem Koffer denken? Stellen Sie die Szene kurz dar.
3. Sammeln Sie Vorurteile, die Ihnen über Ausländer einfallen. Welche Vorurteile über Deutsche sind Ihnen bekannt?
4. Welche Eigenschaften und Verhaltensweisen werden in dem Gedicht „den Fremden" unterstellt (M3)?
Welche Einstellung hat Gabriel Laub selbst gegenüber Fremden? Woran merkt man das?

3.3 Ausländer und Deutsche

EU 2.2

Deutschsprachkurs für ausländische Schulkinder

Chinesische Uniabsolventin an der Universität Bonn

In unserer Gesellschaft gibt es verschiedene Gruppen von Ausländern und Migranten, z. B. Gastarbeiter, Asylbewerber, Spätaussiedler, Migranten aus EU-Staaten, Studenten aus Drittländern, Flüchtlinge aus Bürgerkriegsländern, Juden aus Russland.

Erwerb der deutschen Staatsangehörigkeit

M2 Die deutsche Staatsangehörigkeit wird erworben.

- Wenn jemand als Kind deutscher Eltern in Deutschland geboren wird, bekommt er mit seiner Geburt die deutsche Staatsangehörigkeit der Eltern. Das ist das Abstammungsprinzip. Der Grundsatz lautet: Ein Kind wird mit Geburt Deutsche oder Deutscher, wenn wenigstens ein Elternteil deutscher Staatsbürger ist. Die Staatsangehörigkeit des anderen Elternteils spielt für den Erwerb der deutschen Staatsangehörigkeit keine Rolle. Ist nur der Vater Deutscher und nicht mit der Mutter verheiratet, muss die Vaterschaft festgestellt werden, bevor das Kind das 23. Lebensjahr vollendet hat. Allerdings kann das Kind mit der Geburt zugleich die ausländische Staatsangehörigkeit des anderen Elternteils erwerben. Das Kind besitzt dann mehrere Staatsangehörigkeiten, es besteht Mehrstaatlichkeit. Das Kind bleibt jedoch auf Dauer deutscher Staatsbürger und kann nach deutschem Recht auf Dauer auch die andere Staatsangehörigkeit behalten.
- Seit 1. Januar 2000 gilt in Deutschland auch das Geburtsprinzip. Demnach bestimmt nicht allein die Nationalität der Eltern eines Kindes seine Staatsangehörigkeit, sondern auch der Geburtsort. Auch wenn beide Elternteile keine deutsche Staatsangehörigkeit besitzen, gilt: Wenn das Kind in Deutschland geboren wird, ist es automatisch mit der Geburt Deutsche oder Deutscher, wenn bestimmte Voraussetzungen erfüllt sind.
- Ein Elternteil muss sich seit mindestens acht Jahren gewöhnlich und rechtmäßig in Deutschland aufhalten und eine Niederlassungserlaubnis oder eine Aufenthaltserlaubnis-EU besitzen. [Wenn ein Elternteil Bürger/-in eines EU-Landes ist oder Staatsangehöriger von Island, Liechtenstein, Norwegen oder der Schweiz, wird d]as Kind [...] automatisch bei der Geburt Deutsche oder Deutscher und erwirbt jene Staatsangehörigkeit, die seine Eltern nach dem Abstammungsprinzip besitzen. Das Geburtsortprinzip gilt nur für Kinder, die am und nach dem 1. Januar 2000 geboren wurden.
- Kinder, deren Eltern nicht die deutsche Staatsangehörigkeit haben, die aber nach dem Geburtsortprinzip mit der Geburt Deutsche geworden sind und die mit der Geburt gleichzeitig die Staatsangehörigkeit ihrer Eltern erworben haben, müssen sich zwischen dem 18. und 23. Lebensjahr für eine der beiden Staatsangehörigkeiten entscheiden. Wenn das Kind sich entscheidet, die ausländische Staatsangehörigkeit zu behalten, verliert es die deutsche.

Die Beauftragte der Bundesregierung für Migration, Flüchtlinge und Integration (Hg.): Wie werde ich Deutsche(r)? 3. Überarbeitete Auflage, Bonn 2006, S. 22f. (leicht geändert)

Aufgabe
Finden Sie mithilfe von Lexika oder durch Internetrecherche eine Beschreibung für die einzelnen Gruppen von Ausländern und Migranten.

Kulturelle Vielfalt

M3 Einbürgerung

Wenn ein Ausländer dauerhaft in Deutschland lebt, kann er sich einbürgern lassen. Das geschieht nie automatisch, sondern nur auf Antrag, den die Eltern stellen. Ab dem 16. Geburtstag können jüngere Ausländer den Antrag selbst stellen. Der Antrag wird bei der zuständigen Einbürgerungsbehörde gestellt. Eine Einbürgerung kostet pro Person 225,00 EUR. Der Anspruch auf Einbürgerung ist von verschiedenen Voraussetzungen abhängig. Man braucht eine Niederlassungserlaubnis und muss seit acht Jahren gewöhnlich und rechtmäßig in Deutschland leben. Der Antragsteller muss vor der Einbürgerung Kenntnisse der deutschen Rechts- und Gesellschaftsordnung und der hiesigen Lebensverhältnisse nachweisen und ausreichende Deutschkenntnisse haben. Den Lebensunterhalt für sich und seine Familie muss er ohne Sozialhilfe und Arbeitslosengeld II bestreiten. In der Regel muss die alte Staatsangehörigkeit aufgegeben werden.

M4 Neues Zuwanderungsrecht

Der Bundestag hat am 15. Juni 2007 die Reform des Zuwanderungsgesetzes beschlossen. Damit werden elf aufenthalts- und asylrechtliche Richtlinien der Europäischen Union umgesetzt. Zudem haben zahlreiche integrationspolitische Erkenntnisse Eingang ins Gesetz gefunden: Der Bundesrat stimmte dem Gesetz am 6. Juli 2007 zu.

Beim Ehegattennachzug (zu Deutschen und in Deutschland lebenden Ausländern) gilt für beide Ehegatten grundsätzlich ein Mindestalter von 18 Jahren. Damit soll der Nachzug sehr junger Frauen und Mädchen, die zwangsverheiratet wurden, verhindert werden.

Zudem müssen künftig einfache deutsche Sprachkenntnisse vor der Einreise nachgewiesen werden, um insbesondere den nachziehenden Frauen die Integration in Deutschland zu erleichtern. Gefordert sind Sprachkenntnisse auf niedrigstem Niveau wie Antworten zu Fragen: „Haben Sie einen Schulabschluss?" oder „Arbeiten Sie zurzeit?"

Ausländerinnen und Ausländer, bei denen ein erkennbar geringer Integrationsbedarf besteht, sind vom Nachweis von Sprachkenntnissen befreit. Dies ist beispielsweise bei Personen der Fall, die einen Hoch- und Fachschulabschluss besitzen: Ausnahmen gelten auch für anerkannte Flüchtlinge, Bürgerinnen und Bürger der EU u. a.

Dauerhaft in Deutschland lebende Ausländerinnen und Ausländer werden in ihren Integrationsbemühungen durch sogenannte Integrationskurse unterstützt. (s. S. 24)

Bleiberecht: Ein Herzstück der Reform ist die sogenannte Altfallregelung für langjährig Geduldete (knapp 180 000 Personen). Geduldete sind Personen, die keinen Aufenthaltstitel haben, aber aus tatsächlichen oder rechtlichen Gründen nicht abgeschoben werden können. Das ist der Fall, wenn die Staatsangehörigkeit des/der Ausländer/in nicht geklärt ist. Geduldete bekommen ein Aufenthaltsrecht, wenn sie sich mindestens acht (Alleinstehende) oder sechs Jahre (Familien mit minderjährigen Kindern) in Deutschland aufhalten. Außerdem müssen sie ihren Lebensunterhalt selbst bestreiten, dürfen nicht straffällig geworden sein und müssen Deutsch können.

Opfer von Menschenhandel können künftig einen Aufenthaltstitel erhalten, der es ihnen ermöglicht, vorübergehend im Land zu bleiben. Ziel ist, für diese Personen Anreize zu schaffen, mit den zuständigen Strafverfolgungs- und Gerichtsbehörden zusammenzuarbeiten.

Aufgaben

1. Erstellen Sie ein Schaubild „Wie wird man Deutsche?"
2. Lösen Sie die Fälle und begründen Sie Ihr Ergebnis.
   - Hassan flüchtete im Mai aus dem Libanon mit dem Flugzeug nach Deutschland. Darf er einreisen?
   - Mary ist in Miami/Florida geboren. Der Vater ist Deutscher, die Mutter Haitianerin. Darf sie einreisen und in Deutschland bleiben?
   - Eine US-Amerikanerin und ein Mexikaner, die zu Besuch in München sind, bekommen ihr Baby überraschend hier. Hat das Kind ein Recht auf die deutsche Staatsbürgerschaft?
   - Vanessa aus Paris studiert in Deutschland, verliebt sich und möchte hierbleiben.
3. Recherchieren Sie im Internet über den gegenwärtigen Stand der Möglichkeiten des Zuzugs von ausländischen Fachkräften.

Globalisierung 5.1

3.4 Integration*

M1 Die Bayerische Staatsregierung hat am 08.04.2003 Leitlinien zur Integrationspolitik veröffentlicht.

Integration
- bedeutet gleichberechtigte Teilhabe am sozialen, kulturellen, gesellschaftlichen und wirtschaftlichen Leben in Deutschland.
- ist ein gegenseitiger Prozess. Alle Beteiligten müssen ihn wollen und aktiv daran arbeiten.
- verlangt Eigeninitiative und Eigenverantwortung.
- erfordert Bewusstsein und Bereitschaft der Zuwanderer, sich auf das Leben in Deutschland einzulassen.
- ist auf die Akzeptanz der einheimischen Bevölkerung angewiesen.

M2 MAMA LERNT DEUTSCH

In einem fremden Land heimisch zu werden, ist nicht leicht. Vor allem, wenn Sprachkenntnisse fehlen. Sie sind für eine Integration erste Voraussetzung. Ihre Herkunftsländer decken beinahe die gesamte Weltkarte ab und ihre Lebensgeschichten sind so unterschiedlich wie ihre Herkunft. Manche leben erst seit Kurzem in Deutschland, andere seit über 30 Jahren. – Ihre Sprachlosigkeit und soziale Situation einen sie.

Das Projekt „Mama lernt Deutsch" gibt es in Bayern bereits seit 2003. Es will mehr sein als ein Sprachkurs, praktische Lebenshilfe soll vermittelt werden. Die Teilnehmerinnen entwickeln soziale Kontakte am Lernort, erwerben Kenntnisse über das Schulsystem, bringen ihr Erfahrungswissen aktiv in den Alltag der Kinder mit ein und nehmen an Elternabenden teil. Auch werden Kenntnisse über die Behördensprache vermittelt.

Kristina Kalb, in: Elternzeitschrift des Bayerischen Kultusministeriums, S. 17, München, 3-4 2006 und SchulVerwaltung BY Nr. 12, 2003

M3 HAUS INTERNATIONAL in Landshut – eine Initiative stellt sich vor:

Initiative – Bürgerengagement – Bürgergesellschaft
Das Haus International ist eine Initiative, die für ein gleichberechtigtes und tolerantes Zusammenleben von einheimischen und zugewanderten Menschen eintritt, den interkulturellen Austausch fördert und den Bürgern mit Rat und Tat in Fragen des interkulturellen Zusammenlebens zur Seite steht. Die Mitarbeit im Haus international bietet viele Gestaltungsfreiräume für gelebtes Bürgerengagement. Migranten werden motiviert, sich selbst zu organisieren, ihre Situation zu analysieren und aktiv zu handeln (= Empowerment). Das Haus International ist ein Lern- und Spielort für Schulkinder, die hier ihre Hausaufgaben machen, ihr Deutsch verbessern, spielen, basteln usw. Neben der Hausaufgabenbetreuung gibt es Gruppen- und Freizeitangebote, in denen interkulturelles Lernen, Eigenverantwortung und Partizipation stattfinden. Zentrale Inhalte der Kinder- und Jugendarbeit sind das soziale Lernen, die Förderung von Toleranz und Handlungskompetenz und die Entwicklung von konstruktiven Problemlösungsstrategien. Das Haus International bietet Jugendlichen die Möglichkeit zur kreativen Freizeitgestaltung, zum Beispiel durch eine interkulturelle Kunstwerkstatt, die es seit 2005 gibt. Für Mädchen gibt es zusätzlich spezielle Mädchenangebote (Feste für „girls only", Mädchengruppen). Die Jugendlichen des Kinder- und Jugendclubs „Kids vom Orbankai" lernen, ihr eigenes Programm zu organisieren. Eigenverantwortung und Partizipation werden gefördert. ... Die Teilnehmer der interkulturellen Kinder- und Jugendgruppe treffen sich regelmäßig in den Gruppenräumen zum Musik hören, Spielen, zum Diskutieren und um sonstige Freizeitaktivitäten zu planen. Die Gruppe steht für ein freundschaftliches Zusammenleben von Kindern und Jugendlichen verschiedener Herkunft, für gegenseitiges Verständnis und voneinander lernen.

Hilfe zur Selbsthilfe

www.haus-int.de/hi08_1neu.htm, Anneliese Huber, 10.12.2007

Aufgaben
1. Informieren Sie sich, was man unter dem Begriff „Parallelgesellschaft" versteht.
2. Stellen Sie Voraussetzungen für eine gelungene Integration zusammen.
3. Besuchen Sie eine Initiative wie das Haus International in Ihrem Heimatort und stellen Sie vor der Klasse deren Ziele vor.

vgl. S. 176

Kulturelle Vielfalt

3.5 Wissen um andere Kulturen

M1 Ein türkisches Familiengeschäft, daneben eine italienische Eisdiele. Gegenüber betreibt ein Exil-Iraner einen Copyshop, und an der Ecke verkauft ein Kurde Zeitungen und Zigaretten. Zwischen den herrschaftlichen Altbauten ... finden sich spanische, indische und thailändische Restaurants, auch eine kölsche Schenke und eine romanische Kirche. Bunt ist das Sprachengemisch im Kindergarten und der naheliegenden Grundschule. Globalisierung bedeutet hier: kulturelle Vielfalt aus vielen Teilen der Welt.

Dabei umfasst Kultur mehr als nur die Künste. Kultur im weiten Sinne bezeichnet auch den Umgang miteinander, auf der Basis der geschriebenen, aber auch der vielen ungeschriebenen Gesetze, die sich aus den jeweiligen Sitten und Traditionen entwickelt haben. Das Verhältnis von jung und alt, von Mann zu Frau ist von Kultur zu Kultur oftmals verschieden, ebenso der Begriff von Zeit, vom Einzelnen und der Gruppe. Auch die Feste, die Musik und die Künste unterscheiden sich.

Kathinka Dittrich van Weningh: Kulturen zwischen Globalisierung und Regionalisierung, in: Informationen zur politischen Bildung, Nr. 280/2003, Globalisierung, S. 63.

M2 Neben Geburtstagen werden in Deutschland vor allem die beiden christlichen Feste Ostern und Weihnachten gefeiert, auch in Familien, die sonst eher areligiös leben, werden sie nach bestimmten Regeln gestaltet. Viele Familien mit Migrationshintergrund begehen Weihnachten nach den Bräuchen ihres Heimatlandes. Weihnachten ist in Italien ein Familienfest. Am 25. Dezember flitzen die Kinder zum Tannenbaum und zu der Krippe, um zu sehen, was „il Bambinello Gesu" gebracht hat. Beim Weihnachtsfestmahl am Abend gibt es Aal und Stockfisch und als Nachspeise „panettone", eine Art Kuchen mit Rosinen. Am 6. Januar werden die Kinder nochmals beschenkt, indem die gute Hexe „La Befana" auf ihrem Besen von Haus zu Haus fliegt und braven Kindern Geschenke bringt, bösen allerdings nur Kohlestücke.
In Russland nennt man den Weihnachtsmann „Väterchen Frost". Aufgrund des Julianischen Kalenders bringt er den Kindern erst am 7. Januar die Geschenke. Er wird begleitet von Schneeflocke und Babuschka. Sie werden mit Musik und Kuchen empfangen. Jedes Herz auf dem Kuchen steht für einen Wunsch, der in Erfüllung gehen soll.

Autorentext

M3 Erziehungstipps für die muslimische Familie

Sie wissen, dass wir zwei Feste im Islam haben: Eid al-Fitr (am Ende des Ramadan) – dieses Fest dauert drei Tage. Eid al-Adha (das Opferfest) – dieses Fest dauert vier Tage.
Bringen Sie in Erfahrung, wann die Feste stattfinden und erzählen Sie Ihrem Kind davon. So wecken Sie die Neugierde Ihres Kindes. Da Sie nun mit anderen Festen konkurrieren müssen, sollten Sie bedenken, dass Ihr Kind das islamische Fest mit seinen Erfahrungen mit anderen Festen aus dem Kindergarten oder in der Schule vergleichen wird. Es kann denken: „Die haben einen so schönen Baum, und was haben wir?", „Die bekommen so schöne Geschenke, einen Computer, ein Fahrrad, Inline-Skater ..., und was bekomme ich?"
Was halten Sie vom folgenden Vorschlag?
Schmücken Sie am Vorabend des Festes einen Tisch, sozusagen einen „Mâidatu-I-Eid" (Festtisch). Decken Sie diesen Tisch mit Obst, Süßigkeiten (Datteln, Feigen), Gebäck und Geschenken, von denen sich die ganze Familie und auch Gäste über die Festtage bedienen können. ... Sie können auch für die Anzahl der Feiertage Geschenke auslegen und sagen: „Dieses Fest dauert drei (oder vier) Tage. Du darfst jeden Tag ein Geschenk öffnen."
In allen Moscheen finden an den Festtagen Feierlichkeiten statt, diese Feiern werden für Familien und deren Kinder organisiert. Es finden dort unter anderem Koranlesungen, Erzählungen, Gesänge oder Theaterstücke statt. Man isst und trinkt gemeinsam und es gibt Geschenke für Kinder.
Sie können auch ... mit Ihrem Kind religiöse Gesänge singen oder Koranrezitation hören oder eine Musik einlegen, mit der Sie Ihrem Zuhause eine festliche Atmosphäre verleihen.

Islamisches Wissenschafts- und Bildungsinstitut, Hamburg, http://www.iwb-hamburg.de/familie.htm, Zugriff: 15.09.2007, gekürzt

Aufgaben

1. Fotografieren Sie Szenen in Ihrem Heimatort, die auf die kulturelle Vielfalt hinweisen. Gestalten Sie eine Schautafel.
2. Erzählen Sie im Stuhlkreis über Feste und Bräuche in Ihrer Familie.

4 Soziale Ungleichheit

4.1 Gleichheit im Staat – Ungleichheit in der Gesellschaft

Wir leben in einem Staat, der Bundesrepublik Deutschland. In diesem Staat sind alle Menschen als Staatsbürger/-innen gleich. Ein/e Topmanager/-in darf genauso wenig bei Rot über die Ampel fahren wie eine Putzkraft, und ein/e Richter/-in hat genauso eine Stimme bei den Wahlen wie ein Arbeitsloser/eine Arbeitslose. Frauen haben die gleichen Rechte wie Männer, Alte wie Junge (soweit sie 18 sind), Katholiken wie Protestanten, Moslems oder Menschen, die keiner Religionsgemeinschaft angehören.

Wir leben aber auch in einer Gesellschaft. Als Gesellschaftsmitglieder sind wir keineswegs gleich. Die einen sind reich, die anderen arm. Die einen haben studiert, die anderen nicht einmal die Hauptschule abgeschlossen. Die einen sind berühmt, für die anderen interessiert sich kein Mensch.

(Stratenschulte Eckart D., Unterschicht in Deutschland, Themenblätter im Unterricht, Nr. 62/2007, Bundeszentrale für politische Bildung, Bonn).

Aufgabe
Welche Aspekte der Gesellschaft werden auf den Fotos dargestellt? Diskutieren Sie anhand der Bilder, was Sie unter sozialer Ungleichheit verstehen.

4.2 Sozialstruktur der Gesellschaft

Soziologen betrachten, wenn sie die Gesellschaft beschreiben, einmal die Unterschiede, aber auch die Gemeinsamkeiten, nach denen die Gesellschaftsmitglieder klassifiziert werden können.

Im Mittelalter bis in das 19. Jahrhundert ist die Ständegesellschaft typisch. Seine Geburt und Herkunft bestimmen den Stand, dem der Mensch angehört, und damit auch seine Lebensweise, ein sozialer Aufstieg oder Abstieg ist kaum möglich.

Die Industrialisierung bringt eine neue Einteilung. Karl Marx spricht von der Klassengesellschaft, es gibt zwei Klassen: Besitzende und Nichtbesitzende, Bourgeoisie und Proletarier, die Verhältnisse kann nur eine Revolution lösen.

Nach dem Zweiten Weltkrieg werden Bildung, Beruf, Einkommen als Statusmerkmale angesehen, die die Grundlage bilden, um Menschen einer bestimmten Schicht zuzuordnen. Ein Mensch mit hoher Bildung hat eine gute Stellung im Beruf und damit ein hohes Einkommen. Insgesamt geht es der gesamten Gesellschaft besser, sodass viele Menschen der Mittelschicht zugeordnet werden.

Ende des 20. Jahrhunderts ändert sich das, es gibt immer noch einen Zusammenhang zwischen Bildung, Beruf und Einkommen, aber es gibt auch Ausnahmen: Viele Fußballspieler ohne Abitur verdienen oft ein Vielfaches von einem Wissenschaftler, der Taxi fährt. Deshalb sprechen Soziologen nicht mehr von Schichten, sondern von sozialen Milieus. In ihnen werden Menschen zusammengefasst, die sich in ihrer Lebensauffassung und Lebensweise ähneln. Die Menschen werden aufgrund ihrer Wertorientierung und ihrer Lebensziele, ihrer Einstellungen zu Arbeit, Freizeit und Konsum, zu Familie und Partnerschaft und wegen ihrer politischen Einstellung und ihrem Lebensstil einem bestimmten sozialen Milieu zugeordnet.

Soziologen sprechen von der Gruppe der Hedonisten. Diese haben einfache bis mittlere Bildungsabschlüsse, sie wollen nicht viel Zeit und Kraft in Bildung investieren. Sie wollen einfach nur Spaß haben, im Hier und Jetzt das Leben genießen. Sie sind konsumsüchtig und geben oft unkontrolliert ihr Geld aus.

Andere Soziologen betonen, dass es nicht nur Ungleichheiten zwischen den oberen und unteren Schichten gibt, sondern auch sogenannte horizontale Ungleichheiten zwischen Männern und Frauen, zwischen Alt und Jung, zwischen verschiedenen Generationen oder Regionen, Kinderreichen und Kinderlosen. Um die Vielgestaltigkeit der sozialen Ungleichheiten darzustellen, werden sie in sozialen Lagen zusammengefasst: Leitende Angestellte und höhere Beamte in Westdeutschland können aufgrund ihrer finanziellen Mittel ein relativ sorgenfreies und zufriedenes Leben führen. Langzeitarbeitslose dagegen haben materielle Sorgen, sind mit ihrer Situation unzufrieden und haben ein geringes Selbstbewusstsein.

Autorentext

Bildungschancen – ein Feld sozialer Ungleichheit

Die Chancengleichheit beim Zugang zur Bildung als gesellschaftliches Gut ist ein Gebot sozialer Gerechtigkeit. Unter Chancengleichheit versteht man, dass alle Kinder und Jugendlichen, entsprechend ihren Fähigkeiten und Leistungen, gleiche Chancen zum Erwerb mittlerer oder höherer Ausbildungsabschlüsse haben. Kriterien wie zum Beispiel Geschlecht, soziale Herkunft, Wohnort, Religion oder Nationalität sollen bei der notwendigen Auslese keine Rolle spielen.

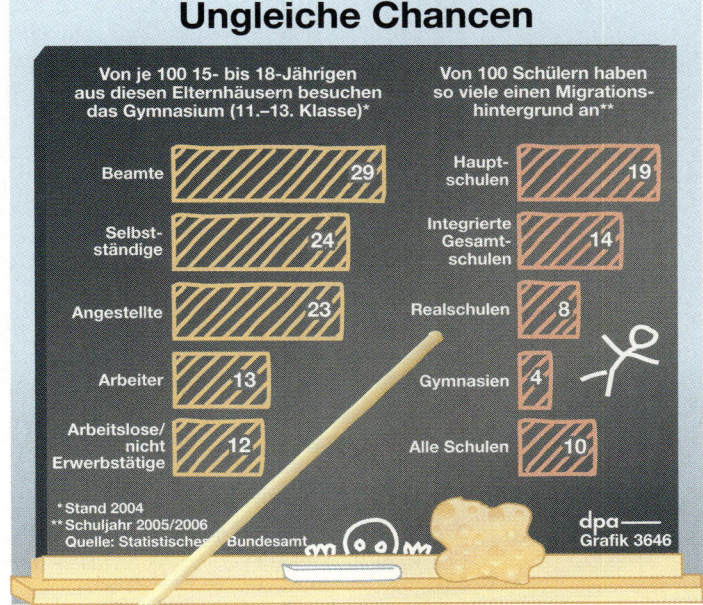

Aufgaben

1. Informieren Sie sich z. B. in einem Fachbuch für Geschichte oder im Internet über die mögliche grafische Darstellung von unterschiedlichen Gesellschaftsmodellen bzw. Milieus und stellen Sie diese in der Klasse vor.
2. Vergleichen Sie die ungleichen Bildungschancen von Kindern und Jugendlichen in Deutschland und in einem selbst gewählten anderen europäischen Land. Die Materialien werden von der Lehrkraft gestellt.

4.3 Armut in Deutschland ist Kinderarmut

Die Statistiker unterscheiden zwischen absoluter und relativer Armut. Absolut arm ist ein Mensch, der seine Grundbedürfnisse nicht decken kann, z. B. nicht genug zu essen hat. Relativ arm ist jemand, der über weniger als 60 % des Durchschnittseinkommens eines Landes verfügt. In Deutschland liegt die Armutsrisikogrenze 2004 bei 938,00 EUR für einen Einpersonenhaushalt; für einen Vierpersonenhaushalt mit zwei Kindern bei 1900,00 EUR. Natürlich kann die relative Armut in Deutschland nicht mit der Armut in der dritten Welt verglichen werden, denn den Menschen hier geht es immer noch besser als z. B. vielen Familien in Afrika, Indien oder Lateinamerika.

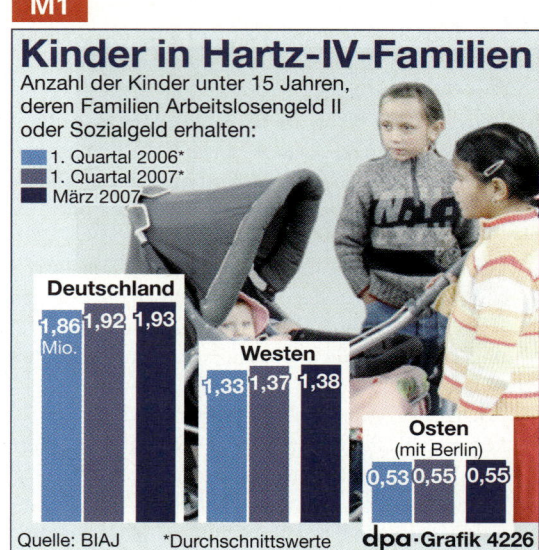

M1

M2 UNICEF, Deutscher Kinderschutzbund und Bündnis für Kinder fordern Aktionsplan gegen Kinderarmut.

Kinder sind häufiger arm als Erwachsene
Untersuchungen zeigen, dass die Kinderarmut in Deutschland, gemessen am durchschnittlichen Jahreseinkommen von Familien, im vergangenen Jahrzehnt deutlich schneller gestiegen ist als die Armutsrate in der übrigen Bevölkerung. Besonders schwierig ist die Situation in Familien mit nur einem Elternteil. Fast vierzig Prozent der Alleinerziehenden und ihre Kinder sind relativ arm und sie bleiben es auch oft sehr lange. Und Kinder aus Zuwandererfamilien wachsen deutlich häufiger in Armut auf als ihre deutschen Altersgenossen.

Kinderarmut reduziert Bildungschancen
Kinderarmut bedeutet aber mehr als materiellen Mangel. So wirken sich Einkommen und Bildungsstand der Eltern stark auf den Schulerfolg aus. Viele benachteiligte Familien sind nicht in der Lage, ihre Kinder ausreichend zu fördern und zu motivieren, damit sie die Schule erfolgreich bewältigen. Immer mehr Kinder verlassen die Schule ohne einen Abschluss. Insbesondere ausländische Kinder und Jugendliche sind davon betroffen.

Kinderarmut schließt Kinder aus
Kinder, die in relativer Armut aufwachsen, haben deutlich weniger Möglichkeiten, am sozialen und kulturellen Leben teilzunehmen als ihre Altersgenossen. Ob Schwimmen gehen, Kinderkino und -theater, Zoobesuche oder Sportverein: All diese Aktivitäten werden für sie immer unerschwinglicher – obwohl diese gerade für benachteiligte Kinder besonders wichtig sind. Während in den Mittelschichten Kommerzialisierung der Kinder- und Jugendkultur vom Mobiltelefon über Markenkleidung bis zur Trendfrisur und Diskobesuchen voranschreitet, wird Fernsehen für viele arme Kinder zur Freizeitbeschäftigung Nr. 1.

Kinderarmut beeinträchtigt die Gesundheit
Armut, mangelnde Bildung und sozialer Ausschluss verstärken sich gegenseitig und beeinträchtigen die gesamte körperliche und geistige Entwicklung von Kindern. Schlechte oder einseitige Ernährung und Bewegungsmangel führen zu körperlichen Auffälligkeiten wie Müdigkeit, Konzentrationsproblemen und Übergewicht. Viele Kinder aus benachteiligten Wohnvierteln weisen bereits bei der Einschulung Defizite bei Feinmotorik, Grobmotorik und Sprachfähigkeit auf.

Kinderarmut raubt Selbstbewusstsein und Hoffnung
In einer vergleichsweise wohlhabenden Umgebung aufzuwachsen macht den Kindern und Jugendlichen schmerzlich bewusst, was für sie alles unerreichbar ist. Weil ihre Eltern resigniert haben, lernen sie zu Hause nicht, wie sie ihre Situation verändern könnten. Oft sind sie voller Minderwertigkeitsgefühle, denn niemand sagt ihnen, dass sie gebraucht werden.

Deutscher Kinderschutzbund, Presseerklärung, 29.08.2006 unter: www.dksb.de/front_content.php?bzzug=21;44&idcatart =791&idcat=44, Jörg Angestein

Aufgaben
1. Informieren Sie sich über die Kinderarmut in der Dritten Welt.
2. Überlegen Sie, welche Spätfolgen sich für ein Kind, das in Armut aufwächst, ergeben können.

4.4 Straßenkinder in Deutschland – eine gesellschaftliche Randgruppe

Randgruppen sind Gruppen innerhalb einer Gesellschaft, die aufgrund bestimmter, den allgemein anerkannten herrschenden Normen* und Werten widersprechenden Merkmale von der Gesellschaft diskriminiert werden. Sie sind oft sozial geächtet, isoliert und stigmatisiert (gezeichnet). Gründe dafür liegen in der Tatsache, dass sie oft wenig verdienen oder für ihren Lebensunterhalt nicht selbst aufkommen können, und keinen Einfluss auf das gesellschaftliche und politische Leben haben. Sie sind Vorurteilen ausgesetzt und manche werden als Bedrohung für die Gesellschaft angesehen. Alkoholiker, Drogensüchtige, Strafgefangene, Arme und Obdachlose gehören zu diesen Randgruppen. Aber auch Gastarbeiter bzw. Angehörige fremder Kulturen können, wenn sie nicht in die Gesellschaft integriert sind, als Randgruppe bezeichnet werden, z. B. Roma und Sinti, früher abwertend als Zigeuner bezeichnet, oder auch Farbige.

Diskriminierung = Herabsetzung

Bei Straßenkindern handelt es sich um eine weltweite Erscheinung, also solchen Kindern und Jugendlichen, die aus verschiedenen Gründen – z. B. Gewalt in der Familie, sexuellen Missbrauchs, großer Armut – von Zuhause weglaufen. Sie müssen sich allein oder in Gruppen Gleichgesinnter durchschlagen.

Biografien:

Jan, 15 Jahre, will das Leben kennenlernen. Zuerst bricht er nach Köln auf, dann nehmen ihn Leute mit nach Berlin. Entweder übernachtet er bei sogenannten Freunden oder macht die Nächte durch – tagsüber schläft er im Park. Als es Herbst wird, verbringt er viel Zeit in den sozialen Anlaufstellen für Straßenkinder. Eine Streetworkerin kann sein Vertrauen gewinnen und hilft ihm, wieder Kontakt zu seinen Eltern aufzunehmen. – Ausgang ungewiss …	Marcel, 14 Jahre, haut in die Großstadt ab. Seinen Eltern sagt er, er wolle Arbeit suchen. Manchmal ruft er Zuhause an und erzählt Halbwahrheiten, die seine Eltern beruhigen sollen. Den Winter verbringt er ohne feste Bleibe, die Nächte in sozialen Einrichtungen oder Kellern, er dealt, jobbt gelegentlich und übersteht die selbst gewählte Situation mit reichlich Alkohol.	Anke lebt schon seit zwei Jahren auf der Straße. Sie ist jetzt fünfzehn. Sie hatte immer alles, außer einer intakten Familie. Die Mutter ist depressiv und reagierte nicht auf Ankes „Hilferufe". Eines Tages schnitt sie sich in den Arm und sagte: „Mama, es hört nicht auf zu bluten." Die Mutter reagierte nicht, Anke ging. … Einziger Halt ist ein Hund, dem sie das Überleben verdankt, wie sie sagt, denn sie muss sich um ihn kümmern. Da sie sich weder duschen noch ihre Kleidung säubern kann, verwahrlost sie immer mehr …	Silvia, 14 Jahre, läuft von Zuhause weg. Sie hat ein behütetes Leben geführt, ihre Eltern sind angesehene Bürger einer Kleinstadt, die alles dafür gäben, wenn ihre Tochter zurückkäme. Sie ist intelligent und würde ein gutes Abitur schaffen, aber sie ist nicht bereit, nach Hause zurückzukehren. Sie will weiter auf der Straße bleiben – für sie ein Inbegriff der Freiheit.

Nach Angaben von Radio Vatikan geraten jährlich 2 500 Kinder (2007) ab 12 Jahren in Deutschland auf die Straße. Sie stammen aus allen gesellschaftlichen Schichten und halten sich in der Anonymität der Großstädte wie Berlin oder Hamburg auf. Es drohen ihnen viele Gefahren: Sie infizieren sich mit Aids, Hepatitis C, werden drogensüchtig und auch kriminell durch Beschaffungskriminalität wie Diebstahl und Prostitution. Die Jugendämter der Großstädte haben keinen Zugriff auf diese Kinder und Jugendlichen, da die Arbeit der zuständigen Jugendämter Sache der Gemeinden ist. Terre des hommes berichtet von gegenwärtig 7 000 Straßenkindern in Deutschland und plädiert für den Ausbau von Anlauf- und Schlafstellen für die betroffenen Kinder.

Aufgaben
1. Nennen Sie Gründe, warum Kinder ihr Zuhause verlassen.
2. Überlegen Sie, welche langfristigen Folgen das Leben auf der Straße für sie hat.
3. Welche Lösungsmöglichkeiten bieten staatliche Institutionen und andere Organisationen an, um Kinderarmut zu bekämpfen?

4.5 Ungleichheit zwischen Jungen und Mädchen

M1 Unter dem Motto: „Jetzt sind wir dran!" wird darauf aufmerksam gemacht, dass lange Zeit Mädchen gefördert wurden (z. B. girl's day) und die Jungen gegenwärtig sowohl schlechtere Noten als auch schlechtere Schulabschlüsse erlangen. Besonders in Grund- und Hauptschulen haben sie kaum positive männliche Vorbilder – auch zu Hause können sich die Jungen nicht viel von ihren Vätern abschauen. Die meisten, 88 %, eilen morgens zur Arbeit und kehren erst spät abends wieder nach Hause zurück. Dies Situation hat weitreichende Folgen.

„Der Hausmeister ist an Schulen oft der einzige Mann."
„Buben sind streitlustiger als Mädchen und wollen Konkurrenz. Sie benötigen andere Formen der schulischen Förderung."
„Das männliche Rollenbild ist äußerst beschränkt. Wenn die Tochter Karate macht, ist das o.k., wenn der Sohn zum Ballett geht, nicht."
„Ein Grund für zunehmende Gewalt an Schulen: Jungen brauchen Bewegung, sollen aber immer still sitzen."

Kosog, Simone: Jetzt sind wir dran, Wissen, SZ 17, September 2007, S. 24 ff.

M2 Die Statistik sagt:

Ich schaue gerne fern oder Video (mind. 5 Stunden)	Ich lese gern	Ich lerne gern Mathematik
11,5 % der Jungen	45,8 % der Jungen	61,1 % der Jungen
3,5 % der Mädchen	68,0 % der Mädchen	44,6 % der Mädchen

M3

Schulbesuch im laufenden Schuljahr
Sonderschulen 63,2 % Jungen
Hauptschulen 56,2 % Jungen
Gymnasien 46,5 % Jungen

Bis 1970 galten die Mädchen als Bildungsverliererinnen

Schulabschlüsse Jungen 2005		
Deutschland	Bayern	Mecklenburg-Vorpommern
ohne Hauptschule		
10,2 %	9,9 %	13,7 % der Jungen
6,0 %	5,8 %	7,6 % der Mädchen
Hauptschule		
28,0 %	37,1 %	20,4 % der Jungen
21,5 %	29,3 %	15,1 % der Mädchen
Realschule		
40,1 %	36,1 %	45,7 % der Jungen
43,2 %	43,1 %	46,9 % der Mädchen
allgemeine Hochschulreife		
20,5 %	16,9 %	19,3 % der Jungen
27,9 %	21,7 %	29,2 % der Mädchen

Statistisches Bundesamt, GENESIS-Online, https://-genesis.destatis.de genesis/online/dWerteabruf, Zugriff 04.09.2007

M4 Mögliche Maßnahmen zur Förderung von Jungen
- nach Geschlechtern getrennter Unterricht in ausgewählten Fächern
- an speziellen Interessen und Bedürfnissen der Jungen ausgerichtete Unterrichtsinhalte
- Ermöglichung von Praktika in für Jungen bisher untypischen Berufsfeldern
- verstärkte Einstellung von Männern im Erziehungsbereich als Rollenvorbilder
- spezielle Informationsveranstaltungen analog zum bereits vorhandenen „Mädchentag"
- Vermittlung eines neuen Verständnisses der Jungen- und Männerrolle – Ausbildung zum Streitschlichter

Aufgaben

1. Finden Sie Gründe, weshalb Mädchen während der Schulzeit in der Regel erfolgreicher sind als Jungen.
2. Nehmen Sie kritisch zu den Vorschlägen zur besonderen Förderung von Jungen Stellung.
3. Diskutieren Sie im Fach Deutsch die Vor- und Nachteile der Koedukation*.

Soziale Ungleichheit

4.6 Ungleichheit zwischen Frauen und Männern

Renate Bremmert: „Ich (will) einfach mal die Behauptung wagen, wenn ein Abteilungsleiter, ein Staatssekretär oder ein Senator eine Frau in einer Führungsposition nicht haben will, wird sie es auch nicht – trotz gleicher Qualifikation und Landesgleichstellungsgesetz. Ich habe den Eindruck, dass da viel gekungelt wird (…), (damit) es eben diese Frau nicht wird, weil vielleicht ein Deal gemacht wird und und und …"

Renate Bremmert, Frauenbeauftragte in Berlin Neukölln – 2001, aus: Wochenschau Sek. II, Nr. 2 März/April 2005 S. 76

Berufliche Ungleichheit

Tatsächlich stehen jungen Frauen im Bereich der beruflichen Erstausbildung von 376 anerkannten Ausbildungsberufen 357 offen. Nur in 19 Ausbildungsberufen verbieten Schutzbestimmungen eine Ausbildung von Mädchen, z. B. in dem des Gießereimechanikers, Berg- und Maschinenmannes oder des Asphaltbauers. Dabei handelt es sich um Berufe mit großen Anforderungen an die Körperkraft oder mit negativen Umwelteinflüssen. Wissenschaftlerinnen haben in einer vom Hamburger Senat geförderten Studie herausgefunden, dass vor allem die Mütter die Töchter beeinflussen, wenn es um die berufliche Zukunft geht. Dabei wird z. B. die eigene Technikfeindlichkeit an die Töchter weitergegeben, sodass deren Berufswahl auf sogenannte klassische Frauenberufe fällt.

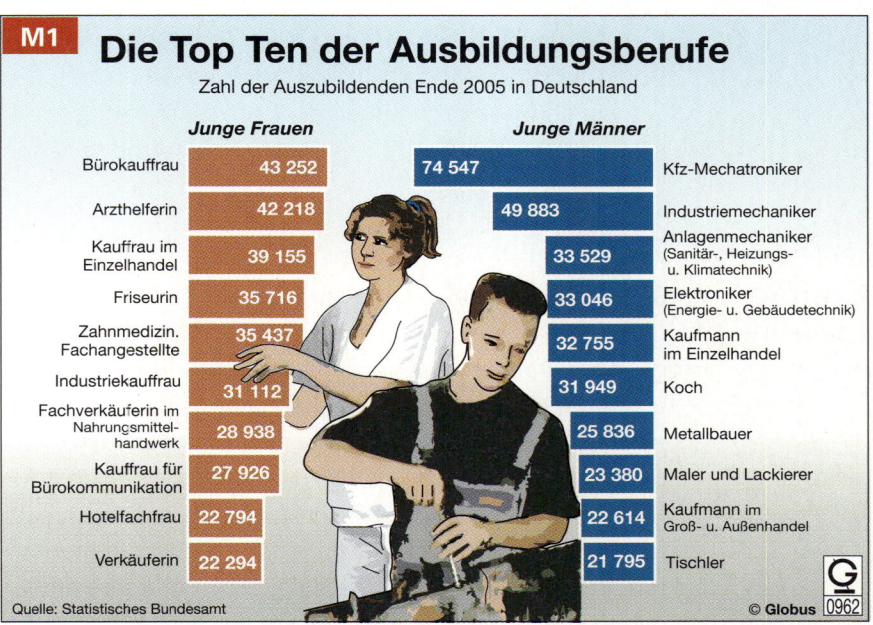

M1 Die Top Ten der Ausbildungsberufe – Zahl der Auszubildenden Ende 2005 in Deutschland

Junge Frauen		Junge Männer	
Bürokauffrau	43 252	74 547	Kfz-Mechatroniker
Arzthelferin	42 218	49 883	Industriemechaniker
Kauffrau im Einzelhandel	39 155	33 529	Anlagenmechaniker (Sanitär-, Heizungs- u. Klimatechnik)
Friseurin	35 716	33 046	Elektroniker (Energie- u. Gebäudetechnik)
Zahnmedizin. Fachangestellte	35 437	32 755	Kaufmann im Einzelhandel
Industriekauffrau	31 112	31 949	Koch
Fachverkäuferin im Nahrungsmittelhandwerk	28 938	25 836	Metallbauer
Kauffrau für Bürokommunikation	27 926	23 380	Maler und Lackierer
Hotelfachfrau	22 794	22 614	Kaufmann im Groß- u. Außenhandel
Verkäuferin	22 294	21 795	Tischler

Quelle: Statistisches Bundesamt © Globus 0962

Familiäre Ungleichheit

Partnerschaftlichkeit wird zwar hoch bewertet, sie hat aber bisher keineswegs zu einer Umverteilung der Hausarbeit geführt. Selbst bei Paaren, bei denen die Frau berufstätig ist, arbeiten Männer nur selten „partnerschaftlich" im Haushalt mit.

M2

Die Hausarbeiten der Männer		
mache ich nie %	**nur gelegentlich %**	**ist meine Sache %**
Bügeln 87	Aufräumen 72	Reparaturen 55
Wäsche waschen 79	Einkaufen 63	
Fenster putzen 73	Staubsaugen 61	
Nass wischen 66	Abtrocknen 57	
Wäsche aufhängen 64	Abwaschen 55	
Bad 57	Kochen 49	
Blumen pflegen 56	Müll beseitigen 39	

Quelle: Mitteilung für Frauen Nr. 3 1989, S. 19

Aufgaben

1. Werten Sie die beiden Schaubilder kritisch aus (M1, M2).
2. Finden Sie Beispiele, mit welchen weiteren beruflichen Schwierigkeiten sich Frauen auseinandersetzen müssen.

Merkkiste

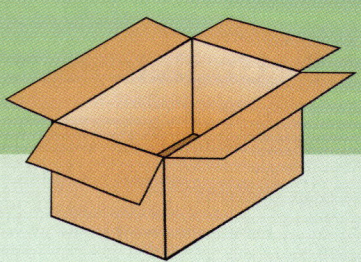

Alters-struktur

Altersstruktur ist die Darstellung der Bevölkerung nach Altersjahrgängen. Sie gehört zu den wichtigsten Kennzeichen einer Bevölkerung. Sie wird durch die Zahl der Geburten, Zahl und Alter der Gestorbenen und die Migration, d.h. in Deutschland vor allem durch Zuzug von Flüchtlingen, Gastarbeitern, Asylsuchenden und Spätaussiedlern bestimmt. Anhand der Altersstruktur können die Demografen (= Bevölkerungswissenschaftler) Aussagen über den Zustand und die Weiterentwicklung der Bevölkerung machen, z.B. wie viele Menschen sich im Rentenalter befinden, wie groß die Zahl der schulpflichtigen Kinder ist oder die Zahl der gebärfähigen Frauen. Während in den Industrienationen die Zahl der alten Leute steigt, die Geburten aber immer weniger werden und somit die Bevölkerung schrumpft, befinden sich viele Länder der Dritten Welt in einem schnellen Bevölkerungswachstum. Gründe für den Geburtenrückgang in Deutschland sind z.B. die veränderte Rolle der Frau in Wirtschaft und Gesellschaft und die Möglichkeiten, Familienplanung zu betreiben. Um die gegenwärtige Situation positiv zu beeinflussen, müssen Familien gefördert und unterstützt sowie die Zuwanderung von qualifizierten Arbeitskräften ermöglicht werden.

Familie

Seit Ende der 50er- und Anfang der 60er-Jahre des 20. Jahrhunderts setzt sich die Kleinfamilie als übliche Form des Familienlebens durch. Es ist das Zusammenleben von Mann und Frau in einer gesetzlich geschlossenen Ehe mit ihren in der Regel ehelichen Kindern. Die Partner haben aus Liebe geheiratet und wollen auf Dauer zusammenbleiben. Diese Form wird vom Staat durch den Artikel 6 des Grundgesetzes besonders geschützt. Auch heute, Anfang des 21. Jahrhunderts, ist die Kleinfamilie nach wie vor die häufigste Lebensform geblieben, daneben setzen sich neuere Modelle von Lebensgemeinschaften bzw. -partnerschaften mit und ohne Kindern durch, besonders ist ein Anstieg von Alleinerziehenden zu beobachten. Wichtige Veränderungen sind auch der spätere Zeitpunkt der Eheschließung, eine niedrigere Kinderzahl sowie häufigere Erwerbstätigkeit und wirtschaftliche Unabhängigkeit von Frauen und Müttern.

Die Familie hat wichtige gesellschaftliche Aufgaben zu erfüllen. Eine davon ist die Sozialisations- und Erziehungsfunktion. Sozialisation bezeichnet den Prozess des Hineinwachsens des Menschen in seine soziale Umwelt und deren Normen und Gebräuche. Erziehung ist das bewusste Einwirken der Eltern auf den Sozialisationsprozess.

Kulturelle Vielfalt

Die Zahl der Bundesbürger mit Migrationshintergrund steigt ständig. Seit 1945 hat Deutschland eine Reihe von „Einwanderungswellen" erlebt: Flüchtlinge und Vertriebene aus den ehemaligen deutschen Ostgebieten, bis 1961 ca. 3 Millionen DDR-Flüchtlinge; ab 1961 kamen verstärkt ausländische Arbeitskräfte, die sogenannten Gastarbeiter, dann über 2 Mio. deutsche Spätaussiedler aus Osteuropa und eine Vielzahl von Asylbewerbern, vor allem in den 90er-Jahren des 20. Jahrhunderts. Von den Zahlen her gesehen gehört Deutschland heute zu den bedeutendsten Einwanderungsländern. All diese Migrationsgruppen mussten und müssen in die Gesellschaft der Bundesrepublik Deutschland integriert (= eingegliedert) werden.

Die Probleme sind umso größer, je fremder die Zuwanderer sind oder erscheinen, im Hinblick auf Aussehen, Kultur, Religion und Lebensgewohnheiten. Auf beiden Seiten gibt es Ängste, Vorurteile, falsche oder mangelnde Informationen und Nichtverstehen von Verhaltensweisen. Um die anderen, die Fremden, besser kennenzulernen, muss man auf sie zugehen und versuchen ihre kulturellen Eigenheiten zu verstehen.

Die „Fremden" müssen bereit sein, die Gesetze der Bundesrepublik Deutschland anzuerkennen und sich um Integration bemühen. Eine Grundvoraussetzung ist das Erlernen der deutschen Sprache und die Bereitschaft, sich in das gesellschaftliche Leben einzubringen.

Gleichzeitig dürfen die Migranten ihre eigenen religiösen und kulturellen Bräuche, ihre Musik, ihre Art zu feiern usw. nicht aufgeben. In diesen Bereichen können die einzelnen Gruppen sich gegenseitig bereichern.

Soziale Ungleichheit

In jeder Gesellschaft gibt es Unterscheidungen nach den gesellschaftlichen Aufgaben und Funktionen der einzelnen Mitglieder. Die hierarchische Einteilung der Gesellschaft wird heute als soziale Ungleichheit bezeichnet. Die Kriterien, um Menschen einzuordnen, ändern sich im Laufe der Geschichte. In der mittelalterlichen Ständegesellschaft z. B. war die Herkunft entscheidend für das Ansehen und die Lebenschancen des Einzelnen.

Heute gelten als Kriterien Einkommen und Vermögen (= materielle Lage), Bildungsabschluss, Status (= Ansehen) des ausgeübten Berufs und die Chance, gesellschaftliche Macht und Einfluss auszuüben. Mit dem Begriff der „sozialen Lage" wird der Schichtbegriff erweitert. Neue Merkmale der Lebenslage wie zum Bespiel die Sicherung des Arbeitsplatzes, die Wohnsituation, das Ausmaß an Freizeit werden berücksichtigt, um die objektive soziale Lage und damit die Lebenschancen einzelner gesellschaftlicher Gruppen zu bestimmen.

Soziale Milieus zeigen, dass die Menschen mit ihren objektiven Lebensbedingungen sehr unterschiedlich umgehen. In Milieus werden Menschen zusammengefasst, die sich in ihren Einstellungen zu Politik, Beruf oder Familie, in ihrem Freizeitverhalten und in ihren Wertvorstellungen ähneln.

Bei Jugendlichen wird die Chancenungleichheit im Bildungsbereich immer wieder betont.

Projektvorschlag

Kulturelle Vielfalt an unserer Schule

Gestaltung eines internationalen Standes am Schulfest
Mögliche Vorschläge für Gruppenarbeiten

- Ermitteln der Anzahl der Schüler/-innen mit Migrationshintergrund
- Erstellen von Schautafeln zur Geschichte und zu Sehenswürdigkeiten des jeweiligen Herkunftslandes
- Vorstellen der eigenen Familienbiografie mithilfe eines Stammbaums, Familienfotos (in Verbindung mit Geschichte)
- Sammeln von Rezepten landestypischer Speisen – Erstellen eines internationalen Kochbuchs (in Verbindung mit Textverarbeitung)
- Vorstellen von Weltreligionen, deren Ursprung, ihre heutige Bedeutung und Verbreitung und ihrer wichtigsten Glaubensinhalte in Schrift und Bild (in Verbindung mit Religion und Ethik)
- Präsentation verschiedener Jugendbücher, die sich mit anderen Kulturen, dem Leben in anderen Ländern beschäftigen oder die Problematik des Zusammenlebens verschiedener Kulturen behandeln (in Verbindung mit Deutsch)
- Zusammenstellen eines Potpourris typischer Musik aus verschiedenen Ländern (in Verbindung mit Wahlfach Musik)

- Entwurf eines humorvollen Sketches, der sich mit typischen Vorurteilen gegenüber anderen Kulturen auseinandersetzt

Freiheitlich-demokratische Grundordnung

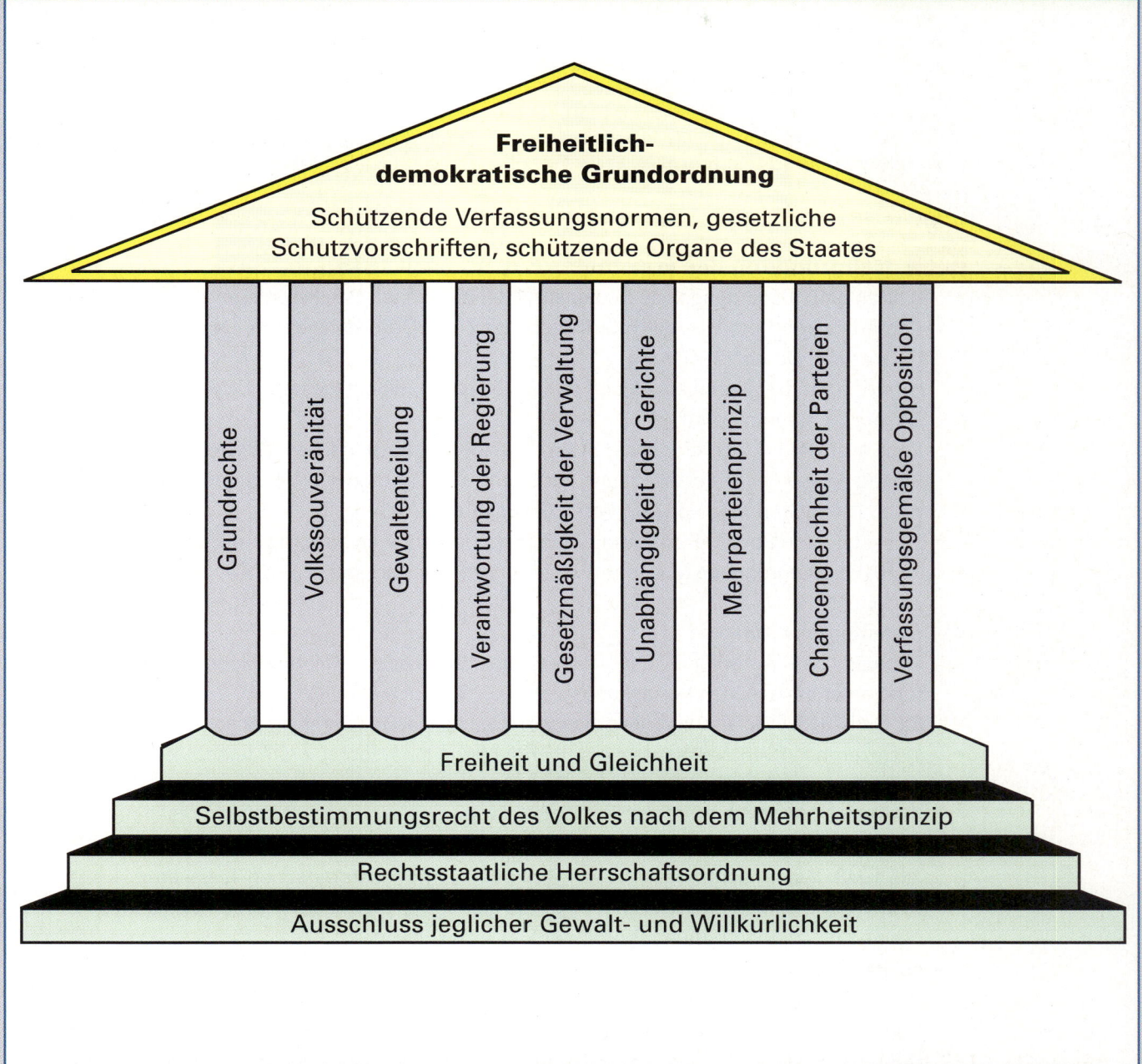

Quelle: Fritz Blumohr, Emil Hübner, Alois Maichel; Die politische Ordnung in Deutschland, Grundinformation, Politik, Bayerische Landeszentrale für politische Bildungsarbeit, München 2007, S. 53

Aufgabe
Klären Sie unbekannte Begriffe mithilfe eines Lexikons.

1 Staatsaufbau nach der Stunde Null

Aus einem Jugendlexikon:

M1 Ein Staat wird von Menschen eingerichtet und hat die Aufgabe, das Zusammenleben der Menschen zu ermöglichen. Alles, was Menschen auf dieses Ziel hin tun, ist Politik. Der größte und wichtigste Rahmen für Politik ist der Staat … Zu einem Staat gehören ein Staatsgebiet, ein Staatsvolk und die Staatsgewalt. Staatsgewalt setzt sich zusammen aus Gesetzgebung, Regierung und Rechtsprechung. Gesetzgebung bedeutet, dass Gesetze gegeben werden, nach denen sich das Zusammenleben der Menschen richten muss. Regierung heißt die Leitung eines Staates. Dazu gehört die Verwaltung. Rechtsprechung bedeutet, dass es Gerichte gibt und Richter, die dafür sorgen, dass die Gesetze eingehalten werden. Die Staatsgewalt kann unterschiedlich verteilt sein. Sie kann ganz in einer Hand oder in Händen einer kleinen Gruppe liegen, man spricht dann von einer Diktatur. Sie kann grundsätzlich bei allen Bürgern liegen, das ist der Grundgedanke der Demokratie. Die Bürger üben ihre Gewalt aus, indem Sie Vertreter in ein Parlament wählen, das die Gesetze beschließt.

in: Kammer Hilde, Bartsch Elisabet: Jugendlexikon Politik, Rowohlt, Reinbek bei Hamburg, 2. Auflage 2006, S. 201.

M2 Neugründung des Freistaates Bayern nach 1945

- 8. Mai 1945: bedingungslose Kapitulation der deutschen Reichsregierung
- Konferenz von Potsdam: Alliierte setzen vier Ziele: Demilitarisierung, Denazifizierung, Dezentralisierung, Demokratisierung
- zerstörte Städte, Unterversorgung der Bevölkerung, Flüchtlingselend, Wohnungsnot
- Besetzung Bayerns durch die Amerikaner
- Ende Mai 1945: F. Schäffer von den Amerikanern zum bayerischen Ministerpräsidenten ernannt
- Einsetzen von Bürgermeistern und Landräten zur kommunalen Selbstverwaltung
- Ende 1945: Gründung von Ländern, z. B. Bayern
- Zulassung von Parteien und Verbänden in den Westzonen auf örtlicher Ebene
- 1946: Wiedergründung alter und Entstehung neuer Parteien, z. B. CSU, SPD Bayern, Bayernpartei, FDP
- erste Kommunalwahlen
- Februar 1946: Amerikaner beauftragen Ministerpräsident Wilhelm Högner mit der Ausarbeitung einer bayerischen Verfassung
- 30. Juni 1946: Wahlen zur Verfassungsgebenden Landesversammlung, absolute Mehrheit für CSU
- 1. Dezember 1946: Volksentscheid über die neue Verfassung, erste Landtagswahlen
- 9. Dezember 1946: Inkrafttreten der Bayerischen Verfassung
- 21. Dezember 1946: Wahl von Dr. Hans Ehard zum bayerischen Ministerpräsidenten
- Wiedererrichtung der Staatsgewalt auf kommunaler und Länderebene vollendet
- Juli 1948: Westmächte beschließen Gründung eines westdeutschen Teilstaates
- Einberufung eines Parlamentarischen Rats auf Herrenchiemsee, Ministerpräsidenten der Länder und 65 Abgeordnete erarbeiten Verfassungsentwurf
- Mai 1949: Inkrafttreten des Bonner Grundgesetzes, Voraussetzung für die Errichtung einer deutschen Staatsgewalt, beschränkt auf die drei Westzonen, Bayerischer Landtag stimmt nicht zu
- August 1949: Wahl der Abgeordneten zum ersten Deutschen Bundestag
- September 1949: Wahl des ersten Bundespräsidenten und des ersten Bundeskanzlers, Bildung der ersten Bundesregierung

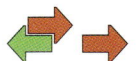

Aufgaben

1. Erklären Sie die Begriffe Demilitarisierung, Denazifizierung, Dezentralisierung und Demokratisierung mithilfe des Geschichtsbuchs.
2. Überlegen Sie, mit welchen Schwierigkeiten die Bürgermeister der Gemeinden in den ersten Nachkriegsjahren zu kämpfen hatten.
3. Recherchieren Sie, welche Schwierigkeiten sich beim Aufbau einer Demokratie, z. B. im Irak und nach dem Talibanregime in Afghanistan, ergeben und berichten Sie in einem Kurzreferat in der nächsten Stunde darüber.

2 Das Grundgesetz – unsere Verfassung

Das Grundgesetz bekennt sich, wie jede Verfassung, zu bestimmten rechtlichen und politischen Regeln und beschreibt die Grundordnung des Staates. Es bestimmt u. a., welche Rechte jeder Bürger hat, welche Aufgaben und Befugnisse das Parlament, die Regierung und die Gerichte haben und wie sie aufgebaut sind. Das Grundgesetz ist in 14 Abschnitte gegliedert, denen eine Präambel vorangestellt ist. Eine besondere Rolle kommt den Artikeln 1, 20 und 79 Abs. 3 GG zu. Artikel 1 und Artikel 20 enthalten alle Grundsätze unserer Verfassung, sie bilden den sogenannten Kern des Grundgesetzes. Eine Änderung der Artikel 1 und 20 ist nach Artikel 79 Abs. 3 GG unzulässig.

Präambel = feierliche Einleitung

2.1 Der unveränderliche Verfassungskern

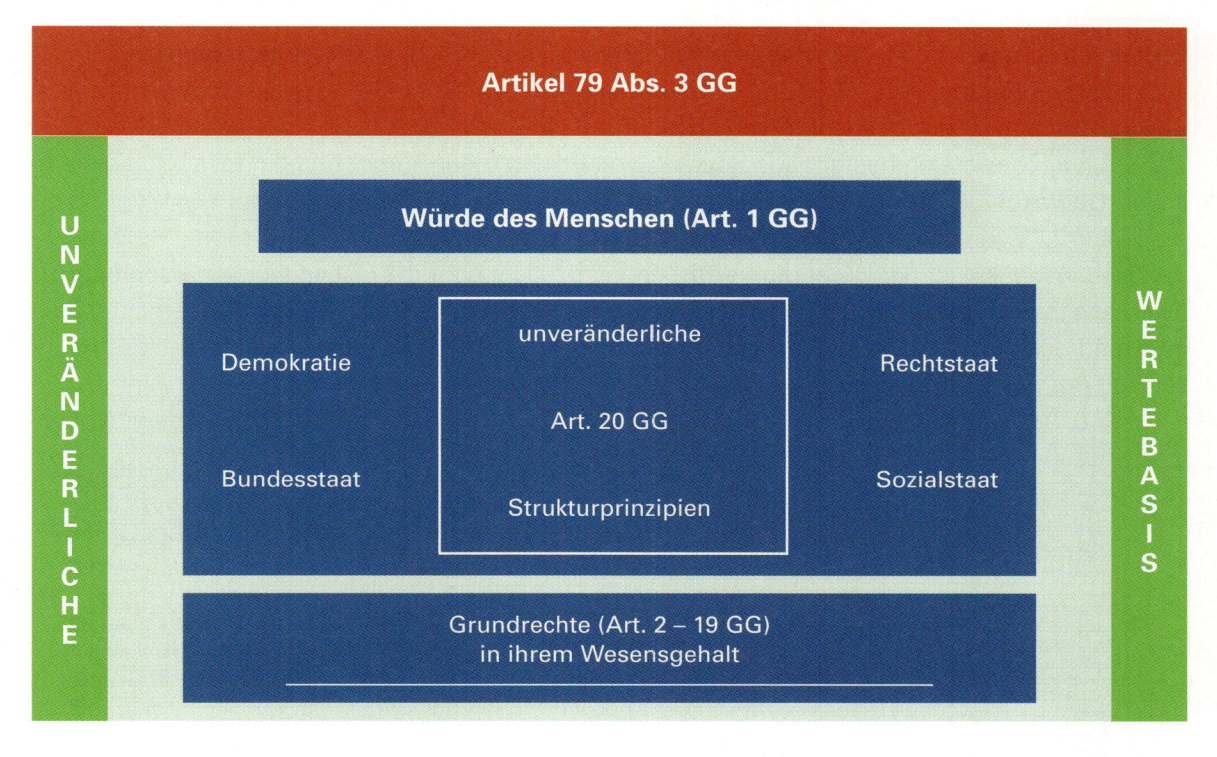

Artikel 79 Abs. 3 GG

UNVERÄNDERLICHE

Würde des Menschen (Art. 1 GG)

Demokratie — unveränderliche Art. 20 GG Strukturprinzipien — Rechtstaat

Bundesstaat — Sozialstaat

Grundrechte (Art. 2 – 19 GG) in ihrem Wesensgehalt

WERTEBASIS

Folgende Grundsätze lassen sich aus Artikel 20 GG, aber auch aus Artikel 28 GG ableiten.

- Prinzip der Demokratie (= Volkssouveränität): Die Herrschaft ist vom Willen des Volkes abhängig, eine Regierung braucht die Zustimmung der Mehrheit der Wähler.
- Prinzip des Rechtstaates: Regierung, Verwaltung und Gerichte sind in ihren Entscheidungen an das Recht, d. h. an die Verfassung und an die Gesetze gebunden.
- Prinzip des Sozialstaates: Politisches Handeln soll soziale Gerechtigkeit und die Gleichheit der Chancen aller Bürger verwirklichen.
- Prinzip des Bundesstaates: Die Bundesrepublik Deutschland besteht aus Bundesländern, denen in der Verfassung eigene Rechte und Pflichten zugewiesen werden.

Aufgaben
1. *Lesen Sie im Grundgesetz die Artikel 20, 28 und 79 Abs. 3 und geben Sie den Inhalt sinngemäß wieder.*
2. *Versuchen Sie diese Strukturprinzipien in einer Collage bildlich darzustellen.*

2.2 Menschen- und Grundrechte

„Der Mensch ist frei geboren …" J. J. Rousseau 1712–1778	„Alle Menschen sind frei und gleich an Würde und Rechten geboren …" UN-Menschenrechtserklärung Art. 1	„Die Würde des Menschen ist unantastbar, sie zu achten und zu schützen ist Verpflichtung aller staatlichen Gewalt." GG Art. 1, Abs. 1

Menschenrechte besitzt der Einzelne von Geburt an, sie sind Naturrechte, z. B. das Recht auf Leben, Freiheit und Gleichheit. **Grundrechte** sind in Verfassungen verpflichtend ausformulierte Menschenrechte und gelten für alle in einem Staat lebenden Menschen. Im Grundgesetz lautet die Formulierung: „Jeder Mensch hat das Recht …". Unsere **Bürgerrechte** sind nur Bundesbürgern der Bundesrepublik Deutschland vorbehalten, z. B. das Wahlrecht. Die Formulierung lautet daher im Grundgesetz: „Alle Deutschen haben das Recht …".

Grundrechte lassen sich in verschiedene Kategorien einteilen, z. B. in **Gleichheitsrechte** (Art. 3, 4 GG), **Freiheitsrechte** (Art. 2 GG) und in **Teilhaberechte** (Art. 9, 21 GG). Soziale Grundrechte werden im Grundgesetz nicht ausdrücklich erwähnt.

Der Grundrechtskatalog besteht aus Rechten und Pflichten der Bürger und bindet auch die staatlichen Gewalten an Recht und Gesetz. Im Art. 19, Abs. 4 GG wird dem Bürger die Möglichkeit eingeräumt, gegen den Staat zu klagen, wenn er sich in seinen Rechten verletzt sieht. Das Bundesverfassungsgericht ist der Hüter der Verfassung und wacht über die Einhaltung der Grundrechte. Die Menschenwürde liegt allen weiteren Freiheits-, Gleichheits- und Unverletzlichkeitsrechten, die im Grundrechtsteil festgeschrieben sind, zugrunde. Wichtig für den Bürger ist es, dass diese Rechte nach Art. 19, Abs. 4 GG einklagbar sind.

M1

M2 Was ist Menschenwürde?

Würde bedeutet Wertigkeit, Erhabenheit. Jeder Mensch besitzt aufgrund seiner Existenz einen Wert, den man schützen muss, nur dann können alle in einer Gesellschaft frei und gleichberechtigt leben. In unserer Verfassung steht deshalb: Die Würde des Menschen ist unantastbar.

Das bedeutet, dass jeder Mensch bestimmte Rechte hat, wie etwa Meinungsfreiheit oder Schutz vor Folter. Niemand darf einem anderen etwas Böses tun. Zum Schutz gibt es internationale Hilfsorganisationen, z. B. amnesty international. Denn nicht in jedem Land wird die Menschenwürde respektiert. Da gibt es Menschen, die wegen ihres religiösen oder politischen Glaubens verfolgt werden. In manchen Ländern werden auch Frauen schlechter behandelt als Männer.

http://www.focus.de/schule/lernen/lernatlas/olli/olli-fragt-aid-26677.html Martin Scherer, 10.12.2007

Aufgaben

1. Suchen Sie aus dem Grundgesetz Artikel heraus, die Menschen- und Bürgerrechte widerspiegeln.
2. Jedes Grundrecht beinhaltet für die Bürger auch Pflichten. Nennen Sie konkrete Beispiele für Pflichten der Bürger.
3. Nehmen Sie das Grundgesetz zur Hand und setzen Sie sich mit den Artikeln 1–19 in der Klasse auseinander. Wählen Sie ein Grundrecht aus und stellen Sie die Kernaussage als Collage dar.
4. Überlegen Sie, warum soziale Grundrechte (z. B. das Recht auf Arbeit) im Grundgesetz nicht ausformuliert sind.
5. Beschreiben Sie die Karikatur M1 und überlegen Sie, wo die Menschenwürde auch im privaten Bereich oft verletzt wird.

Das Grundgesetz – unsere Verfassung

M3

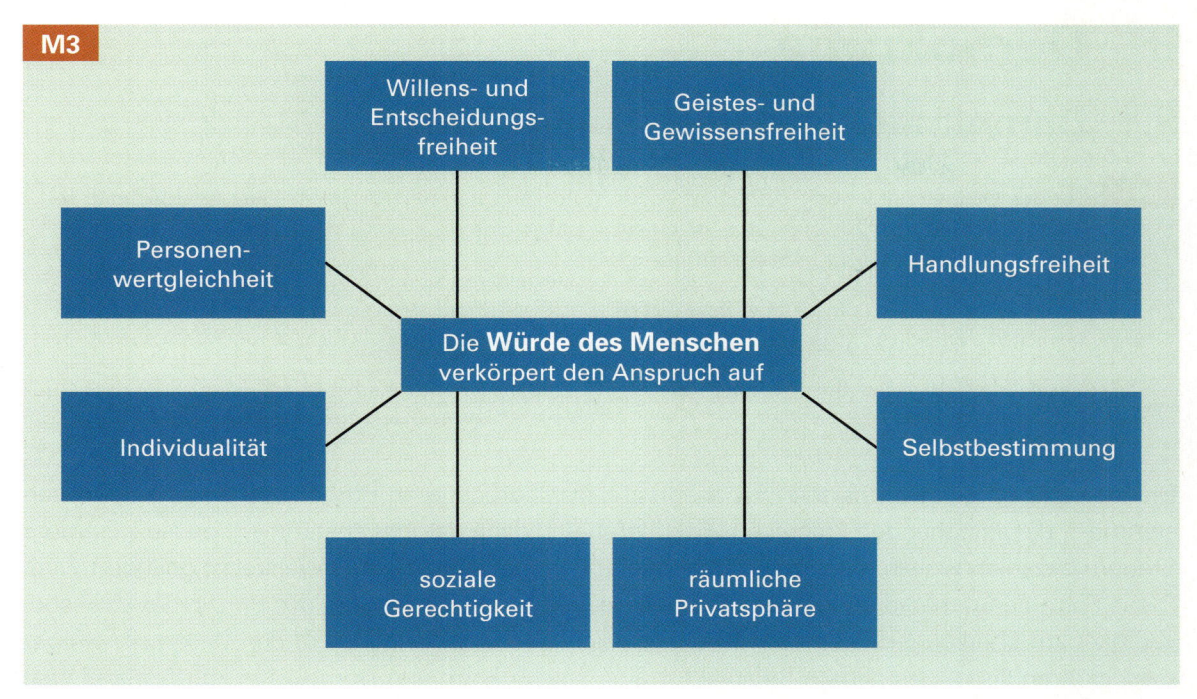

Die **Würde des Menschen** verkörpert den Anspruch auf:
- Willens- und Entscheidungsfreiheit
- Geistes- und Gewissensfreiheit
- Personenwertgleichheit
- Handlungsfreiheit
- Individualität
- Selbstbestimmung
- soziale Gerechtigkeit
- räumliche Privatsphäre

Hans-Joachim Hitschold: Staatsbürgerkunde. Grundlagen für die politische Bildung. 10. überarb. Auflage. Stuttgart: Boorberg 1994, S. 139

Obgleich nach und nach über 140 Staaten die Menschenrechtskonvention der Vereinten Nationen von 1948 unterzeichnet haben, wurde sie in einem Großteil dieser Länder nicht ratifiziert, d. h., ihre Parlamente haben die Durchsetzung der Menschenrechte nicht mehrheitlich bestätigt und in ihre Verfassungen aufgenommen. Erst dann nämlich besitzen sie verpflichtend Gültigkeit und sind einklagbar. So bleibt die Menschenrechtskonvention vielerorts nur eine bloße Absichtserklärung. Im Alltag werden Menschenrechte oft nicht beachtet, umgangen oder sogar mit Füßen getreten.

Vereinte Nationen = UNO

M4

- Darf ein Lehrer einen Schüler, der den Unterricht gestört hat, anweisen für den Rest der Stunde mit dem Gesicht zur Wand in der Ecke des Klassenzimmers zu stehen?
- Darf ein von Terroristen entführtes Flugzeug abgeschossen werden?
- Ist aktive Sterbehilfe bei einem Wachkoma-Patienten gerechtfertigt?
- Dürfen menschliche Embryonen für die Stammzellenforschung verwendet werden?
- Dürfen alte Menschen in Pflegeheimen in den Betten fixiert werden, wenn zu wenig Pflegepersonal auf der Station arbeitet und anderweitig beschäftigt ist?
- Dürfen alte Menschen mit einer Magensonde ernährt werden, weil das schneller geht als Essen einzugeben?
- Darf man, wie z. B. in Österreich, jeden (Unfall-) Toten als Organspender ansehen, auch wenn keine ausdrückliche Einverständniserklärung des Toten vorliegt?
- Ist es gerechtfertigt, Kinder als Soldaten in den Krieg zu schicken, wie dies oft in afrikanischen Staaten geschieht?
- Ist es gerechtfertigt, das Leben Arbeitsloser und ihrer Kinder auf ein monatliches Einkommen in Höhe der Hartz-IV-Bezüge zu reduzieren?

aktive Sterbehilfe = Absetzung lebenserhaltender Maßnahmen

fixiert = festgeschnallt

Aufgaben

6. Finden Sie Beispiele, die den oben genannten Aspekten der Menschenwürde entsprechen (M3).
7. Setzen Sie sich mit den Fragen der Aufzählung in der Klasse auseinander und diskutieren Sie diese im Hinblick auf die Menschenwürde (M4).

3 Demokratie

3.1 Demokratie und Volkssouveränität

Demokratie (griech.) = Volksherrschaft

M1

„In der Demokratie kommt der wahre Volkswille nicht zur Geltung. Er kann nur in einem starken Staat verwirklicht werden." (Anonym)

„Demokratie heißt, dass sich die Leute in ihre eigenen Angelegenheiten einmischen." (Max Frisch)

„Die Demokratie rennt nicht, aber sie kommt sicher ans Ziel." (J.W. von Goethe)

„Es kann nur einer befehlen. Einer befiehlt, und die anderen müssen gehorchen." (Adolf Hitler)

„Demokratie lebt vom Streit, von der Diskussion um den richtigen Weg. Deshalb gehört zu ihr der Respekt vor der Meinung des anderen." (Richard von Weizsäcker)

„Diktaturen sind Einbahnstraßen, in Demokratien herrscht Gegenverkehr." (Alberto Moravia)

Volkssouveränität heißt: Die Staatsgewalt liegt beim Volk.

Die ideale Form von Demokratie* ist, wenn alle wahlberechtigten Bürger sich an einem Ort versammeln, die anstehenden Fragen ausdiskutieren und dann darüber abstimmen, ob sie z. B. mehr Steuern bezahlen wollen, ob eine Autobahngebühr eingeführt oder das Wahlrecht geändert wird. Diese Form nennt man direkte oder unmittelbare Demokratie. In ihr wird das Prinzip der Volkssouveränität am überzeugendsten verwirklicht, da sich jede Entscheidung auf den Willen der Bürger zurückführen lässt. Das älteste Beispiel für eine solche Form von Demokratie ist der Stadtstaat Athen in der Antike. In einer Volksversammlung der Vollbürger wurde auf dem Marktplatz – der Agora – über Fragen der Stadt entschieden. Frauen, Sklaven und Fremde waren jedoch von der Volksversammlung ausgeschlossen. Heute gibt es Formen der direkten Demokratie noch in einigen Kantonen der Schweiz. In der Landsgemeinde, einer urdemokratischen Wahl- und Abstimmungsversammlung unter freiem Himmel, wird durch Handaufheben über kantonale Angelegenheiten entschieden. Viele Schweizer halten diese Form nicht mehr für zeitgemäß.

Direkte Demokratie* kann ideal nur in kleinen Staatsgebilden praktiziert werden. Im 18. Jahrhundert hat sich deshalb die Form der repräsentativen Demokratie entwickelt. Sie wurde zuerst in England verwirklicht.

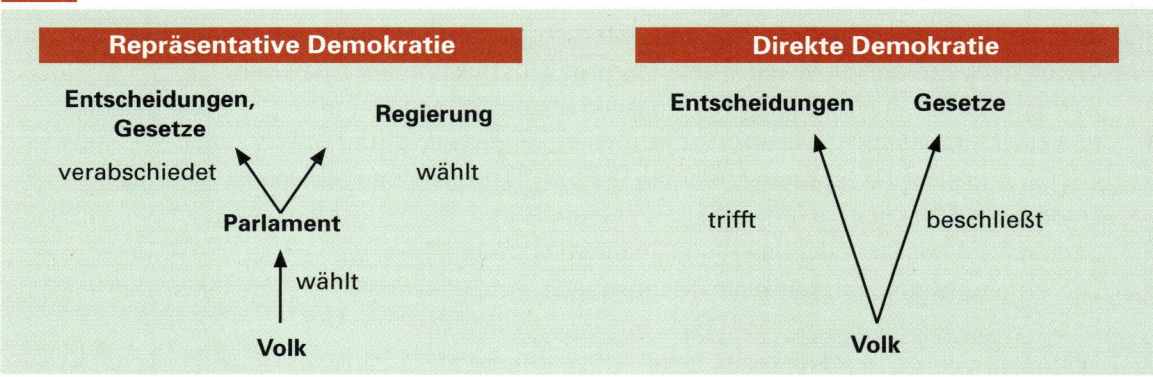

M2

Repräsentative Demokratie

Entscheidungen, Gesetze ← verabschiedet — **Parlament** — wählt → Regierung

↑ wählt

Volk

Direkte Demokratie

Entscheidungen ← trifft — **Volk** — beschließt → Gesetze

Art. 38 GG „Die Abgeordneten … sind Vertreter des ganzen Volkes, an Aufträge und Weisungen nicht gebunden und nur ihrem Gewissen unterworfen."

Der Grundgedanke der repräsentativen Demokratie ist, dass nicht das Volk, sondern seine von ihm gewählten Vertreter, die Abgeordneten, und die von den Abgeordneten gewählte Regierung für eine bestimmte Zeit alle Sachentscheidungen treffen. Die Abgeordneten sind während ihrer Amtszeit an Weisungen und Aufträge ihrer Wähler oder einzelner Gruppen nicht gebunden, sondern sie sollen frei und zum Wohle des ganzen Volkes entscheiden.

Aufgaben
1. Welche Aussagen haben nach Ihrem Verständnis nichts mit Demokratie zu tun (M1)?
2. Warum ist Volkssouveränität die Grundlage jeder Demokratie?
3. Zählen Sie die wesentlichen Unterschiede zwischen direkter und repräsentativer Demokratie auf (M2).

3.2 Demokratie und Wahl

Wahlen und Demokratie hängen eng zusammen. Mit der Wahl üben die Bürger den wohl entscheidendsten Einfluss auf das politische Leben aus. Sie entscheiden am Wahltag über die künftige Machtverteilung im Staat. Am Wahlsonntag stellen die Wähler und Wählerinnen für einige Stunden den Souverän dar. Sie wählen Personen und Parteien, die für eine befristete Zeit die Macht übernehmen. Dies gilt für die Regierenden wie auch für die jeweilige Opposition. Bei der nächsten Wahl können die Wähler neu entscheiden. Ein wichtiger Grundsatz der Demokratie ist, dass bei Wahlen und Abstimmungen die Mehrheit entscheidet und die Minderheit die Mehrheitsentscheidung anerkennt. Diese Minderheit hat dafür die Chance, bei künftigen Wahlen ihrerseits die Mehrheit zu erringen, und kann erwarten, dass dann ihre Entscheidungen respektiert werden. Das Mehrheitsprinzip ist eine Kompromisslösung, es gewährleistet, dass Konflikte friedlich ausgetragen werden.

Souverän = Herrscher

Opposition = hat keine Regierungsverantwortung

Die Wahlen zum Deutschen Bundestag müssen nach Art. 38 GG den folgenden Wahlgrundsätzen entsprechen.

Wahlgrundsätze

Allgemeine Wahl:
Jeder deutsche Staatsbürger, der das 18. Lebensjahr vollendet hat, darf wählen, egal welche Hautfarbe er hat, egal welcher Religion er angehört, egal ob Mann oder Frau.

Unmittelbare Wahl:
Die Abgeordneten werden direkt gewählt. Die Bürger/-innen geben ihre Stimme nicht, wie z. B. in den USA, Wahlmännern, die dann den richtigen Kandidaten wählen.

Freie Wahl:
Niemand darf gezwungen werden zur Wahl zu gehen. Jede Beeinflussung des Wählers im Zugangsbereich des Wahllokals und im Wahlraum selbst ist verboten. Wer nicht wählt, verzichtet auf sein wichtigstes Bürgerrecht.

Gleiche Wahl:
Jede abgegebene Stimme zählt gleich viel. Eine unterschiedliche Gewichtung der Stimme, z. B. entsprechend der gesellschaftlichen Stellung des Wählers, ist ausgeschlossen.

Geheime Wahl:
Niemand soll wissen, wer der Wähler war, wie er ausgesehen hat und was er gewählt hat. Die Stimmabgabe muss geheim erfolgen.

Wahlsysteme

Die Zusammensetzung eines Parlaments wird über die Wählerstimmen und die Eigenheiten des verwendeten Wahlsystems festgelegt:

Beim Mehrheitswahlsystem (Personenwahl) wird das Wahlgebiet in Wahlkreise eingeteilt. Es gibt so viele Wahlkreise, wie Sitze im Parlament zu vergeben sind.

Beim relativen Mehrheitswahlrecht (z. B. in Großbritannien) ist im Wahlkreis derjenige gewählt, der die meisten Stimmen erhält. Beim absoluten Mehrheitswahlrecht siegt der Kandidat, der mehr als 50 % der Stimmen bekommt (z. B. in Frankreich).

Beim Verhältniswahlrecht (Listenwahl) werden die von den politischen Parteien aufgestellten Listen und nur mittelbar die darin genannten Kandidaten gewählt. Entsprechend dem prozentualen Stimmenverhältnis entsenden die Parteien Kandidaten in der Reihenfolge, die auf der Liste festgelegt worden ist.

Aufgaben

1. Informieren Sie sich, was man unter dem aktiven und dem passiven Wahlrecht versteht.
2. Stellen Sie die beiden Wahlsysteme als Schaubild dar.
3. Überlegen Sie in der Zweiergruppe je zwei Vor- und Nachteile von Mehrheitswahl und Verhältniswahl.
4. Freie und demokratische Wahlen sind nicht allen Staaten selbstverständlich. Finden Sie Beispiele für diese Tatsache.

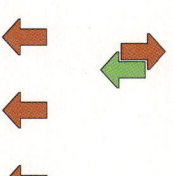

Die Wahl zum Deutschen Bundestag

In der Bundesrepublik besteht eine Mischform aus dem Mehrheits- und Verhältniswahlsystem, die sogenannte „personalisierte Verhältniswahl".

Die Erststimme und ihre Bedeutung
Das Gebiet der Bundesrepublik ist für die Bundestagswahlen in 299 Wahlkreise eingeteilt. In jedem dieser Wahlkreise stellen die Parteien jeweils einen Kandidaten auf. Mit der Erststimme wählt der Wahlberechtigte einen der in seinem Wahlkreis aufgestellten Kandidaten. Gewählt ist der Kandidat, der die meisten Stimmen auf sich vereinigen konnte (relative Mehrheitswahl).

Die Zweitstimme und ihre Bedeutung
In jedem der 16 Bundesländer stellen die zur Wahl antretenden Parteien eine Kandidatenliste (Landesliste) zusammen. Es gibt also keine einheitliche Bundesliste der Parteien. Mit der Zweitstimme wählt der Wahlberechtigte eine dieser Parteien und ihre Landesliste. Mit dieser Stimme entscheiden die Wähler über die politische Zusammensetzung des Bundestages, d.h. über die Mehrheitsverhältnisse im Parlament. Die Anzahl der Sitze, die eine Partei im Bundestag erhält, wird nämlich nach den Zweitstimmen festgelegt. Je mehr Stimmen eine Partei erhält, desto mehr Sitze stehen ihr zu. Wie viele Abgeordnetensitze (Mandate) den Parteien zustehen, wird mithilfe des Hare-Niemeyer-Verfahrens berechnet.

Stimmensplitting
Die beiden Stimmen, die der Wähler vergeben kann, müssen nicht für die gleiche Partei abgegeben werden.

Besonderheiten
An der Sitzverteilung nach Zweitstimmen nehmen nur die Parteien teil, die mindestens fünf Prozent aller in der Bundesrepublik abgegebenen Stimmen **(Fünfprozentklausel)** oder mindestens drei Direktmandate erhalten haben. Die Sperrklausel soll verhindern, dass Splitterparteien in das Parlament einziehen.
Insgesamt werden 598 Bundestagsmandate über Erst- und Zweitstimmen vergeben. Hinzu können aber auch noch die sogenannten **Überhangmandate** kommen. Sie entstehen, wenn eine Partei in einem Bundesland mehr Direktkandidaten – sie werden mit der Erststimme gewählt – in den Bundestag entsenden kann, als ihr nach dem Zweitstimmenergebnis in diesem Bundesland zustehen.

Demokratie

Beispiel: Stehen der Partei A im Bundesland X nach ihrem Anteil an Zweitstimmen 15 Sitze zu, hat sie zugleich aber in 17 Wahlkreisen des Bundeslandes mit ihrem Kandidaten die Mehrheit der Stimmen gewonnen, bekommt sie nicht 15, sondern 17 Mandate. Schließlich sind alle 17 Kandidaten direkt gewählt worden. So entstehen zwei Überhangmandate.

Wahlhilfe

Lieber Jungwähler, liebe Jungwählerin!

Bei der nächsten Wahl sind Sie dabei.
Mit dem Wahlrecht können Sie sich in die Politik einmischen.
Die Demokratie lebt davon, dass Sie von Ihrem Wahlrecht Gebrauch machen.
Nur wer bei der Bundestagswahl seine Stimme abgibt, kann mitbestimmen, welche Partei und welche Politiker/innen in Deutschland entscheiden.
Der Bundestag wählt die Bundesregierung.
Wer wählen darf, bekommt einige Wochen vor dem Wahltermin per Post eine Wahlbenachrichtigung.
Auf der Wahlbenachrichtigung steht, wann und wo Sie wählen können.
Informieren Sie sich vor dem Wahltag über die Ziele der einzelnen Parteien.
- *Beachten Sie die Informationen der Parteien im Briefkasten!*
- *Besuchen Sie Veranstaltungen der Parteien in Ihrem Heimatort!*
- *Lesen Sie Zeitung, sehen Sie fern!*
- *Sprechen Sie mit anderen!*

Am Wahlsonntag nehmen Sie Ihre Wahlberechtigung und Ihren Personalausweis.
Damit gehen Sie in das Wahllokal, das auf der Wahlberechtigung steht.
Dort zeigen Sie den ehrenamtlichen Wahlhelfern und dem Wahlvorstand Ihre Wahlberechtigung.
Diese prüfen Ihre Wahlberechtigung im Wählerverzeichnis.
Sie bekommen Ihren Wahlzettel.
Damit gehen Sie in die Wahlkabine, denn die Wahl ist geheim. Niemand soll sehen, wie Sie wählen.
Wo Sie Ihre Kreuze machen, entscheiden Sie selbst.
Sie wählen eine Person und eine Partei.
Danach falten Sie den Stimmzettel und gehen zur Wahlurne.
Sie stecken den Stimmzettel hinein, damit haben Sie gewählt.
Am Wahlabend können Sie in Wahlsondersendungen in Rundfunk und Fernsehen erste Ergebnisse erfahren.
Danach können Sie vier Jahre beobachten, ob die Politiker/innen ihre Wahlversprechen einhalten.

Es grüßt Sie herzlich!
Ihre Demokratie

Aufgaben
1. Überlegen Sie den Sinn der Sperrklauseln.
2. Informieren Sie sich unter www.bundestag.de über die aktuelle Zusammensetzung des Bundestags.
3. Vorschlag für ein Kurzreferat: Erklären Sie Ihren Mitschüler/innen das Hare-Niemeyer-Verfahren. Informationen und Links unter www.bundestag.de
4. Entwerfen Sie in der Gruppe einen Comic „Informationen für den Jungwähler".

3.3 Demokratie als politischer Prozess

M1

Für und wider eines verkaufsoffenen Sonntags	
• bessere Einkaufsmöglichkeiten	• zusätzliche Belastung für Arbeitnehmer
• gemeinsames Einkaufen der Familie	• Sonntag wichtig für Erholung und Besinnung
• mehr Umsatz in den Geschäften	• Vorteile für Handelsketten und Einkaufszentren, nicht für kleine Geschäfte

Mitwirkung in der Demokratie 5, S. 89

M2 Entscheidungen werden in der Demokratie nicht von Einzelnen getroffen. Jede politische Entscheidung durchläuft einen mehr oder weniger langen Prozess. Politik machen ist in der Demokratie ein zeitaufwändiges Ringen um Kompromisse, an dessen Ende Gesetze, Verordnungen oder Regelungen stehen, die ein öffentliches Problem lösen. Um sich ein Bild von Politik machen zu können, darf man nicht nur auf die Ergebnisse schauen, sondern muss auch den Ablauf einer Entscheidung verfolgen.
Die Diskussion, was das Beste für das Land ist, wird offen geführt und nicht allein von Politikern bestimmt. Gemeinwohl ist das Ergebnis von Diskussionen, die nach demokratischen Prinzipien geführt wurden.

Robby Geyer: Akteure im politischen Prozess, Themenblätter im Unterricht, 63/2007, Bundeszentrale für politische Bildung, Bonn

Eine Strukturskizze soll helfen, politische Entscheidungsfindungen besser zu verstehen.

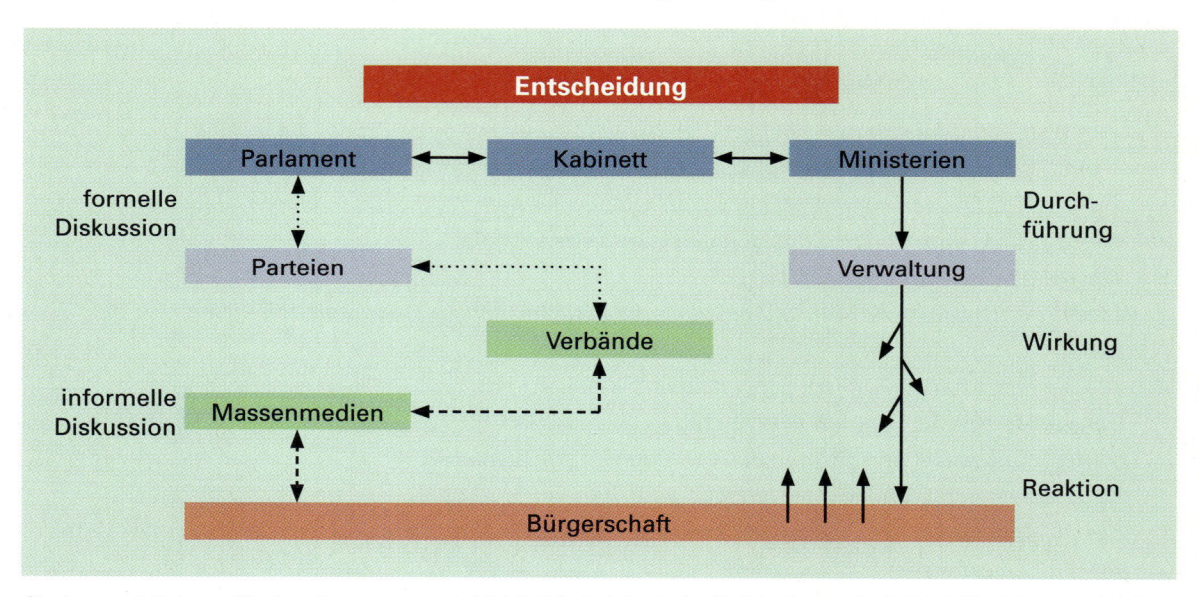

Strukturmodell des politischen Prozesses nach M. Hättich: Lehrbuch der Politikwissenschaft Bd. 3: Theorie der politischen Prozesse, Mainz, v. Haase und Koehler, 1972, S. 122ff.

Aufgaben

1. Finden Sie in Partnerarbeit weitere Argumente für und gegen den verkaufsoffenen Sonntag (M1). Welche Gruppen äußern sich?
2. Verfassen Sie aus der Sicht eines Betroffenen einen Leserbrief (M1).
3. Erklären Sie an einem Beispiel, wie z. B. Massenmedien, Parteien oder Verbände in den politischen Prozess eingebunden sind.
4. Folgende Zeitungsberichte sind vom 30.06. und 02.07.2007 (M3 bis M9). Welche Institutionen des politischen Prozesses werden in den jeweiligen Berichten angesprochen? Wie werden sie aktiv?

Demokratie

M3 FDP will Glos-Papier im Bundestag einbringen

Berlin. (dpa) Die FDP will das in der Koalition umstrittene 70-Milliarden-Konjunkturprogramm von Wirtschaftsminister Michael Glos (CSU) als Antrag im Bundestag einbringen. „Wir wollen die Probe aufs Exempel machen und nehmen Herrn Glos beim Wort", sagte Fraktions- und Parteivize Rainer Brüderle am Wochenende einer Berliner Zeitung. Glos habe die richtige Richtung vorgegeben. „Wir wollen ihm dabei helfen, dass aus seinen Ankündigungen jetzt Taten folgen werden." Glos verteidigte in einem Interview sein Strategiepapier mit dem Titel „Goldener Schnitt 2012". „Mein Papier soll dazu beitragen, dass die große Koalition Erfolg hat über den Tag hinaus."

Landshuter Zeitung, 2.7.2007

M4 CDU verabschiedet neues Grundsatzprogramm

Berlin. (AP) Der CDU-Bundesvorstand hat am Sonntag in Berlin einstimmig das neue Grundsatzprogramm der Partei beschlossen. Das teilte Pressesprecher Matthias Barner am Abend mit. Das Programm soll den Delegierten beim Bundesparteitag Anfang Dezember vorgelegt werden. Gravierende Änderungen des bisherigen Textes gab es nicht, wie zuvor aus Teilnehmerkreisen verlautet war. Bundeskanzlerin Angela Merkel und CDU-Generalsekretär Roland Pofalla wollen die Ergebnisse heute präsentieren.

Landshuter Zeitung, 2.7.2007

M5 Zwei Milliarden EUR mehr für die Bundeswehr

Berlin. (dpa) Die Regierung will der Bundeswehr nach einem Zeitungsbericht in den nächsten vier Jahren insgesamt rund zwei Milliarden mehr zukommen lassen als geplant. Allein für 2008 würden voraussichtlich zusätzlich 530 Millionen EUR veranschlagt. Das Verteidigungsministerium teilte mit, dass der Bundeshaushalt am Mittwoch beschlossen werden soll. Das Ministerium hatte einen Mehrbedarf von rund vier Milliarden EUR bis 2011 veranschlagt. Minister Franz Josef Jung (CDU) hatte allein für 2008 zusätzlich 927 Millionen EUR angemeldet.

Landshuter Zeitung, 30.6.2007

M6 Höhere Freibeträge für Erbschaften geplant

Berlin. (AP) Im Streit über die Reform der Erbschaftssteuer rechnen Spitzenpolitiker von Union und SPD mit einer schnellen Einigung. Wie ein Hamburger Nachrichtenmagazin am Wochenende berichtete, sollen die Freibeträge für vererbtes Vermögen bei nahen Verwandten stark erhöht werden. Ehepartner könnten danach Vermögenswerte von über 400 000 EUR, vielleicht sogar 500 000 EUR steuerfrei erben. Bislang liegt die Grenze bei 307 000 EUR. Bei Kindern soll der Betrag von 205 000 auf mehr als 300 000 EUR steigen.
Ziel der Operation sei es, die vom Bundesverfassungsgericht geforderte Höherbewertung vor allem von Immobilien so auszugleichen, dass das Aufkommen der Erbschaftssteuer in etwa gleich bleibt.

Landshuter Zeitung, 2.7.2007

M7 Ärzte kritisieren die Gesundheitskarte

Frankfurt/Main. (AP) Ein halbes Jahr nach Beginn der Feldversuche hat der Verband der niedergelassenen Ärzte der elektronischen Gesundheitskarte ein schlechtes Zwischenzeugnis ausgestellt. Der Verband erhalte immer häufiger Beschwerden aus den Testregionen, und Ärzte beklagten einen immens gestiegenen Verwaltungsaufwand, kritisierte der Vorsitzende des Virchow-Bundes, Klaus Bittmann. Die Karte habe die Testphase schlicht nicht bestanden. Lediglich die Industrie und die Krankenkassen hätten einen Nutzen von der Karte, nicht jedoch Ärzte und Patienten, sagte Bittmann. Das Gesundheitsministerium wies die Kritik als unzutreffend zurück.

Landshuter Zeitung, 30.6.2007

M8 Verbietet die Regierung mehr Computerspiele?

Berlin. (dpa) Die Bundesregierung will einem Zeitungsbericht zufolge mehr Computerspiele als bisher verbieten. Der Online-Ausgabe einer Berliner Zeitung zufolge will das Kabinett im kommenden Herbst über eine Verschärfung des Jugendschutzgesetzes entscheiden. Ein wesentlicher Punkt sei, dass künftig nicht nur Gewalt verherrlichende Spiele für Computer und Spielekonsolen auf den Index kommen. Der entsprechende Paragraf solle auf „Gewalt beherrschte Spiele" ausgedehnt werden.

Landshuter Zeitung, 2.7.2007

M9 Lobbyverband löst sich auf

Berlin. (dpa) Dicke Luft herrschte unter den deutschen Zigarettenherstellern schon seit Langem. Jetzt kam der große Knall: Der Branchenverband VdC löst sich noch wochenlangen Querelen mit seinem größten Mitgliedsunternehmen Philip Morris ganz auf. Damit verschwindet einer der mächtigsten und umstrittensten Lobbyverbände von der politischen Bühne in Berlin und Brüssel. Die Selbstauflösung des eher kleinen, aber einflussreichen Verbandes der Cigarettenindustrie (VdC) ist ein seltener Schritt in der deutschen Industrie mit ihren unzähligen Interessenvertretern. Ungewöhnlich daran ist auch, dass ausgerechnet der – aus VdC-Sicht erfolgreiche – Kampf gegen ein strengeres Rauchverbot in Deutschland der Anfang vom Ende des zerstrittenen Branchenbündnisses war.

Landshuter Zeitung, 30.6.2007

3.4 Demokratie und Verbände

M1 Bayerns erste Jugendliche. Martina ist unsere einzige Lobbyistin

Die Präsidentin des Bayerischen Jugendrings (BJR) ist gerade 40 Jahre alt geworden, aber qua Amt die wichtigste Interessenvertreterin der bayerischen Jugend – und meistens auch die einzige.

Montag, 26. März, 14:30 Uhr, Bayerische Staatskanzlei, München. Termin mit Staatskanzleichef Eberhard Sinner ... „Sie wollen sicher Geld!", sagt Sinner zur Begrüßung. Er schmunzelt. Dann setzt er sich mit Martina an seinen Besprechungstisch in seinem Büro ... In der Tat geht es Martina um Geld. Sie wünscht sich Steuererleichterungen für ehrenamtliche Jugendleiter. Ein paar Tage später wird ein Gesetz zur Reform der Gemeinnützigkeit den Bundesrat passieren, dort hinein soll auch dieses Anliegen. „Just in time werde ich also vorstellig", sagt Martina. Aber mehr als eine Zusage zu einem Bericht aus der Ratssitzung ist nicht drin. Die Enttäuschung ist spürbar. „In diesem Land werden immer dieselben Gruppen gefördert, meine ist selten dabei."

Montag, 16. April, Lagebesprechung in der BJR-Zentrale München. „Dringliche Sache" heißt es beim geplanten Nichtrauchergesetz. In der Jugendarbeit soll das Rauchen komplett verboten werden – kontrolliert auch von ehrenamtlichen Betreuern. „Wie soll das gehen?" ... Mappe um Mappe wird abgearbeitet, Flatratesaufen kommt zur Sprache und ...

(Auszüge aus Max Haegler: Bayerns erste Jugendliche, in: Süddeutsche Zeitung Nr. 116 vom 22.5.2007, S. 48)

Lobby = urspr. Vorraum des englischen Unterhauses

M2 Die fünfte Gewalt – Wie Lobbyisten die Prinzipien der parlamentarischen Demokratie unterlaufen

Die Macht von Interessengruppen in Berlin und Brüssel ist unübersehbar. Kein Politikfeld, auf das Lobbyisten keinen Einfluss nähmen. ... Rund um das Gesundheitsministerium sind 430 Lobbyverbände angesiedelt, die die Interessen ihrer Auftraggeber durchsetzen wollen ... Trotz mancher Distanz pflegen Politiker den Kontakt zu Lobbyisten. Denn von ihnen erhalten sie einen wichtigen politischen Rohstoff: Information. Versicherungsmathematiker und Rechtsexperten von Verbänden und Lobbygruppen ... agieren schneller als der wissenschaftliche Dienst des Bundestags. Ihre Interpretation von Daten und die Wertung von komplizierten Rechtsfragen sind aber stets interessengeleitet.

Viele Politiker nutzen auch die Angebote der Interessengruppen und wechseln nach ihrer Politikkarriere in deren Lager ... Gerhard Schröder fand schnell einen Job in der Wirtschaft als Aufsichtsratsvorsitzender der deutsch-russischen Ostseegaspipeline, als Berater des Schweizer Verlegers Ringier und der Ruhrkohle AG ... Lobbying wird von Personen betrieben, die am politischen Entscheidungsprozess nicht selbst beteiligt sind und über kein demokratisches Mandat verfügen. Lobbyisten haben das Ziel, den Interessen ihrer Auftraggeber möglichst umfassende Berücksichtigung bei politischen Entscheidungen zu verschaffen. Der Lobbyist sitzt symbolisch vor dem Parlament und hat weder Sitz noch Stimme in ihm.

Lobbying konzentriert sich vor allem auf die einflussreichen Personen im Regierungsapparat und in den Fraktionsspitzen, die Entscheidungen vorbereiten und durchsetzen. Dieser Personenkreis umfasst die gesamte Ministerialbürokratie mitsamt dem Bundeskanzleramt ... Die Lobbyisten wollen Gesetzesentwürfe möglichst schon in der Entstehungsphase prägen und bedenklich empfundene Konzepte „frühzeitig versenken" ...

Die Einträge in der „Lobby-Liste" des Deutschen Bundestages nehmen kontinuierlich zu und liegen gegenwärtig bei knapp 1900 Verbänden. In Berlin, so wird geschätzt, gibt es rund 4500 Lobbyisten ... Besonders die großen Wirtschaftsverbände arbeiten ständig mit den entsprechenden Ministerien zusammen. Immer mehr Konzerne leisten sich sogar ein eigenes Lobbybüro in Berlin oder Brüssel ...

Die Macht der Interessengruppen war für Demokratien schon immer eine Herausforderung. Das ... professionalisierte Lobbying verschärft das Problem aber noch. Interessengruppen aus der Wirtschaft (Wirtschaftsverbände, Unternehmen, Handelskammern, Gewerkschaften) haben in unserem politischen System einen höheren Stellenwert als so genannte public interest groups wie Verbraucher, Arbeitslose, Rentner, Kinder, Umwelt oder künftige Generationen.

Ein wichtiges Kennzeichen des Lobbyings ist sein informeller Charakter. Es gibt keine Verfahren oder Regeln für lobbyistische Politikbeeinflussung. Darüber hinaus gehen Lobbyisten ihren Geschäften gezielt abseits der Öffentlichkeit nach. ... Politik verlagert sich dadurch immer mehr in „graue Entscheidungsbereiche" ... abseits der Öffentlichkeit und jenseits des Parlaments. Die Öffentlichkeit hat deshalb das Recht, zu erfahren, welche Interessen bei politischen Entscheidungen im Spiel waren.

Auszüge aus Leif Thomas, Speth Rudolf, in: ZEIT online, 02.3.2006, http://images.zeit.de/text/online/2006/10/lobbyismus, entnommen 08.9.2007

Aufgaben

1. Fassen Sie die beiden Texte thesenartig zusammen (M1, M2).
2. Informieren Sie sich über die vielfältigen Angebote und Inhalte von Jugendverbänden in Ihrer Heimatgemeinde oder -region.

Demokratie

M3

M4

Zu einer Demokratie gehört es, dass die freie Einflussnahme frei organisierter Gruppen akzeptiert wird. Unter Interessengruppen und Verbänden versteht man Organisationen, die das Ziel haben die gemeinsamen Interessen der Mitglieder nach außen zu vertreten. Diese bringen sie in der Gesellschaft zur Geltung und üben dazu Einfluss auf Entscheidungsträger in der Politik aus.

Um einen Überblick über die Vielfalt der Interessenverbände zu bekommen, bietet sich eine Einteilung nach Handlungsfeldern an:

Handlungsfeld	Beispiel
Wirtschaft und Arbeit	Arbeitgeberverbände, Gewerkschaften, Bauernverband, Verbraucherschutz
Soziales Leben und Gesundheit	Diakonie, Krebshilfe, Arbeiterwohlfahrt, Caritas, Rotes Kreuz, Kinderschutzbund
Freizeit und Erholung	ADAC, Deutscher Sportbund, Sängerbund
Religion, Umwelt, Natur	Kirchen, Greenpeace, BUND, Vogelschutzbund
Kultur, Wissenschaft	Volkshochschulen, Deutscher Kulturrat, Arbeitsgemeinschaft Literatur

Der Erfolg von Interessengruppen und Verbänden hängt natürlich von bestimmten Faktoren ab, z. B. von der
- Bedeutung für die Gesellschaft oder Wirtschaft (Ärzte, Fluglotsen, Lokführer)
- Mitgliederstärke (Gewerkschaft VERDI, Sängerbund)
- Finanzkraft (Gelder für Streiks, Demonstrationen, Veranstaltungen)
- personellen Durchsetzung der Parteien und Institutionen
- Mobilisierbarkeit und Konfliktfähigkeit der Mitglieder (Bereitschaft und Willen, ein bestimmtes Ziel über einen längeren Zeitraum zu verfolgen

Aufgaben

3. Beschreiben Sie in eigenen Worten, was Lobbyismus ist. Welche Funktionen hat der Lobbyismus?
4. Warum ist der Lobbyismus in der Demokratie wichtig? Warum kann der Lobbyismus aber auch negative Auswirkungen haben?
5. Analysieren und diskutieren Sie die Karikaturen (M3, M4). Auf welche Probleme wollen die Karikaturisten mit ihren Zeichnungen aufmerksam machen?
6. Überlegen Sie, warum es schwer ist, Interessen von Jugendlichen und Kindern in der Politik durchzusetzen. Welche Methoden wenden z. B. der BJR oder der deutsche Kinderschutzbund an?
7. Geben Sie Ihrem Ärger, dass die Interessen von Jugendlichen nicht gehört oder vertreten werden, in einem Rap Ausdruck.

3.5 Demokratie und Parteien

Wahlplakate der Parteien (Bundestagswahl 2005)

M1

M2

Der gesamte Bereich der „Vermittlung" zwischen Volk („Gesellschaft") und Staatsorganen wird auch als intermediärer Bereich bzw. als intermediäre Ebene bezeichnet.

Schaubild: Parteien, Wochenschau Verlag, Nr. 2, März/April 2006

M3 Parteien für Einsteiger   Sebastian Gievert

Stellt man sich die deutsche Demokratie als Dampfmaschine vor, dann sind die Parteien der Keilriemen: Sie sorgen dafür, dass Bewegung von einem Teil der Maschine in den anderen kommt und zurück.
Parteien werden oft als demokratisches Bindeglied zwischen Staat und Gesellschaft bezeichnet. Es gibt kaum Entscheidungen in Deutschland, an denen sie nicht beteiligt sind. Fast alle Abgeordneten in den Parlamenten gehören einer Partei an – obwohl es die Möglichkeit gibt, direkt für ein Amt zu kandidieren. Die Bundesrepublik Deutschland wird daher häufig als Parteiendemokratie bezeichnet.

Die Entstehung der heutigen Parteien in Deutschland
Meist bestimmen die in den Bundestag gewählten Organisationen unser Bild von Parteien: CDU/CSU,

Demokratie

SPD, FDP, Bündnis 90/Die Grünen und Die Linke sind derzeit in das Parlament gewählt. Die Christlich Demokratische Union (CDU) ist eine liberal-konservative Volkspartei, die sich für christliche Werte und das Bürgertum einsetzt. Auch Bundeskanzlerin Merkel gehört der CDU an. Im Freistaat Bayern ist die CDU nicht aktiv. Dort gibt es die Christlich Soziale Union, die im Bundestag mit der CDU zusammenarbeitet und ein ähnliches Programm vertritt.

Eine weitere Volkspartei ist die Sozialdemokratische Partei Deutschlands, kurz SPD. Sie ist eine der ältesten Parteien in Deutschland und wurde bereits 1875 als Arbeiterpartei gegründet. Heute setzt sich die SPD für die Ideale Freiheit, Gerechtigkeit und Solidarität ein.

Weniger Wähler, Mitglieder und Abgeordnete im Parlament als die so genannten Volksparteien haben FDP, Grüne und die Linke. Diese Parteien stehen meist auch für bestimmte Arten von Politik. Die Freie Demokratische Partei Deutschlands (FDP) und ihr Parteivorsitzender Guido Westerwelle betonen in ihrem Programm besonders die Freiheit und sind gegen einen starken Einfluss des Staates auf die Wirtschaft.

Aus dem Zusammenschluss von Linkspartei, PDS und WASG entstand am 16. Juni [2007] die neue Partei DIE LINKE. Die Partei vertritt das Ziel eines demokratischen Sozialismus. Bündnis 90/Die Grünen stehen für Umweltschutz und Gleichberechtigung von Frauen und Männern. Viele Deutsche wissen gar nicht, dass es auch zahlreiche kleine Parteien gibt, oder stoßen erstaunt auf ihren Namen auf dem Stimmzettel, wenn sie wählen gehen. Dass wenige große Parteien die Politik bestimmen, hängt mit der deutschen Geschichte zusammen: In der ersten deutschen Demokratie, der Weimarer Republik, führte die Zersplitterung des Parlaments in viele kleine Parteien zu einer unstabilen Regierung. Ihre Schwäche und die Unzufriedenheit der Bürger mit ihnen waren ein Grund dafür, dass die Nationalsozialisten 1933 in Deutschland an die Macht kamen. Daher muss eine Partei heute bei einer Wahl mindestens fünf Prozent aller Stimmen erlangen, um in einem Parlament vertreten zu sein.

Und noch etwas hat Deutschland aus der Geschichte gelernt: Parteien, die darauf aus sind, die freiheitliche demokratische Grundordnung Deutschlands zu zerstören, können verboten werden.

Wozu gibt es Parteien?
Denn eigentlich sollen Parteien der Demokratie beim Funktionieren helfen: Sie sollen bewerkstelligen, dass die unterschiedlichen Interessen der Bevölkerung in politische Entscheidungen umgesetzt werden und dass umgekehrt die Ideen der Politiker bei den Bürgern ankommen.

Zentrale Aufgabe der Parteien ist es, an Wahlen teilzunehmen, politische Ideen und Forderungen in Parteiprogrammen zu bündeln und Personal für politische Ämter bereitzustellen, wie etwa Bundestagsabgeordnete oder Stadträte. Außerdem sollen sie in der Gesellschaft für Akzeptanz der Politiker-Entscheidungen sorgen und die Menschen zum Wählen bewegen. Im Wahlkampf werden Parteien daher besonders aktiv und betonen ihre inhaltlichen und personellen Unterschiede.

Sind Parteien nur gut?
Ob die Parteien diesen Aufgaben gerecht werden, ist umstritten. Derzeit wenden sich viele Menschen frustriert von der Politik ab: Es herrscht „Politikverdrossenheit". Andere kritisieren, dass Parteien auch dort Macht haben und ausüben, wo sie es gar nicht sollen. So ist die Mitgliedschaft in einer Partei häufig wichtig für die Besetzung von Posten, deren Vergabe gar nicht durch eine Wahl entschieden wird. Das ist zum Bespiel bei Abteilungsleiterstellen im öffentlich-rechtlichen Fernsehen oder in Ministerien häufig der Fall.

Wie funktionieren Parteien?
Im Inneren sind Parteien Zusammenschlüsse von politisch interessierten Menschen, die selbst nach demokratischen Grundsätzen organisiert sind – so schreibt es das deutsche Parteiengesetz vor. In Parteien wird laufend gewählt: Bevor ein politisches Amt zur öffentlichen Wahl steht, wurde schon parteiintern über die Bewerber abgestimmt. Auch die Parteiführung wird in demokratischen Parteien grundsätzlich gewählt.

Jeder Bürger kann Mitglied einer Partei werden, aber er muss sich für eine Partei entscheiden … Insgesamt sind in Deutschland etwa 2,5 Millionen Menschen Mitglied einer Partei. Das sind etwa vier Prozent der Wahlberechtigten. Eine Gruppe von politisch interessierten Menschen gilt nach dem Grundgesetz und Parteiengesetz jedoch nur dann als Partei, wenn sie laufend und dauerhaft Politik machen will und in ein Parlament auf Bundes- oder Landesebene gewählt werden will. Dies unterscheidet Parteien von Bürgerinitiativen oder Lobbyverbänden.

Parteien werden vom Staat mit Steuergeldern unterstützt und finanzieren sich außerdem durch Mitgliedsbeiträge und Spenden. Die staatlichen Subventionen richten sich nach der Summe der Mitgliedsbeiträge und Spenden sowie der Anzahl der Wahlstimmen, die für eine Partei abgegeben wurden. 133 Millionen EUR Steuergeld werden so pro Jahr unter den Parteien verteilt.

Ohne Parteien liefe in der deutschen Demokratie also gar nichts und aus der Politik-Dampfmaschine käme nur heiße Luft.

Sebastian Gievert: Parteien für Einsteiger, in: Bundeszentrale für politische Bildung, Bonn, http://www.bpb.de/themen/NZ35OO,0,0,Parteien_F%FCr_Einsteiger.html, Zugriff: 05.12.2007

Aufgaben

1. Die Wahlplakate geben darüber Auskunft, welche konkreten Aufgaben die Parteien bei Wahlen erfüllen. Erläutern Sie anhand der abgedruckten Plakate die Wahlaussagen (M1).
2. Überlegen Sie in der Gruppe, wie Sie sich eine Partei vorstellen, die sich speziell für junge Leute einsetzt. Formulieren Sie einige Programmpunkte und entwerfen Sie ein Wahlplakat.
3. Stellen Sie den Text als Mindmap dar (M3). Eine Mindmap ist ein Schaubild, das Ihnen in diesem Fall als Grundlage für ein Kurzreferat über Parteien dient, z. B. als Rechenschaftsablage in der nächsten Sozialkundestunde. Berücksichtigen Sie dabei auch den Artikel 21 des Grundgesetzes und Artikel 1 des Parteiengesetzes.

3.6 Demokratie als politisches System

„Organe sind Teile des Körpers, die ihn am Leben erhalten. Deshalb nennt man die Einrichtungen, die unsere Verfassung lebendig machen, Verfassungsorgane. Sie sorgen dafür, dass die Demokratie im Staat funktioniert. Dazu gehört an erster Stelle der Bundestag. Andere Verfassungsorgane sind der Bundesrat, die Bundesregierung, der Bundespräsident, die Bundesversammlung und das Bundesverfassungsgericht."

(Christine Schulz-Reiss: Nachgefragt Politik, 3. Auflage. Löwe Verlag. Bindlach 2005, S. 48)

Der Bundestag wird direkt vom Volk gewählt und ist deshalb das wichtigste Organ, die übrigen Organe werden vom Parlament gestellt.

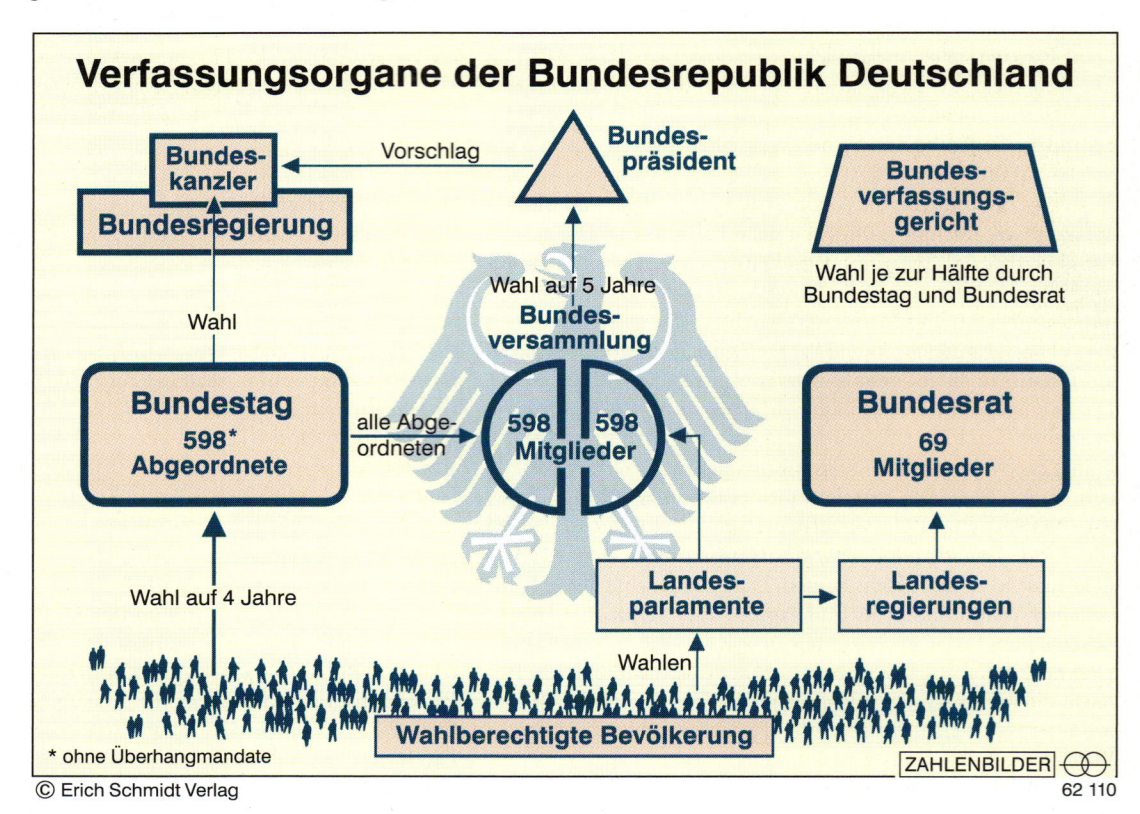

Verfassungsorgane der Bundesrepublik Deutschland

- Bundeskanzler / Bundesregierung — Vorschlag ← Bundespräsident
- Bundesverfassungsgericht — Wahl je zur Hälfte durch Bundestag und Bundesrat
- Wahl auf 5 Jahre — Bundesversammlung (598 + 598 Mitglieder)
- Bundestag: 598* Abgeordnete — alle Abgeordneten
- Bundesrat: 69 Mitglieder
- Landesparlamente → Landesregierungen
- Wahl auf 4 Jahre — Wahlberechtigte Bevölkerung — Wahlen

* ohne Überhangmandate
© Erich Schmidt Verlag — ZAHLENBILDER 62 110

Aufgaben

Auf den folgenden Seiten finden Sie Texte über die fünf Verfassungsorgane, außerdem brauchen Sie das Grundgesetz und mit den angegebenen Internetadressen können Sie sich zusätzliche Informationen suchen.

Sie sollen in sogenannten Expertengruppen die wichtigsten Merkmale der Verfassungsorgane erarbeiten.

Erster Schritt: Bilden Sie fünf Gruppen, jede Gruppe bearbeitet gemeinsam eines der Verfassungsorgane und ergänzt die Erkenntnisse der Texte durch die einschlägigen Artikel des GG oder durch Informationen aus dem Internet. Fertigen Sie eine Mindmap oder ein Schaubild an. Formulieren Sie drei Fragen für eine Quizshow.

Zweiter Schritt: Die Gruppen werden neu gebildet, sodass in jeder neuen Gruppe je ein Vertreter aus A, B, C, D, E sitzt. Sie informieren die anderen der Gruppe über „Ihr" Verfassungsorgan und stellen Ihre Quizfragen.

Dritter Schritt: Mit einem/einer Quizmaster/-in und einem oder mehreren Kandidaten/Kandidatinnen spielen Sie das Quiz vor der Klasse.

Vierter Schritt: In der nächsten Stunde werden in einer Teampräsentation zu fünft die einzelnen Verfassungsorgane nochmals vorgestellt und das obige Schaubild erläutert.

Demokratie

Bundespräsident/ Bundesversammlung

Der **Bundespräsident** ist das Staatsoberhaupt der Bundesrepublik Deutschland und wird als der erste Mann im Staat bezeichnet. Dem Bundespräsidenten ist aber von den Verfassungsvätern des Grundgesetzes bewusst eine schwächere Stellung als dem Reichspräsidenten der Weimarer Republik zugeschrieben worden. Er hat z.B. gegenüber dem Bundeskanzler weniger Einfluss und Rechte und nimmt nicht unmittelbar am politischen Alltagsgeschäft teil.

Die Aufgaben des Bundespräsidenten sind in erster Linie repräsentativer Natur. Er vertritt die Bundesrepublik völkerrechtlich nach innen und außen. Er unterzeichnet Verträge mit anderen Staaten, die durch seine Unterschrift rechtskräftig werden. Er empfängt und beglaubigt die diplomatischen Vertreter ausländischer Staaten. Er prüft und unterzeichnet die vom Bundestag beschlossenen Gesetze und lässt sie im Bundesgesetzblatt verkünden. Wenn er mit dem Inhalt eines Gesetzes nicht einverstanden ist, kann er die Unterschrift auch verweigern. Er schlägt den Bundeskanzler dem Bundestag zur Wahl vor, er ernennt den gewählten Bundeskanzler und muss ihn nach einem konstruktiven Misstrauensvotum des Bundestags entlassen. Der Bundespräsident ernennt und entlässt auf Vorschlag des Bundeskanzlers die Bundesminister sowie Bundesrichter, Bundesbeamte und Offiziere. Er hat das Begnadigungsrecht, das bedeutet, er kann die Strafe eines Verurteilten mildern oder aufheben. Auch verleiht er das Bundesverdienstkreuz. In Ausnahmefällen kann er den Bundestag auflösen, er erklärt den Gesetzesnotstand oder den Verteidigungsfall.

Obwohl der Bundespräsident nicht unmittelbar am politischen Alltagsgeschäft teilnimmt, darf man seine Bedeutung für die politische Ordnung nicht unterschätzen. Durch Reden und Interviews kann er die Öffentlichkeit auf besondere Probleme der Innen- und Außenpolitik aufmerksam machen und ins allgemeine Bewusstsein rücken. Darüberhinaus hat er die Aufgabe innerstaatliche Streitigkeiten zu verhindern bzw. zu schlichten.

Der Bundespräsident wird von der Bundesversammlung auf fünf Jahre gewählt und kann unmittelbar anschließend nur einmal wieder gewählt werden.

Die Bundesversammlung setzt sich zur Hälfte aus allen Mitgliedern des Bundestages zusammen und aus der Anzahl von Abgeordneten, die von den Länderparlamenten gewählt werden.

Die Wahl des Bundespräsidenten findet ohne Aussprache statt. Dadurch soll eine Diskussion über seine Person, die die Autorität des Bundespräsidenten gefährden könnte, verhindert werden. Wählbar ist jeder Deutsche, der das Wahlrecht zum Bundestag hat und mindestens 40 Jahre alt ist. In der Regel schlagen die Parteien Kandidaten für die Wahl vor. Jedoch kann jedes Mitglied der Bundesversammlung schriftlich einen Kandidaten, der dafür seine Zustimmung gegeben hat, vorschlagen. Gewählt ist der Kandidat, der im ersten Wahlgang bzw. in einem zweiten Wahlgang die absolute Mehrheit der Stimmen auf sich vereinigen kann. Im dritten Wahlgang genügt die einfache Mehrheit.

Der Bundespräsident hat eine eigene Behörde, um seine Aufgaben erfüllen zu können, das Bundespräsidialamt.

http://www.bundespraesident.de

Bundestag

Budgetrecht*

Fraktionsdisziplin = Abgeordnete sollen trotz abweichender Auffassung die Mehrheitsmeinung der Fraktion bei Abstimmungen im Plenum übernehmen. Widerspruch zu Art. 38 Abs. 1 GG.

Der **Deutsche Bundestag** ist das Parlament der Bundesrepublik Deutschland. Er besteht aus 598 Abgeordneten, die für vier Jahre direkt vom Volk gewählt werden.
Die Organisation und Arbeitsweise des Bundestags ist in einer Geschäftsordnung bis ins kleinste Detail festgelegt. Nach jeder Bundestagswahl treten die Abgeordneten zu ihrer ersten Sitzung zusammen. Sie dient der Wahl des Präsidiums. Nach parlamentarischem Brauch schlägt die jeweils stärkste Fraktion* den Bundestagspräsidenten zur Wahl vor. Zum Präsidium gehören neben dem Präsidenten, seine Stellvertreter und die Schriftführer. Der Bundestagspräsident oder einer seiner Stellvertreter leiten die Plenarsitzungen und achten darauf, dass sich die Abgeordneten an die Redezeiten halten und fair diskutieren.
Die Anwesenheit des Abgeordneten im Plenum (= Vollversammlung bzw. auch der Bundestagsversammlungsraum für alle Abgeordneten) ist auf keinen Fall seine wichtigste Aufgabe. Er soll vor allem politischen Einfluss auf die Gesetzgebung ausüben und bei der parlamentarischen Kontrolle mitwirken. Dies geschieht hauptsächlich außerhalb des Plenums, in den Ausschüssen des Bundestags, in den Fraktionen und ihren Arbeitsgruppen, in Gesprächen mit Ministerien, Verbänden, unabhängigen Sachverständigen sowie mit Bürgern seines Wahlkreises. Die Gespräche werden durch Aktenstudien, Zeitungslektüre sowie Diskussionen mit Kollegen und Mitarbeitern vorbereitet. Die Arbeitszeit eines Abgeordneten beträgt im Durchschnitt 70 bis 80 Stunden pro Woche.
Die eigentliche Arbeit des Abgeordneten geschieht in den Fraktionssitzungen und Ausschüssen*. Die Abgeordneten, die derselben Partei angehören, schließen sich zu Fraktionen zusammen. Nach der Geschäftsordnung des Bundestags kann eine Fraktion nur dann gebildet werden, wenn ihr mindestens 5 % der Mitglieder des Bundestags angehören. In den Fraktionen, die ihrerseits in Arbeitsgruppen gegliedert sind, diskutieren die Abgeordneten ihre Meinungen und Standpunkte und finden eine einheitliche Linie. Im Plenum stellen die Abgeordneten nur noch festliegende Parteistandpunkte vor, das Abstimmungsergebnis steht quasi vor der Debatte fest. Während die öffentliche Diskussion von politischen Fragen und die Abstimmung über Gesetze im Plenum stattfinden, ist es die Aufgabe der Ausschüsse, die vom Bundestag zu beschließenden Gesetze vorzubereiten. Hier werden die Entwürfe der neuen Gesetze intensiv beraten. Im Plenum können schwierige Fragen nicht gründlich und sachkundig diskutiert werden, da Sachverhalte oft kompliziert und umfangreich sind. Der Abgeordnete spezialisiert sich deshalb auf einige wenige Fachgebiete und eignet sich darüber Fachwissen an, das er in der Ausschussarbeit anwenden kann. In den Ausschüssen vertritt er auch die Meinung seiner Fraktion. Die Ausschusssitzungen sind nicht öffentlich, damit die Abgeordneten frei diskutieren können. Die Ausschüsse sind jeweils für bestimmte Bereiche zuständig, z.B. gibt es einen Ausschuss für Finanzen und Sport. Alle Fraktionen sind in ihnen vertreten entsprechend ihrer Stärke im Parlament.
Die vielfältigen Aufgaben des Bundestags lassen sich in vier Grundfunktionen (Aufgabenbereiche) aufteilen.

- **Wahlfunktion:** Die Abgeordneten wählen den Bundeskanzler (Art. 63 GG) und wirken bei der Wahl des Bundespräsidenten (Art. 64 Abs. 1 GG) und von Bundesrichtern (Art. 94 Abs. 1 und Art. 95 Abs. 2 GG) mit.
- **Gesetzgebungsfunktion:** Die Abgeordneten können Gesetzesentwürfe einbringen und beraten die Gesetzesvorlagen in drei Lesungen und beschließen neue Gesetze, nach denen sich die Bürger zu richten haben. Der Bundestag bewilligt den Haushaltsplan der Bundesregierung als Gesetz. In ihm werden die erwarteten Einnahmen und die geplanten Ausgaben des Staates bzw. der verschiedenen Ministerien festgelegt.
- **Kontrollfunktion:** Der Bundestag kontrolliert die laufende Arbeit der Bundesregierung, z.B. durch kleine und große Anfragen der Abgeordneten an die Regierung. Bei schwerwiegenden Verstößen können die Abgeordneten die Einrichtung eines Untersuchungsausschusses verlangen. Besitzt der Bundeskanzler und seine Regierung nicht mehr das Vertrauen des Bundestags, kann er durch ein konstruktives Misstrauensvotum abgelöst werden.
- **Öffentlichkeitsfunktion:** Eine wichtige Aufgabe des Bundestags ist seine Artikulations- und Öffentlichkeitsfunktion. Die Bürger werden durch die Debatten der Bundestagsabgeordneten über alle wesentlichen Auffassungen zu politischen Fragen informiert.

http://www.bundestag.de

Demokratie

Bundesregierung

Bundeskanzler und Bundesminister bilden die **Bundesregierung**. Chef der Bundesregierung ist der Bundeskanzler. Die Bundesregierung hat die Leitung des Staates im Innern, d.h. sie plant, macht Vorschläge und nennt Ziele in allen Bereichen der Politik, z.B. im Bereich der Sozial-, Wirtschafts- und Finanzpolitik, der Justiz- und Familienpolitik. Die Bundesregierung vertritt die Interessen der Bundesrepublik Deutschland im Ausland, führt unabhängig vom Bundestag außenpolitische Verhandlungen und kann völkerrechtliche Verträge abschließen. In Regierungserklärungen vor dem Bundestag informiert der Bundeskanzler die Abgeordneten und damit auch die Bürger über die politischen Ziele und geplanten Maßnahmen der Regierung. Sie werden dann in Form von Gesetzesentwürfen dem Bundestag zur Entscheidung vorgelegt. Die Bundesregierung hat auch verwaltende Aufgaben. Sie erstellt sogenannte Ausführungsbestimmungen oder Rechtsverordnungen, die u.a. wie Gesetzestexte anzuwenden sind. Die Verwaltung von Bund und Ländern sorgen auf den verschiedenen Ebenen für die Durchsetzung der Gesetze.

Die Bundesregierung wird entweder von einer Partei gebildet oder es schließen sich wie bisher in der Geschichte der Bundesrepublik mehrere Fraktionen zu einer Koalition (Bündnis) zusammen und legen in einem Koalitionsvertrag die Ziele der Regierungspolitik fest. Bereits im Wahlkampf stellen die Parteien heraus, für welchen Kanzlerkandidaten sie nach der Wahl stimmen wollen. Die meisten Bürger orientieren sich bei der Stimmabgabe an einem bestimmten Kanzlerkandidaten. Die eigentliche Wahl des Bundeskanzlers erfolgt auf Vorschlag des Bundespräsidenten durch den neu gewählten Bundestag. Der Bundeskanzler ist das einzige Mitglied der Regierung, das vom Bundestag gewählt wird. Er hat das Recht, die Minister, mit denen er zusammenarbeiten will, dem Bundespräsidenten zur Ernennung vorzuschlagen. Der Bundeskanzler kann die Zahl der Minister und ihre Zuständigkeitsbereiche bestimmen. Er kann Aufgabenbereiche von einem Ministerium auf ein anderes übertragen, neue Ministerien bilden oder bestehende auflösen. Bei der Auswahl seiner Minister muss der Bundeskanzler auf die Wünsche seiner Koalitionspartner und auf die verschiedenen Gruppierungen innerhalb der Koalitionsparteien Rücksicht nehmen. Auch sollten nicht alle Ministerien aus dem gleichen Bundesland stammen und auch Frauen im Kabinett vertreten sein. Die Zusammenarbeit von Bundeskanzler und Bundesministern wird in Art. 65 GG festgelegt und ist von drei Grundsätzen geprägt.

- Kanzlerprinzip: Der Kanzler hat die Richtlinienkompetenz. Er setzt die Ziele fest, die einen Rahmen für die Entscheidungen der Bundesminister abstecken. Er ist dem Bundestag verantwortlich.
- Ressortprinzip: Die Minister verwalten ihr Ministerium selbstständig und in eigener Verantwortung. Der Minister entscheidet, welche Projekte in seinem Bereich erforderlich sind. Er muss sich aber an die allgemeinen Zielvorgaben und die Richtlinien des Bundeskanzlers halten.
- Kabinettsprinzip: Beschlüsse der Regierung, z.B. über Gesetzesvorlagen, werden mehrheitlich von allen Ministern entschieden. Bei Konflikten zwischen zwei Ministerien über ihre Zuständigkeiten entscheidet das Kabinett. Ist der Bundeskanzler anderer Meinung, kann er durch die Richtlinienkompetenz entscheiden.

Um regieren zu können, ist der Bundeskanzler auf die Unterstützung durch die Mehrheit der Bundestagsabgeordneten angewiesen, denn nur der Bundestag kann die notwendigen Gesetze beschließen. Dabei muss der Kanzler auch die unterschiedlichen Interessen der Koalitionspartner berücksichtigen und in vielen Fällen Kompromisse schließen. In Krisenzeiten kann der Kanzler die Vertrauensfrage stellen, um zu prüfen, ob die Parlamentsmehrheit seine Politik noch unterstützt. Ist der Ausgang für ihn negativ, kann der Bundespräsident auf Vorschlag des Bundeskanzlers den Bundestag auflösen. Anderseits hat der Bundestag die Möglichkeit, den Kanzler durch ein konstruktives Misstrauensvotum zu stürzen, wenn gleichzeitig ein neuer Kanzler gewählt wird.

Art., 67, Art. 6866

http://www.bundesregierung.de   http://www.bundeskanzlerin.de

Bundesrat

föderativ = bundesstaatlich

Der **Bundesrat** vertritt die Interessen der Bundesländer und verkörpert das föderative Element im Bund. Durch ihn können die Länder bei der Gesetzgebung und bei der Verwaltung des Bundes und an der Europapolitik der Regierung mitwirken. Alle Gesetze, egal ob auf Bundes- oder Landesebene verabschiedet, werden letztlich von den einzelnen Bundesländern ausgeführt. Der Einfluss des Bundesrats ist bei zustimmungspflichtigen Gesetzen am stärksten. Zustimmungspflichtig sind alle Gesetze, die die Verwaltung der Bundesländer betreffen, außerdem Gesetze, durch die das Grundgesetz geändert wird, oder Gesetze, die Verträge mit anderen Staaten enthalten. Bei diesen Gesetzen kann der Bundesrat kontrollierend, bremsend, aber auch verbessernd einwirken. Wenn die Oppositionsparteien des Bundestags im Bundesrat die Mehrheit haben, können sie viele Gesetze blockieren oder hinauszögern. In einer solchen Situation können die Bundestagsmehrheit und die Bundesregierung nicht an der Opposition vorbeiregieren. In der Regel steht jedoch die Vertretung der Länderinteressen gegenüber dem Bund beim Bundesrat im Vordergrund und nicht die Parteipolitik.

Gegen alle anderen Gesetze kann der Bundesrat Einspruch erheben, der aber vom Bundestag zurückgewiesen werden kann. Die vom Bundesrat abgelehnten Gesetze müssen im Bundestag erneut beraten werden. Der Bundesrat wirkt außerdem in der Verwaltung mit. Die Bundesregierung ist an die Zustimmung des Bundesrats gebunden, wenn sie allgemeine Verwaltungsvorschriften für die Länder zur Ausführung von Bundesgesetzen erlassen will. Sie muss dem Bundesrat auch über ihre Handlungen und Pläne unterrichten.

Die Zusammensetzung des Bundesrats ist in Art. 51 Abs. 2 GG geregelt. Jedes Bundesland schickt wenigstens drei Vertreter in den Bundesrat. Drei Vertreter haben die Bundesländer Bremen, Hamburg, Mecklenburg-Vorpommern und das Saarland. Länder mit über zwei Millionen Einwohnern schicken vier Vertreter. Es sind Berlin, Brandenburg, Rheinland-Pfalz, Sachsen, Sachsen-Anhalt, Schleswig-Holstein und Thüringen. Hessen hat über sechs Millionen Einwohner und deshalb fünf Stimmen. Sechs Vertreter haben die Bundesländer mit über sieben Millionen Einwohnern. Dies sind Baden-Württemberg, Bayern, Niedersachsen und Nordrhein-Westfalen.

Die Mitglieder des Bundesrats werden nicht vom Volk direkt gewählt, sondern als Mitglieder ihrer Landesregierung in den Bundesrat bestellt. Die Ministerpräsidenten der Länder sowie Justiz-, Innen- und Finanzminister sind immer Mitglieder. Der Präsident des Bundesrats wird jährlich nach einem bestimmten Modus ein anderer Ministerpräsident der Länder. Er ist gleichzeitig Stellvertreter des Bundespräsidenten. Die Bundesratsmitglieder sind bei ihrer Stimmabgabe nicht frei und ungebunden wie die Abgeordneten des Bundestags. Sie sind an die Weisungen der Landesregierungen gebunden und geben ihre Stimmen nur gemeinsam und einheitlich ab.

Mitglieder des Bundesrats haben Zutritt zu den Sitzungen des Bundestags und können dort sprechen. Dagegen haben Bundestagsabgeordnete kein Recht im Bundesrat angehört zu werden.

http://www.bundesrat.de

Demokratie

Bundesverfassungsgericht

Das **Bundesverfassungsgericht** mit Sitz in Karlsruhe hat zu entscheiden, ob das Grundgesetz verletzt worden ist. Es hat darüber zu wachen, ob die vom Bundestag und vom Bundesrat verabschiedeten Gesetze mit dem Grundgesetz vereinbar sind. Ein Gesetz, das nach dem Urteil des Bundesverfassungsgerichts gegen das Grundgesetz verstößt, wird von ihm außer Kraft gesetzt. Das Bundesverfassungsgericht achtet darauf, dass die Regierung sich bei der Ausübung der Macht an die geltenden Gesetze hält. Schließlich kontrolliert es auch, ob Entscheidungen der Gerichte mit den Grundsätzen der Rechtsprechung vereinbar sind. Das Bundesverfassungsgericht wird nicht von sich aus, sondern nur auf Antrag tätig. Nicht nur die Bundesländer, die Bundesregierung oder eine Partei können das Bundesverfassungsgericht mit einer Verfassungsklage anrufen. Auch jeder Bürger der Bundesrepublik Deutschland kann in Karlsruhe Verfassungsbeschwerde einlegen, wenn er sich in seinen Grundrechten verletzt fühlt. Dies geht allerdings erst, wenn der vorherige Rechtsweg ausgeschöpft ist.
Das Bundesverfassungsgericht entscheidet auch über das Verbot von Parteien und über die Verwirkung von Grundrechten bei einem Bürger. Es kann Anklage gegen den Bundespräsidenten und gegen Bundesrichter wegen vorsätzlicher Verletzung von Gesetzen erheben. Es ist zuständig für die Wahlprüfung und kann über den Mandatsverlust von Bundestagsabgeordneten entscheiden. In der Organisation der staatlichen Ordnung der Bundesrepublik nimmt das Bundesverfassungsgericht eine herausragende Stellung ein, weil es Regierung und Parlament kontrolliert und die Unabhängigkeit der Gerichte garantiert.
Das Bundesverfassungsgericht besteht aus zwei Senaten mit je acht Bundesrichtern. Je zur Hälfte werden die Richter vom Bundestag und vom Bundesrat gewählt.
Aufgrund seiner Aufgaben wird das Gericht oft als „Hüterin der Verfassung" bezeichnet. Die Bestimmungen der Grundrechte sind zum Teil nur unbestimmt und offen formuliert und können unterschiedlich ausgelegt werden. Was heißt „freie Entfaltung der Persönlichkeit", „Freiheit des Glaubens" oder „Meinungsfreiheit"? Durch zahlreiche Urteile des Bundesverfassungsgerichts werden einzelne Grundrechte näher erläutert und ihre Aussage verdeutlicht. In anderen Fällen überprüfen, bestätigen oder heben die Bundesverfassungsrichter Entscheidungen der Bundesregierung oder des Bundestags auf.
Immer wieder beschäftigt sich das Bundesverfassungsgericht mit Fällen, die in in der Öffentlichkeit mit großer Aufmerksamkeit verfolgt werden. Dazu gehört die Frage, ob der Einsatz deutscher Soldaten bei UNO-Einsätzen mit dem Grundgesetz vereinbar ist oder nicht, oder ob eine rechtsradikale Partei wie die NPD verboten werden soll. Manchmal werden seine Entscheidungen auch kritisiert, weil die Kritiker der Ansicht sind, dass es sich zu sehr in die Politik einmischt und Entscheidungen trifft, die eigentlich im Bundestag, im Bundesrat oder in der Bundesregierung getroffen werden müssten. (ergänzt)

http://www.bundesverfassungsgericht.de

3.7 Demokratie – Notwendigkeit der Kontrolle staatlicher Macht

Vom französischen Staatsphilosophen Montesquieu stammt die Idee, dass die Staatsgewalt geteilt werden muss.

M1

	Gewaltenteilung nach Art. 20 GG und Art. 79,3 GG		
	Horizontal		
Vertikal	Legislative	Exekutive	Judikative
	Bundestag	Bundesregierung	Bundesverfassungsgericht
	Landtage	Länderregierungen Landkreise Städte/Gemeinden	Ländergerichte

Gewaltenverschränkung

Das Prinzip der Gewaltenteilung wird im parlamentarischen Regierungssystem durchbrochen durch die Gewaltenverschränkung zwischen Exekutive und Legislative, z. B.:
- Wahl des Kanzlers (= Exekutive) durch Mehrheit des Bundestags (= Legislative)
- Gesetzesinitiative der Regierung (= Exekutive) im Gesetzgebungsverfahren (= Legislative), dies nennt man funktionale Gewaltenverschränkung
- Minister der Regierung (= Exekutive) sind gleichzeitig Abgeordnete des Bundestags (= Legislative), dies nennt man personale Gewaltenverschränkung

Gewaltenkontrolle

In der parlamentarischen Demokratie wird die Regierung entweder von der stärksten Partei gebildet oder es schließen sich zwei oder mehrere Parteien zu einer Koalition* zusammen, um gemeinsam mehrheitsfähig zu sein und die Regierung bilden zu können. Alle Parteien, die nicht an der Regierung beteiligt sind, bilden die Opposition. Die Aufgaben der Opposition werden mit den Begriffen Kritik, Kontrolle und Aufzeigen von Alternativen bezeichnet.

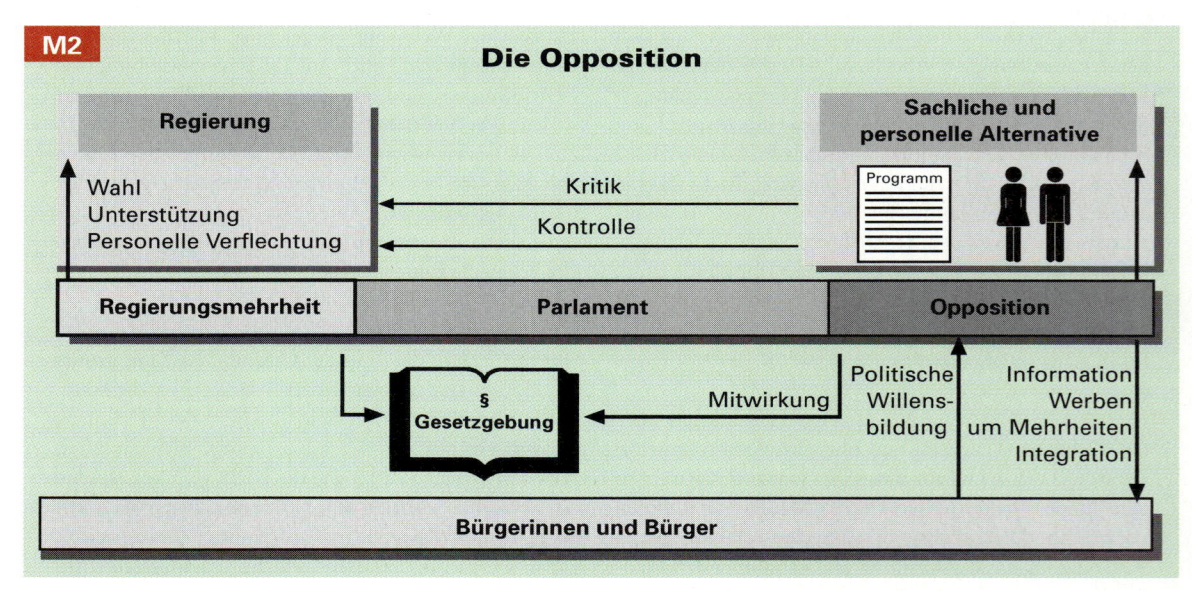

M2 Die Opposition

Horst Pötzsch: Die deutsche Demokratie, Bundeszentrale für politische Bildung, 4. aktual. Auflage, Bonn 2005, S. 69

Aufgaben

1. Zeigen Sie am Beispiel des NS-Staates auf, wie Hitler die Gewaltenteilung außer Kraft gesetzt hat.

Demokratie

Der Opposition stehen eine Reihe von Möglichkeiten zur Verfügung, um ihre Aufgaben im Bundestag wahrzunehmen.
- kleine und große Anfrage an die Regierung
- Fragestunden bzw. Aktuelle Stunde bei brisanten Themen
- Untersuchungsausschuss zur Überprüfung von Missständen
- konstruktives Misstrauensvotum zur Abwahl des Bundeskanzlers

Um regieren zu können, ist der Bundeskanzler auf die Unterstützung durch die Mehrheit der Bundestagsabgeordneten angewiesen, denn nur der Bundestag kann die Gesetze beschließen. Dabei muss der Bundeskanzler auch die unterschiedlichen Interessen der Koalitionspartner berücksichtigen und in vielen Fällen Kompromisse schließen. In Krisenzeiten kann der Kanzler die Vertrauensfrage stellen, um zu überprüfen, ob die Parlamentsmehrheit ihn noch unterstützt. Ist der Ausgang für ihn negativ, kann der Bundespräsident auf Vorschlag des Bundeskanzlers den Bundestag auflösen. Andererseits hat der Bundestag die Möglichkeit, den Kanzler durch ein konstruktives Misstrauensvotum* zu stürzen, wenn gleichzeitig ein neuer Kanzler gewählt wird.

M3 Parlament – Die große Langeweile

Früher war die Aussprache über den Kanzleretat die Stunde des Parlaments. Die Opposition nutzte sie zum Großangriff auf die Regierung, die Koalition schoss scharf zurück – der Schlagabtausch gehörte zu den Höhepunkten der parlamentarischen Demokratie.

Heute, in Zeiten der großen Koalition, ist die Generaldebatte die Stunde der Kanzlerin. Die Schwäche der Opposition ... bescherte Angela Merkel ein unangefochtenes Solo. Die FDP beließ es bei einem Scheinangriff, die Grünen spendierten sogar Lob – ernsthaft in die Enge treiben wollte die Regierungschefin niemand ...

Ein Parlament, das so viel Langeweile verbreitet, ist schädlich für die Demokratie. Zwar erschwert es die schwarz-rote Übermacht der Opposition, die Koalition in die Mangel zu nehmen. Dass sie das am Mittwoch nicht einmal ernsthaft versuchte, gefährdet das Ansehen von Parlament und Parteien. Eine starke Regierung braucht eine starke Opposition. Dass diese derzeit entfällt, liegt zunächst einmal daran, dass FDP, Linksfraktion und Grüne rein zahlenmäßig auf verlorenem Posten stehen. Die Koalitionsmehrheit schwächt ihre Widersacher aber noch zusätzlich. Wo immer es geht, versucht sie die Parlamentsminderheit in die Schranken zu weisen – sei es bei der Einsetzung von Untersuchungsausschüssen oder der Herausgabe von Regierungsakten.

Etat = Haushalt

Koalition Bündnis

Financial Times Deutschland: www.ftd.de/meinung/kommentare/252249.html, 11.12.2007

Der Bundestag zu Zeiten der großen Koalition

Seit Bildung der großen Koalition ist die Opposition zahlenmäßig schwach ... Kann der Bundestag als Ganzes dennoch die Regierung wirksam kontrollieren? ... Eine große Koalition muss ... nicht unbedingt ein bequemes Ruhekissen für die Regierung sein. Denn in den eigenen Reihen kann sich leichter Widerstand formieren als zu Zeiten knapper Mehrheiten. Gerade zu Zeiten einer großen Koalition sei das Selbstbewusstsein des Parlaments besonders gefordert ... Kein Gesetzentwurf der Regierung verlässt die Ausschüsse ohne Änderung: Die Auseinandersetzung mit der Regierung ist also nicht auf die Opposition beschränkt. Sie findet aber anders als deren Aktionen unter Ausschluss der Öffentlichkeit statt, in Arbeitsgruppen, Arbeitskreisen und Ausschüssen. Unter Ausschluss der Öffentlichkeit wird abweichend von den festgesteckten Parteilinien geredet.

Klaus Lantermann: Der Bundestag in Zeiten der großen Koalition. Kritik und Kontrolle (gekürzt). Unter: http://www.bundestag.de/blickpunkt/pdf/BB_0106.pdf, 07.01.2008, S. 1 ff.

Aufgaben
2. Besprechen Sie, was die Begriffe horizontale und vertikale Gewaltenteilung bedeuten (M1).
3. Erklären Sie die Aufgaben der Opposition mithilfe des Schaubilds (M2).
4. Welche Problematik wird in dem Leitartikel „Die große Langeweile" angesprochen (M3)?
5. Überlegen Sie, warum die Medien oft als vierte Gewalt bezeichnet werden.
6. Wahlen werden als zeitliche Gewaltenkontrolle bezeichnet. Erklären Sie diese Aussage.
7. Überlegen Sie, in welchen politischen oder wirtschaftlichen Lagen es eine Opposition als Gegenkraft zur Regierung schwer bzw. leicht hat?

3.8 Demokratie – der lange Weg der Gesetzgebung

Anfang Juni 2006: Der SPD-Bundestagsabgeordnete Volker Binding kündigt einen fraktionsübergreifenden Gruppenantrag für einen umfassenden Nichtraucherschutz an.

17. Juli 2006: Die Frankfurter Allgemeine Zeitung berichtet: „Bisher sind alle politischen Initiativen gescheitert in Deutschland ein generelles Rauchverbot, in öffentlichen Räumen, am Arbeitsplatz und in Gaststätten durchzusetzen. Der Antrag des Abgeordneten Binding wird von führenden Politikern, von der öffentlichen Meinung und von der Bevölkerung laut Umfragen weitaus mehr unterstützt als ähnliche Rauchsverbotsforderungen in der Vergangenheit. Die größere Zustimmung für den Vorschlag hängt auch damit zusammen, dass es in vielen Ländern Europas verschärfte Nichtraucherschutzgesetze gibt. Noch vor dem Rauchverbotsantrag wollen viele Bundesländer in ihrem eigenen Verantwortungsbereich aktiv werden. In Bayern gilt z. B. ab Schuljahr 2006/07 ein gesetzliches Rauchverbot an Schulen. Schüler und Lehrer dürfen am Schulgelände nicht mehr rauchen, nur für Hausmeisterwohnungen gibt es eine Ausnahme."

Herbst 2006: Die Bundesregierung bringt eine Gesetzesinitiative ein. Name: Gesetz zum Schutz vor den Gefahren des Passivrauchens. Ziel: Schutz vor den Gefahren des Passivrauchens. Passivrauchen ist nach gesicherten wissenschaftlichen Erkenntnissen die Ursache für schwere Erkrankungen und Todesfälle. Maßnahmen: Einführung eines grundsätzlichen Rauchverbots in öffentlichen Einrichtungen des Bundes, in öffentlichen Verkehrsmitteln und Personenbahnhöfen, Einrichtung von Raucherbereichen durch den Inhaber des Hausrechts; kein Verkauf von Zigaretten an Personen unter 18 Jahren. Kosten: Kosten des Bundes in Millionenhöhe für Einrichtung von Raucherräumen, dafür Einsparungen beim Renovierungsaufwand; geringere Einnahmen durch die Tabaksteuer. Impuls: Tabakrahmenkonvention der Weltgesundheitsorganisation (WHO). Mit der Unterzeichnung der WHO-Tabakrahmenkonvention hat die Bundesrepublik zugestimmt, an öffentlichen Orten wirksame Maßnahmen zu ergreifen, um Nichtraucher vor Tabakrauch zu schützen.

8. Dezember 2006: Im Streit um einen verbesserten Nichtraucherschutz in Deutschland wehrt sich die Bundesregierung gegen den Vorwurf, dem Druck der Tabakindustrie nachzugeben. Innenminister Schäuble erklärt, dass seit der Föderalismusreform der Bund nicht mehr für Gaststättenrechte zuständig sei. Jedes Bundesland müsse selbst entscheiden.

2. März 2007: Die erst kürzlich gegründete Europäische Konsumentenvereinigung Tabakwaren (EuKT) wehrt sich gegen die einseitige Diskussion über ein Rauchverbot in der Gastronomie und in öffentlichen Gebäuden. Sie warnt vor einer einseitigen Diskriminierung von Rauchern.

Diskriminierung = Herabsetzung

22. März 2007: Die Ministerpräsidenten der Bundesländer können sich zwar auf ein weitgehendes Rauchverbot in allen Gaststätten einigen. Den Ländern bleibt es aber vorbehalten, Ausnahmen für Kneipen zuzulassen. In Behörden, Gesundheitseinrichtungen und Diskotheken sollen keine Ausnahmen möglich sein. Bayern will etwa Festzelte vom Rauchverbot befreien.

27. April 2007: In der ersten Lesung des Gesetzesantrags wird der Entwurf an den Gesundheitsausschuss, der federführend ist, den Ältestenrat, den Innenausschuss, den Ausschuss für Ernährung, Landwirtschaft und Verbraucherschutz und fünf weitere Ausschüsse überwiesen.
Redner und Rednerinnen weisen darauf hin, dass die bisher propagierte Freiwilligkeit auf den Nichtraucherschutz in Gastronomie, Krankenhäusern und Behörden zwar zu guten Beispielen geführt habe, nicht aber zu einem Durchbruch. Für Regelungen zum Nichtraucherschutz in der Gastronomie seien die Länder zuständig. Ulla Schmidt (SPD), Bundesgesundheitsministerin, verweist in der Debatte zunächst auf die massive Gesundheitsgefährdung durch Passivrauchen. Besonders erschreckend seien die Wirkungen auf Kinder. Ebenso wichtig wie der Nichtraucherschutz sei jedoch die Prävention, damit junge Menschen erst gar nicht mit dem Rauchen beginnen, und die Bemühungen, damit diejenigen, die rauchen, den Weg finden, damit aufzuhören.
Horst Seehofer (CDU/CSU), Bundesminister für Ernährung, Landwirtschaft und Verbraucherschutz, betont, es gehe nicht um die Diskriminierung der Raucher, sondern um den Schutz der Nichtraucher. Die Fraktion der FDP stimmt mit den anderen Fraktionen darin überein, dass der Weg der Eindämmung des Rauchens fortgesetzt und eng mit dem Nichtraucherschutz verknüpft werden müsse.

Demokratie

Detlev Parr (FDP) sagt: „Anstelle staatlicher Gängelung brauchen wir mehr positive Anreize für Verhaltensänderungen."

Die Fraktion Bündnis 90/Die Grünen erklärt, der Gesetzentwurf sei lückenhaft und von Mutlosigkeit geprägt; denn genau die Bereiche, die wirklich ernst angegangen werden müssten, die Gastronomie, die Diskotheken und die Bars blieben vollkommen ausgeklammert. Auch beim Arbeitsschutz sei der Gesetzentwurf nicht konsequent.

Mai 2007: Der Gesetzentwurf wird in den verschiedenen Ausschüssen beraten. Der Ausschuss für Arbeit und Soziales empfiehlt in seiner Sitzung am 23. Mai 2007 mit den Stimmen der Fraktionen der CDU/CSU, SPD und Die Linke, bei Stimmenthaltung der Fraktion Bündnis 90/Die Grünen, gegen die Stimmen der Fraktion der FDP, den Gesetzentwurf unter Berücksichtigung von Änderungsanträgen anzunehmen.

9. Mai 2007: Eine öffentliche Anhörung mit Sachverständigen im federführenden Gesundheitsausschuss findet statt. Geladen sind 49 Sachverständige. Die Experten unterstützen die Absicht der Bundesregierung, einen gesetzlichen Schutz vor Gefahren des Passivrauchens zu schaffen. Der vorgelegte Gesetzentwurf wird aber als nicht weitgehend genug beurteilt. Für ein konsequentes Rauchverbot ohne jede Ausnahmeregelung sprechen sich neben dem Forum Rauchfrei auch die Spitzenverbände der gesetzlichen Krankenkassen sowie das Deutsche Krebsforschungszentrum aus. Dort kritisiert man vor allem die Möglichkeit, Raucherräume zu schaffen. Der Bundesverband der Deutschen Tabak-Großhändler und Automatenaufsteller unterstützt die vorgesehene Anhebung des Abgabealters für Tabakwaren von 16 auf 18 Jahre im Rahmen der Änderung des Jugendschutzgesetzes. Die „Nichtraucherinitiative Deutschland" kritisiert die fehlenden Sanktionsmöglichkeiten.

Beschlussempfehlung des Gesundheitsausschusses: Annahme des Gesetzentwurfs in geänderter Fassung. Die Änderungen sehen im Wesentlichen vor, dass das Rauchverbot in allen Verfassungsorganen des Bundes, also auch im Bundestag, gilt, genauer soll dies durch die Inhaber des Hausrechts geregelt werden. Außerdem tritt das Verbot des Verkaufs von Tabakwaren an Jugendliche unter 18 Jahren bereits am 1. Januar 2008 in Kraft.

25. Mai 2007: Zweite Lesung im Bundestag: Nach einer kurzer Aussprache wird zunächst über einen von der Fraktion Bündnis 90/Die Grünen vorgelegten Änderungsantrag zur Änderung des Arbeitsschutzgesetzes abgestimmt. Gefordert wird ein weiter reichender Nichtraucherschutz an Arbeitsstätten. Der Antrag wird abgelehnt.

Anschließend wird über den Gesetzentwurf in der Ausschussfassung abgestimmt, d. h. über den Gesetzentwurf einschließlich der vom federführenden Ausschuss empfohlenen Änderungen. Der Gesetzentwurf wird in der geänderten Fassung angenommen.

25. Mai 2007: Dritte Lesung im Bundestag. Gleich im Anschluss findet die Schlussabstimmung statt. Dem Entwurf stimmen die Fraktionen CDU/CSU, SPD und Die Linke zu, die Fraktionen FDP und Bündnis 90/Die Grünen enthalten sich. Damit ist der geänderte Gesetzentwurf angenommen. Der Gesetzentwurf geht an den Bundesrat zur Beratung und gegebenenfalls Abstimmung.

15. Juni 2007: Der Bundesrat überweist den Entwurf an den Bundesratsausschuss für Gesundheit.

6. Juli 2007: Der Bundesrat beschließt dem Gesetz zuzustimmen.

20. Juli 2007: Der Bundespräsident unterzeichnet nach Prüfung das Gesetz.

27. Juli 2007: Das Gesetz wird im Bundesgesetzblatt veröffentlicht.

1. September 2007: Das Gesetz tritt in Kraft

Aufgaben
1. Bilden Sie Gruppen und schreiben Sie alle Akteure heraus, die am Gesetzgebungsprozess beteiligt sind.
2. Entwerfen Sie eine einfache Struktursskizze des Gesetzgebungsverfahrens.
3. Begründen Sie, welche Umstände dazu führen, dass ein Gesetzgebungsprozess in der Demokratie so viel Zeit in Anspruch nimmt.
4. Diskutieren Sie, ob das Gesetz geeignet ist, wirkungsvoll das „Raucherproblem" zu lösen.

4 Bundesstaat

4.1 Föderalismus

M1 Deutschland (Karte)

M2 Schilder an der Autobahn

M3

Kein einheitlicher Nichtraucherschutz in Deutschland – Bundesländer dagegen

3.8 Europäische Integration

Der Name Bundesrepublik soll den föderativen Charakter des deutschen Staates zum Ausdruck bringen. Föderalismus heißt, dass der Gesamtstaat aus dem Bund als Zentralstaat und den Ländern als Gliedstaaten gebildet wird. Die Bundesrepublik Deutschland bildet eine politische Einheit sowie eine Rechts- und Wirtschaftseinheit. Es gibt eine gemeinsame Verfassung, das Grundgesetz, ein gemeinsames Parlament, den Deutschen Bundestag, und eine Bundesregierung. Deren Aufgabe ist es z. B., die Angelegenheiten der Verteidigung und der Außenpolitik zu regeln.

Aber nicht nur der Bund und seine Organe, sondern auch die Bundesländer spielen im Gesamtstaat eine wichtige Rolle. Die Länder sind echte Staaten. Sie haben ihre eigenen Verfassungen, Regierungen und Verwaltungsbehörden. Landesparlamente – in Bayern ist dies der Landtag – beschließen eigene Landesgesetze, z. B. für das Schulwesen und das Rauchen in Gaststätten und Bierzelten. Das Grundgesetz regelt, welche Gesetzgebungsbereiche dem Bund und welche den Ländern zustehen.

Grundsätzlich gilt für die Aufgabenverteilung zwischen Bund und Ländern:
- Gesetzgebung ist weitgehend Sache des Bundes.
- Verwaltung ist im Allgemeinen Sache der Länder. Sie führen mit ihren Beamten die Gesetze des Bundes aus. Der Bund hat nur wenig eigene Behörden, z. B. Bundeswehr und Zoll.
- Die Gerichtsbarkeit ist zwischen Bund und Ländern aufgeteilt. Bei umstrittenen Fällen entscheiden als letzte Instanz die Bundesgerichte. Sie können Entscheidungen der anderen Gerichte aufheben.

Rolle des Bundesrates

vgl. S. 54 Bundesrat

Der Bundesrat vertritt die Interessen der Bundesländer und verkörpert das föderative Element im Bund. Durch ihn können die Länder bei der Gesetzgebung und der Verwaltung des Bundes und bei der Europapolitik der Bundesregierung mitwirken.

Aufgaben
1. Gründe für den föderalen Aufbau Deutschlands liegen in seiner Geschichte. Informieren Sie sich in einem Geschichtsbuch.
2. Warum spricht man von den fünf neuen Bundesländern?

Bundesstaat

M4 Argumente für und gegen den Föderalismus

Pro	Kontra
+ Der Bundesrat kontrolliert die Politik des Bundes und verhindert Machtkonzentration.	– Der Bundesstaat ist teuer, da ein größerer Verwaltungsapparat notwendig ist (mehr Abgeordnete, mehr Ministerien).
+ Das gesamte Staatswesen ist überschaubarer.	– Der Föderalismus ist kompliziert und unübersichtlich.
+ Die Verwaltung wird bürgernäher.	– Entscheidungsprozesse sind schwerfälliger.
+ Die Bürger haben mehr Möglichkeiten, sich an der Politik zu beteiligen.	– Es herrschen ungleiche Lebenschancen in den verschiedenen Ländern.
+ Die Länder können ihre regionalen und kulturellen Besonderheiten wahren und pflegen.	– Der Schulwechsel wird erschwert, da es unterschiedliche Bildungssysteme gibt.

M5 Föderalismusreform

Der Föderalismus ist im Laufe der Jahre immer komplizierter geworden. Deshalb setzen Bundestag und Bundesrat eine Kommission zur Modernisierung der bundesstaatlichen Ordnung ein. Im Juli 2006 bewilligen die Parteien der großen Koalition CDU/CSU und SPD die umfassendste Verfassungsänderung seit Bestehen der Bundesrepublik. Das Ziel der Reform: einfachere Strukturen, um den Gesetzgebungsprozess zu beschleunigen. Die Zahl der Gesetze, denen der Bundesrat zustimmen muss, soll deutlich sinken. Der bisherige Prozess gilt als fortschrittshemmend, weil am Ende langwieriger Verfahren oft ein problematischer Kompromiss steht. Die Bürger sollen in Zukunft auch besser erkennen können, welche politische Ebene für Entscheidungen verantwortlich ist.

M6

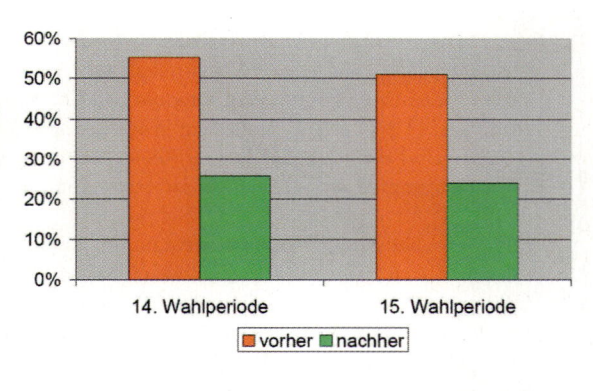

Föderalismus – Was bringt die Reform?
Die Länder bekommen in diesen Bereichen

weniger Rechte:
auf EU-Ebene (Ausnahmen: schulische Bildung, Kultur, Rundfunk)
Gesetzentscheidungen bisher: ca. 60 % aller Gesetzentwürfe bedürfen der Zustimmung der Länder künftig: nur noch 35 bis 40 %
Bund übernimmt Zuständigkeiten bei der Terrorismusbekämpfung, Kompetenzen bei Naturschutz und Landschaftspflege sämtliche Zuständigkeiten beim Melde- und Ausweiswesen, Schutz deutschen Kulturgutes, Waffen- und Sprengstoffrecht, Kriegsfolgenrecht, Kernenergie

mehr Rechte:
Beamtenrecht künftig von Land zu Land unterschiedliche Besoldung möglich
Bildung weitgehend eigenständige Regelung des Schul- und Hochschulbereichs
neue Kompetenzen beim Demonstrationsrecht Strafvollzug Notarrecht Heimrecht Ladenschlussrecht Gaststättenrecht

dpa-Grafik 2150

Anteile der zustimmungspflichtigen Gesetze der 14. Wahlperiode (1998–2002) und 15. Wahlperiode (2002–2005) vor der Föderalismusreform und wenn sie schon in Kraft getreten wäre:

In der zweiten Stufe der Föderalismusreform sollen die Finanzbeziehungen zwischen Bund und Ländern neu geregelt werden.

Aufgaben

3. Stellen Sie je ein Bundesland in einem Steckbrief vor. Einigen Sie sich in der Klasse auf maximal fünf Gesichtspunkte.
4. Suchen Sie zu den Argumenten für und gegen den Föderalismus je ein Beispiel (M4).
5. Informieren Sie sich, wie zurzeit die parteiliche Zusammensetzung des Bundesrates ist.
6. Vergleichen Sie mithilfe des Grundgesetzes die Stellung eines Bundesratsmitglieds mit der eines Bundestagsabgeordneten.
7. Die Ziele der Föderalismusreform heißen Effizienz und Transparenz. Erklären Sie diese Begriffe mithilfe des Textes und des Schaubilds (M5, M6).
8. Diskutieren Sie über mögliche positive und negative Auswirkungen der Föderalismusreform, z. B. im Hinblick auf das Schulwesen.

Effizienz = Wirksamkeit

Transparenz = Durchsichtigkeit

4.2 Bundesland Bayern

M1

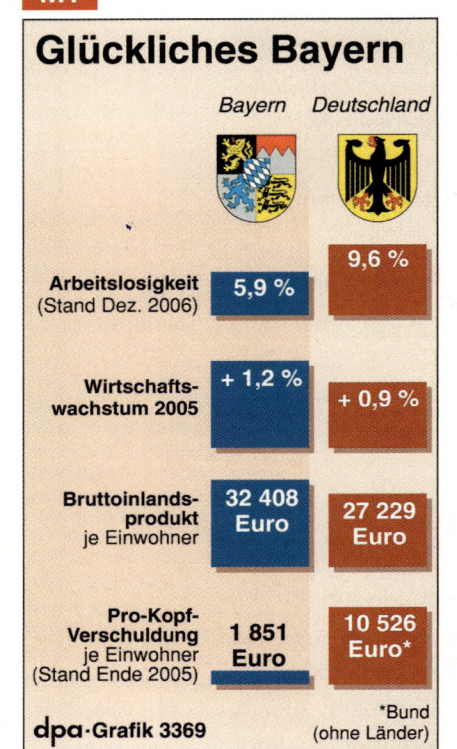

Glückliches Bayern

	Bayern	Deutschland
Arbeitslosigkeit (Stand Dez. 2006)	5,9 %	9,6 %
Wirtschaftswachstum 2005	+ 1,2 %	+ 0,9 %
Bruttoinlandsprodukt je Einwohner	32 408 Euro	27 229 Euro
Pro-Kopf-Verschuldung je Einwohner (Stand Ende 2005)	1 851 Euro	10 526 Euro*

*Bund (ohne Länder)

dpa-Grafik 3369

M2

Bayern ist der Musterschüler. Die neue E-Klasse ist da. Beim innerdeutschen Pisa-E-Test ist Bayern abermals klarer Sieger und dringt sogar in die Weltspitze vor. Die fünfzehnjährigen Schüler aus Bayern stellten in allen getesteten Bereichen die gleichaltrigen Jungen und Mädchen aus den anderen Bundesländern deutlich in den Schatten. Getestet wurden die Kompetenzen in Mathematik, Naturwissenschaften, Lesen und problemlösendem Denken.
Im neuen Bericht „... stellen die deutschen Pisaforscher zugleich eine anhaltende Chancenungleichheit im Schulsystem heraus. Arbeiter- und Migrantenkinder würden zu wenig gefördert.

www.spiegel.de/schulspiegel/wissen/0,1518,365096,00.html, dpa, 10.12.2007

Im Land von Laptop und Lederhose

M3
- Lange galt Bayern als Agrarland schlechthin. Heute trägt die Land- und Forstwirtschaft nur noch ca. ein Prozent zum Bruttoinlandsprodukt bei. Knapp ein Drittel (31 %) stammen aus dem produzierenden Gewerbe und mehr als zwei Drittel (68 %) aus dem Dienstleistungssektor (einschließlich Staat) (Stand 2005).
- Der Wirtschafts- und Wissenschaftsstandort Bayern soll durch eine „Cluster-Offensive" weiter ausgebaut werden. Sie zielt auf die landesweite Vernetzung der Potenziale aus Wirtschaft und Wissenschaft.
- Dank seiner konsequenten Forschungs- und Technologiepolitik nimmt der Freistaat als wissenschaftliches und technisches Zentrum im internationalen Vergleich heute einen Spitzenplatz ein; Bio- und Gentechnik, Kommunikations- und Informationstechnik aus Bayern stehen für Spitzenqualität.
- Bayern ist ein erstrangiges wissenschaftlich-technisches Zentrum in Europa, z. B. Max-Planck-Institut für Plasmaphysik, Gesellschaft für Strahlen- und Umweltforschung, Forschungs- und Versuchsanstalt für Luft- und Raumfahrt.
- Bayern ist Pionier beim Ausgleich von Ökonomie und Ökologie (1970 erstes Umweltministerium in Europa, 1973 modernstes Naturschutzgesetz, 1984 Umweltschutz als Verfassungsgebot)
- Kernelemente bayerischer Sozialpolitik sind Subsidiarität (Stärkung der Eigenleistung kleinerer Einheiten) und die Familienförderung.
- Bayern stellt in der Familienpolitik landeseigene Leistungen zur Verfügung wie das bayerische Landeserziehungsgeld sowie die Familienbeihilfe und die Landesstiftung für Hilfe für Mutter und Kind.
- Im Rahmen der Altenhilfe erfolgte ein enormer Ausbau der sozialpflegerischen Dienste (seit 1983: fast 100 % mehr Personal).

Freistaat Bayern. Eine kleine politische Landeskunde, hrsg. Bayerisches Staatministerium für Unterricht und Kultus, Bayerische Landeszentrale für politische Bildung in Bayern, 6. Auflage 2007

Aufgaben

1. Sammeln Sie, auch mithilfe von Geschichtsbüchern, Gründe für den Wandel vom Agrarstaat zum Hightech-Land (M1–M3).
2. „Gleiche Lebensbedingungen nur auf dem Papier. Viele Regionen im Freistaat haben mit gravierenden Standortnachteilen zu kämpfen", schreibt die Süddeutsche Zeitung am 6.10.2008. Recherchieren Sie die Lebensbedingungen in Ihrer Heimatregion in Bezug auf Arbeitsleben, Bildungsangebote, Verkehrsanbindung, Industrie usw.

Bundesstaat

4.3 Das politische System in Bayern

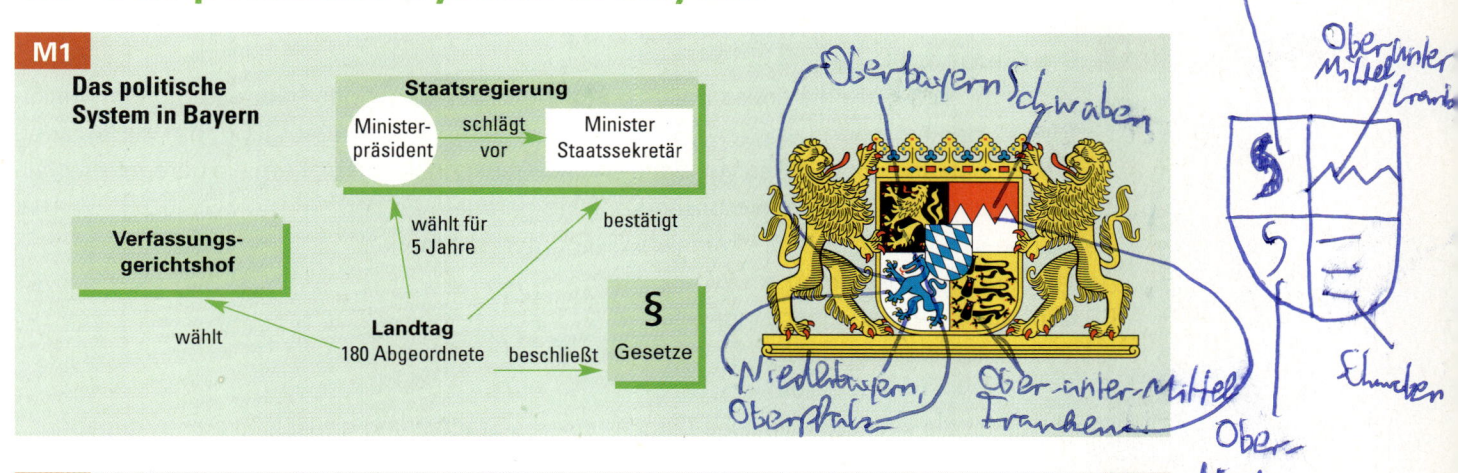

M1 Das politische System in Bayern

- Verfassungsgerichtshof
- Staatsregierung: Ministerpräsident schlägt vor → Minister, Staatssekretär
- Landtag: 180 Abgeordnete – wählt Ministerpräsident für 5 Jahre, bestätigt Minister/Staatssekretär, beschließt Gesetze §
- Landtag wählt Verfassungsgerichtshof

M2 Art. 45 BV
Der Ministerpräsident beruft und entlässt mit Zustimmung des Landtages die Staatsminister und die Staatssekretäre.

Art. 47 BV
1. Der Ministerpräsident führt in der Staatsregierung den Vorsitz und leitet die Geschäfte.
2. Er bestimmt die Richtlinien der Politik und trägt die Verantwortung gegenüber dem Landtag.
3. Er vertritt Bayern nach außen.

M3 Der Ministerpräsident bestimmt die Richtlinien der Politik, ist aber vom Landtag nicht abwählbar. Der Ministerpräsident kann nach Art. 44 BV nur zum Rücktritt gezwungen werden, wenn „die politischen Verhältnisse eine vertrauensvolle Zusammenarbeit zwischen ihm und dem Landtag unmöglich machen". Bei einem Rücktritt des Ministerpräsidenten tritt auch die Staatsregierung zurück. Bis zur Neuwahl geht die Vertretung Bayerns nach außen auf den Landtagspräsidenten über. Die Selbstständigkeit der Bundesländer zeigt sich besonders in der Bildungspolitik. 2003 hat der Landtag der Einführung des G8 (achtjähriges Gymnasium) zugestimmt.

Position = Stellung

M4 Volksbegehren und Volksentscheid – Elemente direkter Demokratie
Während die Bundesrepublik eine rein parlamentarische und repräsentative Demokratie ist, gibt es in der bayerischen Verfassung auch Elemente direkter Demokratie. Durch Volksbegehren und Volksentscheid können die Bürger unmittelbar in den Gesetzgebungsprozess eingreifen (Art. 74 BV). Nach Art. 75 BV müssen dem Volk Verfassungsänderungen durch den Landtag zur Entscheidung vorgelegt werden. Die Wahlbürger stehen im Rahmen der Volksgesetzgebung gleichberechtigt neben dem Landtag. Seit 1945 gab es 17 Volksbegehren, fünf Volksentscheide nach Volksbegehren und elf Volksentscheide durch den Landtag.
Seit 1995 gibt es durch das Volksbegehren und den Volksentscheid „Mehr Demokratie in Bayern" Bürgerbegehren und -entscheide auch in Kommunen und Landkreisen. Über 1300 Verfahren wurden initiiert und mehr als 800 mündeten in Bürgerentscheide.

BV = Bayerische Verfassung

Aufgaben
1. Erarbeiten Sie in Partnerarbeit, welche Parallelen in der Position und in den Aufgabenbereichen zwischen dem bayerischen Ministerpräsidenten, dem Bundeskanzler und dem Bundespräsidenten bestehen. Vergleichen Sie dazu auch Art. 59 GG, Art. 55 GG, Art. 67 GG und Art. 57 BV (M2, M3).
2. Erklären Sie das Schaubild mit eigenen Worten (M1).
3. Informieren Sie sich, z. B. im Internet, über den Ablauf eines Volksbegehrens in Bayern und klären Sie den Unterschied zwischen Volksbegehren und Volksentscheid (M4).

4.4 Kommunale Selbstverwaltung in Bayern

M1 Die Gemeinde

In der Gemeinde wird nicht die große Politik gemacht, in der Gemeinde geht es um vermeintlich „kleine Dinge" des täglichen Lebens, um ordnungsgemäße Wasserversorgung, um die Ausweisung neuer Baugebiete, um den Bau von Schulen und Krankenhäusern und um die geregelte Abfallentsorgung. Auch in der Gemeinde müssen Konflikte geregelt werden.

- Gemeinde schließt Hallenbad – kein Schwimmunterricht mehr.
- Anwohner gegen Skaterpark im Wohngebiet.
- Bürger gegen den Bau einer Stadthalle.
- Kinderkrippe stört Anwohner.

Die Gemeinde ist die kleinste politische Einheit unseres Staates und erfüllt zahlreiche Aufgaben:

Selbstverwaltungsaufgaben		vom Staat übertragene Aufgaben
pflichtgemäß	freiwillig	
– Feuerschutz – Bau und Unterhalt von Gemeindestraßen – Aufwand für Grund- und Hauptschulen – Abwasserbeseitigung	– Frei- und Hallenbäder – Büchereien – Altenheime – Sportplätze – Theater – Museen	– Ausstellung von Ausweisen – Durchführung von Bundes- und Landtagswahlen – Ausstellung von Lohnsteuerkarten – polizeiliches Meldewesen

Bevor die Gemeinde jedoch freiwillige Aufgaben übernimmt, muss sie zuerst ihre Pflichtaufgaben erfüllen, gegebenenfalls zusammen mit anderen Gemeinden, welche die gleichen Probleme haben (Gründung von Zweckverbänden, z. B. für Müllverbrennung).

M2 Der Gemeindehaushalt

Einnahmen
- Verwaltungseinnahmen (Gebühren, Strafgelder)
- Zuwendungen aus dem Finanzausgleich
- Gemeindesteuern (z. B. Grund-, Anteile der Grunderwerbs-, Hunde-, Vergnügungs- und Gewerbesteuer)
- Steuerzuweisungen von Bund und Land, z. B. Anteile an Einkommens- und Kraftfahrzeugsteuer
- Erträge aus eigenen Betrieben (Gas, Wasser, Verkehr) und eigenem Besitz, z. B. Haus- und Grundbesitz
- Darlehen

Ausgaben
- Personalkosten
- Feuerschutz
- Hoch- und Tiefbau, z. B. Kanalisation, Trinkwasserversorgung, Neubauten von Grund- und Hauptschulen, Bau und Unterhalt von Gemeindestraßen, Bau und Unterhalt von Wohnungsbau
- Bau und Unterhalt von kulturellen Einrichtungen und sozialen (z. B. Kindergärten, Altenheimen, Theatern, Kinderspielplätzen, Jugendzentren), Bau und Unterhalt von Frei- und Hallenbädern, Erwerb von Grundstücken

---

Aufgaben

1. Erkundigen Sie sich nach einem aktuellen Konflikt in Ihrer Gemeinde. Entwerfen Sie ein einfaches Konfliktmodell. Wer ist an dem Konflikt beteiligt? Welche Interessen treffen aufeinander? Wer entscheidet? Wie sieht die Finanzierung aus?
2. Wie kann der Bürger die Gemeindevertretung kontrollieren und auf die Gemeindepolitik Einfluss nehmen (M2)?

Bundesstaat

Eine Gemeinde mit ihren zahlreichen Aufgaben muss verantwortungsvoll mit den Steuergeldern der Bürger haushalten und stellt zu diesem Zweck jährlich einen Haushaltsplan auf. In der Regel müssen die Gemeinden nicht alle erforderlichen Ausgaben durch gleich hohe Einnahmen decken. Sie sind v.a. zur Durchführung ihrer Investitionsvorhaben, wie z.B. den Bau von Schulen und Verkehrswegen, gezwungen, Darlehen aufzunehmen. Bevor der Gemeinderat den Haushaltsplan beschließt, wird dieser öffentlich ausgelegt, um jedem Bürger die Gelegenheit zu geben, Einblick zu nehmen. Danach muss der geplante Haushalt der Aufsichtsbehörde (in der Regel das Landratsamt) zur Genehmigung vorgelegt werden.

M3 Organe einer Gemeinde

Der **Gemeinde-** oder **Stadtrat** ist das beschließende Organ, das alle sechs Jahre gewählt wird. Zu den Aufgaben dieses Gremiums gehören z.B. die Aufstellung des Haushaltsplans mit Hebesätzen*, der Erlass und die Änderung von Satzungen, die Kontrolle der Verwaltung und die Einstellung der Gemeindebediensteten. Der **Bürgermeister (Oberbürgermeister** in kreisfreien Städten) hat eine doppelte Funktion: Er ist Vorsitzender des Gemeinde- oder Stadtrates („Legislative") und gleichzeitig leitet er als Dienstvorgesetzter die Gemeindeverwaltung („Exekutive"). Die Hauptaufgabe des Gemeindeoberhaupts liegt in der Durchführung der Gemeinde- bzw. Stadtratsbeschlüsse sowie in der Vertretung der Gemeinde nach außen. Das dritte Organ einer Gemeinde ist die **Bürgerversammlung**, die jährlich einmal einberufen werden muss. An die Beschlüsse dieser Versammlung ist der Gemeinde- bzw. Stadtrat allerdings nicht gebunden.

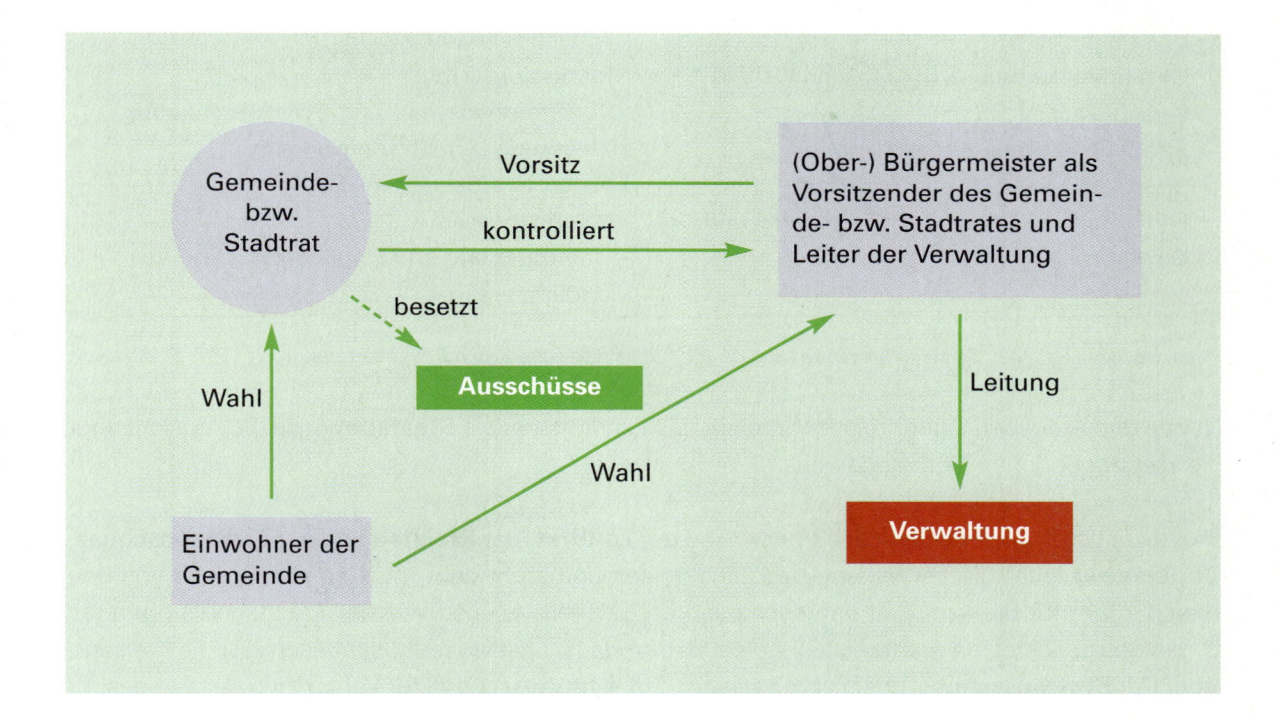

Aufgaben

3. Erläutern Sie die Organe einer Gemeinde (M3).
4. Überlegen Sie sich, warum eine Gemeinde daran interessiert ist, dass sich neue Betriebe im Gemeindegebiet ansiedeln (M2)?
5. Informieren Sie sich bei einem Gemeinde- bzw. Stadtrat über die gegenwärtigen Probleme Ihrer Heimatgemeinde.

Landkreis =
Gemeindeverband und staatlicher Verwaltungsbezirk

M4 Der Landkreis

Das Gebiet des Freistaates Bayern ist jedoch nicht nur in Gemeinden eingeteilt. Es existieren noch zwei größere Einheiten, die – wie die Gemeinden – Selbstverwaltungsaufgaben ausführen: die **Landkreise** und die **Regierungsbezirke**.

Landkreise sind eine Art Gemeindeverbände von sogenannten kreisangehörigen Gemeinden. Gleichzeitig sind Landkreise staatliche Verwaltungsbezirke, die eine gemeinsame Verwaltungszentrale haben, das Landratsamt.

In Bayern gibt es derzeit 71 Landkreise. Sie haben im Durchschnitt eine Fläche von 1000 km² und etwa 100 000 Einwohner. Darüber hinaus gibt es auch 25 **kreisfreie Städte**. Diese Großgemeinden, wie z. B. Straubing, Bamberg oder Ingolstadt, stehen rechtlich auf der gleichen Stufe wie Landkreise.

M5 Aufgaben eines Landkreises

Selbstverwaltungsaufgaben – eigener Wirkungskreis –	Weisungsaufgaben – Auftragsangelegenheiten –
Dies sind überörtliche Angelegenheiten, deren einheitliche Durchführung für den ganzen Kreis erforderlich ist oder die die Leistungskraft der einzelnen Gemeinden übersteigen. Hierzu zählen: • Sozialhilfewesen • Gesundheitswesen (z. B. Krankenhausbau) • Verkehrswesen • Straßenbau (Kreisstraßen) • Sparkassenwesen (Kreissparkasse) • Förderung von Landwirtschaft, Handel und Gewerbe u. a. m.	Dies sind staatliche Aufgaben, die der Staat (Bund, Land) den Landkreisen durch Bundes- und/oder Landesgesetze übertragen hat. Hierzu zählen: • Staatsangehörigkeitswesen • Abfallbeseitigungsrecht • Immissionsschutz* • Katastrophenschutz und zivile Verteidigung • Zulassung zum Straßenverkehr • Natur- und Gewässerschutz • Veterinärwesen • Unterbringung und Eingliederung von Aussiedlern u. a. m.

Hans-Joachim Hitschold: Staatsbürgerkunde. Grundlagen für die politische Bildung. Boorberg, Stuttgart 1994, S. 281.

Neben den Aufgaben einer Kreisbehörde übt das Landratsamt als **Staatsbehörde** die Aufsicht über die kreisangehörigen Gemeinden aus.

Die wichtigsten **Organe** des Landkreises sind der **Landrat**, der **Kreistag** und der **Kreisausschuss**. Der **Landrat** leitet die Verwaltung des Landkreises und steht dem Kreistag vor. Er wird von den Kreisbürgern für die Amtszeit von sechs Jahren gewählt, ebenso wie der Kreistag, als oberstes Organ des Landkreises. Der Kreistag stellt z. B. den Haushaltsplan fest oder beschließt die Kreisumlage. Der **Kreisausschuss** ist ein vom Kreistag bestellter Ausschuss zur Verwaltung des Kreises. Er ist in erster Linie für die Vorbereitung und Ausführung von Kreistagsbeschlüssen verantwortlich.

Die Landkreise finanzieren sich durch staatliche Finanzzuweisungen, Kreisumlagen* aus den kreisangehörigen Gemeinden und erhobenen Gebühren.

Aufgabe

6. Informieren Sie sich im Landratsamt über Ihren Landkreis. Wer ist der größte Arbeitgeber? Wie viele Arbeitslose gibt es?

Bundesstaat

M6 Der Regierungsbezirk

In der Art, wie Gemeinden zu Landkreisen zusammengefasst sind, bilden mehrere Landkreise und kreisfreie Städte einen **Regierungsbezirk**.
Der Regierungsbezirk ist ein Gemeindeverband und eine Gebietskörperschaft* mit dem Recht, Aufgaben zu übernehmen, die ein Landkreis oder eine kreisfreie Stadt nicht bewältigen kann, weil es z. B. deren finanziellen Rahmen übersteigt.

Bayern hat folgende Regierungsbezirke: Oberbayern, Niederbayern, Oberfranken, Mittelfranken, Unterfranken, Oberpfalz, Schwaben (siehe Karte).

Die Aufgaben der Regierungsbezirke werden in **eigene** und **übertragene** unterteilt. Im **eigenen** Wirkungskreis bilden – im Zusammenhang mit Umwelt und Natur – wirtschaftliche, kulturelle und vor allem soziale Aufgaben, wie Psychiatrien, Suchtkliniken und Behinderteneinrichtungen, den Schwerpunkt. Im **übertragenen** Wirkungskreis erhalten die Regierungsbezirke Verwaltungsaufgaben durch Gesetz zugewiesen.
Organe des Regierungsbezirks sind der **Bezirkstagspräsident**, der **Bezirkstag** und der **Bezirksausschuss**. Die Stellung des **Bezirkstagspräsidenten** ist mit dem des ersten Bürgermeisters zu vergleichen. Unterschiedlich ist jedoch, dass der Bürgermeister von seiner Gemeinde, der Bezirkstagspräsident von den Mitgliedern des **Bezirkstags** gewählt wird. Die Amtsperiode des Bezirkstags beträgt vier Jahre.
Der Regierungsbezirk finanziert sich in erster Linie aus staatlichen Zuwendungen und Bezirksumlagen von Kreisen und kreisfreien Städten.

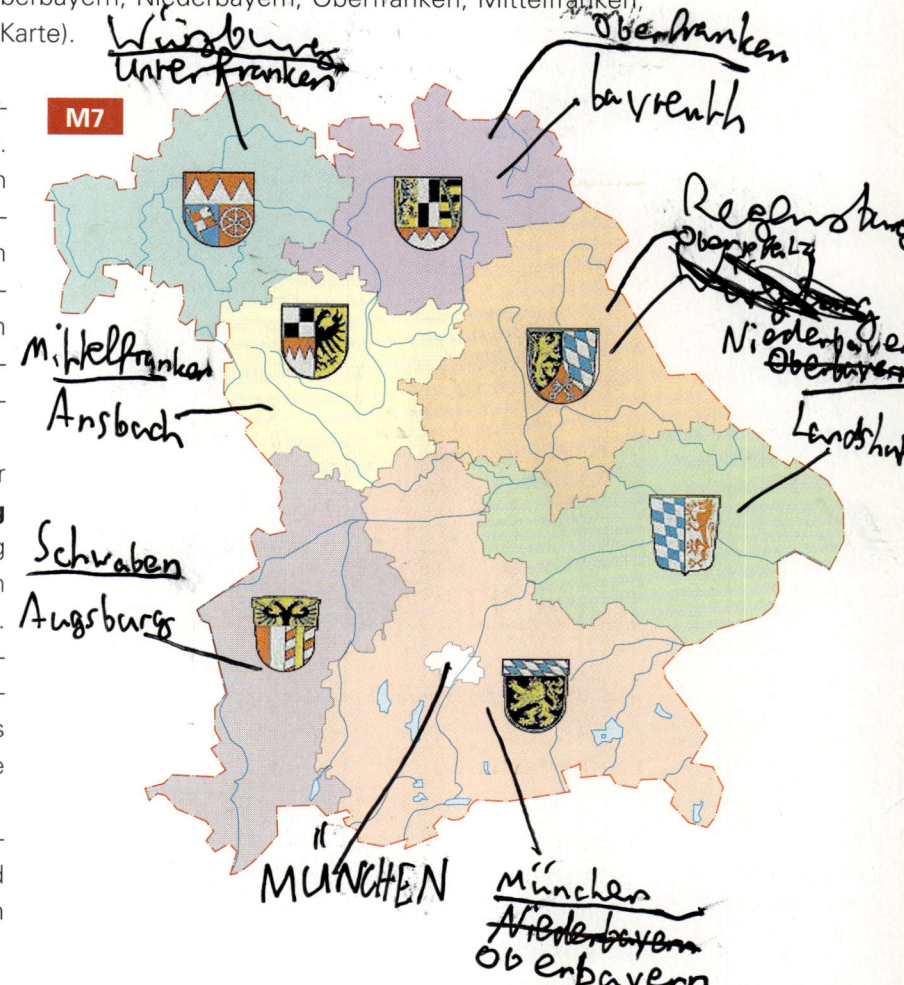

Die Verwaltungsbehörde des Regierungsbezirks ist die Regierung, man spricht z. B. von der Regierung von Niederbayern. Ihre Aufgabe ist der Vollzug der Gesetze, sie hat die Aufsicht über die Kreisverwaltungsbehörden, nimmt also Aufgaben des Staates wahr. Geleitet wird die Regierung durch einen Regierungspräsidenten. Er ist Behördenchef und Repräsentant der Bayerischen Staatsregierung im Regierungsbezirk.

Aufgaben

7. Nennen Sie die sieben Regierungsbezirke Bayerns.
8. Informieren Sie sich über die Weisungsaufgaben des Regierungsbezirks.
9. Vergleichen Sie den Landkreis und den Regierungsbezirk in Bezug auf ihre Aufgaben.
10. Aus welchem Grund wird z. B. ein Krankenhausbau vom Landkreis ausgeführt und nicht von einer Gemeinde?

5 Rechtsstaat

5.1 Rechtsstaat und Gewaltenteilung

Rechtsstaat

Eine Vorschrift im bayerischen Schulrecht lautete:

> „Die Schule unterstützt die Erziehungsberechtigten bei der religiösen Erziehung der Kinder. Schulgebet, Schulgottesdienst … sind Möglichkeiten dieser Unterstützung. In jedem Klassenzimmer ist ein Kruzifix anzubringen. Lehrer und Schüler sind verpflichtet die religiösen Empfindungen aller zu achten." (Bay. Schulordnung für Volksschulen, § 13)

Verfassungsbeschwerde = Recht des Bürger gegen Verfehlung eines Grundrechts durch die öffentliche Gewalt das Bundesverfassungsgericht anzurufen

Ein Ehepaar hat sich in einer Verfassungsbeschwerde gegen das Anbringen von Kruzifixen in Klassenzimmern gewehrt, da es dem Grundrecht der Religionsfreiheit widerspricht.
Das Bundesverfassungsgericht entschied: Das Anbringen eines Kreuzes oder Kruzifixes in Unterrichtsräumen einer staatlichen Pflichtschule, die keine Bekenntnisschule* ist, verstößt gegen Art. 4 Abs. 1 GG …" (BverfG, 1. Senat, 1 BvR 1087/91). Die Bayerische Schulordnung musste nach diesem Urteil angepasst werden. Mit dem Urteil waren viele Bürger, aber auch die christlichen Kirchen und manche Politiker nicht einverstanden. Gegen den starken Protest wehrte sich der Vizepräsident des Bundesverfassungsgerichts: „Wir verlassen die Grundlagen unseres Rechtsstaats, wenn das Schule macht … Die Politik gräbt sich ihr eigenes Grab, wenn sie zur Nichtbeachtung des Urteils aufrufe."

Aus diesem Beispiel lassen sich wichtige Grundsätze des Rechtsstaates ableiten:

Freiheitssicherung

Der Staat muss die Privatsphäre des Einzelnen vor dem Eingreifen des Staates, anderer Gruppen und auch Einzelpersonen schützen. Der Einzelne kann sich dabei auf die wichtigsten Menschenrechte berufen, wie Recht auf Leben, Glaubensfreiheit, Meinungs- und Versammlungsfreiheit, Freizügigkeit. Die innere Sicherheit wird durch die von allen anerkannte Rechtsordnung erreicht, die das Zusammenleben der Bürger regelt, und durch das staatliche Gewaltmonopol die Erhaltung und Durchsetzung dieser Rechtsordnung garantiert.

Freizügigkeit = freie Wahl des Wohnortes

Gewaltmonopol des Staates = Recht der Gewaltausübung in der Hand des Staates, z. B. durch Polizei und Strafrecht, aber auch Bindung der Staatsgewalt an die Gesetze

Art. 19 Abs. 4 Rechtsweggarantie

Gewaltenteilung

Die Unabhängigkeit der Gerichte ist in einem Rechtsstaat das wichtigste Element der Gewaltenteilung. Nach Art. 97 GG müssen die Richter in ihren Entscheidungen frei sein.
Die Schule steht in der Bundesrepublik Deutschland unter staatlicher Verwaltung. Wie jede staatliche Verwaltung muss sie sich an bestimmte Gesetze und Vorschriften halten. Werden diese Gesetze und Vorschriften verletzt, kann sich der Bürger bzw. der Schüler dagegen wehren.
Wenn sich ein Schüler in seinen Rechten verletzt fühlt, soll er zuerst mit dem Fachlehrer, dem Klassenlehrer, dem Vertrauenslehrer und schließlich mit dem Direktor sprechen. Hat er damit keinen Erfolg, kann er den Rechtsweg wählen, d. h. der Erziehungsberechtigte kann Klage vor dem Verwaltungsgericht erheben.

Aufgaben

1. Was spricht für, was gegen die Entscheidung des Bundesverfassungsgerichts zum Kruzifix in Klassenzimmern?
2. Gegen welchen Grundsatz würde ein Boykott des Urteils verstoßen?

Rechtsstaat

Rechtssicherheit

Rechtssicherheit garantiert dem Bürger, dass er die rechtlichen Folgen seines persönlichen, wirtschaftlichen und politischen Tuns einschätzen kann. Er soll nicht der Willkür des Staates oder anderer Bürger und Gruppen ausgesetzt sein. Der Art. 19 Abs. 4 GG garantiert dem Bürger einen lückenlosen Schutz durch die Gerichte. Es gibt fünf Gerichtsbarkeiten:

Art. 103 GG, Art. 104 GG, Art. 19 Abs. 4 GG

Gerichte	Zuständigkeiten
ordentliche Gerichte, z. B. Amtsgericht, Landgericht	strafrechtliche und privatrechtliche Fragen, z. B. Diebstahl, Mietstreitigkeiten, Ehescheidung
Arbeitsgerichte	arbeitsrechtliche Streitfragen, z. B. Anfechtung einer Kündigung
allgemeine Verwaltungsgerichte	allgemeine Verwaltungsmaßnahmen (Verwaltungsakte), z. B. Verweigerung einer Baugenehmigung, Nichtgewährung eines Notenausgleichs, Erteilung einer gebührenpflichtigen Verwarnung
Finanzgerichte	steuerrechtliche Streitfragen, z. B. Anfechtung eines Steuerbescheides
Sozialgerichte	sozialrechtliche Probleme, z. B. Nichtanerkennung eines Rentenanspruchs

Man unterscheidet zwischen zwei **Gerichtsverfahren**. Ein Strafprozess wird eingeleitet, wenn jemand unter den begründeten Verdacht gerät, eine Straftat begangen zu haben, also gegen das Strafgesetzbuch verstoßen zu haben. Ankläger ist der Staat, der bei dem Prozess durch den Staatsanwalt vertreten wird. Ein Zivilprozess ist ein Gerichtsverfahren, in dem Rechtsstreitigkeiten unter Bürgern verhandelt werden. Jeder, der sich in seinen Rechten verletzt sieht oder Streit mit Mitmenschen hat, kann eine Klage bei Gericht einreichen.

Berufung = Neuaufrollung eines Falles

Revision = Überprüfung des Urteils, ob das Recht richtig angewandt wurde

Rechtsgleichheit

Der Gleichheitsgrundsatz verpflichtet alle staatlichen Gewalten, Parlament, Regierung, Behörden und Gerichte zur gleichen Anwendung des Rechts für alle Bürger ohne Ansehen der Person.

Der Bundestag kann z. B. kein Gesetz verabschieden, das die Höhe des Kindergeldes bei sonst gleichen Fällen vom Bildungsstand der Eltern abhängig machen würde. Ein Lehrer kann nachweisbar gleiche Leistungen nicht unterschiedlich bewerten.

Aufgabe

3. Lesen Sie Artikel 103, 104, 19 Abs. 4 GG und erklären Sie an diesen das Prinzip des Rechtsstaates.

5.2 Jugendliche und Jugendschutz

Viele Kinder und Jugendliche unterliegen dem Irrglauben, Jugendschutzgesetze seien hauptsächlich dazu da, ihnen vorzuschreiben, was sie zu tun und zu lassen hätten. Es gibt aber immer wieder verantwortungslose Erwachsene, die sich auf Kosten von Kindern und Jugendlichen bereichern bzw. sich Vorteile verschaffen wollen. Junge Menschen haben den Anspruch auf eine gesunde körperliche Entwicklung und geistig-seelische Erziehung. Kinder- und Jugendschutz stehen deshalb auf zwei Säulen: gesetzlichen Regelungen zum Schutz vor gefährdenden Einflüssen und erzieherischen Maßnahmen, die der Vorbeugung dienen.

M1

Kinder = Personen unter 14 Jahren
Jugendliche = Personen unter 18 Jahren

personensorgeberechtigte Person = Vater, Mutter oder der Vormund
erziehungsbeauftragte Person = jede Person über 18, die Jugendliche nach Vereinbarung mit den Eltern in die Disko begleitet

Rauchen
Seit 1. September 2007 wurde das Rauchverbot für Jugendliche verschärft. Der Verkauf von Tabakwaren an Jugendliche unter 18 ist verboten. Das Rauchen in der Öffentlichkeit ist erst ab 18 gestattet. Zigarettenautomaten müssen bis Ende 2008 so umgerüstet sein, dass Kindern und Jugendlichen unter 18 Jahren die Entnahme von Zigaretten nicht möglich ist.

Diskobesuche
Kinder und Jugendliche unter 16 dürfen sich überhaupt nicht in einer Diskothek aufhalten, außer wenn sie von einer personensorgeberechtigten oder erziehungsbeauftragten Person begleitet werden. Ab 16 ist der Diskobesuch ohne Begleitung bis 24:00 Uhr erlaubt. Ausnahmen sind z. B. Partys in öffentlichen Jugendzentren, eigene Auftritte mit der Schülerband oder Feste in einem Verein. Daran dürfen Kinder unter 14 Jahren allein teilnehmen, aber nur bis 22:00 Uhr, die 14- bis16-Jährigen sogar bis 24:00 Uhr.

Gaststätten
Sich in Gaststätten aufzuhalten ist Kindern und Jugendlichen unter 16 nur in Begleitung eines Personensorgeberechtigten oder Erziehungsberechtigten erlaubt – außer sie nehmen dort vor 23:00 Uhr ein Getränk oder eine Mahlzeit ein, sind auf Reisen oder besuchen eine Veranstaltung eines anerkannten Trägers der Jugendhilfe. Ab 16 dürfen Jugendliche ohne Begleitung bis 24:00 Uhr in einer Gaststätte bleiben. Nachtclubs und Bars dürfen Kinder und Jugendliche allerdings nicht besuchen, bis sie volljährig sind.

Filme
Bei allen Filmen (auch Video- und Fernsehfilmen) gilt die Altersfreigabe der Freiwilligen Selbstkontrolle der Filmwirtschaft (FSK). Filme, die erst ab 12 freigegeben sind, dürfen schon von 6-Jährigen besucht werden, wenn sie von einem Personensorgeberechtigten begleitet werden. Außerdem dürfen Kinder zwischen 6 und 13 ohne Begleitung eines Personensorgeberechtigten nur Filme besuchen, die um 20:00 Uhr beendet sind. Filme, die von Jugendlichen zwischen 14 und 16 allein besucht werden dürfen, müssen um 22:00 Uhr enden. Ab 16 Jahren dürfen Jugendliche bis 24:00 Uhr allein im Kino sitzen. Wenn Eltern (oder Personensorgeberechtigte bzw. Erziehungsberechtigte) ihre Kinder ins Kino begleiten, liegt es in ihrem Ermessen, bis wie viel Uhr die Kinder im Kino bleiben dürfen.

Glücksspiele, Lotto, Spielautomaten
Nach dem Jugendschutzgesetz dürfen Kinder und Jugendliche unter 18 generell nicht an Spielen mit Gewinnmöglichkeiten in der Öffentlichkeit teilnehmen und sich auch nicht in Spielhallen aufhalten. Unter dieses Verbot fällt allerdings nicht der Kauf von Lotterieschienen und anderen Losen. Kinder und Jugendliche dürfen auch an öffentlichen Verlosungen auf Volksfesten, Jahrmärkten oder Ähnlichem teilnehmen, wenn dabei nur Waren von geringem Wert gewonnen werden können. An elektronischen Bildschirmspielgeräten ohne Gewinnmöglichkeit dürfen Kinder und Jugendliche ohne Begleitung eines Personensorgeberechtigten nur spielen, wenn die Programme für ihre Altersstufe freigegeben sind.

Aufgaben

1. Legen Sie eine Tabelle an, in der Sie nach Altersgruppen gestaffelt, Ge- und Verbote nach dem Jugendschutzgesetz eintragen (M1).
2. Recherchieren Sie, welche speziellen Jugendschutzbestimmungen es in Bezug auf die neuen Medien gibt.

Rechtsstaat

5.3 Schutz der Jugend vor Alkohol

M1 Zufällig aufgeschnappte Meinungen über Jugendliche und Alkohol:

„Ein Vollrausch gehört zum Erwachsenwerden"
„Flatrate-Partys müssen verboten werden"
„Verhängung hoher Bußgelder an Wirte"
„Eltern sollten bestraft werden"

M2 Ruf nach Alkohol ab 18 wird laut

16-Jähriger bricht nach Flatrate-Party mit 4,8 % Promille zusammen und stirbt nach einem Monat im Koma. Nun verstärkt sich erneut die Forderung nach schärferen Gesetzen.

Der Junge sei an den Folgen eines Kreislaufversagens gestorben, sagte die Sprecherin der Charité. ... Der Vorfall, der den Jungen ins Krankenhaus brachte, ereignete sich Ende Februar. Damals trank der Schüler offenbar 50 Gläser Tequila in einem Lokal und brach dann zusammen. Vier Wochen lag der Schüler im Koma. Die Kriminalpolizei ermittelt, ob andere Lokalbesucher oder der Wirt für den Tod des Gymnasiasten mitverantwortlich sind, weil sie ihn nicht vom Trinken abgehalten hatten. Ein Berliner Abgeordneter forderte von Veranstaltern und Gastronomen einen freiwilligen Verzicht auf sogenannte Flatrate-Partys. ... 2005 seien 274 Jugendliche zwischen 10 und 20 Jahren mit Alkoholvergiftungen in Krankenhäuser eingeliefert worden – doppelt so viele wie noch vor 5 Jahren.

Im Einzelnen schlug der Politiker [d. Verf.] vor, das Abgabealter von Alkohol von 16 auf 18 Jahre zu erhöhen und in Handel und Gastronomie die Einhaltung dieser Vorschriften besser zu kontrollieren. Die Bundesregierung hatte ... erneut schärfere Gesetze gegen das Koma-Trinken abgelehnt. Bestimmungen im Jugend- und Gaststättengesetz müssen streng umgesetzt werden, erklärte die Drogenbeauftragte der Bundesregierung.

nach dpa/AP, in: SZ, 29.03.2007, URL:/panorama/artikel/917/107810/article.html, entnommen 1.10.2007 (gekürzt)

M3 Viele Exzesstrinker stammen aus gutem Haus

Der Tod des Schülers lenkt den Blick auf einen neuen Aspekt der Debatte. Tatsächlich stammen viele der minderjährigen Trinker (Durchschnittsalter für den ersten Alkoholkonsum liegt bei 11,8 Jahren, die Zahl derjenigen, die ihr erstes Rauscherlebnis zwischen 12 und 15 Jahren haben, steigt) aus sozial höheren Schichten, wie die Fachstelle für Suchtprävention im Land Berlin mitteilte. Der Bielefelder Soziologe Klaus Hurrelmann sieht häufiges Rauschtrinken bei vielen Jugendlichen als Reaktion auf Leistungsdruck ... Jene Gruppe, die sich aber regelmäßig mit Alkohol „regelrecht zuschüttet", sei sozial integriert, familiär und finanziell gut abgesichert und schulisch meist erfolgreich. Diesen Jugendlichen gehe es nicht mehr nur um die Suche nach Entspannung, sondern geradezu nach Entrückung, so Hurrelmann: „Sie wollen raus aus dieser Realität, die sie so stark belastet."

nach: Jens, Anke: Berlin will Flatrate-Partys jetzt verbieten, in: WELT ONLINE, 30.03.2007, URL:/www.welt.de/politik/article784837, entnommen 1.10.2007

M4 Alkohol-Jugendschutzgesetz

Kinder unter 14 Jahren dürfen generell keinen Alkohol trinken oder kaufen. Nach dem Jugendschutzgesetz ist es Jugendlichen ab 14 in Begleitung von Personensorgeberechtigten erlaubt, gewisse alkoholische Getränke zu sich zu nehmen, z. B. Cidre, Wein, Bier, Sekt oder Ähnliches. Ab 16 dürfen Jugendliche diese Getränke auch ohne Begleitung kaufen oder konsumieren, solange sie nicht erkennbar betrunken sind. Hochprozentiges ist für Kinder und Jugendliche allerdings bis zur Volljährigkeit verboten. Branntwein oder branntweinhaltige Getränke, z. B. Alcopops, Longdrinks und Cocktails, dürfen weder konsumiert noch gekauft werden – auch nicht im Auftrag der Eltern oder als Geschenk.

Aufgabe

Ergänzen Sie die verschiedenen Ansichten über Alkohol und Jugendliche. Diese Stoffsammlung kann Grundlage für eine Erörterung im Deutschunterricht sein (M1–4).

5.4 Jugendstrafrecht

M1 Das Jugendstrafrecht unterscheidet sich in der Bundesrepublik Deutschland wesentlich vom Erwachsenenstrafrecht. Es sieht drei Stufen der Strafmündigkeit vor:

- Strafunmündigkeit bis zur Vollendung des 14. Lebensjahres
- beschränkte Strafmündigkeit im Alter zwischen 14 und 18 Jahren, in Ausnahmefällen noch bis zum 21. Lebensjahr
- volle Strafmündigkeit ab Vollendung des 21. Lebensjahres

Heranwachsende zwischen dem 18. und 21. Lebensjahr werden je nach geistiger und charakterlicher Entwicklung dem Jugend- oder Erwachsenenstrafrecht zugeordnet. Manchmal wird die Jugendstrafe zur Bewährung ausgesetzt, d. h., der Jugendliche muss nicht „einsitzen", dafür aber bestimmte Auflagen erfüllen, z. B. gemeinnützige Aufgaben an Wochenenden übernehmen, eine heilerzieherische Behandlung (Entziehungskur) vornehmen lassen und er darf auf keinen Fall mehr straffällig werden. Sinn und Ziel des Jugendstrafrechts ist es in erster Linie, jugendlichen Straftätern zu ermöglichen, sich wieder, nach Verbüßung der Strafe, in die Gesellschaft einzuordnen.

M2 **Fallstudie**

Sie kennen keine Gnade

Grausam folterten drei Jugendliche einen Mitgefangenen zu Tode – es verbindet sie nicht nur die Tat, sondern auch eine Kindheit voller Brutalität. Es ist eine Geschichte, an der man verzweifeln muss. Drei junge Männer, 20, 19 und 17 Jahre alt, quälen über Stunden hinweg ihren Zellennachbarn grausam zu Tode. Das Vorleben des 17-Jährigen Danny soll näher beleuchtet werden. Der 17-Jährige ist der jüngste der drei Angeklagten und, in seiner kriminellen Laufbahn, der brutalste. Als Kind wird er vom Vater regelmäßig verprügelt, „wahre Prügelorgien müssen das gewesen sein", wie der Verteidiger P. R. Gülpen sagt. Als der Bub zehn Jahre alt ist, wird die Ehe der Eltern geschieden. Seine Mutter, eine Deutsch-Algerierin, wird mit dem Sohn nicht fertig und wendet sich an seine Klassenlehrerin. In der Schule, so ein Richter des Amtsgerichts Bottrop, zeigt er hinterhältiges Verhalten und äußerste Brutalität. Er unternimmt aber auch einmal den Versuch, sich aus der Wohnung seiner Mutter aus dem zweiten Stock mit aneinandergeknoteten Kleidungsstücken abzuseilen. In letzter Sekunde wird durch die Polizei ein Absturz verhindert und er wird in die Psychiatrie eingeliefert, in die geschlossene Abteilung. Nach zwei Monaten erfolgt die Entlassung und nach einem Selbstmordversuch wieder die Einweisung in die Jugendpsychiatrie. Während zahlreicher erfolgloser Heimaufenthalte wird er immer wieder straffällig und hält sich an keine Regeln. Vier Monate lang wird er mit drei anderen Jugendlichen und drei Betreuern in ein Pyrenäendorf geschickt. Nach der Rückkehr geht es, wie gehabt, weiter. Zudem nimmt er Haschisch und, seit er 15 ist, Heroin. Mit 16 wird er wegen schweren Raubes zu 2 ½ Jahren Jugendstrafe verurteilt. Mit anderen ist er in die Wohnung eines Rentners eingedrungen und hat den Mann fast zu Tode geprügelt. Die Tat wird vom Jugendrichter als „überaus hässlich und brutal" eingestuft. Vorläufige Endstation JVA Siegburg.

Sie werden lange im Gefängnis sitzen, für die beiden anderen, Pascal und Ralf, könnte das Erwachsenenstrafrecht angewandt werden, für Danny die Höchststrafe des Jugendstrafrechts, die lautet: zehn Jahre. Dannys Verteidiger ist der Ansicht, sein Mandant habe sich nach dem brutalen Mord an dem Mitgefangenen verändert. Einmal sagt er etwas Seltsames: „Ich will nicht in die Hölle kommen, ich esse keine Tiere mehr." Tatsächlich verweigert er fleischliche Kost. Was aus Danny und seinen Komplizen werden wird, kann man heute noch nicht sagen.

Süddeutsche Zeitung Nr. 191, Hans Holzhaider, 21.08.2007, S. 3 (gekürzt)

Rechtsstaat

Jugendliche urteilen über Jugendliche

Das „Wellenbrecher-Projekt" wird bereits in Aschaffenburg, Ansbach, Ingolstadt und Gütersloh erfolgreich durchgeführt: Zweimal pro Woche treffen sich die „Wellenbrecher" (der Name entstand eher zufällig) in einer Aschaffenburger Altbauwohnung und bieten jugendlichen Straftätern eine Alternative zur üblichen Gerichtsverhandlung.

Ausschlaggebend war ein Vortrag, den die Amerikanerin Tracy Godwin zum Thema „Neue Wege im Jugendstrafrecht" Ende 1999 in München gehalten hat. Die Erfahrungen, die aus amerikanischen „teen-courts" gezogen wurden, zeigen, dass sich jugendliche Straftäter Strafen von Gleichaltrigen stärker zu Herzen nehmen als solche, die von Gerichten verhängt werden.

Das Verfahren verläuft folgendermaßen: Ein Jugendlicher zwischen zwischen 14 und 18 Jahren, der bei einer Straftat von der Polizei erwischt wird, hat unter Umständen die Wahl, sich den „Wellenbrechern" zu stellen. Darüber entscheidet jedoch die Staatsanwaltschaft. Gibt diese „grünes Licht", so wird der jugendliche Straftäter von den „Wellenbrechern" eingeladen. Diese machen sich ein Bild von ihm, befragen ihn nach den Motiven seiner Tat und fällen dann ein Urteil. Die Strafen sind in der Regel Arbeit in gemeinnützigen Anstalten wie Altenheimen, Krankenhäusern oder Obdachlosenheimen. Wenn der Jugendliche die Strafe nicht annehmen will, geht der Fall an die Staatsanwaltschaft zurück und wird vor dem Jugendgericht verhandelt.

Anna und Carolin bereiten sich gerade in einer gemütlichen Altbauwohnung auf ein Gremiumsgespräch vor. Sie äußern sich. „Jeder Jugendliche, der sich für eine Bestrafung durch uns „Wellenbrecher" entscheidet, tut das freiwillig", erklärt Carolin. „Deshalb erwarten wir auch, dass er offen und ehrlich mit uns über die Tat redet", ergänzt Anna. Während des Gesprächs versuchen die „Wellenbrecher" herauszufinden, wie es zu der Tat gekommen ist, welche Beweggründe vorlagen, oder wie er oder sie den entstandenen Schaden wiedergutmachen wollen. „Wir möchten herausfinden, ob die Jugendlichen ihr Fehlverhalten wiedergutmachen wollen." Positiv bewerten die „Wellenbrecher", wenn der oder die Täter/-in sich schon Gedanken über eine geeignete Strafe gemacht haben. Einen recht arrogant auftretenden „Langfinger" allerdings, der üppiges Taschengeld und viele Extras von zu Hause bekam, haben die „Wellenbrecher" beispielsweise eine Woche in einem Obdachlosencafé arbeiten lassen, wo er regelmäßig mit Obdachlosen zu Mittag essen musste. „Das war sicher ganz schön peinlich für ihn", meinten die beiden. „Aber wir haben ihn hier noch nicht wieder gesehen …" Bislang sind 155 Fälle von den „Wellenbrechern" abgewickelt worden, in 150 Fällen ist die ausgedachte Strafe angetreten und das Verfahren von der Staatsanwaltschaft eingestellt worden. Es versteht sich von selbst, dass keine Namen genannt werden dürfen.

Auch im Bundestag wurde ein Gesetzentwurf eingebracht, wonach künftig junge Straftäter die Möglichkeit haben sollen, über Maßnahmen, die sie betreffen, von einem in ihrer Nähe gelegenen Gericht angehört zu werden. Dies sei für junge Gefangene besonders wichtig, weil sie zumeist im Umgang mit Institutionen und der Schriftsprache besonders ungeübt seien.

Auszüge aus: http://www.jugendpressedienst.de/rd/130.php, entnommen 26.11.2007

Aufgaben

1. Überlegen Sie, weshalb es ein eigenes Jugendstrafrecht in der Bundesrepublik Deutschland gibt.
2. Setzen Sie sich in der Klasse mit dem Artikel aus der Süddeutschen Zeitung auseinander (M2). Welchen Erziehungseinflüssen war der jugendliche Delinquent (= Straftäter) ausgesetzt? Wie sind seine Motive zu verstehen?
3. Diskutieren Sie in der Klasse, wie Politik und Gesellschaft der Kriminalität von Jugendlichen entgegenwirken können. Orientieren Sie sich dabei an der Aussage von Bundeskanzlerin Angela Merkel: „Vorbeugen, Hinsehen, Eingreifen."
4. Beurteilen Sie das „Wellenbrecherprojekt" und überlegen Sie, weshalb es für junge Straftäter sehr oft erfolgreich angewandt werden konnte.
5. Fragen Sie in Ihrer Gemeinde oder Stadt einmal nach, ob es ein ähnliches Projekt wie das der „Wellenbrecher" gibt.

2.5 Gesellschaft im Wandel

6 Sozialstaat

6.1 Sozialstaat in der Praxis

Besuch eines Mehrfamilienhauses in der Bismarckstraße in einer beliebigen deutschen Stadt.

Unterm Dach wohnt **Frau Klingenbeck, 80**: „Ich bin ganz jung Kriegswitwe geworden, habe dann jahrelang einem Onkel, der Studiendirektor war, den Haushalt geführt. Leider hat er nie Rentenbeiträge für mich einbezahlt. Meine Witwenrente ist minimal, ich schäme mich, dass ich auf die Sozialhilfe angewiesen bin." Sie wendet sich ab und weint.

Im zweiten Stock wohnen **Herr und Frau Runke**. „Wir haben beide als Lehrer gearbeitet. Nachdem meine Frau schwer krank war, haben wir beide Altersteilzeit im Blockmodell beantragt. Mein Rentenbeginn ist 2008. Der Krebs ist zwar besiegt, aber jetzt muss sich meine Frau um ihre alte demente Mutter kümmern. Sie wohnt seit zwei Jahren bei uns. Sie hat Pflegestufe II. Einmal in der Woche wird sie von einem Zivi in die Tagespflege der AWO gefahren. Wir wohnen hier, seit wir verheiratet sind. Damals war das Haus neu und für Staatsbedienstete gebaut worden. Alle Nachbarn waren Beamte. Übrigens, meine Schwester ist 15 Jahre jünger, sie ist immer etwas neidisch auf uns, da sie bis zu ihrem 66. Lebensjahr arbeiten muss."

Gegenüber macht **Frau Hase** die Tür auf. „Ich arbeite Teilzeit und mein Mann ist Leiter einer kleinen Druckerei. Wir haben drei Kinder und bekommen 462,00 EUR Kindergeld. Florian macht gerade Abitur, er will studieren. Wir hoffen, dass er BAföG bekommt, sonst muss er einen Bildungskredit aufnehmen. Wir wohnen gern hier, die Infrastruktur ist gut. Grundschule und Gymnasium sind in der Nähe, ebenso der Kindergarten für die Kleine. Seit man an der Kreuzung an der Ecke eine Ampel eingerichtet hat, kann Evi allein dort hingehen. Nächstes Jahr kommt sie in die Schule, dann gibt es kein Schulbüchergeld mehr, sondern wieder Lehrmittelfreiheit."

Im ersten Stock wohnt **Herr Meier**. Er ist Lokführer. Vor seiner Tür hängt ein Schild: „Heute streike ich! Monatelang hat meine Gewerkschaft mit der Bahn AG verhandelt, ohne Erfolg. Ich möchte mehr Lohn, deshalb streike ich heute. Meier, Lokführer."

In der Wohnung rechts daneben klagt **Herr Ober**: „Ich bin 55 Jahre alt und über ein Jahr arbeitslos. Obwohl ich Ingenieur bin, finde ich keine Arbeit mehr. Mit dem Arbeitslosengeld I kommen wir gerade über die Runden. Was aber, wenn Hartz IV kommt? Meine Frau hat sich jahrelang um die Kinder gekümmert und arbeitet stundenweise in der Bäckerei. Maria, die Jüngste, studiert Medizin, sie bekommt ein Stipendium für Hochbegabte, eine Sorge weniger."

Peter, 25, erzählt: „Seit zwei Monaten bin ich auf Jobsuche. Ich bin gelernter Schreiner und war bei einer kleinen, aber feinen Firma angestellt, die sich auf Designerschränke spezialisiert hat. Ich habe gerne gearbeitet. Als die Aufträge zurückgingen, musste mein Chef mir kündigen. Zurzeit bekomme ich Arbeitslosengeld von der Agentur für Arbeit. Meine Rentenbeiträge werden auch weiterbezahlt. Gerade verhandle ich mit einem Möbelgeschäft wegen eines neuen Jobs."

„Hallo, wir sind **Susanne und Michael** und seit September gehört Oliver zu uns. Ich bin Journalistin und bin noch im Mutterschutz. Das erste Jahr möchte ich bei meinem Baby bleiben und nur ein paar Stunden pro Woche in der Redaktion arbeiten. Gut, dass es das Elterngeld gibt. Michael plant, mich bei der Babybetreuung zwei Monate zu unterstützen, damit wir das Geld länger bekommen. Gestern war ich bei der Vorsorgeuntersuchung mit Oliver. Die Kinderärztin hat mir gute Ratschläge gegeben. Bei der städtischen Kinderkrippe habe ich mich schon um einen Platz beworben."

Aufgaben

1. Schreiben Sie alle Stichworte heraus, die mit dem Sozialstaat zu tun haben.
2. Recherchieren Sie im Internet über die Möglichkeiten der sozialen Sicherung, z. B. www.familien-wegweiser.de, www.sozialpolitik.com, www.rentenblicker.de.
3. Listen Sie auf, in welcher Weise Sie und Ihre Familie vom Sozialstaat profitieren.

6.2 Hartz IV

M1 Teurer Start in die erste Klasse

Kinderarmut: Wie jede Sonderausgabe für Hartz-IV-Familien zum finanziellen Kraftaufwand wird – ein Beispiel

Nein, in ihrer Wohnung wolle sie sich nicht zum Interview treffen, sagt Inge Weber (Name von der Redaktion geändert). Lieber anderswo. Nicht, weil sie sich geniere in einem Sozialbau zu leben, da gebe es schon Schlimmeres, aber lieber sei ihr ein Ort, an dem sie nicht „daran" erinnert werde. Daran, wie es um sie steht. Frau Weber ist 39 Jahre alt, alleinerziehende Mutter eines sechsjährigen Sohnes und lebt seit zwei Jahren von Hartz IV. Früher, als ihr Mann noch selbstständig war, wohnte die Familie am Arabellapark und gehörte zur gehobenen Mittelschicht, dann kamen Konkurs, Pfändungen, Trennung.

Heute bekommt sie monatlich 880 EUR von der Arbeitsgemeinschaft für Beschäftigung München (Arge) plus 280,00 EUR Wohngeld, 154,00 EUR Kindergeld und 170,00 EUR Unterhaltsvorschuss vom Jugendamt, insgesamt also 1484,00 EUR. Inge Weber wohnt in einer geförderten Wohnung in Oberföhring, dennoch zahlt sie für ihre Wohnung knapp 900,00 EUR Warmmiete, inklusive Garagenstellplatz, den sie zwar nicht braucht, aber trotzdem dazu mieten musste. Nach Abzug der Miete bleiben ihr 584,00 EUR zum Leben. Der Betrag muss reichen, einen Monat lang für all die Ausgaben, die anfallen, für Strom, Telefon, MVV-Tickets, Essen, Kleidung, Haushalt. Das Nötigste eben. Urlaub, Kino, Essengehen ist für Frau Weber nicht mehr drin. „Ich kann mich gar nicht mehr erinnern, wann ich das letzte Mal in einem Café gewesen bin."

Im September wird ihr Sohn eingeschult, schon die sechs EUR für die Schultüte, die er im Kindergarten gebastelt hat, hätten ihr „wehgetan", sagt sie. „Das ist für mich wie für andere 20 Euro", erklärt sie und überlegt dann einen Augenblick. „Sicher, eine Schultüte ist ja nicht zwingend notwendig, um zu überleben. Aber man kann doch sein Kind nicht als Einziges ohne Schultüte in die Schule schicken?" Frau Weber rechtfertigt sich. Für sechs Euro, die sie ausgegeben hat …

Die Schule ist ja an sich kostenlos, und doch fallen auch bei armen Kindern oft Summen an, welche die Eltern nicht bezahlen können. Der Verein „Einspruch" hat für die Grundschule zwischen 250,00 und 350,00 EUR an Kosten pro Jahr ausgerechnet, ohne Essen und ohne Ausflüge … Im Schnitt werden 550,00 EUR für das erste Schuljahr angesetzt. Für Frau Weber heißt das: In jedem Monat fehlen ihr nun ein Jahr lang 45,83 EUR … Inzwischen, sagt Inge Weber, würde sie jede Arbeit annehmen, um aus der Armutsspirale herauszukommen. Sogar putzen gehen, obwohl sie eine Allergie gegen Putzmittel habe … 20 Bewerbungen schreibe sie im Monat, das verlange auch die Arge. Überall habe sie angefragt, im Supermarkt zum Regale einräumen, als Produktionshelferin, im Callcenter, im Lager. „Aber ich kriege nicht einmal einen Hilfsjob … Vielleicht, weil ich 39 bin oder weil ich sechs Jahre lang nichts gearbeitet habe. Vielleicht aber auch, weil ich ein Kind habe."

MVV = Münchener Verkehrsverbund

aus: Süddeutsche Zeitung, Nr. 198 vom 29.08.2007, S. 39, Christa Eder

M2

SZ fragt eine Psychologin: Was bedeutet es für Kinder, wenn sie mit ihren Eltern in Armut leben?
Psychologin: „Die Kinder erleben Mangel. Sie können in vielen Dingen nicht mithalten mit anderen. Und sie erleben Eltern, die frustriert und teilweise erschöpft sind. Das Selbstwertgefühl leidet … Ältere Kinder, besonders Mädchen, ziehen sich zurück und werden ganz still oder aber sie betonen, wie toll und mächtig sie sind, das ist eher bei Jungen der Fall. In der Jugendzeit zeigen Kinder, die unter Armutsbedingungen aufwachsen, meist schlechtere schulische Leistungen, sie haben auch die schlechtere Gesundheit … Die Kinder leiden unter dem Tantalus-Syndrom. Sie sind umgeben von Reichtum und kommen nicht ran. Sie entwickeln ein Gefühl des Zu-kurz-gekommen-Seins … Hartz IV bedeutet für die Eltern Dauerstress, das bedeutet, dass sie gereizter sind, schneller hochgehen … Vernachlässigt Hartz IV die Kinder? Hartz IV hat das Ziel, Menschen möglichst bald wieder in Arbeit zu bringen. Die Bedürfnisse der Kinder sind überhaupt kein Thema, sie sind lediglich Teil einer Bedarfsgemeinschaft. Es gibt nicht das Ziel, dass Kinder an der Gesellschaft teilhaben können, wie das die frühere Sozialhilfe vorgesehen hat. Bildung für Kinder wird nicht gefördert. So wichtig die Mittagstisch-Aktion des SZ-Adventskalenders auch ist, darf es jedoch eigentlich nicht sein, dass Kinder ihr normales Essen nur dann bekommen, wenn es gespendet wird.

aus: Süddeutsche Zeitung, Nr. 219 vom 22./23.09.2007, S. 57, Sven Loerzer

Aufgaben

1. Fassen Sie stichpunktartig die Probleme aus M1 und M2 zusammen.
2. Diskutieren Sie in der Klasse die in M1 und M2 aufgeführten Probleme von Hartz-IV-Empfängern.
3. Erarbeiten Sie den Unterschied zwischen Hartz IV und der Sozialhilfe.

6.3 Ausgestaltung des Sozialstaats in der Bundesrepublik

Nach Art. 20 des GG ist die Bundesrepublik ein Sozialstaat. Der Staat ist dazu verpflichtet, durch wirtschaftliche oder soziale Maßnahmen dafür zu sorgen, dass jeder Bürger ein menschenwürdiges Dasein führen kann.

Das sozialstaatliche System baut zunächst auf die Leistungsbereitschaft der einzelnen Bürger. Jeder hat gegenüber der Gemeinschaft die Pflicht, für seinen Lebensunterhalt zu sorgen. Ist der Einzelne nicht dazu in der Lage, hilft zunächst die Familie. Das **Subsidiaritätsprinzip*** bedeutet, dass der Staat eingreift, wenn diese Selbsthilfe überfordert ist, und die „kleineren Netze" durch finanzielle Unterstützung stärkt.

Ein weiteres Prinzip ist das **Solidaritätsprinzip***, das Prinzip des Füreinandereinstehens. Im modernen Staat besteht eine wechselseitige Verbundenheit zwischen dem Einzelnen, den sozialen Gruppen wie Familien, Gemeinden, Versicherungsgemeinschaften und dem Staat. Die Menschen sind auf vielfältige Weise voneinander abhängig und bedürfen der Unterstützung der Anderen. Ein Beispiel ist die Organisation der Rentenversicherung nach dem Generationenvertrag, d. h. dass die Bürger, die im Erwerbsleben stehen, mit ihren Beiträgen die Renten der älteren Generation finanzieren.

Das dritte Prinzip ist das **Fürsorgeprinzip***. Jedem Bürger, der verschuldet oder unverschuldet in eine Notlage gerät, aus der er sich allein nicht mehr befreien kann, wird Sozialhilfe gewährt.

Ausprägungen des Sozialstaatsprinzips*

Koalitionsfreiheit = Recht der Arbeitnehmer und -geber, Vereinigungen zur Förderung der Arbeits- und Wirtschaftsbedingungen zu bilden

Tarifautonomie = Arbeitgeber und -nehmer handeln in eigener Verantwortung Löhne, Arbeitszeit usw. aus

M1 Sozialstaat

- **Daseinsvorsorge für den Einzelnen***, z. B. Gesundheitsvorsorge, Schulwesen
- **Berücksichtigung sozialer Probleme in anderen Politikbereichen**, z. B. Wohnungspolitik, Familienpolitik, Steuerpolitik
- **Pflichtversicherungen**, z. B. Krankenversicherung, Rentenversicherung, Pflegeversicherung, Unfallversicherung
- **Recht der sozialen Teilhabe**, z. B. Koalitionsfreiheit, Tarifautonomie
- **Fürsorge im Falle verschuldeter oder unverschuldeter Bedürftigkeit***, z. B. Sozialhilfe, Hartz IV

Renten-, Kranken-, Unfall-, Arbeitslosen-, Pflegeversicherung

Sozialversicherungen – finanziert durch Zwangsversicherung – sind die Grundlage unseres Sozialstaates. Daneben gibt es noch eine Vielzahl von sozialpolitischen Maßnahmen, z. B. Lohnfortzahlung im Krankheitsfall, Ausbildungs- und Umschulungsförderung; um Menschen eine angemessene Wohnung zu finanzieren, wird Wohngeld bezahlt.
Auch Familien erhalten vom Staat zahlreiche Zuwendungen, wie Kindergeld, BAföG*, kostenlose Schulbücher durch die Lernmittelfreiheit oder Steuervergünstigungen.

Zur sozialen Sicherung gehören aber auch Maßnahmen zur Steuerung des Wirtschaftsprozesses, um Arbeitsplätze zu schaffen, und umfassende staatliche Dienstleistungen, wie z. B. Berufsberatung und Arbeitsvermittlung.

Sozialstaat

Ein weiterer Aspekt des Sozialstaates ist der der sozialen Teilhabe. Darunter versteht man, dass soziale Gruppen und Interessenverbände ihre Vorstellungen zum Ausdruck bringen und durchsetzen können. Rechtliche Voraussetzungen sind die Koalitionsfreiheit (Art. 9 GG), die Tarifautonomie und die Mitbestimmungsrechte. Zur sozialen Teilhabe gehört auch die Möglichkeit von Parlament und Regierung, die gesellschaftliche und wirtschaftliche Ordnung zu beeinflussen und zu verändern. Eine bedeutende soziale Errungenschaft ist das Bundessozialhilfegesetz. Durch die Sozialhilfe wird einem jeden Menschen, unabhängig davon, wie er in eine Notlage geraten ist, ein Leben in Würde ermöglicht, damit er in bescheidenem Maße am gesellschaftlichen Leben teilnehmen kann.

Das soziale Netz in Deutschland ist aus vielen Knoten geknüpft – großen und kleinen. Größter Knoten ist die Rentenversicherung mit 240 Milliarden EUR. Es folgen die Krankenversicherung mit 147 Milliarden EUR und die Leistungen für den Arbeitsmarkt (also auch die Zahlungen für Arbeitslose) mit gut 83 Milliarden EUR. Wesentlich kleinere Knoten – dennoch für viele Menschen wichtig – sind beispielsweise das Wohngeld, das Erziehungsgeld oder die Ausbildungsförderung. Alle Sozialleistungen zusammengenommen (direkte und indirekte Leistungen) erreichen im Jahr 2006 einen Umfang von rund 700 Milliarden EUR. Das entspricht fast einem Drittel (30,3 Prozent) der gesamten deutschen Wirtschaftsleistung, gemessen am Bruttoinlandsprodukt.

M2

Das soziale Netz
Sozialleistungen in Deutschland 2006 in Milliarden Euro (Schätzung)

Betrag (Mrd. Euro)	Bereich
240,0	Rentenversicherung
146,8	Krankenversicherung
83,2	Arbeitsmarkt
35,7	Beamtenpensionen
25,3	Lohn- und Gehaltsfortzahlung
21,9	Sozialhilfe
19,1	Betriebl. Altersversorgung
19,0	Kinder- u. Jugendhilfe
18,0	Pflegeversicherung
11,2	Beihilfen für Beamte
11,2	Unfallversicherung
9,5	Zusatzvers. im öffentl. Dienst
3,6	Versorgungswerke
3,4	Soziale Entschädigung (KOV)
3,1	Alterssicherung der Landwirte
3,1	Erziehungsgeld
3,0	Familienzuschläge für Beamte
2,7	sonstige Arbeitgeberleistungen
1,8	Ausbildungsförderung
1,7	Wohngeld
0,8	Vermögensbildung
0,7	Wiedergutmachung
0,2	Kindergeld
0,1	Lastenausgleich u.a. Entschädigungen

außerdem indirekte Leistungen:
Familienleistungsausgleich (Kindergeld) 36,7
Ehegattensplitting 35,7

Quelle: BMAS

Aufgaben

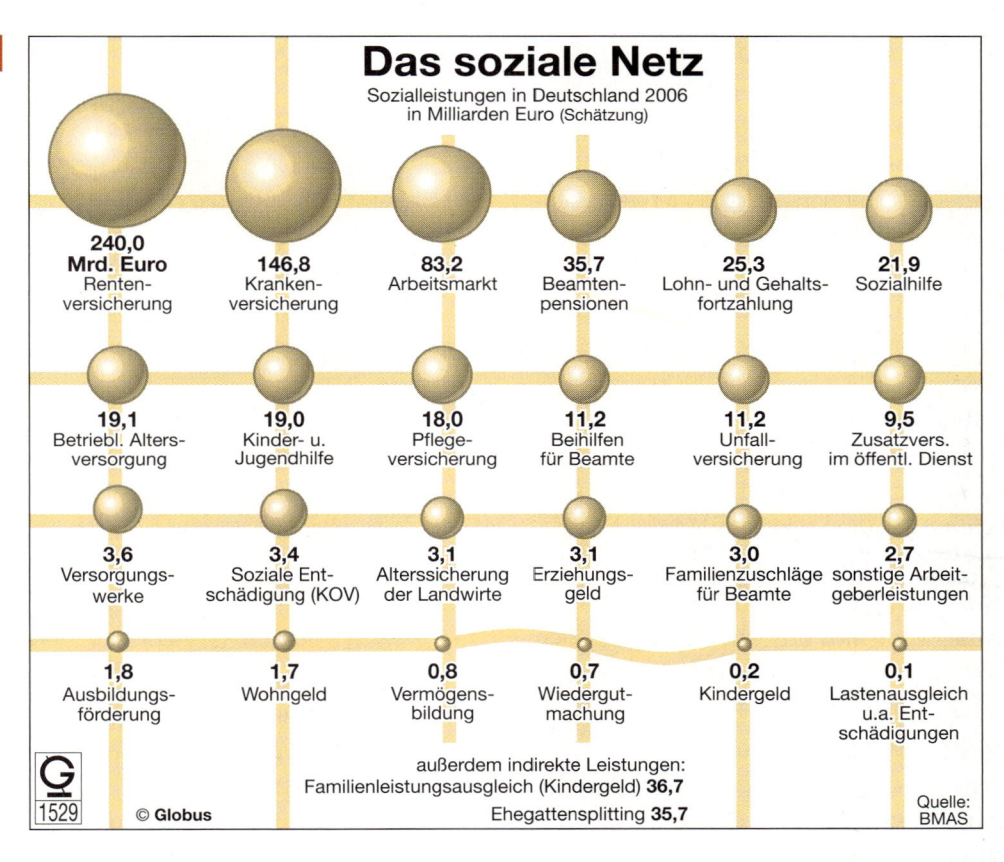

1. Bereiten Sie eine Power-Point-Präsentation über die Geschichte der sozialen Sicherung und den Sozialstaat in Deutschland vor. Mögliche Aspekte: Zünfte und Großfamilie im Mittelalter, Not der Arbeiter im 19. Jahrhundert, Unternehmer wie Alfred Krupp und Ernst Abbé, Rolle der Kirchen, Karl Marx und Bismarck.
2. Finden Sie Gründe für die anhaltende Krise des Sozialstaats und den Kostenanstieg der Sozialausgaben.
3. Ermitteln Sie aus dem Schaubild den prozentualen Anteil, der auf die einzelnen gesetzlichen Sozialversicherungen entfällt (M2).
4. Welche Konflikte können entstehen, wenn der Sozialstaat weiter abgebaut wird?

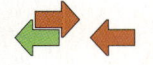

Merkkiste

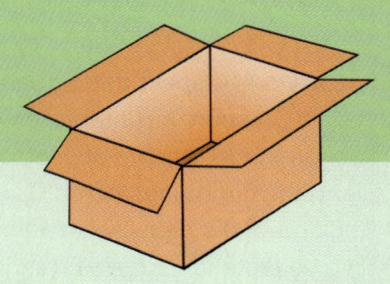

Grundgesetz

Das **Grundgesetz** ist die Verfassung der Bundesrepublik Deutschland. In seinen 146 Artikeln wird die politische und rechtliche Ordnung des Staates festgelegt. Als oberstes Prinzip des Grundgesetzes gilt der Schutz der Menschenwürde. In Art. 20 sind die verfassungsrechtlichen Grundprinzipien des Staates festgelegt. Die Bundesrepublik Deutschland versteht sich als Demokratie, Rechtsstaat, Bundesstaat und Sozialstaat.

Demokratie

Demokratie heißt übersetzt „Herrschaft des Volkes", das bedeutet, dass alle Herrschaft im Staat vom Volk ausgeht. Das Volk wählt seine Vertreter in die Gemeinde- und Stadträte, Landtage und in den Bundestag. Weil diese Vertreter und Vertreterinnen das Volk repräsentieren, spricht man von repräsentativer oder parlamentarischer Demokratie. Die höchsten Werte in der Demokratie sind die Freiheit und die Gleichheit aller Menschen. Die Bundesrepublik Deutschland ist auch eine pluralistische Demokratie, an den Entscheidungen im politischen Prozess sind eine Vielzahl von Akteuren beteiligt, z. B. Interessengruppen, Verbände und Parteien.

Parteien, Interessengruppen und Verbände

Parteien haben umfangreichere Aufgaben als **Interessengruppen und Verbände**. Diese bringen zwar ihre Interessen in die Politik mit ein, beschränken sich jedoch in ihren Konzepten und Forderungen auf ihren Bereich. Parteien hingegen erarbeiten Gesamtkonzepte, die den Bürgern Lösungsvorschläge in allen Bereichen, z. B. Wirtschafts-, Sozial- oder Außenpolitik, anbieten. Parteien stellen sich zur Wahl und ihre Mitglieder sind bereit Regierungsverantwortung zu übernehmen. Als Regierungsparteien stellen sie die Verbindung zwischen Staatsvolk und politischer Führung her. Als Parteien der politischen Opposition kontrollieren und kritisieren sie die Regierung.

Die fünf wichtigsten Verfassungsorgane

Der **Bundestag** ist die gewählte Volksvertretung der Bundesrepublik Deutschland. Er ist das wichtigste Verfassungsorgan und so das „Herz" der Demokratie. Die Abgeordneten werden nach Art. 38 Grundgesetz in allgemeiner, unmittelbarer, freier, gleicher und geheimer Wahl gewählt. Die wichtigsten Aufgaben des Bundestages sind die Wahl des Bundeskanzlers, die Kontrolle der Bundesregierung, die Verabschiedung von Gesetzen (= **Legislative**) und das Recht, über die Ausgaben und Einnahmen des Bundes zu beschließen (= Haushaltsrecht).

Die **Bundesregierung** besteht aus dem Bundeskanzler bzw. der Bundeskanzlerin und den Bundesministern und -ministerinnen. Die Bundesregierung (= **Exekutive**) übt für den Zeitraum zwischen zwei Wahlen die politische Herrschaft aus. Sie bestimmt die Richtlinien der Innen- und Außenpolitik. Bei ihren Entscheidungen muss sich die Regierung an die Gesetze halten. Sie hat das Recht Gesetzesvorschläge vorzubereiten und beim Bundestag einzureichen.

Der Bundeskanzler bzw. die Bundeskanzlerin wird vom Bundestag gewählt und vom Bundespräsidenten ernannt. Er/Sie ist der/die mächtigste Politiker/-in in der Bundesrepublik Deutschland. Er/Sie ist gegenüber dem Bundestag für die Politik der gesamten Bundesregierung verantwortlich. Der/die Kanzler/-in bestimmt die Richtlinien der Politik.

Der **Bundespräsident** ist das Staatsoberhaupt und oberster Repräsentant der Bundesrepublik Deutschland. Er vertritt Deutschland bei Staatsbesuchen im In- und Ausland, empfängt Staatsgäste, unterzeichnet Bundesgesetze und internationale Verträge. Im Vergleich zum Bundeskanzler hat der Bundespräsident wenig direkte Macht. Durch seine Reden bei besonderen Anlässen kann er Einfluss auf die Politik nehmen.

Der **Bundesrat** ist die politische Vertretung der 16 Bundesländer. Seine Mitglieder werden nicht direkt vom Volk gewählt, sondern von den Landesregierungen entsandt. Durch den Bundesrat wirken die Länder an der Gesetzgebung des Bundes mit (= **Legislative**).

Das **Bundesverfassungsgericht** (= **Judikative**) ist das oberste deutsche Gericht und hat zu entscheiden, ob das Grundgesetz verletzt worden ist. Jeder Bürger der Bundesrepublik hat die Möglichkeit, Verfassungsbeschwerde zu erheben, wenn er sich in seinen Grundrechten, die im Grundgesetz festgelegt sind, verletzt fühlt.

Die Bundesrepublik Deutschland besteht aus dem **Bund** und den **16 Bundesländern** als Gliedstaaten. Die Länder sind echte Staaten. Sie haben u. a. eine eigene Verfassung und eine eigene Regierung. Der Bundesstaat gilt als Element der Gewaltenteilung, durch ihn haben die Bürger und Bürgerinnen eine zusätzliche Möglichkeit der politischen Mitwirkung. Der Bundesstaat ermöglicht eine eigene Entwicklung der einzelnen Länder und die Pflege ihrer Besonderheiten. Vor allem im Schulwesen und in Kulturfragen kann jedes Land selbst entscheiden. Über den Bundesrat wirken die Länder bei der Gesetzgebung des Bundes mit.

Bundesstaat

Bayern ist der größte Flächenstaat in der Bundesrepublik Deutschland. Das Staatsgebiet gliedert sich in 7 Regierungsbezirke, 71 Landkreise und 25 kreisfreie Städte, 2056 Gemeinden, darunter 27 große Kreisstädte. Der Begriff Freistaat besagt, dass Bayern ein republikanischer, kein monarchischer Staat ist. Die Staatsgewalt wird von den Bürgern selbst ausgeübt, sie bestimmen frei über ihre öffentlichen Angelegenheiten. Das bayerische Wahlrecht für die Kommunen wie für den Landtag trägt dem unmittelbaren demokratischen Bürgerwillen Rechnung.

Bundesland Bayern

- Bürgermeister und Landräte sowie Gemeinderat und Kreistag werden direkt vom Volk gewählt.
- Bei den Wahlen zum Bezirks- bzw. Landtag hat jeder Wähler zwei Stimmen (die Erststimme für einen Direktkandidaten; die Zweitstimme erhält ein Kandidat auf der offenen Liste einer Partei).
- Durch Volksbegehren und Volksentscheid können die Verfassung geändert, Gesetze verabschiedet und auch der Landtag aufgelöst werden.
- Seit 1995 hat sich das bayerische Volk mithilfe eines Volksentscheids auf kommunaler Ebene die Möglichkeit von Bürgerbegehren und Bürgerentscheiden geschaffen.

Die Verfassungsorgane des Freistaates Bayern sind der Bayerische Landtag, die Bayerische Staatsregierung und der Bayerische Verfassungsgerichtshof. Der Ministerpräsident bestimmt die Richtlinien der Politik und vertritt Bayern nach außen. Er ist Regierungschef und Staatsoberhaupt zugleich.

Rechtsstaat besagt, dass alles staatliche Handeln an die Gesetze gebunden ist, so wird der Bürger vor willkürlichen Übergriffen der Staatsgewalt geschützt. Kein Gesetz, keine Verordnung, kein Richterspruch darf den im Grundgesetz festgelegten Rechtsgrundsätzen widersprechen. Voraussetzung für den Rechtsstaat ist die Garantie der Grundrechte, das Prinzip der Gewaltenteilung und die Gesetzmäßigkeit der Verwaltung.

Rechtsstaat

Nach Artikel 20 des Grundgesetzes ist die Bundesrepublik ein **Sozialstaat**. Durch das Sozialstaatsprinzip hat der Staat eine Fürsorgepflicht gegenüber den Schwachen in der Gesellschaft. Er setzt sich das Ziel, allen Bürgern und Bürgerinnen ein menschenwürdiges Leben zu ermöglichen. Die Bürger haben damit einen Rechtsanspruch auf eine soziale Mindestsicherung. Umgekehrt wird von den leistungsstarken Bürgern erwartet, dass sie durch das Bezahlen von Steuern und Sozialabgaben dazu beitragen, dass der Staat diese Aufgaben erfüllen kann. Das Sozialstaatspostulat verpflichtet die Politiker, die sozialen Verhältnisse zu gestalten. Dazu gehören wirtschaftspolitische Maßnahmen, um z. B. die Arbeitslosigkeit zu verringern. Außerdem muss der Staat Einrichtungen der Vorsorge schaffen, wie z. B. Versicherungsanstalten, die gegen Beitragszahlungen die Bürger im Alter, bei Krankheiten oder Unfällen versorgen. Die genaue Ausgestaltung des Sozialstaatsprinzips ist in der Verfassung bewusst offen gelassen und Gegenstand politischer Auseinandersetzungen.

Sozialstaat

Projektvorschlag
Vergleich von Nachrichtensendungen im Fernsehen

89 % der Bevölkerung werden täglich vom Fernsehen erreicht, 84 % vom Hörfunk, 51 % von Zeitungen, 26 % vom Internet (aus: Wochenschau II, Nr. 1, Jan./Feb. 2007). Die Medien haben in unserer Gesellschaft eine große Bedeutung. Eine ihrer Aufgaben ist es, die Bürger und Bürgerinnen über politische Themen zu informieren. Ihr Informationsauftrag verpflichtet sie zu Sachlichkeit, Neutralität und Objektivität, insbesondere zu einer klaren Trennung von Berichterstattung und Meinungsäußerung.

1. Klären Sie, was unter dem dualen Rundfunksystem verstanden wird.
2. Teilen Sie die Klasse in Gruppen ein.
3. Die Gruppensprecher zeichnen die Hauptnachrichten eines Tages der wichtigsten öffentlichen und privaten Sender auf DVD auf.
4. In der Gruppe werden die einzelnen Nachrichtensendungen analysiert und danach dem Plenum vorgestellt.

Folgender Fragenkatalog kann Grundlage für die Analyse sein.

1. Auswahl und Platzierung:
- Welches Ereignis steht am Beginn der Sendung („Aufmacher")?
- Welche weiteren Themen werden von der Nachrichtenredaktion berücksichtigt?
- Soll die Platzierung im Ablauf der Sendung die Bedeutsamkeit einzelner Beiträge besonders hervorheben?

2. Textinformation:
- Wird der Sachverhalt ausgewogen, vereinfachend oder einseitig dargestellt?
- Wirkt der Sprachstil des Moderators bzw. der Stimme aus dem Hintergrund sachlich oder eher locker und umgangssprachlich?
- Illustrieren grafische Mittel (Hintergrundgestaltung, Schaubilder usw.) sowie Filmeinblendungen die Textaussage?
- Unterstützt die Bildaussage die Textinformation oder lenkt sie eher davon ab?

3. Meinungsäußerung:
- Kommen mehrere Meinungen zu Wort oder wird ein einzelner Standpunkt besonders herausgestellt?
- Verhält sich der Moderator neutral oder zeigt er durch Mimik, Gestik und Sprache, dass er für eine Seite Partei ergreift?

4. Zusammenfassende Wertung:
- Wie kommt die Präsentation der Nachrichten beim Zuschauer an? Hilft sie ihm bei der Meinungsbildung oder appelliert sie vor allem an seine Gefühle und bewirkt eventuell eine vorschnelle Parteinahme?
- Beurteilen Sie die Nachrichtensendung beziehungsweise einzelne Beiträge daraus zusammenfassend als informativ, ausgewogen, interessant oder eher als langweilig, sensationsheischend, einseitig usw.?

zit. Rainer Dörrfuß u. a.: Politik – nicht ohne mich, C.C. Buchners Verlag, Bamberg 2003, S. 51

Alternativvorschlag:
Vergleichen Sie die Titelseiten verschiedener Tages- und Boulevardzeitungen eines ausgewählten Erscheinungstages und untersuchen Sie Schlagzeilen, Nachrichtenauswahl, Informationsgehalt, Kommentare u. a.

Mitwirkung in der Demokratie

Was bedeutet für Euch Demokratie?

Klassensprecherwahl

Mehrheitsentscheid

Aber Interessen von wenigen müssen in einer Demokratie auch gewährt werden.

Wählen dürfen, und zwar mit 16, wie in Niedersachsen in den Gemeinden

Sich für etwas einsetzen

Seine Meinung frei äußern können, z. B. in der Schülerzeitung

Demonstrieren können

Schülermitverwaltung

Kritik äußern können

1. Welche Interessen stoßen in einer Klasse aufeinander? Wie können diese miteinander vereinbart werden?
2. Bilden Sie Gruppen und stellen Sie Regeln für Ihr Zusammenleben in der Klasse auf.
3. Achten Sie dabei auf einen Konsens zwischen den verschiedenen Interessengruppen und überlegen Sie sich, wie man Außenseiter in die Klassengemeinschaft einbinden kann.
4. Geben Sie sich eine Klassenverfassung und legen Sie diese schriftlich fest.

1 Mitwirkung im demokratischen Umfeld Jugendlicher

Partizipation = Beteiligung

M1

Wissen wollen, was in der Welt passiert, ist der erste Schritt zur Beteiligung (Partizipation). Durch die Medien und das Internet haben interessierte Jugendliche vielfältige Möglichkeiten, sich Informationen zu nationalen und internationalen Themen zu beschaffen.

Informationsfreiheit – Zensur findet nicht statt

Art. 5 Abs. 1 GG

Recht der freien Meinungsäußerung

Die freie Meinungsäußerung ist auch Kindern gestattet (siehe z. B. 1.2 Kinderstadtteilverfassung). Jugendliche haben viele Möglichkeiten, in ihrem eigenen Umfeld von Familie, Clique, Schule, Vereinen oder Initiativen ihre Meinung zu äußern und in einen Dialog mit den Erwachsenen zu treten.

1.1 Mitwirkung Jugendlicher in Schule, Familie und Clique

M2 Schule

Die SV (Schülerverwaltung) oder die SMV (Schülermitverwaltung) ist eine Plattform, auf der Klassensprecher/-innen Wünsche und Sorgen artikulieren und darüber hinaus eigene Ideen in die Diskussion einbringen können. Sie präsentieren Lösungsvorschläge für schulische Probleme und regen Projekte an. Als Verteter/-innen der SMV kann ein Mitspracherecht wahrgenommen werden, sei es nun bezüglich der Ausgestaltung des Schulhauses, der Organisation von Schulfesten, der Einladung von Gästen zu schulischen Events oder der Entscheidung darüber, wohin Spendengelder der Schüler/-innen fließen sollen.

Auch stehen Schülern und Schülerinnen die unterschiedlichsten Medien als Bühne, um ihre Interessen bzw. Kritik zu artikulieren, zur Verfügung. Von der klassischen Schülerzeitung über Wandzeitungen, Film- und Theatergruppen, Pausenradio bis hin zu Onlinemedien ist dabei alles denkbar – auch in Verbindung und Zusammenarbeit mit anderen Schulen. Gruppen können eigene Projekte vorstellen, die sich auf bestimmte Themen wie Umweltschutz oder einen Weltladen beziehen. Hausaufgabenhilfe, Tutorenarbeit mit den Jüngeren, Übernahme von Patenschaften oder die Suchtprävention sind Möglichkeiten, über einen weiter gespannten gesellschaftlichen Spielraum hinaus zu wirken.

Jugendliche dazu zu bringen, Initiativen zu ergreifen und „mitzumachen", gibt es sehr wohl. Denn viele schulische Aktivitäten sind oft recht erfolgreich. Wichtig ist jedoch, dass nicht nur die Schule ein Forum und Gelegenheiten bietet, Schüler/-innen anzuspornen sich einzubringen. Schon in der Familie, dem engsten Umfeld der Jugendlichen, später in den Cliquen und auch in den Klassen muss eine demokratische Kultur gepflegt werden, die auch manchmal eine demokratische Streitkultur sein kann.

Aufgaben

1. Erarbeiten Sie aus dem Text Möglichkeiten, wie der Grundgesetzartikel 5 Abs. 1 im Umfeld Jugendlicher in die Praxis umgesetzt werden kann.
2. Überlegen Sie in der Klasse, was unter einer „demokratischen Streitkultur" zu verstehen ist. Inwiefern können vorgegebene Diskussionsregeln dazu beitragen?

M3 Familie

Sarah ist 16 Jahre alt und hat einen Zwillingsbruder. Aus Sicherheitsgründen wird Sarah von ihren Eltern strengstens verboten, später als 22 Uhr nach Hause zu kommen. Ihr Zwillingsbruder Leo hingegen kann mehr oder weniger tun, was er will. Bei ihm drücken die Eltern schon einmal ein Auge zu – er ist ja ein Junge, sagen sie.

Familie Serrano war letztes Jahr auf der Karibikinsel Trinidad in Urlaub. In diesem Jahr ist die Haushaltskasse knapper. Die Eltern sprechen sich für einen Camping- und Wanderurlaub in Südtirol aus. Silvia, die Tochter, protestiert heftig. Sie ist seit dem Trinidadurlaub eine begeisterte Taucherin und schlägt vor, an die nordspanische Küste zu reisen, wo man die Ferienwohnung von Bekannten mieten und wunderbar tauchen könnte. Juan, der Sohn, möchte unbedingt nach Barcelona. Ihn fasziniert das bunte Treiben in der Geburtsstadt seiner Eltern.

M4 Clique

Ihre Clique fährt mit der Trambahn zu einem Live-Konzert. Die Spannung steigt, die Vorfreude ist groß. Sie bekommen mit, wie zwei Jugendliche einen etwas sonderbar gekleideten Jugendlichen angreifen. Der Junge ist sichtlich verängstigt. Er versucht, in den vorderen Teil der Tram zu gelangen, doch die älteren Jugendlichen versperren ihm den Weg nach vorn zum Schaffner und zu den Ausgangstüren.

Die Clique von Martin und Kevin ist eine eingeschworene Gemeinschaft. Die Jugendlichen tragen die gleichen Markenjeans und hören die gleiche Musik. Lukas, der erst kürzlich in die Stadt gezogen ist, kommt neu in die Klasse. Er hat andere Vorlieben, legt keinen Wert auf Markenkleidung und hat einen anderen Musikgeschmack. Mit Michael aus der Clique hat er sich schon angefreundet. Der Rest der Gruppe lehnt Lukas aber ab.

M5 Klasse

In letzter Zeit beklagen sich vermehrt Schüler, dass ihnen Geld wegkomme. Die Schulleitung und die Eltern sind bereits informiert. Alle Schüler sind aufgefordert, das „schwarze Schaf" herauszufinden. Eines Tages kommt Jens in den Umkleideraum und sieht, wie Olaf aus einem Rucksack einen 10-EUR-Schein entwendet. Zur Rede gestellt, gesteht Olaf unter Tränen, er brauche das Geld dringend für Nachhilfestunden. Seine alleinerziehende Mutter habe nicht genug Geld, um diese zu bezahlen. Er fleht Jens an, ihn nicht zu verraten. Schließlich seien die beiden ja gut befreundet.

In der Geschwister-Scholl-Schule ist es üblich, dass die Schüler alle zwei Jahre eine größere Fahrt unternehmen. Eine Jungengruppe von fünf Schülern möchte im Winter auf eine Berghütte, um Snowboard zu fahren. Eine andere, weniger sportliche Jungengruppe möchte lieber das Angebot einer heimischen Computerfirma annehmen und statt Schulunterricht an einem Computertraining teilnehmen. Eine Mädchengruppe möchte im Herbst auf einen Bauernhof, wo auch Reiten angeboten wird. Eine weitere politisch sehr interessierte Gruppe von Mädchen und Jungen möchte lieber nach Straßburg fahren und dort das Europaparlament besuchen. Die Gruppe hat bereits Kontakt mit einem Europaparlamentarier aufgenommen.

Dr. Gabriele Metzler, Daniel Mergner, Daniele Metzger, Tonio Oeftering: Demokratie (er-)leben. Ein Prinzip in Gesellschaft und Politik. In: Politik & Unterricht, 2/3 2006, Landeszentrale für Politische Bildung, Baden-Württemberg, S. 21

Aufgaben
3. Setzen Sie sich in Gruppen zusammen und diskutieren Sie die sechs dargestellten Konflikte gründlich. Suchen Sie nach Lösungsmöglichkeiten.
4. Überlegen Sie dabei auch, welche Folgen eine Einigung für jeden der Beteiligten haben könnte.

2 Mitwirkung in Organisationen, Institutionen und Initiativen

M1

Ausschuss = Arbeitskreis der Landtage oder des Bundestages

M2 In vielen Städten und Gemeinden bestehen auch Kinder- und Jugendparlamente, die direkt gewählt werden. Wichtig ist, dass Politik und Verwaltung die Kinder und Jugendlichen informieren, inwieweit ihre Vorschläge umgesetzt wurden. In diesem Sinne können junge Menschen in Kinderstadtteilversammlungen, in Jugendsprechstunden und speziell für Jugendliche abgehaltenen Gemeinderatssitzungen ihre Fragen, Wünsche und Anregungen artikulieren. Eine weitere Bühne zur politisch-gesellschaftlichen Einbeziehung von Kindern und Jugendlichen sind Zukunftswerkstätten und Workshops.
Viele Jugendliche engagieren sich auch in sogenannten NGOs (Nichtregierungsorganisationen), wie z. B. bei Greenpeace, Amnesty International oder beim BUND für Umwelt und Naturschutz. Das Mindestalter für einen Beitritt beträgt 14 Jahre. Nicht nur Kinder und Jugendliche selbst sind aktiv.
Jugendverbände schließen sich zu Landesjugendringen, z. B. zum Bayerischen Jugendring (BJR) zusammen. [Alle Landesjugendringe sind vereint im Bundesjugendring (DBJR). Anm. d. Verf.] Diese sollten zu allen die Jugendlichen betreffenden Themen gehört werden, besonders in den Jugendhilfeausschüssen der Länder und des Bundestags.

Eine Initiative des Bundes ist die KIKO, die Kinderkommission auf Bundesebene. Fünf Abgeordnete setzen sich für die Belange und Interessen von Kindern und Jugendlichen ein. Die Kommission untersteht dem Ausschuss für Familie, Frauen, Senioren und Jugend. Was die KIKO beschließt, geht als Empfehlung in die Arbeit des Bundestags ein und fordert diesen zum Handeln auf. Sie bemüht sich z. B., zusammen mit Klinikärzten, ein Programm für übergewichtige Kinder zu entwickeln. Auch sollen die Rechte der Kinder in der Bundesrepublik Deutschland noch einmal eigens festgeschrieben und ihnen dadurch mehr Gewicht verliehen werden. Außerdem soll ein wirksames Programm gegen Kinderarmut entwickelt werden.

Dr. Lothar Scholz: Themenblätter im Unterricht Nr. 38, Jugendbeteiligung in der Demokratie, Bundeszentrale für politische Bildung Bonn, 1.5.2004 (gekürzt).

Aufgaben
1. Stellen Sie zusammen, wo Jugendliche überall ihre Interessen vertreten (lassen) können (M1 und M2).
2. Informieren Sie sich ausführlicher über die KIKO des Bundestages im Internet (M2).
3. Informieren Sie sich über die Arbeit von Jugendgruppen und Jugendorganisationen in Ihrer Gemeinde.

Mitwirkung im demokratischen Umfeld Jugendlicher

M3 „Zeit für Helden"
Ganz Bayern feiert mit 40 000 jugendlichen Helden am 15.7.2007

Eine landesweite Aktion der Jugendarbeit in Bayern, die vom 12. bis 15. Juli 2007 unter Beteiligung von Jugendgruppen in ganz Bayern stattfand, zeigte, was junge Frauen und Männer ehrenamtlich leisten können. Innerhalb von drei Tagen sollten gemeinnützige Aufgaben mit einem sozialen, kulturellen, gesellschaftlichen, politischen oder ökologischen Schwerpunkt gelöst werden, ohne dass die jungen Leute vorher über die Anforderungen informiert wurden. Mitmachen konnte jede Gruppe junger Leute, die ihre Freizeit gemeinsam gestalten wollte. Am 12. Juli erhielten die Gruppen in einem Briefumschlag ihre Aufgabe. Mithilfe von Freunden, Bekannten, Eltern und über das „Aktionsradio Bayern Drei" konnten sich die Gruppen Unterstützung suchen. Am Sonntag, dem 18. Juli 18:15 Uhr war die Aktion abgeschlossen und es fand ein großes Fest statt. Bilanz der Aktion:

Drei Millionen ehrenamtlich geleistete Stunden
Über 1 900 gute Taten in ganz Bayern

„Heldentaten für Jung und Alt"
Während der Aktion „Drei Tage Zeit für Helden" fanden auch Jung und Alt zusammen. Jugendliche organisierten z. B. Ausflüge und Feste für Senioren oder sammelten deren Erlebnisse für Dokumentationen über den Heimatort. Auch die Jüngsten der Bevölkerung freuen sich jetzt über 200 Spielplätze, Kindergärten oder Kindertagesstätten, die in ganz Bayern renoviert oder verschönert wurden. Zahlreiche Projekte kamen Menschen mit Behinderung zugute. Ein wichtiger Aspekt war die interkulturelle Begegnung: Da wurde z. B. eine Spielerallye in einem Asylbewerberheim, eine „internationale Tafel" mit kulturellen und kulinarischen Highlights aus aller Herren Länder sowie eine Stadtführung für Flüchtlingsjugendliche organisiert. Die Initiative überbrückte sogar die Landesgrenzen: Eine Jugendgruppe konnte zwei Container mit Sachspenden für Togo füllen.

Bayerischer Jugendring KdöR, München, http://www.zeitfuerheiden.de/bjr/dcms/sites/zfh/aktion/index.html entnommen: 09.09.2007

Aufgaben
4. Überlegen Sie sich, welche Aktionen Sie in Ihrem privaten Umfeld starten können, um anderen Menschen zu helfen.
5. Welche Möglichkeiten ergeben sich – auch international –, um in der Schule gemeinnützige Aufgaben zu übernehmen?

3 Mitwirkung Jugendlicher in der Gesellschaft

M1

Karikatur von Erich Rauschenbach.

3.1 Beispiele: „Es geht auch anders"

M2 **Nathalie streikt – Der erste Arbeitskampf ihres Lebens**

Nathalie S. hat erst im Januar 2006 ihre Ausbildung bei der Telekom abgeschlossen und ihren neuen Job bei der Telekom in einem Callcenter übernommen. Im Mai legt die Angestellte mit vielen Kollegen die Arbeit nieder, da viele Entlassungen und Umstrukturierungen stattfanden. Stellen und Abteilungen wurden umbenannt, alle arbeiteten plötzlich in ihnen unbekannten Positionen. Um die wegrationalisierten Stellen neu zu besetzen, wurden Zeit- und Leiharbeiter eingestellt, die vom Personal eingearbeitet werden mussten. Anfang Mai beschließt die Große Tarifkommission von ver.di in der Urabstimmung den Aufruf zum Streik. Wenn ein Streik maximale Aufmerksamkeit erzielen soll, müssen die Streikenden gut organisiert sein, denn sie müssen Protestmärsche absolvieren und Aufklärung in der Bevölkerung betreiben. – Streik ist Arbeit, das stellt Nathalie fest. Sie sagt dazu: „Ich denke, dass unser Streik etwas bewegen wird."

Auszüge aus: Pfeiffer, Henrik: Nathalie streikt – und das ist Arbeit, in: Süddeutsche Zeitung, 22.5.2007, S. 18

M3 Sarah, die Internetbeauftragte der Jungen Union, bringt es mit ihren 17 Jahren auf den Punkt: „... aber viele haben einfach überhaupt keine Ahnung, was es überhaupt bedeutet, in einer Demokratie zu leben. Es bedeutet, dass man generell frei ist und seine Meinung frei äußern kann, ohne ins Gefängnis zu kommen oder, ohne dass einem die Todesstrafe droht. Dass man wählen darf und zwar, wen man möchte. Es wird alles so selbstverständlich hingenommen, denn viele wissen gar nicht, was das alles Tolles ist."

Dr. Lothar Scholz, Themenblätter im Unterricht, Bundeszentrale für Politische Bildung, Bonn, Nr. 38/2004, S. 3

M4 Mandus ist Student, 22 Jahre alt, und engagiert sich bei der BUNDjugend: „Fast jedes Wochenende verbringe ich im Umweltzentrum in Stuttgart, wo u. a. auch die BUNDjugend, die Jugendorganisation des BUND (Bund für Umwelt und Naturschutz) ein Büro unterhält. „Ich erfuhr, dass ich auch dort Zivi machen könnte. Nach dem Abi habe ich mich dort beworben; inzwischen bin ich bei der BUNDjugend im Landesvorstand von Baden-Württemberg und Redakteur bei der Umweltzeitung ‚Die kritische Masse'. Da ich mich für die globalen Zusammenhänge der Umweltthematik interessiere, engagiere ich mich auch im Ausland und habe internationale Kontakte geknüpft. Vor einiger Zeit war ich auf einem Umweltkongress in Indonesien, wo ich die Erfahrung machen musste, dass auch dort viel Engagement, z. B. zum Schutz der Arten oder der Regenwälder, vonnöten ist."

Aufgaben

1. Informieren Sie sich über Mitwirkungsmöglichkeiten für Jugendliche in Parteien und Gewerkschaften (z. B. auf Merkliste, den Homepages von Jugendorganisationen der Parteien).
2. Schreiben Sie einen Brief an einen/eine Freund/in, indem Sie versuchen, diesen/diese zu überzeugen, sich politisch oder gewerkschaftlich zu engagieren.

Steigernde Erörterung

Mitwirkung Jugendlicher in Parteien und Gewerkschaften

3.2 Politisches Interesse Jugendlicher

Das politische Interesse Jugendlicher ist nach den Recherchen der Shell-Studie von 2006 verhältnismäßig gering. Allerdings ist Politik dann für Jugendliche wichtig, wenn sich die Eltern dafür interessieren oder in Initiativen engagiert sind. Eine Umfrage der Bertelsmann-Stiftung (2007) hat aber auch ergeben, dass die Erwachsenen den Jugendlichen wenig Kompetenz in Bezug auf politische Entscheidungen zugestehen. Nach dieser Umfrage halten Erwachsene (älter als 34 Jahre) Jugendliche nicht für sonderlich qualifiziert, politische Entscheidungen, z. B. bei Wahlen, zu treffen. 71 % sprechen sich gegen das Wahlalter ab 16 Jahren aus.

Zieht man aber parallel zur Bertelsmann-Studie die Shell-Studie von 2006 heran, wird klar, dass sich Jugendliche sehr wohl in ihrem Umfeld engagieren, z. B. für ihre eigenen Interessen und für Umwelt- und Tierschutz; sie setzen sich auch für ihre Mitmenschen in besonderen Lebenslagen ein.

Diese Interessen lassen sich jedoch auch außerhalb einer Mitarbeit in Jugendorganisationen von Parteien realisieren. Jugendliche setzen sich häufiger für soziale Belange (freiwilliges soziales Jahr*, Altenpflege, Umwelt) ein, während Betätigungen in Jugendorganisationen von Parteien keinen großen Anklang finden. Weit verbreitet sind Gefühle von politischer Ohnmacht, was sich durch Äußerungen wie: „Da blickt ja sowieso keiner durch", oder „Die machen ja doch, was sie wollen" bemerkbar macht.

Diesem „gespaltenen Bewusstsein", das Jugendsoziologen beobachten können, versuchen die Parteien entgegenzuwirken, indem sie sich bemühen, politische Entscheidungsprozesse für junge Leute erfahrbar zu machen. Seit den 80er-Jahren werden Jugendparlamente und -räte gegründet, damit Jugendliche ihre Meinungen und Interessen artikulieren und aktiv Vorschläge zu deren Realisierung machen können. Bundesweit gibt es ca. 300 Einrichtungen, in denen junge Menschen das Recht haben, zu Entscheidungen der Verwaltung, des Stadt- oder Gemeinderates angehört zu werden, aber auch selbst Anträge einbringen können.

M1 Wenn Politik das Träumen zuließe

Uns Jugendlichen wird nicht gerade ein hohes politisches Interesse zugeschrieben. Vielmehr feiern wir lieber, sprayen die Wände voll und machen uns keine Gedanken, was unsere Zukunft anbelangt. Sagt man so. Daher fiel den Parteien im letzten Bundestagswahlkampf nichts Besseres ein, als mit Kondomen, Mode-Accessoires, Drogenlegalisierungskampagnen und anderen billigen Fanartikeln auf Stimmenjagd zu gehen. Die Parteien haben die junge Zielgruppe, uns Erstwähler, entdeckt.

Und scheinbar hält man uns für dumm ... Politik, zumindest die der Parteien, ist dem Konsum verfallen: ... Die inhaltlichen Differenzen zwischen den Parteien sind verwischt: Der einzige Unterschied ist, dass die einen etwas ... harscher wirtschaftspolitische Reformen umsetzen wollen, und die anderen das „sozial verträglich" versuchen wollen – was immer das heißt. Diese Einstellung lässt keinen Platz für Visionen. Eine Bekannte, die sich gerne politisch engagieren will, möchte etwas Eigenes entwickeln. Sie weiß aber nicht wo, wie und mit wem. Mir blieb ein Satz von ihr in Erinnerung: „Wenn Politik das Träumen zuließe, wäre ich sofort in einer Organisation." Vielleicht ist dieser Satz naiv, aber er beschreibt ganz gut das Grundgefühl, das viele dazu bringt, sich als „unpolitisch" zu beschreiben. ... Die Widersprüchlichkeit besteht darin, dass für viele von uns das Politikverständnis emotional ist. Es geht um den Wunsch nach Veränderung – hin zu einer anderen Welt.

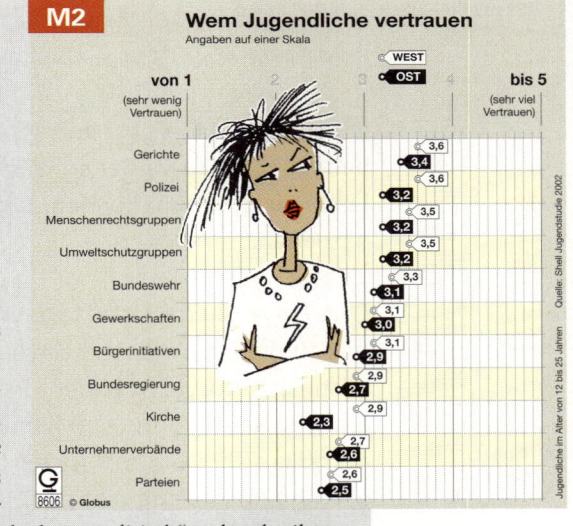

Ric Graf, 20 Jahre alt, lebt in Berlin und ist freier Autor. http://www.jugendpressedienst.de/rd/524.php, 16.9.2007

M2 Wem Jugendliche vertrauen
Angaben auf einer Skala von 1 (sehr wenig Vertrauen) bis 5 (sehr viel Vertrauen)

	WEST	OST
Gerichte	3,6	3,4
Polizei	3,6	3,2
Menschenrechtsgruppen	3,5	3,2
Umweltschutzgruppen	3,5	3,2
Bundeswehr	3,3	3,1
Gewerkschaften	3,1	3,0
Bürgerinitiativen	3,1	2,9
Bundesregierung	2,9	2,7
Kirche	2,9	2,3
Unternehmerverbände	2,7	2,6
Parteien	2,6	2,5

Quelle: Shell Jugendstudie 2002. Jugendliche im Alter von 12 bis 25 Jahren

---

Aufgaben

1. Fassen Sie zusammen, in welchen Bereichen sich Jugendliche besonders engagieren.
2. Diskutieren Sie in der Klasse die angesprochene Problematik.
3. Recherchieren Sie im Internet, für welche Ziele sich die Jugendorganisationen der Parteien besonders einsetzen. Diskutieren Sie in der Klasse darüber.

4 Mitwirkung durch Wahlen

4.1 Wahlen auf kommunaler und Länderebene

Das bayerische Gemeindewahlrecht

Der Wähler hat so viele Stimmen, wie Sitze im Stadt- oder Gemeinderat vorhanden sind.

panaschieren = das Recht des Wählers, seine Stimmen auf Kandidaten verschiedener Listen zu verteilen

kumulieren = einem Kandidaten bei der Wahl mehr als eine Stimme geben

In einer Gemeinde sind 14 Gemeinderäte zu wählen. Zwei Parteien bewerben sich. Ein Bürger hat so gewählt:

⊠ Wahlvorschlag Nr. 1 Kennwort: Partei A	◯ Wahlvorschlag Nr. 2 Kennwort: Partei B

Fenzl, Max
   Mayer, Peter
3 Frei, Rita
   Baier, Klaus
3 Huber, Renate
2 Pass, Klaus
	Kurz, Petra
	   Dick, Heinz
	2 Boch, Susanne
	   Lang, Pia
	1 Meister, Udo
	   Nur, Hertha

Der Wähler darf für insgesamt 14 Gemeinderatsplätze 14 Stimmen abgeben. Er hat zwar die Liste der Partei A angekreuzt, aber nicht alle Kandidaten akzeptiert. Er hat panaschiert. Obwohl er grundsätzlich für die Partei A ist, hat er Frau Boch und Herrn Meister von der Partei B gewählt. Er hat die Einzelstimmen über die Wahlvorschläge mehrerer Parteien verteilt. Er hat kumuliert, gehäufelt. Frau Frei und Frau Huber hat er je drei Stimmen gegeben, Herrn Pass und Frau Boch je zwei Stimmen. Insgesamt hat er durch Panaschieren und Kumulieren nur 11 Stimmen verbraucht. Sein Kreuz bei der Partei A bewirkt, dass deren Listenbewerber, Herr Fenzl, Herr Mayer und Herr Baier die 12., 13. und 14. Stimme bekommen. Die Wahl ist ungültig, wenn der Wähler mehr Stimmen vergibt, als er zur Verfügung hat.

Quelle: Peter Scholz, Stichwort Wahlen, hrsg. Dt. Bundestag, Bonn 7. Aufl. 1992

Durch diese Möglichkeiten können die Bürger sehr personenbezogen wählen. Sie können die Reihenfolge der Bewerber auf der Liste verändern und auch Kandidaten, die einen fast aussichtslosen Listenplatz hatten, können, wenn sie bekannt und beliebt sind, in den Stadt- oder Gemeinderat einziehen.

Art. 14 Abs. 1 Satz 1 BV

Das bayerische Landtagswahlrecht

aktives und passives Wahlrecht ab 18 Jahren

Persönlichkeitswahl = Entscheidung aufgrund der Persönlichkeit des Kandidaten

Alle fünf Jahre finden in Bayern Landtagswahlen statt. Wählen dürfen alle Deutschen, die ihren Wohnsitz in Bayern haben und mindestens 18 Jahre alt sind. Die Abgeordneten werden nach einem „verbesserten Verhältniswahlrecht" in Wahlkreisen – den sieben Regierungsbezirken – und Stimmkreisen, die meist das Gebiet eines Landkreises oder einer kreisfreien Stadt umfassen, gewählt. Insgesamt gibt es 92 Stimmkreise, aus denen jeweils ein Abgeordneter in den Landtag gewählt wird (92 Stimmkreisabgeordnete). Aus den Wahlkreisen kommen nochmals 88 Abgeordnete, sodass im Landtag also 180 Abgeordnete sitzen. Jeder Wähler hat zwei Stimmen, die Erststimme und die Zweitstimme. Mit der Erststimme wählt er einen Kandidaten aus seinem Wahlkreis nach dem Mehrheitswahlrecht. Hier ist der Bewerber gewählt, der die meisten Stimmen hat. Mit der Zweitstimme wählt er seinen bevorzugten Bewerber auf der von den Parteien aufgestellten Wahlkreisliste (offene Listenwahl). Man spricht von einem verbesserten Verhältniswahlrecht (siehe oben), da der Wähler einen Kandidaten aus der Liste auswählen kann und somit die von den Parteien vorgegebene Reihenfolge beeinflussen kann. So können Politiker mit einem vorher aussichtslosen Listenplatz durchaus in den Landtag einziehen. Jedoch muss eine Partei mindestens 5 % der in Bayern insgesamt abgegebenen Erst- und Zweitstimmen gewonnen haben, damit sie einen Sitz im Landtag erhält.

Mitwirkung durch Wahlen

4.2 Ein- und Ausblicke

Nichtwählerinnen und Nichtwähler

Die Anzahl der Nichtwähler hat in den letzten zwei Jahrzehnten sowohl auf der Ebene von Bundestags- als auch der Landtagswahlen deutlich zugenommen.

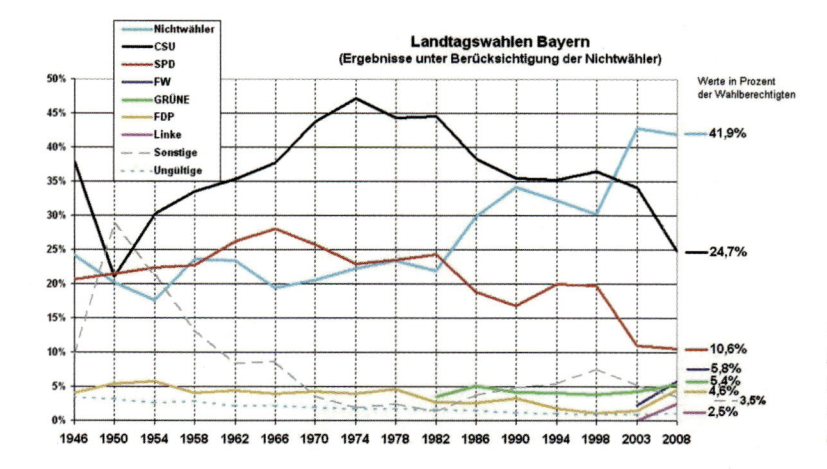

Quelle: Wolfgang Lieb: Landtagswahlen in Bayern seit 1946 – Ergebnisse unter Berücksichtigung der Nichtwähler, unter: http://www.nachdenkseiten.de/?p=3484, Zugriff: 30.01.2009

Verändertes Wählerverhalten

Bis vor einiger Zeit konnten die Parteien bei Wahlen immer auf eine sogenannte Stammwählergemeinde vertrauen, d. h., Arbeiter wählten SPD, Konservative die CDU bzw. in Bayern die CSU und die Freiberufler gaben meist der FDP ihre Stimme usw. Mit der Zeit hat sich aber ein ganz anderer Wählertypus entwickelt. Der Protestwähler straft seine Partei damit ab, dass er irgendeine extreme Partei wählt, der Wechselwähler ist ebenfalls nicht mehr an „seine Partei" gebunden und splittet schon einmal die beiden Stimmen, die er auf seinem Wahlzettel vergeben kann; oder er gibt sie gleich anderen Parteien, die er vorher nie gewählt hätte. Der Nichtwähler ist entweder über die Politik der letzten Legislaturperiode frustriert oder er ist politisch nicht interessiert. So versuchen Parteien, die Jung- oder die Nichtwähler zu umwerben.

Wahlrecht ab 16 Jahren

Was bereits auf der kommunalen Ebene in einigen Bundesländern der Fall ist, wird auf Bundesebene heiß diskutiert: die bundesweite Einführung des Wahlrechts ab 16 Jahren. Die Befürworter werben mit dem Slogan: „Wählen ist weniger gefährlich als Auto fahren."

Familienwahlrecht

2003 wurde ein Gesetzentwurf in den Bundestag eingebracht, der ein Familienwahlrecht fordert. Bereits von Geburt an soll ein Kind wahlberechtigt sein, wenn auch nur der Erziehungsberechtigte stellvertretend für seinen Sprössling seine Stimme abgeben kann. Begründet wurde diese Initiative mit der zunehmenden Überalterung der Gesellschaft, die die Zukunft der Jüngeren gefährde. Auch sei eine kinderfreundlichere Politik nötig, deshalb sollten Familien mit Kindern mehr politischen Einfluss erhalten.

> *Aufgaben*
> 1. *Werten Sie in Partnerarbeit das Kurvendiagramm über das Wählerverhalten in Bayern kritisch aus.*
> 2. *Überlegen Sie, welche Herausforderungen das veränderte Wählerverhalten an die Parteien stellt.*
> 3. *Schreiben Sie im Fach Deutsch eine dialektische Erörterung zum Wahlrecht ab 16.*
> 4. *Informieren Sie sich über den „Wahlomat" im Internet und sammeln Sie Informationen zu den unterschiedlichen Positionen der Parteien.*

5 Pluralismus

M1 Werte wie Freiheit, Unversehrtheit der Person, Anerkennung von unterschiedlichen Interessen, sittlich-moralischen Normen und religiösen Überzeugungen sind eine Grundvoraussetzung des Pluralismus. Bei dem Versuch, Interessen durchzusetzen, bedarf es eines Verfahrenskonsenses. Da Pluralismus ein Konkurrenzsystem beinhaltet, muss der Staat von Fall zu Fall regulierend eingreifen, um besonders schwache Gruppen zu unterstützen, weil diese oft keine entsprechende Interessenvertretung finden (z. B. alte Menschen, Obdachlose oder Kinder). […]

In einer pluralistischen Demokratie wird jedem Mitglied der Gesellschaft die Beteiligung an der Gestaltung der sozialen und politischen Verhältnisse ermöglicht. Verschiedene Meinungen, Interessen und Vorstellungen erlauben eine ständige Suche nach neuen Lösungen und halten so die gesellschaftliche und politische Entwicklung offen, sie kann gegebenenfalls immer wieder neu gestaltet werden. Diskussion, Konsens und Kompromiss sind Wege, die unterschiedlichen Ideen zu klären und zu bündeln und zu einem durchdachten, für alle Seiten akzeptablen Ergebnis zu führen.

(Konsens = Übereinstimmung)

Gekürzt nach: Schülerduden, Politik und Gesellschaft, Mannheim, Dudenverlag, 2005, S. 310

M2

M3

Verbände
GG Art. 8 und 9

Parteien
GG Art. 21

Konfessionen
GG Art. 4

Minderheiten
GG Art. 4

Aufgaben
1. Erstellen Sie mit eigenen Worten eine einfache Definition des Begriffes „Pluralismus" (M1).
2. Setzen Sie sich in der Klasse mit den Karikaturen auseinander und finden Sie jeweils Beispiele zur dargestellten Problematik (M2 und M3).

6 Gemeinwohl

M1 Gemeinwohl bezeichnet – im Gegensatz zum Privatinteresse – das, was im Interesse aller Angehörigen eines Staates liegt. Staatliche Tätigkeit ist zur Förderung des Gemeinwohls verpflichtet. Als schwierig erweist es sich, zu bestimmen, was unter Gemeinwohl zu verstehen ist, denn darüber entstehen immer wieder unterschiedliche und sich wandelnde Anschauungen. In den modernen Demokratien wird häufig der Kompromiss zwischen unterschiedlichen Gruppeninteressen gleichgesetzt.

Kompromiss = Ausgleich, Übereinkunft

Schülerduden, Politik und Gesellschaft, Mannheim, Dudenverlag, 2005

M2 Beispiel für Gemeinwohlfindung

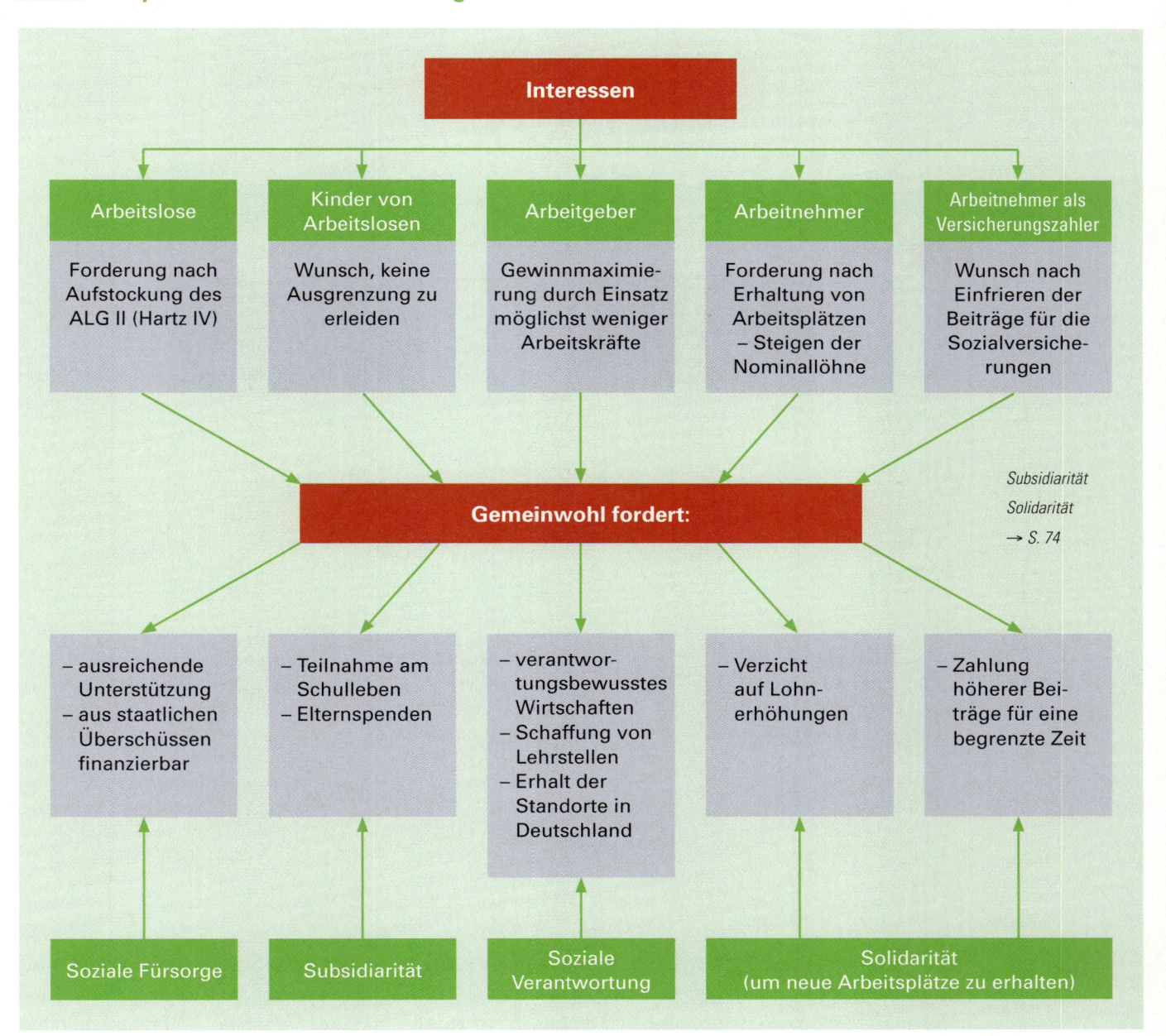

Interessen

Arbeitslose	Kinder von Arbeitslosen	Arbeitgeber	Arbeitnehmer	Arbeitnehmer als Versicherungszahler
Forderung nach Aufstockung des ALG II (Hartz IV)	Wunsch, keine Ausgrenzung zu erleiden	Gewinnmaximierung durch Einsatz möglichst weniger Arbeitskräfte	Forderung nach Erhaltung von Arbeitsplätzen – Steigen der Nominallöhne	Wunsch nach Einfrieren der Beiträge für die Sozialversicherungen

Gemeinwohl fordert:

– ausreichende Unterstützung – aus staatlichen Überschüssen finanzierbar	– Teilnahme am Schulleben – Elternspenden	– verantwortungsbewusstes Wirtschaften – Schaffung von Lehrstellen – Erhalt der Standorte in Deutschland	– Verzicht auf Lohnerhöhungen	– Zahlung höherer Beiträge für eine begrenzte Zeit
Soziale Fürsorge	Subsidiarität	Soziale Verantwortung	Solidarität (um neue Arbeitsplätze zu erhalten)	

Subsidiarität
Solidarität
→ S. 74

Aufgaben

1. Spielen Sie anhand des Beispiels eine von Ihnen gewählte Art der Gemeinwohlfindung durch.
2. Ein Landwirt weigert sich, seinen Teil seiner Äcker zu verkaufen, weil die Gemeinde eine Umgehungsstraße bauen will. Prüfen Sie die Situation anhand des GG Art. 14.

7 Konstruktive Konfliktlösung

Was ist ein Konflikt?

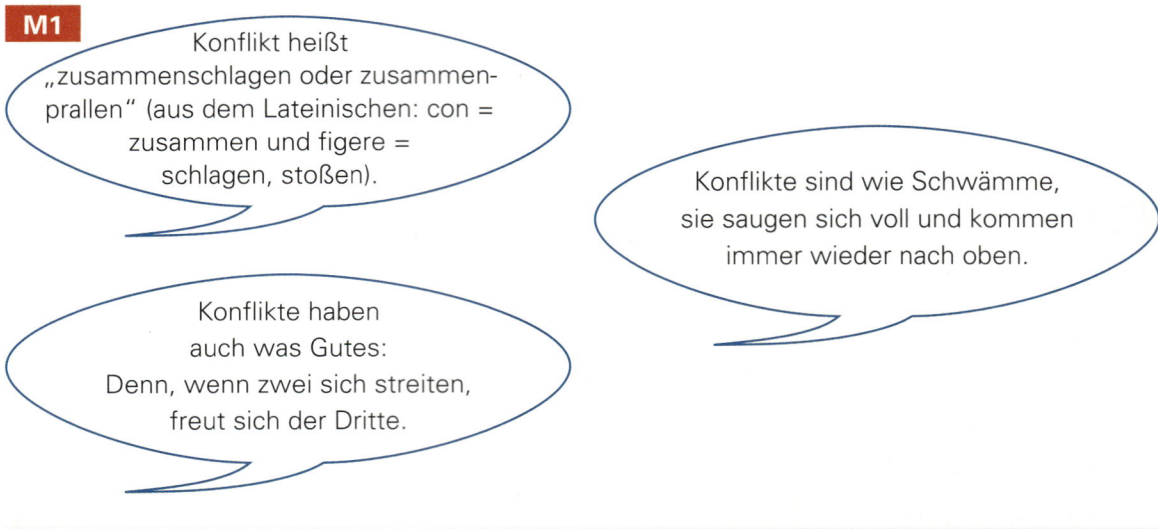

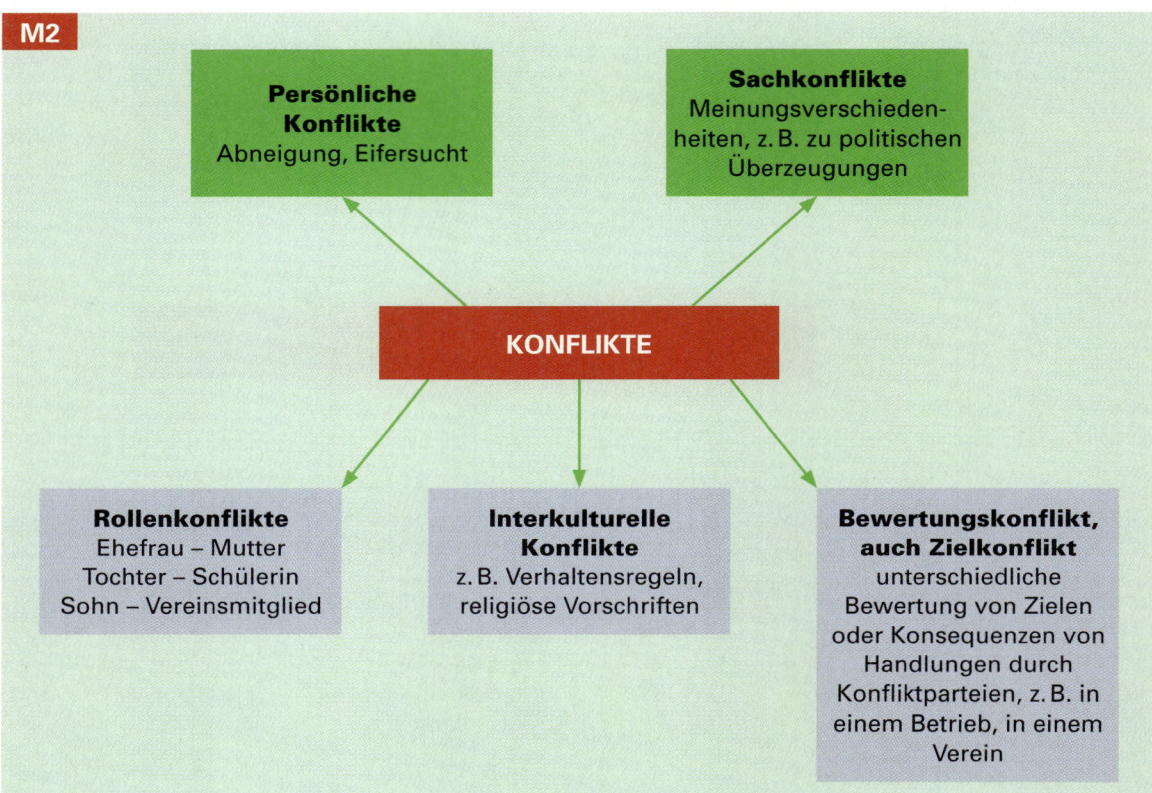

M1

> Konflikt heißt „zusammenschlagen oder zusammenprallen" (aus dem Lateinischen: con = zusammen und figere = schlagen, stoßen).

> Konflikte sind wie Schwämme, sie saugen sich voll und kommen immer wieder nach oben.

> Konflikte haben auch was Gutes: Denn, wenn zwei sich streiten, freut sich der Dritte.

M2

KONFLIKTE

- **Persönliche Konflikte**
  Abneigung, Eifersucht

- **Sachkonflikte**
  Meinungsverschiedenheiten, z. B. zu politischen Überzeugungen

- **Rollenkonflikte**
  Ehefrau – Mutter
  Tochter – Schülerin
  Sohn – Vereinsmitglied

- **Interkulturelle Konflikte**
  z. B. Verhaltensregeln, religiöse Vorschriften

- **Bewertungskonflikt, auch Zielkonflikt**
  unterschiedliche Bewertung von Zielen oder Konsequenzen von Handlungen durch Konfliktparteien, z. B. in einem Betrieb, in einem Verein

Bei einem Konflikt gibt es zwischen Menschen, einzelnen Gruppen oder Staaten ein Problem, das für alle Beteiligten wichtig ist und geklärt werden muss. Konflikte werden als störend empfunden und halten von einem gewohnten Handlungsablauf ab. Sie sind von negativen Gefühlen begleitet, wie z. B. Konkurrenzdenken, Aggressivität oder Hass, die das Problem oft verschärfen. Auch können Beeinflussungen durch Dritte Konflikte schüren oder erst ausbrechen lassen. Konflikte sind immer ein Signal, dass etwas verändert werden muss, um eine Verbesserung der gegenseitigen Beziehungen zu erreichen.

Konstruktive Konfliktlösung

M3 Konflikte im Alltag

Julian erhält in seinem Lieblingsfach Geschichte eine schlechtere mündliche Note, obwohl er meint, sich engagiert am Unterricht beteiligt zu haben. Der Lehrer begründet die schlechtere Mitarbeitsnote damit, dass Julian während einer Gruppenarbeit den Unterricht erheblich gestört habe.

Tina und Katja sind seit drei Jahren unzertrennliche Freundinnen. Auf einer Party lernen sie den sympathischen Jonas kennen, in den sich beide verlieben. Jonas jedoch hat nur Augen für Katja und verabredet sich für den nächsten Tag mit ihr. Tina zeigt sich ihrer Freundin gegenüber gekränkt. Auch Katja weiß nicht recht, wie sie mit der Situation umgehen soll, obwohl sie sich durch Jonas Einladung geschmeichelt fühlt.

Konfliktlösungsmodelle

Beispiel: Der Streit um eine Orange
Zwei Geschwister streiten sich um eine Orange, die sie beide haben wollen.
Folgende Wege sind möglich, diesen Konflikt zu lösen:

Weg des Haifisches:
„Ich will möglichst alles und setze alle mir möglichen Mittel ein, um es zu bekommen. Ich nehme keine Rücksicht."
Die Schwester heult so lange, bis ihr der Bruder die Orange gibt.
Ergebnis: Einer gewinnt, der andere verliert.

Weg der Schildkröte:
„Ich will keinen Streit, ich lasse mich auf keine Auseinandersetzung ein. Ich gehe einem Streit am liebsten aus dem Weg."
Die beiden schenken die Orange dem kleinen Bruder.
Ergebnis: Wenn beide Geschwister so denken, bekommt keiner die Orange, beide verlieren.

Weg des Fuchses:
„Wenn ich etwas hergebe und der andere auch, dann bekommen wir beide etwas und es gibt auch keinen Streit. Wir müssen beide nachgeben."
Die beiden teilen die Orange.
Ergebnis: Kompromiss, beide verlieren etwas, beide gewinnen aber auch etwas.

Weg des Teddybärs:
„Ich streite mich doch nicht um so eine Kleinigkeit. Ich verzichte einfach. Der Klügere gibt schließlich nach."
Der Bruder gibt sich cool und verzichtet auf die Orange. Die Schwester triumphiert.
Ergebnis: Einer gewinnt, der andere verliert.

Weg der Eule:
„Ich will möglichst viel bekommen, aber ich will auch, dass der andere möglichst viel bekommt."
Die Schwester bekommt das Fruchtfleisch, weil sie es essen will, der Bruder bekommt die Schale, die er zum Kuchenbacken braucht. *Ergebnis: Beide sind zufriedengestellt.*

Konfliktaustragung. Wegweiser-Bürgergesellschaft. Unter: http://buergergesellschaft.de/praxishilfen/konfliktloesung/hintergrundtexte/konfliktaustragung/104469/, 08.01.2008, Hanns-Jörg Sippel

---

Aufgaben
1. Überlegen Sie in der Gruppe, wie man diese Konflikte lösen kann (M3).
2. Spielen Sie anhand des Beispiels eine Situation durch: Das Familienauto wird am Wochenende von zwei Kindern gebraucht, die unterschiedliche Pläne haben.

Merkkiste

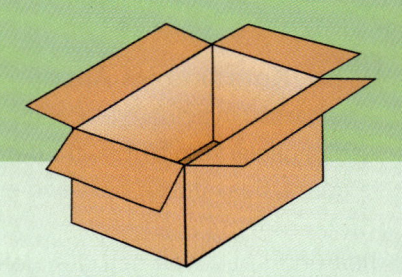

Mitwirkungsmöglichkeiten des Einzelnen

Demokratie als Lebensform bedeutet, dass jeder Staatsbürger gestaltend in den sozialen und politischen Prozess eingreifen kann. Seine Meinung frei zu äußern (z. B. in Leserbriefen) und Kritik zu üben, bis hin zu Demonstrationen (Art. 8/9 GG), soweit diese nach demokratischen Grundsätzen durchgeführt werden, ist möglich. Er kann Mitglied einer Partei werden und verschiedenen Verbänden angehören.

Eine der wichtigsten Mitwirkungsmöglichkeiten in Staat und Politik ist die Wahl, die auf kommunaler, Landes-, Bundes- und Europaebene stattfindet.
Auf kommunaler Ebene dürfen Jugendliche bereits ab 16 Jahren wählen, z. B. in Niedersachsen, Sachsen-Anhalt, Schleswig-Holstein usw. Ab 18 Jahren können Jugendliche das aktive und passive Wahlrecht wahrnehmen. Im GG der Bundesrepublik Deutschland ist dies im Art. 38 festgelegt.
Jeder Wähler hat zwei Stimmen, mit der Erststimme wählt er einen Kandidaten einer Partei seines Wahlkreises, der bei der Stimmenauszählung einen Sitz im Bundestag erhält, und zwar nach dem relativen Mehrheitswahlrecht, d. h., der Kandidat hat gewonnen, der die meisten Stimmen auf sich vereinen konnte. Er erhält dann auch einen Sitz im Bundestag. 299 Sitze im Bundestag werden durch diese Direktmandate verteilt. Über die Landesliste der Parteien werden nochmals 299 Sitze nach dem Verhältniswahlrecht im Bundestag verteilt. Die Kandidaten auf den Listen können nicht, wie z. B. im bayerischen Landtagswahlrecht, eigens angekreuzt werden. Kleinere Parteien werben oft damit, ihnen die Zweitstimme zu geben, da sie dadurch die 5-%-Hürde schaffen, die ihnen den Einzug in den Bundestag garantiert. Über drei Direktmandate kann eine Partei ebenfalls in den Bundestag einziehen. Sogenannte Überhangmandate entstehen, wenn eine Partei durch die Anzahl der gewonnenen Direktmandate mehr Sitze erhält, als ihr aufgrund der Sitzverteilung durch die Zweitstimme eigentlich zustehen würden. Das Bundestagswahlrecht ist somit eine Kombination aus Mehrheits- und Verhältniswahlrecht, ein sogenanntes „personifiziertes Verhältniswahlrecht".
Grundsätzlich sind die kommunalen Wahlrechtsregelungen unterschiedlich gestaltet. Im bayerischen Kommunalwahlrecht kann der Wähler 8 – max. 80 Stimmen, je nach Größe der Gemeinde, abgeben. Wenn er alle Stimmen z. B. der Partei A geben will, kreuzt er die Liste der Partei A an. Er kann grundsätzlich seine Stimmen auch auf Kandidaten mehrerer Parteien verteilen, er kann „panaschieren". Außerdem besteht die Möglichkeit, einem Kandidaten bis zu drei Stimmen zu geben, er kann „kumulieren". Die Wahl ist jedoch ungültig, wenn der Wähler mehr Stimmen vergibt, als er zur Verfügung hat.

In manchen Bundesländern gibt es auch die Möglichkeit des Volksbegehrens bzw. des Volksentscheids. Diese direkte Teilhabe an politischen Entscheidungen oder an der Gesetzgebung sieht die Bayerische Verfassung im Art. 74 und 75 BV vor.
Es gibt grundsätzlich zwei Wahlsysteme, das Mehrheits- und das Verhältniswahlrecht:
Nach dem Mehrheitswahlrecht ist gewählt, wer in seinem Wahlkreis die Mehrheit der Stimmen erhalten hat. Die Stimmen der anderen Kandidaten werden nicht berücksichtigt. Gewählt ist der Kandidat mit relativer Mehrheit, bei der Absoluten Mehrheitswahl benötigt der Kandidat mehr als die Hälfte der abgegebenen Stimmen.
Nach dem Verhältniswahlrecht bekommt jede Partei so viele Plätze im Parlament, wie sie prozentual Stimmen von den Wählern erhalten hat. Auch kleine Parteien werden berücksichtigt.

Antrag auf Zulassung eines Volksbegehrens

- 25 000 Unterschriften wahlberechtigter Bürger
- Volksbegehren 10 % der Stimmberechtigten
- Gesetzesvorlage
- Ministerpräsident Stellungnahme
- Landtag Stellungnahme
  - Zustimmung → kein Volksentscheid
  - Ablehnung → eigener Gesetzesentwurf → Volksentscheid ja oder nein

Volksbegehren

Durch ein Volksbegehren können die Bürger/-innen einen Gesetzesentwurf in den Landtag einbringen. Dazu muss das Volksbegehren von 10 % aller Stimmberechtigten unterzeichnet werden.

Volksentscheid

Volksentscheid findet statt, wenn der Landtag eine Gesetzesvorlage ablehnt, die durch ein Volksbegehren eingebracht wurde. Es ist aber auch möglich, dass der Landtag einen eigenen Gesetzentwurf vorlegt, über den die wahlberechtigte Bevölkerung dann abstimmt.

Jugendorganisationen der Parteien

Fast alle Parteien haben Jugendorganisationen, z. B. die CDU/CSU Schülerunion und Junge Union, die SPD die Falken und die Jusos, die FDP die Julis und das Bündnis 90/die Grünen die Grüne Jugend.
Im Internet können Sie sich über Ziele und Aktivitäten dieser Jugendorganisationen informieren.

Pluralismus

Pluralismus bedeutet eine Ordnungsform der Gesellschaften in modernen Demokratien. Eine Vielfalt von Meinungen, Interessen, Werten und politischen Überzeugungen stehen sich gegenüber bzw. konkurrieren miteinander. Um z. B. Gruppeninteressen durchzusetzen, bedarf es bestimmter Regeln: Kompromissfindung und Konsens sind wichtige Mittel, ein zufriedenstellendes Ergebnis für alle zu finden. Aufgabe des Staates ist es, regulierend einzugreifen, z. B. durch Unterstützung besonders schwacher Gruppen.

Gemeinwohl

Gemeinwohl bezeichnet das, was im Interesse aller Bürger bzw. Mitbürger eines Staates liegt. Staatliche Tätigkeit ist zur Förderung des Geimeinwohls verpflichtet. Schwierig ist es, zu bestimmen, was man unter Gemeinwohl versteht, denn darüber entstehen immer wieder unterschiedliche und sich wandelnde Anschauungen. Handelt es sich um Steuererhöhungen, Straßenbau oder andere wichtige Unternehmungen, ist immer das Interesse der Bürger betroffen, die ja auch durch Steuern zur Kasse gebeten werden. Oft wird der Kompromiss zwischen Gruppeninteressen dem Gemeinwohl gleichgesetzt.

Projektvorschlag

Bereiten Sie einen Besuch in der Gemeinde oder im Landtag vor.

Tipps zum Besuch des Bayerischen Landtages oder des Maximilianeums
Mit dem Besuch des Bayerischen Landtags oder der Staatsregierung erhalten Sie einen lebendigen Eindruck über die parlamentarische Arbeit und über die Arbeitsweisen der Bayerischen Staatsregierung.

1. Landtag: Über das Internet erhalten Sie einen Überblick über aktuelle Sitzungen des Landtags. Biografien der Abgeordneten werden in einem Videofilm dargestellt, in einem zweiten können Sie sich informieren, wie ein Gesetz entsteht und ein Volksbegehren abgewickelt wird.
   Außerdem werden noch andere interessante Möglichkeiten der Erkundung angeboten:
- Informationen über Aufbau und Organisation des Landtags sowie über die Arbeit der
- Abgeordneten
- Besuch eines Plenums oder Ausschusses
- Gespräch mit Abgeordneten der Fraktionen
- Führung durch das Maximilianeum

2. Maximilianeum:
- Interessierte Klassen erhalten von der Landeszentrale für Politische Bildung Hinweise und Materialien sowie eine Themenliste des gewünschten Ministeriums, aus der sie ein Thema auswählen und an die Landeszentrale melden.

Adressen: Formlos schriftlich an: Bayerischer Landtag/Landtagsamt – Pädagogische Betreuung, Maximilianeum 81627 München, Fax: 089/4126 – 1234
Formlos schriftlich an: Bayerische Landeszentrale für Politische Bildungsarbeit, Brienner Straße 41, 80333 München, Fax: 089/2186 – 2180
Internetadressen: www.bayern.landtag.de und www.bayern.de

Eine einfache Möglichkeit, eine Einladung zum Besuch des Landtags zu erhalten, ist die Kontaktaufnahme mit dem Wahlkreisabgeordneten einer Partei.

Alternative:
Laden Sie Abgeordnete der wichtigsten Jugendorganisationen der Parteien zu einer Podiumsdiskussion bezüglich eines aktuellen Themas ein.

Das Zusammenwachsen Europas und die Erweiterung der Europäischen Union

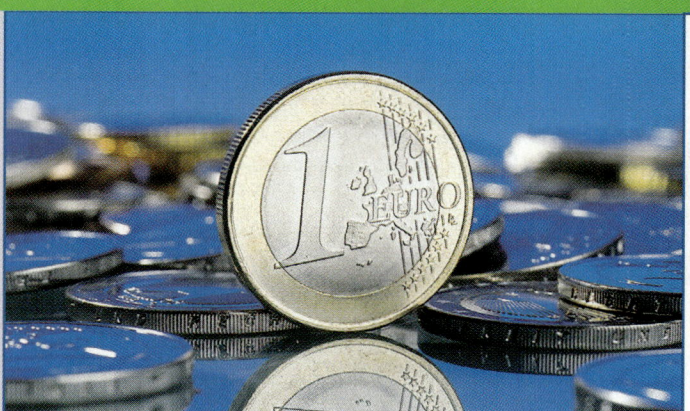

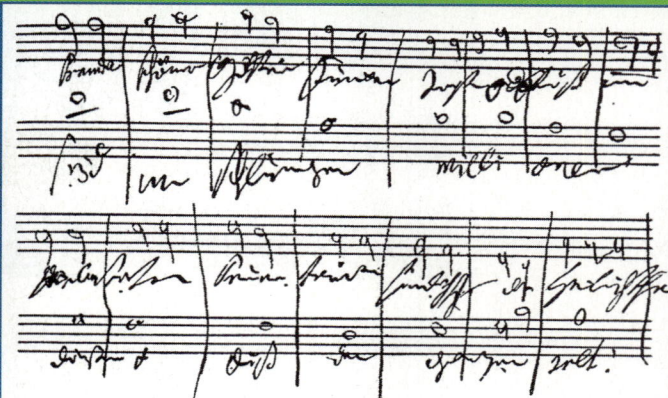

Noten von Beethovens „Ode an die Freude"

Ernüchterung über neuen EU-Vertrag
Polen und Briten erstreiten Zugeständnisse/Italiens Premierminister Prodi befürchtet Zerfall Europas
Quelle: SZ vom 25. Juni 2007

EU will Kunden besser vor Bankpleiten schützen
Krise – Konjunktur leidet unter den Turbulenzen
Quelle: AA vom 2./3. Oktober 2008

Mehr Rechte bei Unfall im Ausland
Neues Gesetz regelt Ansprüche der Opfer auf Schadensersatz und Schmerzensgeld
Quelle: SZ vom 11. Juli 2007

Der Wein wird teurer
EU-Kommission: Verbraucher sollen für eine Flasche bis zu 70 Cent mehr bezahlen. Seehofer will der Reform nicht zustimmen
Quelle: AA vom 5. Juli 2007

EU will Mutterschutz verlängern
Sozialpolitik – Alle Frauen sollen 18 Wochen pausieren können. Familienministerin warnt vor Neuregelung wegen finanzieller Risiken für die Arbeitgeber.
Quelle: AA vom 4. Oktober 2008

Bier mit Warnhinweis
Alkohol – Bislang keine gemeinsame Linie der EU
Quelle: AA vom 7. September 2007

Aktion saubere Abgase
EU-Umweltminister: Weniger Kohlendioxid bis 2012 – aber wie?
Quelle: AA vom 29. Juni 2007

... und bewegt sich doch!

Wichtige Anlaufstellen zum Thema Europa im Internet:
- Portal der Europäischen Union: http://europa.eu/index_de.htm
- Europäisches Jugendportal: http://europa.eu.int/youth
- EU-Infostellen in Deutschland, z. B. in München: http://ec.europa.eu/deutschland

Diskutieren Sie in der Klasse, welche Schlagzeile zu welchem Schlagwort passt.

1 Europa – eine Wertegemeinschaft?

1.1 Kulturelle Wurzeln der Europäer und Europas

M1

Sehr geehrte Damen und Herren,
der Reichtum unseres europäischen Kontinents bestand immer in seiner Vielfalt, der Vielfalt von Völkern und Überlieferungen, die auf gemeinsamen Traditionen ruhen, sich aus den gleichen Wurzeln entwickelt haben. Das europäische Abendland ist geprägt vom griechischen Denken, vom römischen Recht, vom christlichen Glauben. Humanismus, Renaissance und die Reformation haben ebenso zu dem Bild des christlichen Abendlandes beigetragen, wie später die Aufklärung und die moderne Wissenschaft. Jahrhundertelang war Europa das Zentrum der Zivilisation, das die Geschicke und den Lauf der Geschichte bestimmte. Seine Rolle in der Welt ist wichtig und wird auch weiterhin wichtig sein, sie kann es aber auf Dauer nur dann bleiben, wenn die gemeinsamen Werte, die sich in den vergangenen Jahrhunderten trotz so mancher schwerer Proben bewährt haben, weiter berücksichtigt und gepflegt werden …

Bartozewski, Wladyslaw: Wertegemeinschaft und Kulturraum Europa – was bringen die Neuen ein? http://www.eab-berlin.de/berichte/a-e/berichtbartoszewski260504.PDF (18.08.2007)

evident = offensichtlich

M2 … Philosophie, Kunst, Architektur und Wissenschaft sowie gesellschaftliche und politische Ordnung haben im heutigen Europa nachhaltig ihre Spuren hinterlassen und sind wesentliche Bestandteile eines gemeinsamen europäischen Bewusstseins geworden. Die Eigenart dieser Kulturbildung, nämlich dass sie „eine Kulturbildung aus Freiheit statt aus Herrschaft" war, ist Ansporn und Verpflichtung für Europa zugleich. Dass die Rückbesinnung auf diese einen wichtigen Beitrag zur geistigen Integration der werdenden europäischen Staatengemeinschaft, einen Beitrag zur europäischen Identität der Gegenwart zu leisten vermag, erscheint evident. Andererseits ist zu beachten, dass Europa zwar eine lange gemeinsame kulturelle Prägung erfahren hat, aber, historisch betrachtet, weder eine geografische Einheit noch eine politisch-ideelle Wertegemeinschaft darstellt … Wer sich aber mit den antiken Wurzeln Europas beschäftigt, der wird rasch merken, dass Europa viel mehr ist als die antiken Wurzeln, dass Asiaten, Araber, Juden, Christen und später auch Muslime, und somit eine Vielfalt an Einflüssen für Europa prägend war. In diesem Pluralismus – und nicht allein in den antiken Wurzeln – liegt das Fundament für den Aufstieg des Abendlandes …

Integration = Vereinigung

Identität = größtmögliche Übereinstimmung

Schipperges, Stefan: Griechische Antike und europäische Identität, in: Deutschland und Europa, Heft 52, Landeszentrale für politische Bildung, Baden-Württemberg, Stuttgart 2006, S. 14

Aufgaben

1. Welche Völker haben laut den Texten von Bartozewski und Schipperges über die Jahrhunderte/Jahrtausende hinweg Europa beeinflusst (M1, M2)?
2. Suchen Sie aus obigen Texten die Religionen heraus, welche die Europäer beeinflusst haben (M1, M2).
3. Arbeiten Sie aus obigen Texten weitere kulturelle Wurzeln der Europäer heraus (M1, M2).
4. Bestimmen Sie mithilfe eines Atlasses, welche Länder geografisch zu Europa zählen.
5. Informieren Sie sich mithilfe eines Fachbuchs in Geschichte über wesentliche Inhalte des Humanismus, der Renaissance, Reformation und Aufklärung.
6. Was will der Karikaturist mit dieser Zeichnung aussagen (M3)?

M3

Mutter Europa und ihre Kinder

1.2 Motive für einen europäischen Zusammenschluss

M1 Eine Erfolgsgeschichte ohne Vorbild

Heute vor vierzig Jahren, am 25. März 1957, haben die Regierungschefs und Außenminister von sechs europäischen Ländern in Rom die Gründungsverträge der Europäischen Gemeinschaft unterzeichnet. Die Väter der Römischen Verträge hatten eine Vision: Die Folgen des Krieges überwinden – geistig, politisch und wirtschaftlich. Daraus erwuchs die große Erfolgsgeschichte der zweiten Hälfte unseres Jahrhunderts: vierzig Jahre Frieden, Freiheit und Stabilität, zunächst für Westeuropa. Am Ende hat die europäische Einigung auch dazu beigetragen, die Teilung Europas zu überwinden …

Die europäische Integration war in ihren Anfängen und ist bis heute ein radikal neues und zukunftsweisendes Modell internationaler Politik. Jahrhundertelang war Außenpolitik in Europa geprägt von Mächtekoalitionen, von kriegerischer Gewalt und Gegengewalt. Mit dem Konzept der europäischen Integration gelang es erstmals, diese unheilvolle Spirale wirksam und dauerhaft zu durchbrechen. Der Grundgedanke: Festlegung eines Rahmens, in dem die Interessensgegensätze der Mitgliedsstaaten auf rationale Weise und in geordneten Verfahren gelöst werden können, und wo auseinanderlaufende Interessen zu gemeinsamen Interessen gebündelt werden können: Mehrheitsabstimmungen und Nachtsitzungen in Brüssel anstelle von offener politischer Konfrontation, Handelskriegen oder gar noch Schlimmerem …

Koalition = Bündnis

Vision = Erscheinung

rational = vernünftig

Auszüge aus: Kinkel, Klaus, ehemaliger Bundesaußenminister, Zum vierzigsten Jahrestag der Unterzeichnung der Römischen Verträge, in: FAZ, 25.03.1997, (leicht verändert)

M2 Wertegemeinschaft

Die Ziele der europäischen Einigung reichten von Anfang an über die Mehrung des wirtschaftlichen Wohlstandes hinaus. Bereits die Gründung des Europarates erfolgte 1949 mit dem Ziel der Achtung und Wahrung gemeinsamer Werte, zu denen neben der Friedenssicherung der Schutz der Menschenrechte und der Vorrang des Rechts gehören … In Amsterdam wurden 1997 erstmals die wesentlichen Merkmale dieser gemeinsamen Werte in Artikel 6 des Vertrages zur Gründung der Europäischen Union zusammengefasst: „Die Union beruht auf den Grundsätzen der Freiheit, der Demokratie, der Achtung der Menschenrechte und Grundfreiheiten sowie der Rechtsstaatlichkeit; diese Grundsätze sind allen Mitgliedstaaten gemeinsam." …

Lösung grenzüberschreitender Probleme

Ein Beweggrund für den Einigungsprozess ist auch die Tatsache, dass angesichts der zunehmenden Globalisierung* vielen der heutigen politischen Probleme im nationalen Alleingang nicht mehr wirkungsvoll zu begegnen ist. Am deutlichsten zeigt sich dies bei der Umweltpolitik … Auch in anderen Bereichen wird koordiniertes Vorgehen im EU-Rahmen zunehmend notwendiger. Dies betrifft die Bekämpfung des internationalen Terrorismus, des Drogenschmuggels und der internationalen Geldwäsche ebenso wie die Ankurbelung der Wirtschaft, die Schaffung neuer Arbeitsplätze, die langfristige Sicherung der natürlichen Rohstoffe und die Behebung der Ursachen für die weltweiten Migrationsströme …

Migration = Wanderung

Schmuck, Otto: Motive, Leitbilder und Etappen der Integration, in: Informationen zur politischen Bildung, Heft 279, 2003, S. 5–16 – Texte: „Wertegemeinschaft" und „Lösung grenzüberschreitender Probleme"

Aufgaben

1. Worin sieht der ehemalige deutsche Außenminister Kinkel die wesentlichen Erfolge der europäischen Idee (M1)?
2. Welche weiteren Motive für eine europäische Einigung lassen sich in den Texten von Schmuck finden (M2)?

2 Stationen auf dem Weg zur Europäischen Union (EU)

Im Jahr 2007 feierte die Europäische Union einen runden Geburtstag. Vor 50 Jahren wurden in Rom die Römischen Verträge von Regierungen der sechs Gründungsstaaten unterzeichnet. Seit dieser Zeit hat sich die EU zu einer Erfolgsgeschichte entwickelt – viele Staaten Europas wollten und wollen unter das europäische Dach.

2.1 Die Entstehung der Europäischen Gemeinschaft (EG)

Die EG entstand aus der Europäischen Gemeinschaft für Kohle und Stahl (Montanunion), der Europäischen Wirtschaftsgemeinschaft (EWG) und der Europäischen Atomgemeinschaft (Euratom).

Montanunion

Neben der wirtschaftlichen Zusammenarbeit bei der Produktion von Kohle und Stahl war nach dem Zweiten Weltkrieg auch die Kontrolle dieser deutschen Schlüsselindustrien eine grundlegende Motivation zur Gründung der Montanunion. Am 9. Mai 1950 gab der französische Außenminister Robert Schuman eine Erklärung zur Gründung der Montanunion ab. Dieser Tag wird heute als Europatag begangen. Wortlaut des Schumanplans in Auszügen:

Föderation = Staatenbund

Solidarität = Zusammengehörigkeitsgefühl

M1 Die französische Regierung schlägt vor, die Gesamtheit der französisch-deutschen Kohlen- und Stahlproduktion unter eine gemeinsame Oberste Aufsichtsbehörde (Haute Autorité) zu stellen, in einer Organisation, die den anderen europäischen Ländern zum Beitritt offen steht.
Die Zusammenlegung der Kohlen- und Stahlproduktion wird sofort die Schaffung gemeinsamer Grundlagen für die wirtschaftliche Entwicklung sichern – die erste Etappe der europäischen Föderation – und die Bestimmung jener Gebiete ändern, die lange Zeit der Herstellung von Waffen gewidmet waren, deren sicherste Opfer sie gewesen sind.
Die Solidarität der Produktion, die so geschaffen wird, wird bekunden, dass jeder Krieg zwischen Frankreich und Deutschland nicht nur undenkbar, sondern materiell unmöglich ist.

Der gemeinsame Markt für Kohle und Stahl wurde am 18. April 1951 durch folgende sechs Länder gegründet: Königreich Belgien, Bundesrepublik Deutschland, Französische Republik, Italienische Republik, Großherzogtum Luxemburg und Königreich Niederlande. Der Markt für Kohle und Stahl wurde überstaatlichen Regelungen unterworfen. Die Organe dieser Gemeinschaft haben Vorbildfunktion für die Organe der folgenden europäischen Gemeinschaften („Hohe Behörde" als Vorläufer der Europäischen Kommission – „Parlamentarische Versammlung" entspricht dem Europaparlament – „Ministerrat" – „Gerichtshof").

Europäische Wirtschaftsgemeinschaft (EWG) und Europäische Atomgemeinschaft (Euratom)

Bundeskanzler Adenauer und Staatssekretär Walter Hallstein bei der Unterzeichnung der Römischen Verträge am 25. März 1957 in Rom

Aufgaben
1. Warum kann der Schumanplan als erster Grundstein für eine vertiefte Gemeinschaft unter Völkern gesehen werden?
2. Welches Hauptziel hatte Schuman mit dieser Erklärung vor Augen?

Stationen auf dem Weg zur Europäischen Union (EU)

Auszug aus der Rede Hallsteins vor dem Deutschen Bundestag zu den Römischen Verträgen am 21. März 1957:

M2 Der Kern des Vertrages ist die Errichtung der Europäischen Wirtschaftsgemeinschaft als einer mit eigenständigen Befugnissen ausgestatteten Gemeinschaft von Staaten. (…) Die tragenden Elemente dieser Gemeinschaft sind ein gemeinsamer Markt und gemeinsame Organe. Hauptstück des Gemeinsamen Marktes ist die Zollunion, die schrittweise in drei Etappen von jeweils vier Jahren alle unter den sechs Mitgliedern vorhandenen Binnenzölle abbaut (…). Außerdem wird ein gemeinsamer Außentarif geschaffen, (…) Notwendig zum Funktionieren des Gemeinsamen Marktes ist ferner der freie Personen-, Dienstleistungs- und Kapitalverkehr, (…)

Verhandlungen des Deutschen Bundestages. Stenografische Berichte (1957), Bd. 35

Die Römischen Verträge zur Gründung der Europäischen Wirtschaftsgemeinschaft (EWG) und der Europäischen Atomgemeinschaft (Euratom = friedliche Nutzung der Kernenergie) traten am 1. Januar 1958 in Kraft. Wesentliches Ziel des EWG-Vertrages war die Verwirklichung von vier Freiheiten, die einen gemeinsamen Markt kennzeichnen: Beseitigung von Grenzen für Personen, Waren, Dienstleistungen und Kapital.

M3

Freiheit für Menschen	Freiheit für den Warenverkehr
• Verzicht auf Personenkontrollen an den gemeinsamen Grenzen • freie Arbeitsplatzwahl und Niederlassungsfreiheit in der Europäischen Union für alle EU-Bürger • freie Wahl des Wohnorts für jeden EU-Bürger (Freizügigkeit)	• Wegfall von Grenzkontrollen • Harmonisierung von Normen • Harmonisierung von Steuern
Freiheit für Dienstleistungen	**Freiheit für das Kapital**
• Liberalisierung der Transportmärkte • Liberalisierung der Kommunikationsmärkte • Öffnung der Grenzen für Banken und Versicherungen	• mehr Freiheiten beim grenzüberschreitenden Geld- und Kapitalverkehr • Liberalisierung des Wertpapierhandels

Harmonisierung = Abstimmung

Liberalisierung = Aufhebung staatlicher Beschränkungen

Der ursprünglich wirtschaftlich ausgerichteten EWG wurden im Lauf der Jahre zahlreiche weitere Aufgaben (z. B. Sozial- und Umweltpolitik) übertragen. Sie stellte damit keine rein wirtschaftliche Gemeinschaft mehr dar und wurde deshalb 1967 in „Europäische Gemeinschaften" (EG) umbenannt.

Schon 1968 wurde die Zollunion innerhalb der Gründungsmitglieder der Europäischen Wirtschaftsgemeinschaft verwirklicht. Die Länder der Sechser-Gemeinschaft verlangten seitdem an ihren gemeinsamen Grenzen keinen Zoll mehr. Für den Handel mit dritten Ländern wurde ein gemeinsamer Außenzoll eingeführt. Viele Unternehmer in den Mitgliedsstaaten nutzten die Vorteile dieses größeren Marktes und exportierten kräftig in die Länder der Gemeinschaft.

Zollunion

Aufgaben

3. Welche tragenden Elemente der EWG nennt Staatssekretär Hallstein in seiner Rede zu den Römischen Verträgen?
4. Was bedeutet der Begriff Zollunion im Rahmen der EWG?
5. Erläutern Sie anhand konkreter Beispiele die vier Freiheiten des gemeinsamen Marktes.
6. Diskutieren Sie das Für und Wider der friedlichen Nutzung der Atomenergie aus heutiger Sicht.

3.3 Globalisierung

2.2 Die Europäische Union (EU)

Die erste größere Reform der Römischen Verträge wurde mit Inkrafttreten der **Einheitlichen Europäischen Akte** im Jahr 1987 auf den Weg gebracht. Wesentliche Inhalte dieser Übereinkunft sind eine koordinierte Außenpolitik der Mitgliedsstaaten, die Erweiterung der Rechte des Europaparlaments, die teilweise Einführung des Prinzips der Mehrheitsentscheidungen im „Ministerrat" sowie die Vollendung des Europäischen Binnenmarktes bis zum 1. Januar 1993.

Am 7. Februar 1992 wird der **Vertrag von Maastricht** unterzeichnet. Er tritt am 1. November 1993 in Kraft und stellt eine umfassende Reform der EG-Verträge dar. Die Europäischen Gemeinschaften (EG) erhalten zu diesem Zeitpunkt auch einen neuen Namen: Europäische Union (EU).

M1 »... und das hier ist die Gebrauchsanweisung.«

M2

DIE EUROPÄISCHE UNION

| Gemeinschafts-aufgaben (die meisten gemeinsamen Politikfelder) | Gemeinsame Außen- und Sicherheitspolitik | Polizeiliche und justizielle Zusammenarbeit in Strafsachen |

DIE VERTRÄGE

Petition = Bittschrift, Eingabe, Gesuch

Kohäsion = wirtschaftliche Unterstützung von Maßnahmen, die den Zusammenhalt der EU-Staaten fördern

M3 Wesentliche Inhalte des Vertrags von Maastricht sind:
- Schaffung einer Unionsbürgerschaft,
  - aktives und passives Wahlrecht bei Kommunalwahlen und bei den Wahlen zum Europaparlament im Land des Wohnsitzes,
  - allgemeines Reise- und Aufenthaltsrecht in allen Mitgliedsstaaten,
  - Petitionsrecht* beim Europaparlament,
  - Recht, sich an den Europäischen Bürgerbeauftragten zu wenden,
- Verankerung des Subsidiaritätsprinzips*,
- Verwirklichung einer Wirtschafts- und Währungsunion mit Einführung einer gemeinsamen Währung,
- Einrichtung eines Kohäsionsfonds*,
- engere Zusammenarbeit in der Außen- und Sicherheitspolitik (GASP),
- engere Zusammenarbeit in der Innen- und Justizpolitik (Asyl- und Einwanderungspolitik, Bekämpfung des internationalen Drogenhandels sowie der internationalen Kriminalität und des Terrorismus).

Stationen auf dem Weg zur Europäischen Union (EU)

Mit dem **Vertrag von Amsterdam** wird 1997 eine weitere Vertragsrevision unternommen:
- Vertiefung der Innen- und Justizpolitik (Europol und Eurojust),
- Stärkung der Gemeinsamen Außen- und Sicherheitspolitik (GASP),
- Stärkung des Europaparlaments als Gesetzgeber (Kodezision*),
- Einführung einer Flexibilitätsklausel, die erlaubt, dass die Mitgliedsstaaten in bestimmten Fällen das Tempo und die Ziele einer engeren Zusammenarbeit selbst bestimmen,
- Schaffung einer Grundlage für eine gemeinsame Asyl- und Einwanderungspolitik,
- Aufnahme von Beitrittsverhandlungen mit Polen, Ungarn, Tschechien, Slowenien, Estland und Zypern.

Gesellschaft im Wandel 3.3

M4

Karikatur: Tomicek

Im **Vertrag von Nizza** (Dezember 2000) beschließen die Staats- und Regierungschefs der EU-Mitgliedsländer im Hinblick auf die Osterweiterung u. a.
- eine Überarbeitung der europäischen Verträge,
- eine Ausweitung der Mehrheitsentscheidungen im Ministerrat,
- die Zusammensetzung der Organe nach der Erweiterung:
  - stärkere Ausrichtung der Sitzverteilung im Europaparlament an der Bevölkerungszahl,
  - maximal ein Kommissionsmitglied je Staat,
  - Stimmengewichtung im Ministerrat.

Außerdem wird in Nizza die **Charta der Grundrechte** der Europäischen Union proklamiert.

proklamieren = verkünden, kundgeben

Aufgaben

1. Auf welche Probleme des Vertrags von Maastricht weist der Karikaturist Mester hin (M1)?
2. Nennen Sie die „drei Säulen", die das Fundament der Europäischen Union nach dem Vertrag von Maastricht bilden (M2).
3. Welche neuen Regelungen enthält der Vertrag von Maastricht (M3)? Diskutieren Sie, inwieweit diese Neuerungen das alltägliche Leben der Unionsbürger betreffen.
4. Wie beurteilt der Karikaturist Tomicek den Vertrag von Amsterdam (M4)?
5. Klären Sie mithilfe des Glossars die Begriffe Subsidiarität, Kohäsionsfond und Kodezision.
6. Besorgen Sie sich von einem Informationsbüro der EU eine Charta der Grundrechte der EU und vergleichen Sie einzelne Beispiele mit dem Grundgesetz der Bundesrepublik Deutschland.

2.3 Bisherige Erweiterungen, Beitrittsbedingungen und Beitrittskandidaten

Bisherige Erweiterungen

Die Erweiterung der ursprünglich sechs Mitgliedsländer der Europäischen Wirtschaftsgemeinschaft auf die 27 Mitglieder umfassende Europäische Union erfolgte in den letzten 50 Jahren in mehreren Schritten. Die Wiedervereinigung der Bundesrepublik Deutschland am 3. Oktober 1990 zählt nicht zu den Erweiterungen, da Deutschland schon vor der Wiedervereinigung EU-Mitglied war.

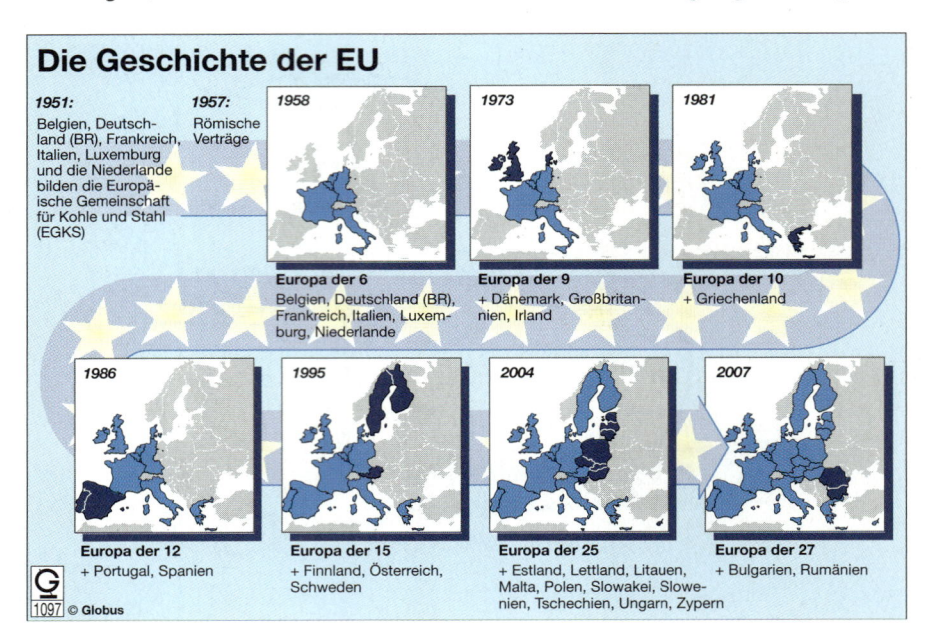

Die Geschichte der EU

1951: Belgien, Deutschland (BR), Frankreich, Italien, Luxemburg und die Niederlande bilden die Europäische Gemeinschaft für Kohle und Stahl (EGKS)

1957: Römische Verträge

1958 – Europa der 6: Belgien, Deutschland (BR), Frankreich, Italien, Luxemburg, Niederlande

1973 – Europa der 9: + Dänemark, Großbritannien, Irland

1981 – Europa der 10: + Griechenland

1986 – Europa der 12: + Portugal, Spanien

1995 – Europa der 15: + Finnland, Österreich, Schweden

2004 – Europa der 25: + Estland, Lettland, Litauen, Malta, Polen, Slowakei, Slowenien, Tschechien, Ungarn, Zypern

2007 – Europa der 27: + Bulgarien, Rumänien

© Globus 1097

Beitrittsbedingungen

„Kopenhagener Kriterien"

Der Europäische Rat hat 1993 in den „Kopenhagener Kriterien" festgelegt, welche Voraussetzungen in den Ländern erfüllt sein müssen, wenn sie in die EU beitreten wollen:
Als **politisches Kriterium** verlangt die EU eine stabile Demokratie und eine rechtsstaatliche Ordnung, die Wahrung der Menschenrechte sowie den Schutz von Minderheiten. Eine funktionsfähige Marktwirtschaft mit Unternehmen, die dem Wettbewerbsdruck und den Marktkräften innerhalb der EU standhalten, wird als **wirtschaftliches Kriterium** gefordert. Außerdem muss ein neues Mitglied bestehendes EU-Recht übernehmen, die Pflichten einer EU-Mitgliedschaft erfüllen und mit den Zielen der EU einverstanden sein.

Beitrittskandidaten

Mit der Erweiterung der EU sind auch die Probleme der Gemeinschaft vielfältiger geworden. Insbesondere die wirtschaftlichen Unterschiede zwischen den alten EU-Ländern und den neuen im Osten stellt die Gemeinschaft vor große Herausforderungen. Andererseits gibt es in den neuen EU-

---

Aufgaben

1. Beim Erweiterungsprozess der EG bzw. EU lassen sich hinsichtlich der Wirtschaftskraft zwei Gruppen von Staaten unterscheiden. Welche Staaten zählen zu den wohlhabenderen und welche zu den eher schwach entwickelten?
2. Referieren Sie die Beitrittsbedingungen für neue EU-Mitgliedsländer.
3. Suchen Sie in Gruppenarbeit Beispiele für Minderheiten in der Bundesrepublik Deutschland.
4. Arbeiten Sie in Partnerarbeit mithilfe eines Lehrbuches (Volkswirtschaft) Kriterien für eine funktionsfähige Marktwirtschaft heraus.

Stationen auf dem Weg zur Europäischen Union (EU)

Mitgliedsländern große Absatzmärkte. Auch außen- und sicherheitspolitische Überlegungen spielen bei den Beitrittsverhandlungen oft eine wichtige Rolle. Der Wunsch nach Frieden und Stabilität in einer relativ instabilen Region Europas hat die Verhandlungen bei der Osterweiterung sicherlich entscheidend beeinflusst.

Bei künftigen Erweiterungen muss auch auf die Aufnahmefähigkeit der EU geachtet werden. Die Entscheidungsfindung innerhalb der Gemeinschaft wird durch die Heterogenität der Staaten und der Wertvorstellungen erschwert oder gar unmöglich gemacht. Innere Reformen (z. B. neue Abstimmungsregeln) müssen die Handlungsfähigkeit der EU für die Zukunft sicherstellen. Mit der Türkei und mit Kroatien hat die EU am 3. Oktober 2005 Beitrittsverhandlungen aufgenommen. Auch die ehemalige jugoslawische Republik Mazedonien ist im Kreis der offiziellen Beitrittskandidaten. Albanien, Bosnien und Herzegowina, Montenegro, Serbien sowie die Ukraine und Georgien sind weitere potenzielle Beitrittsländer.

Heterogenität = Ungleichartigkeit

Aufgaben
5. Suchen Sie in Gruppenarbeit Beispiele, an denen deutlich wird, ob in einem beitrittswilligen Land Demokratie und Rechtsstaatlichkeit herrschen.
6. Welches Problem will der Karikaturist mit nebenstehender Karikatur verdeutlichen?

Korruption regiert in Bulgarien mit

Europa Das Balkanland ist EU-Neumitglied und tut sich noch schwer

Sofia Seit Anfang des Jahres ist der Balkanstaat Bulgarien Mitglied in der Europäischen Gemeinschaft. Die Ausfallstraßen der Landeshauptstadt Sofia sind mit Europaflaggen geschmückt. Geschäftsleute rechnen mit Leichtigkeit die Landeswährung Lewa in Euro um. Selbst bei Dorffesten wird die Europahymne gespielt. Die Beitrittskriterien waren nahezu mühelos erfüllt worden.

Doch jetzt macht sich Unruhe breit im politischen Sofia. In Kürze wird der EU-Bericht erwartet. Den Regierenden schwant nichts Gutes. Gerade eben hat wieder die Offenlegung eines riesigen Korruptionsskandals die Öffentlichkeit erschüttert … Rund zehn Millionen Euro waren für politische Ämter und Geschäfte geflossen. Jetzt drohen die alten EU-Länder die Geduld mit ihrem neuen Partner zu verlieren und wollen Bulgarien mit Sanktionen belegen. Der Korruption soll endlich ein Ende bereitet werden, fordern sie. Das Land fährt dadurch Verluste in Milliardenhöhe ein …

Ein weiterer Kritikpunkt der Europäer ist die bulgarische Justiz. Und jetzt musste ausgerechnet der Justizminister, der die Reform durchführen sollte, zurücktreten. Auch er sah sich Korruptionsvorwürfen ausgesetzt …

Man habe doch schon so viel geschafft, meint der stellvertretende Innenminister: So seien in den letzten sechs Monaten vier Mordversuche verhindert, 3,5 Tonnen Rauschgift beschlagnahmt worden, 113 Personen wurden wegen organisierter Kriminalität vor Gericht gestellt und 116 Verfahren seien wegen Korruption eingeleitet worden … Bulgarien will in der EU mit seiner geopolitischen Lage und seinen traditionellen Verbindungen zu anderen Balkanstaaten sowie der Türkei punkten.

Korruption = Bestechung

Sanktion = Zwangsmaßnahme

ethnisch = zugehörig zu einem bestimmten Volksstamm

Ernst, Ursula: Korruption regiert in Bulgarien mit, in: Augsburger Allgemeine, 19.06.2007, (gekürzt und leicht verändert)

Aufgaben
7. An welchen Beispielen aus obigem Text kann man erkennen, dass sich Bulgarien mit der EU identifiziert?
8. Zählen Sie die Probleme auf, mit denen die Bulgaren laut Zeitungsbericht zu kämpfen haben.
9. Nennen Sie die Beitrittskriterien, die allem Anschein nach Schwierigkeiten bereiten.
10. Welcher Vorteil Bulgariens für die EU wird im Text herausgestellt?

3 Organe der Europäischen Union

Organe der Gemeinschaft

Der Rat der Europäischen Union (bekannt als „Ministerrat"), die Europäische Kommission, das Europäische Parlament, der Europäische Gerichtshof und der Europäische Rechnungshof zählen zu den wichtigen Organen der Gemeinschaft. Der Wirtschafts- und Sozialausschuss, der Ausschuss der Regionen, die Europäische Zentralbank, die Europäische Investitionsbank und der Europäische Bürgerbeauftragte ergänzen dieses vielfältige System.

3.1 So funktioniert die EU – Organe der EU im Überblick

M1 So funktioniert die EU

Europäischer Rat – 27 Regierungschefs – fällt Grundsatzentscheidungen

Europäischer Gerichtshof – wacht über Verträge

Europäischer Rechnungshof – kontrolliert Ausgaben

EU-Kommission – „Regierung" (Exekutive) der EU – 27 Kommissare (je 1 pro Land)

EU-Ministerrat – „Oberhaus" der Legislative (Gesetzgebung) – 345 Stimmen insgesamt

davon je 29 Deutschland, Frankreich, Großbritannien, Italien
je 27 Polen, Spanien
14 Rumänien
13 Niederlande
je 12 Belgien, Griechenland, Portugal, Tschechien, Ungarn
je 10 Bulgarien, Österreich, Schweden
je 7 Dänemark, Finnland, Irland, Litauen, Slowakei
je 4 Estland, Lettland, Luxemburg, Slowenien, Zypern
3 Malta

Europäisches Parlament – „Unterhaus" der Legislative (Gesetzgebung) – 785 Abgeordnete insgesamt

davon 99 aus Deutschland
je 78 aus Frankreich, Großbritannien, Italien
je 54 aus Polen, Spanien
35 aus Rumänien
27 aus Niederlande
je 24 aus Belgien, Griechenland, Portugal, Tschechien, Ungarn
19 aus Schweden
je 18 aus Bulgarien, Österreich
je 14 aus Dänemark, Finnland, Slowakei
je 13 aus Irland, Litauen
9 aus Lettland
7 aus Slowenien
je 6 aus Estland, Luxemburg, Zypern
5 aus Malta

Vorschläge – **Entscheidungen**

In einigen Kernbereichen wie Außen- und Sicherheitspolitik, Steuer-, Asyl- und Einwanderungspolitik sind *einstimmige Beschlüsse* nötig.

Bei den meisten Fragen reicht eine *qualifizierte Mehrheit*.

Qualifizierte Mehrheit ist erreicht ...
... wenn die Mehrheit der Mitgliedstaaten zustimmt (in einigen Fällen eine Zweidrittelmehrheit).
... und wenn mindestens 232 Stimmen abgegeben werden (72,3 % der Gesamtzahl).

Außerdem kann jedes Land fordern, dass überprüft wird, ob durch die Ja-Stimmen mindestens 62 % der EU-Gesamtbevölkerung vertreten werden.
Ist dies nicht der Fall, gilt der Beschluss als abgelehnt.

Kontrolle • **Anfragen** • **Misstrauensvotum**

Anhörung • **Haushaltsbeschlüsse** • **Mitentscheidung**

Wirtschafts- u. Sozialausschuss – beratende Aufgaben

Ausschuss der Regionen – beratende Aufgaben

© Globus 1119

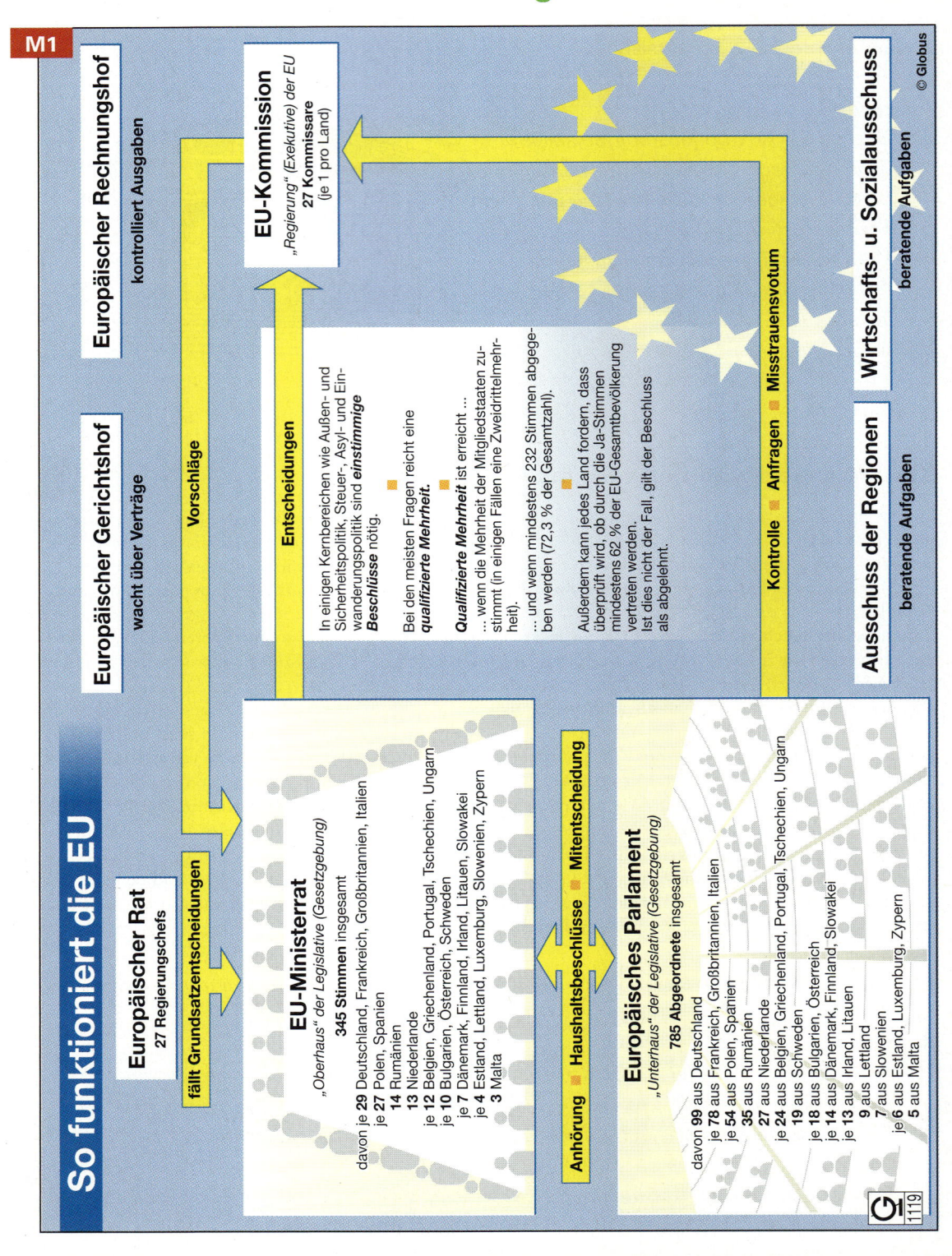

Organe der Europäischen Union

Das Europäische Parlament, der Rat der Europäischen Union („Ministerrat") und die Europäische Kommission erstellen auf der Grundlage der Verträge, die von den Regierungschefs der Mitgliedstaaten abgeschlossen und von deren Parlamenten ratifiziert worden sind, die Gesetzesnormen in der Gemeinschaft. Das Vorschlagsrecht für neue EU-Rechtsvorschriften liegt bei der EU-Kommission, die Entscheidungen fallen im Rat der Europäischen Union („Ministerrat") und im Europaparlament. Entscheidungen der EU erzeugen Rechtsverbindlichkeit in der Gemeinschaft.

ratifizieren = völkerrechtliche Verträge anerkennen

M2 Folgende Rechtsvorschriften lassen sich in der EU unterscheiden:

- **Verordnungen** gelten sofort nach der Verabschiedung und Veröffentlichung im Amtsblatt der EU im gesamten Bereich der Gemeinschaft unmittelbar, sind in allen Teilen verbindlich und stehen über dem Recht der Mitgliedstaaten („Europarecht bricht nationales Recht"). Beispielsweise werden durch die Verordnung über grenzüberschreitende Zahlungen in Euro (z. B. bei Geldabhebungen am Geldautomaten) Preisunterschiede zwischen nationalen und internationalen Zahlungen beseitigt.
- **Richtlinien** stellen eine Art Rahmengesetzgebung dar, wobei die Zielsetzung verbindlich ist. Die vom Europaparlament und Rat der Europäischen Union („Ministerrat") verabschiedeten Richtlinien müssen innerhalb einer bestimmten Frist von den Mitgliedsländern in nationales Recht umgesetzt werden. Lässt ein Mitgliedstaat die vorgegebene Frist verstreichen, kann die Kommission dieses Land vor dem Europäischen Gerichtshof verklagen. Die Deregulierung des Telekommunikationsmarktes oder die Gesetze für mehr Energieeffizienz in Europa sind Beispiele für diese Rahmengesetzgebung.
- **Entscheidungen** (z. B. die EU-Entscheidung zum Emissionshandel*) sind in allen Teilen verbindlich und gelten für die jeweiligen Empfänger (z. B. Unternehmen oder Staaten).

Deregulierung = Abbau von staatlichen Regelungen

Das Anhörungsverfahren, das Zustimmungsverfahren und das Mitentscheidungsverfahren sind die wichtigsten Verfahren für die Annahme neuer EU-Gesetzesnormen.

- Die Kommission übermittelt ihren Vorschlag im Rahmen des **Anhörungsverfahrens** an das Europaparlament und an den Rat der Europäischen Union („Ministerrat"). Änderungswünsche des Parlaments führen oft dazu, dass dem Rat ein geänderter Vorschlag vorgelegt wird, den dieser verabschieden oder auch – allerdings nur einstimmig – ändern kann. Das Anhörungsverfahren gilt z. B. in folgenden Bereichen: Änderung der Verträge, Unionsbürgerschaft, Wirtschaftspolitik, Zusammenarbeit der Polizei und Justiz in Strafsachen, Verkehr, Diskriminierungen oder Landwirtschaft.
- Der Rat der Europäischen Union („Ministerrat") muss bei besonders wichtigen Beschlüssen mithilfe des **Zustimmungsverfahrens** die Zustimmung des Europaparlaments (absolute Mehrheit der abgegebenen Stimmen) einholen. Das Parlament kann dabei den Vorschlag nur annehmen oder ablehnen, nicht aber abändern. Dieses Verfahren gilt z. B. beim Beitritt neuer Mitgliedstaaten, bei Fragen der Struktur- und Kohäsionsfonds* oder bei Fragen, die mit der Europäischen Zentralbank zusammenhängen.
- Das Europaparlament und der Rat der Europäischen Union („Ministerrat") teilen sich beim **Mitentscheidungsverfahren** die gesetzgebende Gewalt. Bis zur endgültigen Verabschiedung eines Vorschlags der EU-Kommission sind oft vielfältige und aufwändige Abstimmungsprozesse notwendig. Dieses Verfahren findet z. B. Anwendung in folgenden Bereichen: Binnenmarkt, Umwelt, Forschung, transeuropäische Netze, Verbraucherschutz, Berufsbildung, Freizügigkeit der Arbeitnehmer oder Kultur.

Diskriminierung = Ungleichbehandlung

Aufgaben

1. Die Staatsgewalt wird üblicherweise eingeteilt in Legislative, Exekutive und Judikative. Ordnen Sie folgende EU-Organe diesen Staatsgewalten zu: Rat der Europäischen Union, Europaparlament, EU-Kommission, Europäischer Gerichtshof.
2. Was versteht man unter einer „qualifizierten Mehrheit" (M1)?
3. Informieren Sie sich im Glossar, was der Begriff „Misstrauensvotum" bedeutet.
4. Nennen Sie die für die Schaffung von neuen EU-Gesetzen maßgebenden drei EU-Organe (M1).
5. Zeigen Sie den Unterschied zwischen Verordnungen und Richtlinien der EU auf (M2).
6. Kritiker halten das Gesetzgebungsverfahren in der EU für wenig demokratisch. Warum?

Freiheitlich-demokratische Grundordnung 3.7

3.2 Das Europäische Parlament und der Rat der Europäischen Union

Das Europäische Parlament

Der Sitz des Europäischen Parlaments ist in Straßburg. Dort kommen aus derzeit 27 EU-Ländern alle 785 Abgeordneten (ab 2009: 750), die in allgemeinen und freien Wahlen alle fünf Jahre gewählt werden, zu ihren monatlichen Plenarsitzungen zusammen, die öffentlich zugänglich sind. Die Europaparlamentarier sind im Parlament nach europaweiten politischen Fraktionen* organisiert und vertreten gegenwärtig rund 490 Millionen Bürgerinnen und Bürger der Gemeinschaft.

Neben dem Anhörungsrecht und dem Zustimmungsrecht bei wesentlichen politischen Entscheidungen, wie z. B. bei Aufnahmenanträgen in die EU, zählen das Haushaltsrecht, das Kontrollrecht und das Gesetzgebungsrecht zu den wichtigen Aufgaben des Europäischen Parlaments:

M1

- Bei der **gesetzgebenden Gewalt** sind das Europaparlament und der Rat der Europäischen Union („Ministerrat") zwei gleichberechtigte Partner. Das EU-Parlament als „Unterhaus" der Legislative und der EU-Ministerrat als „Oberhaus" der Legislative erlassen gemeinsam EU-Gesetze. Dabei findet meist das sogenannte Mitentscheidungsverfahren Anwendung.
- Das demokratische **Kontrollrecht** des Europaparlaments erstreckt sich auf alle Organe der Gemeinschaft, insbesondere gegenüber der Kommission als Exekutive der EU. So gelangen die von den Mitgliedstaaten vorgeschlagenen Kommissionsmitglieder nur durch die Zustimmung des EU-Parlaments in ihr Amt und können auch durch ein Misstrauensvotum* des EU-Parlaments zum Rücktritt gezwungen werden.
- Das **Haushaltsrecht** teilen sich das Europaparlament und der Rat der Europäischen Union („Ministerrat") im sogenannten Haushaltsverfahren, wobei das Parlament die Möglichkeit hat, den Gesamthaushalt abzulehnen. Zudem verfügt das EU-Parlament über einen Haushaltskontrollausschuss, der die Verwendung der Haushaltsmittel durch die EU-Kommission überwacht.

Der Rat der Europäischen Union („Ministerrat")

Der Europäische Rat, in dem die 27 Staats- und Regierungschefs der Gemeinschaft sowie der EU-Kommissionspräsident vertreten sind, legt in den sogenannten EU-Gipfeln die großen Linien der Europapolitik fest, wird allerdings nicht gesetzgeberisch tätig. Diese Aufgabe ist Sache des Rates der Europäischen Union („Ministerrat"), der das wichtigste Entscheidungsorgan der Gemeinschaft darstellt und der – themenabhängig – in neun verschiedenen Formationen tagt.

Alle im jeweiligen „Ministerrat" vertretenen Minister repräsentieren ihre Regierungen und sind befugt, ausgehandelte Beschlüsse verbindlich zu unterschreiben. Bei den dazu notwendigen Abstimmungen haben die Länder unterschiedlich viele Stimmen: Je größer die Bevölkerung eines Staates ist, desto mehr Stimmen hat er.

Aufgaben:
1. *Besorgen Sie sich in einem Informationsbüro der EU eine Broschüre der EU und informieren Sie sich, welche Fraktionen im aktuellen Europaparlament vertreten sind.*
2. *Beschreiben Sie mit eigenen Worten, wie EU-Gesetze zustande kommen.*
3. *Worin liegt der Unterschied zwischen dem „Europäischen Rat" und dem „Rat der Europäischen Union"?*
4. *Arbeiten Sie aus der oben genannten EU-Broschüre die neun verschiedenen Formationen des „Ministerrats" heraus und informieren Sie sich in der Tagespresse, welche Formation des „Ministerrats" zu welchem Thema gerade tagt bzw. in der letzten Zeit getagt hat.*

Organe der Europäischen Union

M2 Handy-Tarife
EU-Parlament deckelt Roaming*-Gebühren

Die geplante Senkung von Handygebühren im Ausland ist unter Dach und Fach: Das Europaparlament in Straßburg stimmte am Mittwoch für die entsprechende Verordnung, die erstmals EU-weit gültige Obergrenzen für Handy-Telefonate im Ausland festlegt. Handy-Kunden sollen für abgehende Gespräche im EU-Ausland in der Regel nur noch maximal 49 Cent pro Minute zahlen, für angenommene Gespräche maximal 24 Cent. Hinzu kommt allerdings noch die jeweilige Mehrwertsteuer. Nach Angaben der zuständigen EU-Kommissarin Viviane Reding sinken die so genannten Roaming-Gebühren damit je nach Land um bis zu 70 Prozent.

Nach Angaben des Staatssekretärs im Bundeswirtschaftsministerium, Joachim Wuermeling, soll die Verordnung Ende Juni im Europäischen Amtsblatt veröffentlicht werden und damit in Kraft treten. Anschließend müssten die Betreiber ihren Kunden binnen eines Monats ihren „Eurotarif" anbieten. Nach Zustimmung des Abonnenten haben die Anbieter abermals einen Monat Zeit, bis sie den neuen Tarif auch anwenden. Wenn der Kunde nicht reagiert, gilt der „Eurotarif" spätestens drei Monate nach Inkrafttreten der Verordnung automatisch. Es sei aber gut möglich, dass Betreiber die Preissenkungen rasch umsetzten, also noch im Laufe des Sommers, betonte die Vorsitzende des Industrieausschusses, Angelika Niebeler (CSU): „Die wollen schließlich nicht, dass die Kunden zu anderen Anbietern überlaufen."

www.faz.net/s/RubE2C6E0BCC2F04DD787CDC274993E94C1/Doc~EAFOBC584FB3646E2AEDC4D5B55D728B8~ATPL~ECOMMON-SCONTENT.HTML: EU-Parlament deckelt Roaming-Gebühren (23.05.2007)

M3 Roaming-Gebühren sinken im Sommer

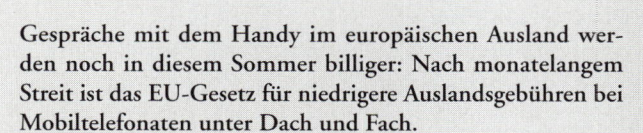

Gespräche mit dem Handy im europäischen Ausland werden noch in diesem Sommer billiger: Nach monatelangem Streit ist das EU-Gesetz für niedrigere Auslandsgebühren bei Mobiltelefonaten unter Dach und Fach.

HB LUXEMBURG. Zwei Wochen nach dem Europaparlament haben am Donnerstag auch die 27 Telekomminister der Verordnung grünes Licht gegeben. Damit werden die so genannten Roaming-Gebühren auf eine Obergrenze von zunächst 49 Cent je Minute für abgehende und 24 Cent für angenommene Gespräche sinken. „Heute ist ein sehr guter Tag", sagte Bundeswirtschaftsminister und EU-Ratspräsident Michael Glos (CSU) in Luxemburg. „Ich freue mich für alle europäischen Verbraucher." (Bernd Ziesemer)

www.handelsblatt.com/news/_pv/_p/204016/_t/ft/_b/1278414/default.aspx/index.html (7.06.2007)

Aufgaben

5. Informieren Sie sich im Glossar über den Begriff „Roaming".
6. Nennen Sie die Obergrenzen der Handy-Gebühren im Ausland, die das Europaparlament beschlossen hat.
7. In welcher fachlichen Zusammensetzung tagte der „Ministerrat" beim Beschluss über die Roaming-Gebühren?
8. Benennen Sie die Art von Rechtsvorschrift, die der „Ministerrat" und das Europaparlament im oben dargestellten Fallbeispiel erlassen haben.
9. Erläutern Sie, warum sich sowohl der „Ministerrat" als auch das Europaparlament mit dem Thema Roaming-Gebühren beschäftigen müssen.
10. Wo kann jeder EU-Bürger das neue EU-Gesetz nachlesen?
11. Schildern Sie Ihre Erfahrungen, die Sie bei einem Auslandsurlaub bei der Benutzung Ihres Handys gemacht haben.

3.3 Die Europäische Kommission, der Europäische Gerichtshof (EuGH) und weitere Einrichtungen der EU

Die Europäische Kommission

supranational = überstaatlich

Die Kommission ist ein supranationales, politisch unabhängiges Organ der EU, das die Interessen der Gemeinschaft als Ganzes vertritt und ihren Sitz in Brüssel hat. Bei 27 Mitgliedstaaten im Jahr 2007 beträgt die Anzahl der Kommissionsmitglieder ebenfalls 27 (ab 2014 nur noch 18). Die Neubesetzung der Kommission erfolgt alle fünf Jahre im Anschluss an die Wahlen zum Europaparlament. Das Exekutivorgan der EU befasst sich vor allem mit folgenden Aufgaben:

- Vorschlagsrecht für neue europäische Rechtsvorschriften, die dann vom Europaparlament und dem „Ministerrat" beschlossen werden können.
- Die Kommission und der EuGH achten gemeinsam auf die Einhaltung des europäischen Rechts. Falls ein Mitgliedstaat gegen EU-Recht verstößt, muss ihn die Kommission unter Umständen vor dem EuGH verklagen, z. B., wenn EU-Richtlinien nicht rechtzeitig in nationales Recht umgesetzt werden, wenn der Stabilitätspakt verletzt wird oder wenn Regierungen der Mitgliedsländer unerlaubte Subventionen an Unternehmen zahlen, was zur Verzerrung des Wettbewerbs führt. Auch Fusionsverbote von Unternehmen darf die Kommission aussprechen.

Subventionen = Unterstützungen aus Steuergeldern

- Die Verwaltung des EU-Haushalts liegt ebenso in der Entscheidungskompetenz der Kommission wie die Umsetzung von verschiedenen EU-Programmen. So wird z. B. durch das Programm „Erasmus" der europaweite Studentenaustausch gefördert.
- Schließlich erarbeitet die Kommission Vertragsentwürfe für Abkommen mit Drittländern (z. B. das Abkommen von Cotonou) oder internationalen Organisationen (z. B. Welthandelsorganisation).

Globalisierung 3.1

Der Europäische Gerichtshof (EuGH)

Europas höchste Judikative (letzte Instanz) ist der Europäische Gerichtshof in Luxemburg. Er ist befugt, in Rechtsstreitigkeiten zwischen den Organen der EU, den Mitgliedsländern, Unternehmen und Privatpersonen zu entscheiden, denn EU-Recht bricht das nationale Recht der Mitgliedsländer. Der EuGH sorgt dafür, dass europäisches Recht (z. B. Auslegung des EU-Vertrags) eingehalten, geschützt und – insbesondere vor dem Hintergrund neuer Mitglieder – auch weiterentwickelt wird. Europas oberstes Gericht ist im Wesentlichen mit folgenden Aufgaben befasst:

M1

- Wenn das Gericht eines Mitgliedslandes z. B. Zweifel über die Auslegung von EU-Vorschriften hat, kann es vom EuGH eine **Vorabentscheidung** verlangen, was dazu dient, dass das Europarecht von allen Gerichten in der ganzen Gemeinschaft einheitlich ausgelegt wird.
- Bei **Klagen wegen Vertragsverletzungen** prüft das Gericht, ob ein Mitgliedstaat seinen Verpflichtungen aus dem Gemeinschaftsrecht nachkommt oder nicht.
- **Nichtigkeitsklagen** können z. B. vom „Ministerrat", von der Kommission, von einem Mitgliedsland oder sogar von Privatpersonen und Unternehmen angestrebt werden. Ziel derartiger Klagen ist es, dass der EuGH bestimmte Rechtsakte der EU für null und nichtig erklärt, was unter Umständen auch zu **Schadensersatzklagen** vor dem EuGH führen kann, wenn EU-Organe in Ausübung ihrer Amtstätigkeit Fehlentscheidungen getroffen haben.

Organe der Europäischen Union

Weitere Einrichtungen der EU

- Der **Europäische Rechnungshof** kontrolliert, ob die Einnahmen und Ausgaben der EU recht- bzw. ordnungsmäßig sind und prüft, ob die Haushaltsführung wirtschaftlich ist.
- Der **Ausschuss der Regionen** versucht die Interessen der lokalen und regionalen Gebietskörperschaften bei der EU-Kommission zu vertreten und in Rechtsvorschriften der EU einzubringen.
- Die **Europäische Investitionsbank** erhält keine Mittel aus dem EU-Haushalt, sondern finanziert z. B. durch Anleihen auf den Kapitalmärkten verschiedene Investitionsprojekte in den EU-Mitgliedsländern.
- Der **Europäische Bürgerbeauftragte** schützt die Unionsbürger vor Missständen in der Verwaltung (z. B. Diskriminierung, Machtmissbrauch, ungerechte Behandlung).

M2 Schlappe vor europäischem Gericht

Brüssel muss Schaden ersetzen
Richter verurteilen EU-Kommission erstmals wegen falscher Fusionsentscheidung

Brüssel/München – Die Brüsseler Kommission hat am Mittwoch eine schwere Niederlage erlitten. Erstmals verurteilte ein europäisches Gericht die Behörde zu Schadensersatz, weil sie eine milliardenschwere Fusion in der Elektrobranche zu Unrecht verhinderte. Experten befürchten Nachteile für den Wettbewerb in Europa …
Das Urteil könnte weitreichende Folgen für den Wettbewerb in Europa haben. Die Kommission versucht die Dominanz einzelner Unternehmen zu verhindern, indem sie Übernahmen verbietet, die einen Konzern zum Nachteil von Konkurrenten und Kunden zu stark machen …

Gefahr für den Wettbewerb
Auffällig ist, dass die Kommission seit den gerichtlichen Niederlagen kaum noch größere Fusionen untersagt. Nach Ansicht von Fachleuten könnte die erstmalige Verurteilung zu Schadensersatz den Mut der zuständigen Beamten, sich mit großen Unternehmen anzulegen, weiter verringern – zum Nachteil des freien Wettbewerbs … Die EU-Richter betonten am Mittwoch den Handlungsspielraum und die Beurteilungsfreiheit, die die Kommission haben müsse. Die Organe der EU müssten aber für rechtswidriges Verhalten Schadensersatz zahlen, wenn sie offenkundig und erheblich die Grenzen des Ermessens überschritten hätten …

Hagelüken, Alexander/Kuhr, Daniela: Brüssel muss Schaden ersetzen, in: SZ, 12.07.2007 (stark gekürzt)

Aufgaben

1. Erläutern Sie die wesentlichen Aufgaben der Europäischen Kommission.
2. Wer ist befugt, den Europäischen Gerichtshof anzurufen?
3. Nennen Sie Rechtsstreitigkeiten, die der Europäische Gerichtshof entscheidet.
4. Erklären Sie Ihrem Nachbarn, was man unter einer Nichtigkeitsklage versteht.
5. Informieren Sie sich im Internet über folgende bekannte Urteile des EuGH und erläutern Sie diese Entscheidungen vor Ihrer Klasse: Cassis-de-Dijon, Bosman-Urteil und Flugrecht aus dem Jahr 2006.
6. Wer hat die EU-Kommission laut SZ-Artikel vom 12.07.2007 verklagt (M2)?
7. Erläutern Sie mit eigenen Worten, warum die Kommission die Fusion in der Elektrobranche verboten hat.
8. Warum hat der EuGH das Fusionsverbot aufgehoben?
9. Nennen Sie das Problem, das Experten durch die gerichtliche Niederlage der Kommission erwarten.
10. Verschaffen Sie sich mithilfe von Broschüren, die Sie sich von einem Informationsbüro der EU besorgen können, einen inhaltlichen Überblick über weitere Einrichtungen der EU und deren Bedeutung.

4 Strukturelemente der Europäischen Union (Politikfelder)

Die Hauptarbeitsfelder der EU werden symbolisiert durch drei Säulen: europäische Gemeinschaften (EG und Euratom), gemeinsame Außen- und Sicherheitspolitik (GASP) und Vereinbarungen zur polizeilichen und justiziellen Zusammenarbeit (PJZ).

Zum überstaatlichen Kernbereich der Europäischen Union zählen die europäischen Gemeinschaften; ihre Organe setzen für die Mitgliedstaaten unmittelbar geltendes Recht in zahlreichen Politikfeldern.

4.1 EU-Binnenmarkt und Schengener Abkommen

EU-Binnenmarkt

Mit dem EU-Binnenmarkt verknüpfen wir die Vorstellung eines Wirtschaftsraums mit offenen Grenzen für Waren, Dienstleistungen, Kapital und Menschen. Insbesondere die deutsche Exportwirtschaft profitiert von diesem Markt mit fast 500 Millionen Verbrauchern.

M1

… Wir brauchen einen voll funktionsfähigen europäischen Binnenmarkt. EU und Mitgliedstaaten stehen hier in der Pflicht. „Europa" ist inzwischen der Heimatmarkt für viele deutsche Unternehmen. Mit den Partnern in der EU wickeln wir über 63 % unserer Exporte und etwa 59 % unserer Importe ab. Je besser der Binnenmarkt funktioniert, umso besser für Wachstum und Beschäftigung in Deutschland. Deshalb: Märkte weiter liberalisieren! Ich denke an Postdienstleistungen, an die Märkte für Gas und Strom. Und denke auch an eine praktikable und unternehmensnahe Umsetzung der Dienstleistungsrichtlinie. Zu Recht werden unter deutschem Vorsitz die Stärken und Schwächen des Binnenmarkts im internationalen Standortwettbewerb analysiert. Das ist wichtig, um eine europäische „Nabelschau" zu vermeiden und die externe Wettbewerbsfähigkeit Europas zu stärken …

Thumann, Jürgen R.: „Europa machen", Auszug aus der Rede des Präsidenten des Bundesverbandes der Deutschen Industrie zum Europatag von BDA und BDI, Berlin, 9.5.2007

liberalisieren = staatliche Beschränkungen aufheben

Telekommunikation

Preis vor Liberalisierung (bis 1997)
Grundgebühr: ca. 12,60 €
+ Ortsgespräch (pro Minute): ca. 4 Ct.
+ Ferngespräch (pro Minute): ca. 32 Ct.

Preis nach Liberalisierung (z. B. 2008)
Grundgebühr: ca. 16,40 €
+ Minutenpreis für Orts- und Ferngespräch: ca. 1–2 Ct.

Alternativ:
Grundgebühr: ca. 16,40 €
+ Flatrate ca. 10,00 €/Monat

Aufgaben

1. Warum kann man den Binnenmarkt als Heimatmarkt für deutsche Unternehmen bezeichnen?
2. Nennen Sie die Vorteile, die Thumann von einem funktionierenden Binnenmarkt erwartet (M1).
3. Zählen Sie die Märkte auf, die nach den Vorstellungen von Thumann liberalisiert werden sollen (M1). Was würde diese Liberalisierung für die privaten Haushalte bedeuten?
4. Recherchieren Sie im Internet, welche Märkte in den letzten Jahren bereits liberalisiert wurden.
5. Stellen Sie mithilfe des Internets in einem Kurzreferat die europäische Dienstleistungsrichtlinie vor.
6. Arbeiten Sie mithilfe eines Fachbuchs in Volkswirtschaft heraus, welche Vor- und Nachteile der Standort Deutschland im Hinblick auf die Wettbewerbsfähigkeit außerhalb Europas hat.
7. Recherchieren Sie im Internet, welche vier Länder hauptsächlich auf den EU-Binnenmarkt ausgerichtet sind.
8. Arbeiten Sie mithilfe des Internets heraus, welche Waren Deutschland hauptsächlich ins EU-Ausland exportiert.

Strukturelemente der Europäischen Union (Politikfelder)

Schengener Abkommen

Im Schengener Abkommen – benannt nach der luxemburgischen Stadt, in der es 1985 unterzeichnet wurde – vereinbaren mehrere Staaten den freien Personenverkehr an ihren gemeinsamen Grenzen, d. h., im Schengen-Raum können Bürger, die in der EU ihren Wohnsitz haben, ohne Passkontrollen frei reisen.

M2

Durch das Schengener Übereinkommen wird an den Außengrenzen zu Drittländern nach einem einheitlichen Standard genau kontrolliert. Für Drittstaatsangehörige, denen bei der Einreise in den Schengen-Raum ein sogenanntes Schengen-Visum ausgestellt wird, besteht für eine bestimmte Zeit Reisefreiheit und Aufenthaltserlaubnis in allen Schengen-Staaten. In Ausnahmefällen, z. B. bei internationalen Großveranstaltungen, kann jedoch das Schengen-Übereinkommen vorübergehend außer Kraft gesetzt werden. Zur Bekämpfung von grenzüberschreitender Kriminalität und anderen Verbrechen wurde eine enge Zusammenarbeit zwischen den nationalen Polizei- und Justizbehörden vereinbart (z. B. mobile Kontrollgruppen des Zolls, Schleierfahndung) und das Schengen-Informationssystem (SIS) geschaffen, das im Schengen-Raum Personen- und Sachdaten umfasst.

Schengen-Visum = Reisefreiheit und Aufenthaltserlaubnis im Schengenraum

Gegenwärtig gehören folgende Länder zu den Schengen-Anwenderstaaten: Belgien, Dänemark, Deutschland, Frankreich, Finnland, Griechenland, Italien, Island, Luxemburg, Niederlande, Norwegen, Österreich, Portugal, Schweden und Spanien. Die Staaten, die der EU im Jahr 2004 beigetreten sind, nehmen – mit Ausnahme von Zypern – seit Dezember 2007 am Schengen-Abkommen teil.

M3

Ab 15. Juni 2007 müssen Reisende mitgeführte Barmittel in Höhe von 10 000 Euro oder mehr bei der Einreise in die Europäische Union (EU) oder Ausreise aus der EU anmelden. Die Reisenden trifft damit erstmals eine Anmeldepflicht, die eigenständig und ohne Aufforderung erfüllt werden muss. In der Bundesrepublik Deutschland ist die Anmeldung grundsätzlich bei der Zollstelle schriftlich abzugeben, über die in die EU ein- oder ausgereist wird ...
Ein Verstoß gegen die Anmeldepflicht durch Nicht- oder Falschanmeldung stellt eine Ordnungswidrigkeit nach § 31b Zollverwaltungsgesetz dar, die mit einer Geldbuße bis zu 1 Million Euro geahndet werden kann ...

SIStagesaktuell – Online Nachrichten Steuerrecht
Bundesministerium der Finanzen 14.06.2007, Pressemitteilung Nr. 66/2007 (stark gekürzt)

Aufgaben

9. Welche Befürchtungen will Mohr mit seiner Karikatur verdeutlichen (M2)?
10. Welches Ziel hat die Anmeldepflicht für Barmittel an den EU-Außengrenzen und deren Kontrolle durch die Zollbehörde (M3)?

4.2 Zollunion und AKP-Abkommen

Die Zollunion ist ein wichtiger Bestandteil des EU-Binnenmarktes und bedeutet
- die Abschaffung aller Zölle und sämtlicher Zollformalitäten an den gemeinsamen Grenzen der EU-Staaten und
- die Schaffung eines gemeinsamen Außenzolls für Güter, die aus Drittländern stammen.

Ein aktuelles und stark zunehmendes Problem ist die Marken- und Produktpiraterie*, insbesondere aus dem asiatischen Raum. Die gefälschten Artikel verursachen hohe finanzielle Verluste bei den rechtmäßigen Herstellern der Produkte, auch Arbeitsplätze können dadurch gefährdet werden.

Beim Einkauf im Internet sollte man auf das Gütezeichen für den elektronischen Einkauf in Europa achten (EURO-LABEL): das Europäische E-Commerce-Gütezeichen für sicheres Einkaufen.

M1 Ich kauf mir was

Zoll Wer im Urlaubsland günstig einkauft, kann bei der Einreise zu Hause schon mal teuer nachzahlen. Der Flug hat gedauert, die Passagiere sind auf dem Weg zur Abfertigung schon in Gedanken bei den Lieben, die auf sie warten, oder beim leeren Kühlschrank zu Hause, der gefüllt werden muss. Beim Gepäckband angekommen, dreht der Koffer schon seine Runden. Nun nichts wie raus aus dem Airport, den anderen hinterher durch die grün markierte Spur. Dort stehen Zöllner, mustern die Passagiere. Und sprechen manchen an, der vom Ausland einreist: „Kommen Sie bitte zur Zollkontrolle mit, und öffnen Sie Ihr Gepäck."

Diese Szenerie kennt jeder, der mit dem Flugzeug unterwegs ist. Doch macht sich nicht jeder Auslandsreisende klar, welche Konsequenzen das Betreten des grünen Ausgangs statt des roten nebenan hat. „Wer den grünen Ausgang nimmt, gibt automatisch eine steuerlich relevante Erklärung ab. Und zwar, dass er keine zollpflichtige Ware über die Reisefreimenge hinaus dabei hat", erklärt der Zollbeamte vom Hauptzollamt München. Wer Mitbringsel zu verzollen habe, müsse von sich aus durch den roten Ausgang. „Wer also Grün mit Zollware passiert und dort von unseren Beamten erwischt wird, hat Steuern hinterzogen", erklärt der Zöllner.

Herausreden im grünen „Kanal" wie das amtlich heißt, ist nicht. Insbesondere läuft die Ausrede ins Leere, man kenne die feinen Unterschiede nicht. Das hat der Bundesfinanzgerichtshof (BGH) in einem aktuellen Beschluss klargestellt. „Ein Reisender ... muss sich über die Bedeutung des roten und des grünen Ausgangs an den Flughäfen Kenntnis verschaffen", so die Richter (Aktenzeichen: VII B 21/06) ...

Entscheidend ist, ob man aus einem EU-Land anreist Die einen kaufen in der Schweiz Uhren, weil im Land der Hersteller günstiger als beim Juwelier zu Hause. Die anderen legen sich in den USA oder Asien Laptop, Software oder MP3-Player zu. Das alles und viel mehr kostet noch lange nicht generell Zoll. Entscheidend ist, ob man aus einem EU-Land oder einem Drittland anreist. Denn in der EU herrscht freier Warenverkehr. Nur zollfreie Genussware ist limitiert (vgl. Schaubild). „Was gilt, ist an vielen Flughäfen meist noch an den roten und grünen Ausgängen deutlich sichtbar angezeigt", betont der Zollbeamte.

Aus Drittländern darf Ware ebenfalls für den täglichen Bedarf oder als Geschenk zollfrei importiert werden, jedoch nur bis zu 175 Euro Warenwert pro Person – alles Mitgebrachte zusammen. Übersteigt der Wert der Ware in toto diese Freigrenze, fällt Zoll an. Paaren steht das Doppelte zu. „Bringt ein Paar aber eine antike Vase von 320 Euro aus der Schweiz mit, fällt Zoll auf den ganzen Betrag an plus 19 Prozent Einfuhrumsatzsteuer. „Denn eine Vase lässt sich nicht in zwei Teile zerlegen", erklärt der Zollbeamte. Besser stellt sich, wer Ring und Kette je 170 Euro erwarb, dann handle es sich um zwei separate und damit für das Paar zollfreie Stücke. Das alles gilt übrigens auch bei der Einreise mit Auto, Schiff oder Bahn ...

Wird der Zoll im grünen Kanal mit Ware über der Freimenge fündig, kostet das Abgaben und außerdem Strafe ... Das bekam auch Fußballer Ballack deutlich zu spüren. Er fand in Dubai eine tolle Tasche für seine Liebste von Louis Vuitton, ging beim deutschen Zoll einfach durch Grün, wurde ertappt und musste nebst Zoll fürs Edeltäschchen 60 000 Euro Strafe bezahlen ...

limitiert = begrenzt

relevant = wichtig

in toto = insgesamt

Wirtz, Ulrike: Ich kauf mir was!, in: Augsburger Allgemeine, 17.07.2007 (gekürzt und leicht verändert)

Aufgaben

1. Wie viel Wein und Tabakwaren darf ein Deutscher aus seinem Urlaub in Spanien bzw. in Australien nach Hause mitnehmen, ohne dass er Zoll bezahlen muss?
2. Beurteilen Sie die zollrechtliche Behandlung, wenn ein deutsches Ehepaar eine Goldkette im Wert von 1 000 EUR im Gepäck hat, wenn es in
   a) Italien in Urlaub war?
   b) Australien in Urlaub war?
3. Informieren Sie sich bei einer Zollbehörde, was bei der Einfuhr eines CD-Players aus den USA an Zoll zu bezahlen ist.

Strukturelemente der Europäischen Union (Politikfelder)

M2

Reisemitbringsel: So viel ist zollfrei

Aus **EU-Ländern** dürfen Waren für private Zwecke ohne mengen- und wertmäßige Beschränkungen eingeführt werden. Ausgenommen sind z.B. Pflanzen, Tiere, neu erworbene Fahrzeuge und Waffen.

Für Drittländer, Zoll-Sondergebiete und Helgoland gelten folgende Freimengen:

Tabakwaren
(Mindestalter des Reisenden 17 Jahre) z.B. 200 Zigaretten **oder** 50 Zigarren

Alkohol
(Mindestalter des Reisenden 17 Jahre)
z.B. 1 Liter Spirituosen (mit einem Alkoholgehalt von mehr als 22 Vol.-%) **oder** 2 Liter Schaum- oder Likörwein

Kaffee
(Mindestalter des Reisenden 15 Jahre)
500 g Röstkaffee **oder** 200 g löslicher Kaffee

Parfüm und Eau de Toilette
50 g Parfüm **und** 0,25 Liter Eau de Toilette

andere Waren
bis zu einem Warenwert von insgesamt 175 €

Arzneimittel für den persönlichen Bedarf

Ohne Nachweis des privaten Zwecks gelten folgende **Richtmengen**:

Alkohol
Spirituosen 10 Liter
Alcopops 10 Liter
Zwischenerzeugnisse 20 Liter (z.B. Likörwein, Wermutwein)
Wein 90 Liter (davon höchstens 60 Liter Schaumwein)
Bier 110 Liter

Tabakwaren
Zigaretten 800 Stück
Zigarillos 400 Stück
Zigarren 200 Stück
Rauchtabak 1 kg

Begrenzt auf 200 Zigaretten aus Tschechien, Slowenien (bis Ende 2007), Polen, Slowakei, Ungarn (bis Ende 2008), Bulgarien, Estland (oder 250 g Tabak), Lettland, Litauen, Rumänien (bis Ende 2009)

Kaffee 10 kg

Kraftstoff
Eine Tankfüllung und ein Reservekanister (20 Liter)

Quelle: BMF © Globus 1406

Mit einigen Entwicklungsländern hat die EU besondere Vereinbarungen (Präferenzzugang zum EU-Binnenmarkt) getroffen. Besonders zu erwähnen ist das Cotonaou-Abkommen mit den AKP-Staaten (78 Länder aus dem afrikanisch-karibisch-pazifischen Raum).

AKP-Staaten

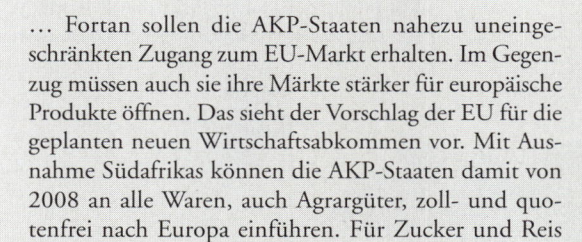

M3

… Fortan sollen die AKP-Staaten nahezu uneingeschränkten Zugang zum EU-Markt erhalten. Im Gegenzug müssen auch sie ihre Märkte stärker für europäische Produkte öffnen. Das sieht der Vorschlag der EU für die geplanten neuen Wirtschaftsabkommen vor. Mit Ausnahme Südafrikas können die AKP-Staaten damit von 2008 an alle Waren, auch Agrargüter, zoll- und quotenfrei nach Europa einführen. Für Zucker und Reis soll es allerdings eine Übergangsphase geben. Ihrerseits können die AKP-Staaten den Markt für bestimmte Produkte weiterhin abschotten. Nach Angaben der Kommission können schon bisher 97 Prozent der Produkte aus den AKP-Staaten zollfrei in die EU eingeführt werden. Der Fortfall der übrigen drei Prozent bedeute für die Staaten aber eine spürbare Handelserleichterung, da sich hierunter wichtige Exportgüter befinden.

EU-AKP-Wirtschaftspartnerschaftsabkommen, in: SchullBank Informationsdienst für Schule und Lehrer, Newsletter 11/2007, Bundesverband deutscher Banken e.V., Berlin.

Aufgaben

4. Was bedeutet die Abkürzung „AKP-Staaten"?
5. Welche Veränderungen der Wirtschaftsbeziehungen zwischen den AKP-Staaten und der EU werden ab 2008 wirksam?
6. Recherchieren Sie im Internet, welcher Rohstoff aus Afrika gegenwärtig und wohl auch in Zukunft hohe Exporterlöse bringt.

4.3 Wirtschafts- und Währungsunion (WWU) – Euro als Einheitswährung

Am 1. Juli 1990 wurde der Kapitalverkehr zwischen den Mitgliedstaaten vollständig liberalisiert und damit die 1. Stufe der Wirtschafts- und Währungsunion eingeläutet. Mit der Errichtung des Europäischen Währungsinstitutes (EWI), dem Vorläufer der Europäischen Zentralbank (EZB), begann am 1. Januar 1999 die 2. Stufe. Der Zeitpunkt für den Eintritt in die 3. Stufe war der 1. Januar 1999:
- Die Umtauschkurse der Teilnehmerwährungen wurden unwiderruflich festgelegt,
- der EZB wurde die Durchführung einer einheitlichen Geldpolitik übertragen und
- der Euro (Noten und Münzen) als gesetzliches Zahlungsmittel eingeführt.

Euro = gesetzliches Zahlungsmittel

Damit wurde der Euro zunächst in elf Mitgliedsländern (Euroraum, Eurozone, Euroland) zur gemeinsamen Währung: Belgien, Deutschland, Finnland, Frankreich, Irland, Italien, Luxemburg, Niederlande, Österreich, Portugal und Spanien. Griechenland trat am 1. Januar 2001 bei. Zunächst fand der Euro nur im bargeldlosen Zahlungsverkehr Verwendung; erst am 1. Januar 2002 wurden Euro-Banknoten und -Münzen in den Euroländern in den Umlauf gebracht. Nach Slowenien (2004) traten im Jahr 2008 Malta und Zypern dem Euroclub bei.

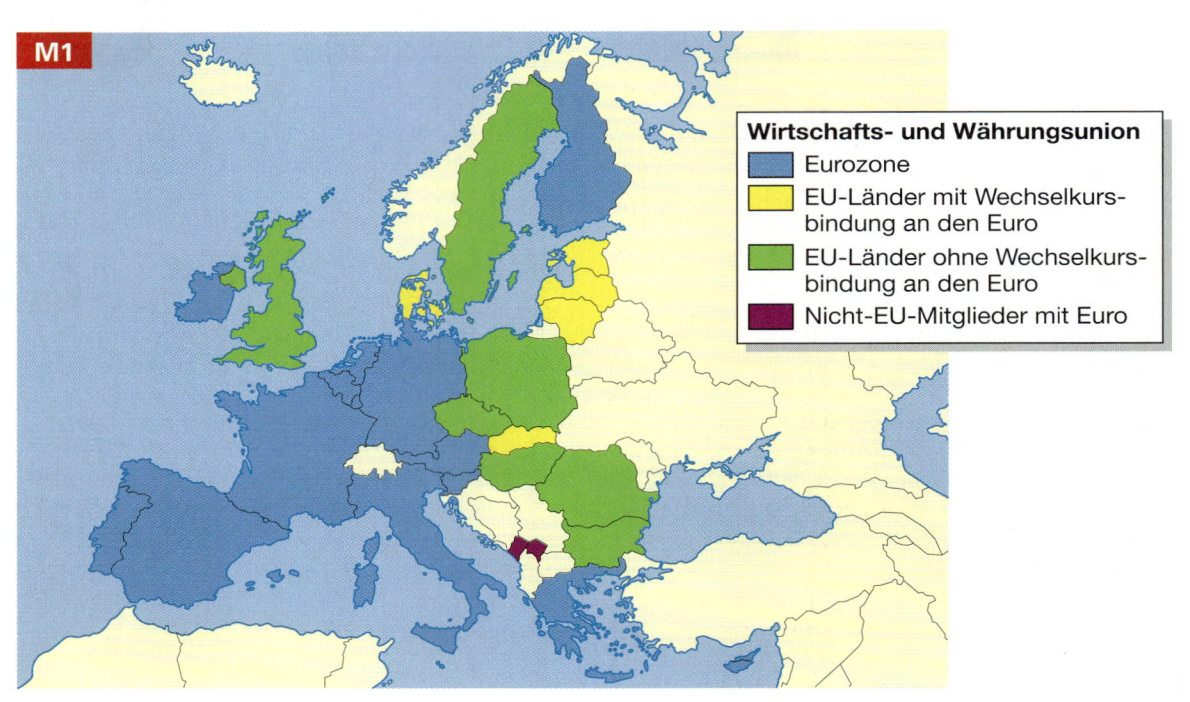

M1

Wirtschafts- und Währungsunion
- Eurozone
- EU-Länder mit Wechselkursbindung an den Euro
- EU-Länder ohne Wechselkursbindung an den Euro
- Nicht-EU-Mitglieder mit Euro

M2 Weitere Länder können erst dann den Euro als gesetzliches Zahlungsmittel einführen, wenn sie die Konvergenzkriterien erfüllen:
- **Inflation:** Der Anstieg der Verbraucherpreise darf nicht mehr als 1,5 % über der Inflationsrate der drei preisstabilsten Mitgliedstaaten liegen.
- **Zinsen:** Die durchschnittlichen langfristigen Zinsen dürfen nicht mehr als 2 % über dem Durchschnitt der drei preisstabilsten Mitgliedstaaten liegen.
- **Haushaltsdefizit:** Das Haushaltsdefizit des jeweiligen Mitgliedstaates darf 3 % des Bruttoinlandsproduktes (BIP) nicht übersteigen.
- **Öffentlicher Schuldenstand:** Die Gesamtschulden des jeweiligen Mitgliedstaates dürfen 60 % des Bruttoinlandsproduktes nicht übersteigen.
- **Wechselkursstabilität:** Die zulässigen Wechselkursschwankungen müssen zumindest in den zwei Jahren vor Prüfung der Konvergenzkriterien ohne starke Spannungen eingehalten worden sein.

Konvergenz = Annäherung, Übereinstimmung

Defizit = Fehlbetrag

Strukturelemente der Europäischen Union (Politikfelder)

Um einen stabilen Euro sicherzustellen, beschloss der Europäische Rat 1998 in Amsterdam den **Stabilitäts- und Wachstumspakt**. Darin verpflichten sich die Vertragspartner, übermäßige Haushaltsdefizite zu vermeiden; mittelfristig soll sogar für schlechte Zeiten ein Haushaltsüberschuss erreicht werden. Die Schmerzgrenze für das Haushaltsdefizit wird auf drei Prozent des jeweiligen Bruttoinlandproduktes (BIP) festgelegt. Wenn diese Obergrenze überschritten wird, kann das jeweilige Land des Euroraums mit einer Geldbuße zwischen 0,2 und 0,5 Prozent der Wirtschaftsleistung belegt werden. Allerdings gibt es auch Ausnahmetatbestände, die eine Überschreitung des 3-%-Grenzwertes rechtfertigen. Beispiele dafür sind Naturkatastrophen, öffentliche Investitionen, Ausgaben für Forschung, finanzielle Belastungen zugunsten der internationalen Solidarität und Rentenreformen.

M3 Deutschland ist wieder solide

Finanzen Brüssel stellt Defizitverfahren gegen den einstigen Haushaltssünder ein

BRÜSSEL Der bislang schärfste Streit zwischen einem EU-Mitgliedsland und der EU-Kommission ist von den Finanzministern der Gemeinschaft beigelegt worden. Mit einem einstimmigen Beschluss wurde in Brüssel nun auch formell die Drohung einer Milliardenstrafe gegen Deutschland zurückgezogen. Erstmals seit vier Jahren ist die Bundesrepublik damit kein Defizitsünder mehr …

Der Bundesfinanzminister versprach: „… Ich will nie wieder in ein solches Defizitverfahren hineingeraten." Angesichts eines Schuldenberges von 1,5 Billionen Euro gebe es keinen Grund für Erleichterung und vor allem nicht für neue Begehrlichkeiten.

Seit 2002 hatte Berlin bis einschließlich 2005 ununterbrochen die Stabilitätskriterien des Euro-Paktes gebrochen. Erst im vergangenen Jahr war die Verschuldung auf 1,7 Prozent gesunken und damit erstmals wieder eine Stabilisierung eingetreten …

Grund zur Entwarnung gibt es aber noch nicht

Grund zur Entwarnung gibt es aber tatsächlich nicht. Denn der Pakt setzt hohe Hürden für eine solide Haushaltsführung. Die Drei-Prozent-Hürde ist nur eines der Konvergenzkriterien. So darf auch der Anteil der Schulden am Bruttoinlandsprodukt die 60-Prozent-Marke nicht überschreiten. Deutschland liegt bei 64 Prozent …

Unter dem Druck des früheren Bundesfinanzministers hatten die Kassenwarte der Mitgliedstaaten 2003 die Kriterien so weit ausgelegt, dass ein Strafverfahren gegen Deutschland gerade noch verhindert werden konnte. 2004 schaltete die Kommission deshalb den Europäischen Gerichtshof in Luxemburg ein, der den Ministerbeschluss wieder kassierte. Daraufhin drängte Berlin auf Berücksichtigung besonderer Umstände bei der Errechnung der Schulden: Man verwies auf Transferleistungen für die neuen Länder, auf Folgekosten nach Naturkatastrophen (Oderflut 2002) und vieles mehr …

Drewes, Detlef: Deutschland ist wieder solide, in: Augsburger Allgemeine, 6.06.2007 (gekürzt und leicht verändert)

Aufgaben

1. Welche Länder gehören der Eurozone an? Ermitteln Sie anhand einer Europakarte (M1).
2. Welche Bedingungen müssen Länder erfüllen, die der Eurozone beitreten wollen (M2)?
3. Warum wird im Text die Bundesregierung als Haushaltssünder bezeichnet (M3)?
4. Nennen Sie die Konvergenzkriterien, die Deutschland verletzt hat.
5. Was geschah, als die Finanzminister der EU auf Druck des damaligen Bundesfinanzministers die Konvergenzkriterien so weit auslegten, dass es für Deutschland kein Strafverfahren gab?
6. Was meint der Bundesfinanzminister, wenn er sagt: „Angesichts eines Schuldenberges von 1,5 Billionen Euro gibt es keinen Grund für … neue Begehrlichkeiten"? Schreiben Sie zur Veranschaulichung des Schuldenberges die im Text genannte Zahl auf ein leeres Blatt und berechnen Sie die jährliche Zinslast bei einem Zinssatz von 3 %.
7. Erläutern Sie die Begründungen, mit denen die Bundesregierung Strafzahlungen verhindert hat.

4.4 Europäisches Zentralbankensystem (ESZB)

Zum Europäischen System der Zentralbanken (ESZB) gehören die Europäische Zentralbank (EZB) mit Sitz in Frankfurt am Main und die nationalen Zentralbanken derjenigen EU-Mitgliedstaaten, die den Euro eingeführt haben (= Eurosystem). Die geldpolitischen Beschlüsse der EZB gelten nur für das Eurosystem. Die Beschlussorgane des Eurosystems sind das EZB-Direktorium, der EZB-Rat und der Erweiterte Rat. Die Hauptaufgabe des Eurosystems besteht in der Ausführung der Geldpolitik der EZB. Weitere Aufgaben sind u. a. die Durchführung von Devisengeschäften, die Verwaltung der Währungsreserven der Euro-Länder sowie die Förderung des reibungslosen Funktionierens der Zahlungssysteme („TARGET").

M1

Sieben Jahre Euro-Buchgeld:
Stabile Gemeinschaftswährung
Gegenüber diesen Währungen hat der Euro seit Einführung als Buchgeld am 30.12.1999 ...

... an Wert gewonnen
- Türkische Lira +242,3 %
- Rumänischer Leu 84,4
- Indonesische Rupiah 67,9
- Philippinischer Peso 59,7
- Japanischer Yen 52,8
- Südafrikanischer Rand 48,9
- Hongkong-Dollar 31,2
- US-Dollar 31,1
- Russischer Rubel 25,3
- Thailändischer Baht 24,4
- Malaysischer Ringgit 21,9
- Singapur-Dollar 20,8
- Australischer Dollar 8,2
- Britisches Pfund 8,0
- Koreanischer Won 7,7
- Schwedische Krone 5,6
- Kanadischer Dollar 4,6
- Norwegische Krone 2,0
- Dänische Krone 0,2
- Schweizer Franken 0,1
- Estnische Krone 0,0

... an Wert verloren
- Ungarischer Forint -1,2
- Neuseeland-Dollar -3,3
- Polnischer Zloty -7,9
- Litauische Litas -14,0
- Slowakische Krone -18,8
- Tschechische Krone -23,9

Quelle: Europäische Zentralbank, eigene Berechnungen; ausgewählte Währungen; Stand 29.12.2006 © Globus 1147

M2

Euro auf Allzeithoch
Euro-Wechselkurs in US-Dollar (Monatsdurchschnittswerte)
- 1,3885 12.09.07 EZB-Referenzkurs
- 1,3666 28.12.04
- 0,8252 26.10.00

dpa-Grafik 4287

Die EZB ist bei der Erfüllung ihrer Aufgaben weder von den Regierungen der Euro-Länder noch von den nationalen Zentralbanken abhängig. Sie ist politisch und funktionell unabhängig. Die EZB verfügt zur Durchführung ihrer Geldpolitik über alle Instrumente und entscheidet selbstständig über deren Einsatz. Das Eurosystem darf z. B. keine Kredite an öffentliche Einrichtungen vergeben, was für die politische Unabhängigkeit förderlich ist. Das oberste Ziel des Eurosystems ist die Sicherung des Binnenwertes des Euro und damit die Gewährleistung der Preisstabilität. Die Wirtschaftspolitik der EU soll vom ESZB unterstützt werden, soweit dies möglich ist, ohne das Ziel der Preisstabilität zu gefährden.

Euro-Kurs profitiert von Umschichtungen bei Devisenreserven

M3 Die Befürchtungen, dass es der Euro in Sachen Stabilität mit der D-Mark nicht aufnehmen könnte, sind nicht eingetreten. Seit Einführung des Euro-Buchgelds zu Beginn des Jahres 2000 hat der Außenwert der Gemeinschaftswährung gegenüber den wichtigsten internationalen Währungen zugelegt. So ergibt sich auf Sicht von sieben Jahren gegenüber dem Yen ein Wertzuwachs von 53 Prozent, im Vergleich zum US-Dollar ein Plus von 31 Prozent und zum Pfund Sterling immerhin noch ein Anstieg um acht Prozent. Nur einige Währungen osteuropäischer Staaten und der Neuseeland-Dollar konnten gegenüber dem Euro zulegen. Die Gründe für den starken Euro sind vielfältig: So wird im Euroland mit einem weiteren Konjunkturaufschwung bei gleichzeitiger Wachstumsabschwächung in den USA gerechnet. Zudem könnte die Europäische Zentralbank weiter an der Zinsschraube drehen, während in den USA allenfalls mit einem konstanten Zinsniveau gerechnet wird. Das macht Anlagen im Euro-Währungsraum tendenziell attraktiver. Auch wird der Euro zunehmend als Reservewährung geschätzt. Gerade die aufstrebenden Länder Asiens haben in den letzten Jahren ihre Dollar-Reserven vermehrt zugunsten des Euro umgeschichtet. Mittlerweile wird mehr als ein Viertel aller globalen Währungsreserven in Euro gehalten.

Globus Infografik GmbH; Euro-Kurs profitiert von Umschichtungen bei Devisenreserven, G1147, 22.01.2007

Strukturelemente der Europäischen Union (Politikfelder)

M4 Nie war der Euro mehr wert

Höhenflug Aber die Firmen bleiben gelassen
Frankfurt/Main (dpa) Seit seiner Einführung 1999 war der Euro noch nie so teuer wie jetzt. Gestern stieg die europäische Gemeinschaftswährung vorübergehend erstmals über die Marke von 1,38 Dollar und Experten gehen davon aus, dass der Euro seinen Höhenflug zunächst fortsetzen wird – steigende Zinsen und eine schwächelnde US-Wirtschaft sprechen dafür.

Europa hat offensichtlich gelernt, mit dem starken Euro zu leben
Die Klagen von Unternehmern und Politikern über die Lasten der starken Währung bleiben jedoch aus. Europa hat offensichtlich gelernt, mit einem harten Euro zu leben. Der steigende Kurs belastet zwar die Erträge der heimischen Konzerne, doch die negativen Folgen sind viel geringer als früher.

Die boomende Wirtschaft in Deutschland und Europa steckt den Währungshöhenflug locker weg. Der Bundesverband der Deutschen Industrie sieht daher „keinen Grund zur Sorge". Denn Europa ist einfach nicht zu bremsen und könnte in diesem Jahr beim Wirtschaftswachstum die Nase vor den USA haben. Die EU-Kommission sagt für die Euro-Zone ein Wachstum von 2,6 Prozent voraus, während die USA über 2,5 Prozent wohl nicht hinauskommen.

In Europa weckt der starke Euro dennoch gemischte Gefühle. Der neue Kursrekord gibt Befürwortern einer Intervention durch die Europäische Zentralbank (EZB) neue Munition. Frankreichs Staatspräsident hat die Notenbank mehrfach aufgefordert, gegen den hohen Kurs einzuschreiten, da dieser die Exportchancen der Eurozone belaste. Der EZB-Präsident lehnte diese Forderung als „Angriff auf die Unabhängigkeit der EZB" ab …

Intervention = Eingreifen

Das bedeutet der hohe Euro für Verbraucher (afp)

Der Euro setzt seinen Höhenflug fort. Dies hat auch Auswirkungen auf Verbraucher:
- **Urlaub:** USA-Reisende können sich freuen. Der Aufenthalt in den Vereinigten Staaten wird billiger. Denn die Produkte vor Ort behalten unabhängig von den Wechselkursen ihren Preis. Nur ist ein Euro jetzt eben mehr wert. Auch im Vergleich zu anderen Währungen ist der Euro sehr stark, etwa zum japanischen Yen. Auch in diesen Ländern wird Urlaub billiger.
- **Einkaufen:** Auch hier müsste sich der starke Euro positiv niederschlagen – zumindest theoretisch. Denn der niedrige Dollar verbilligt die Einfuhr, also müssten im Supermarkt Importwaren günstiger werden. Bleibt die Frage, ob der Einzelhandel seine Ersparnisse wirklich eins zu eins an die Kunden weitergibt.
- **Tanken:** Gleiches gilt beim Benzin. Da Rohöl an den Weltmärkten in Dollar gehandelt wird, müssen die großen Mineralölkonzerne aus der Euro-Zone umgerechnet nicht mehr so viel bezahlen. Deshalb könnten sie Benzin billiger machen. Der Ölpreisanstieg und die Urlaubssaison dürften die Preise an den Zapfsäulen aber eher steigen lassen.

afp-Meldung, Augsburger Allgemeine, 13.07.2007

Aufgaben

1. Arbeiten Sie mithilfe eines Fachbuches in Volkswirtschaft heraus, was man unter dem Außenwert des Euro versteht.
2. Welche Gründe finden sich im Text unter der Grafik „Stabile Gemeinschaftswährung" für den starken Wertzuwachs des Euro (M1)?
3. Diskutieren Sie in der Gruppe, warum viele Länder ihre Dollar-Reserven vermehrt in Euro-Reserven umgewandelt haben (M3).
4. Überlegen Sie, warum der steigende Euro-Kurs die Erträge der deutschen Wirtschaft belastet (M4).
5. Warum lehnt der Präsident der EZB die Forderung des französischen Staatspräsidenten ab, gegen den hohen Euro-Kurs vorzugehen (M4)?
6. Nennen Sie Vorteile eines hohen Euro-Kurses für deutsche Urlauber im Ausland (M4).
7. Ermitteln Sie den aktuellen Eurokurs und zeichnen Sie die Entwicklung für eine Woche in einem Schaubild auf.
8. Überlegen Sie, warum der deutsche Verbraucher im Supermarkt trotz des hohen Euro-Kurses oft nicht günstiger einkaufen kann (M4).
9. Warum ist das Benzin an den Zapfsäulen oft trotz günstiger Umrechnungsverhältnisse zwischen Dollar und Euro nicht preiswerter (M4)?

4.5 Regional- und Strukturförderung

Wohlstandsgefälle in der EU

Zwischen den reichsten und ärmsten Ländern der EU herrscht ein großes Wohlstandsgefälle. Vergleicht man die Wirtschaftsleistungen der EU-Staaten, ergeben sich sehr große Unterschiede:

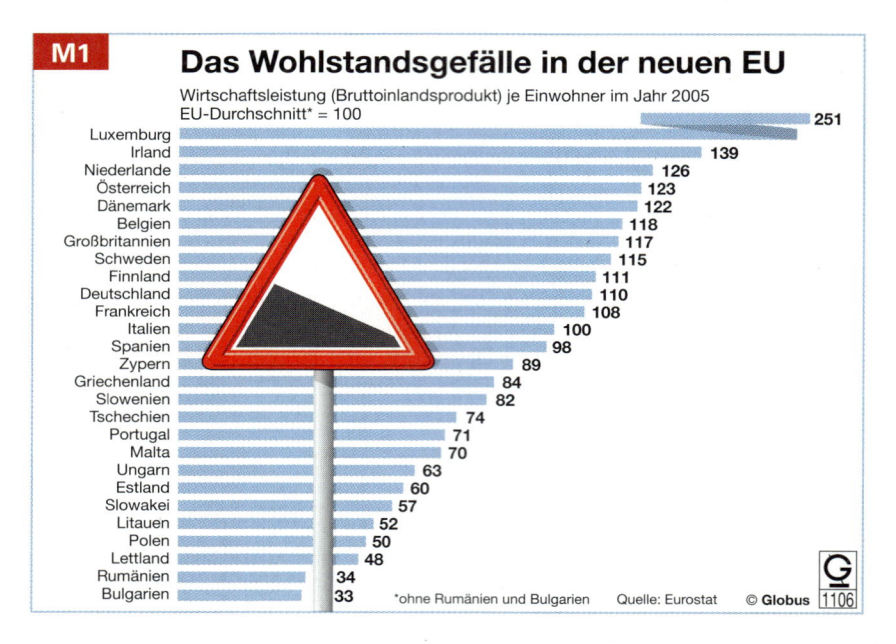

M1 Das Wohlstandsgefälle in der neuen EU
Wirtschaftsleistung (Bruttoinlandsprodukt) je Einwohner im Jahr 2005
EU-Durchschnitt* = 100

Luxemburg	251
Irland	139
Niederlande	126
Österreich	123
Dänemark	122
Belgien	118
Großbritannien	117
Schweden	115
Finnland	111
Deutschland	110
Frankreich	108
Italien	100
Spanien	98
Zypern	89
Griechenland	84
Slowenien	82
Tschechien	74
Portugal	71
Malta	70
Ungarn	63
Estland	60
Slowakei	57
Litauen	52
Polen	50
Lettland	48
Rumänien	34
Bulgarien	33

*ohne Rumänien und Bulgarien   Quelle: Eurostat   © Globus 1106

Auch innerhalb der einzelnen Mitgliedstaaten gibt es wirtschaftlich schwächere Regionen, wie z. B. der Norden Portugals und der Süden Italiens. Insbesondere die ländlichen Gebiete in der EU sehen sich u. a. durch den Verlust von Infrastruktur (z. B. Schulen, Poststellen) oder durch Abwanderungsbewegungen von jungen qualifizierten Menschen vermehrt vor strukturelle Probleme gestellt. Zudem bringen schrumpfende Industriezweige, z. B. Textilindustrie oder Bergbau, manche Regionen in Nöte. Auch die Bundesrepublik Deutschland zählt zu den Mitgliedsländern, die von der EU Strukturhilfe erhalten, weil bestimmte Bundesländer bzw. bestimmte Regionen Strukturprobleme aufweisen.

Die EU betreibt mit ihrer Politik sowohl einen Ausgleich zwischen den wohlhabenderen und den ärmeren Mitgliedsländern als auch zwischen reichen und weniger entwickelten Regionen innerhalb der Mitgliedstaaten und stellt für benachteiligte Regionen jährlich viele Milliarden Euro zur Verfügung, z. B. für die Förderung von Verkehrswegen, von Umweltschutzprojekten, von Tourismusinfrastruktur oder von Projekten in benachteiligten Stadtteilen. Mithilfe dieser Fördergelder aus dem EU-Haushalt soll verhindert werden, dass Menschen aus wirtschaftlich schwachen Regionen ihre Heimat verlassen und so ganze Landstriche veröden. Ziel dieser Politik ist es, Entwicklungsunterschiede innerhalb der Gemeinschaft zu verringern, um so den wirtschaftlichen und sozialen Zusammenhalt zu verbessern, die Lebensumstände der Menschen anzugleichen (Kohäsionspolitik*).

Aufgaben

1. Arbeiten Sie mithilfe eines Fachbuchs in Volkswirtschaft heraus, was man unter dem Bruttoinlandsprodukt (BIP) versteht und welche wirtschaftlichen Leistungen zum BIP zählen.
2. Finden Sie in einer Diskussion Ursachen für den Spitzenplatz von Luxemburg und Gründe, warum Bulgarien das Schlusslicht ist.
3. Die meisten der zwölf neuen EU-Mitglieder standen viele Jahre unter der Vorherrschaft der ehemaligen Sowjetunion. Wie heißen diese Länder?
4. Arbeiten Sie mithilfe eines Fachbuchs in Volkswirtschaft heraus, was man unter einer Zentralverwaltungswirtschaft versteht, und beurteilen Sie dann die Wirtschaftsleistung der unter Frage 3 gefundenen Länder.
5. Klären Sie mithilfe eines Fachbuchs in Volkswirtschaft, was man unter Infrastruktur versteht.

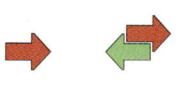

Strukturelemente der Europäischen Union (Politikfelder)

Zu den Instrumenten der Regional- und Strukturpolitik der EU zählen sogenannte Strukturfonds:

- **Europäischer Sozialfonds (ESF):** Schwerpunkte dieser Maßnahme sind z. B. die Integration von älteren Menschen, von Frauen und arbeitsmarktpolitischen Problemgruppen in den ersten Arbeitsmarkt oder auch die Steigerung der beruflichen Qualifikation zur Erhaltung der Wettbewerbsfähigkeit.
- **Europäischer Fonds für Regionale Entwicklung (EFRE):** Aus dem sogenannten „Regionalfonds" erhalten wirtschaftlich schwache Regionen der Mitgliedsländer Mittel zur Verbesserung der Infrastruktur, zur Unterstützung lokaler Entwicklungsinitiativen sowie für Investitionen, mit denen Arbeitsplätze geschaffen oder erhalten werden können. Nutznießer dieses Fonds sind z. B. Gegenden, die einen industriellen Rückgang zu verkraften haben.
- **Europäischer Garantiefonds für die Landwirtschaft (EGFL) und Europäischer Landwirtschaftsfonds für die Entwicklung des ländlichen Raumes (ELER):**
Durch die Reform der Gemeinsamen Agrarpolitik (GAP) wird die nachhaltige Landwirtschaft gestärkt. Die Landwirte erhalten Direktzahlungen nach dem EGFL, wenn sie in den Bereichen Umwelt, Lebensmittelsicherheit, Tier-/Pflanzengesundheit und Tierschutz bestimmte Bewirtschaftungsstandards einhalten. Im Rahmen von ELER erhalten die Landwirte z. B. Investitionsbeihilfen oder Förderungen im Bereich des Fremdenverkehrs.

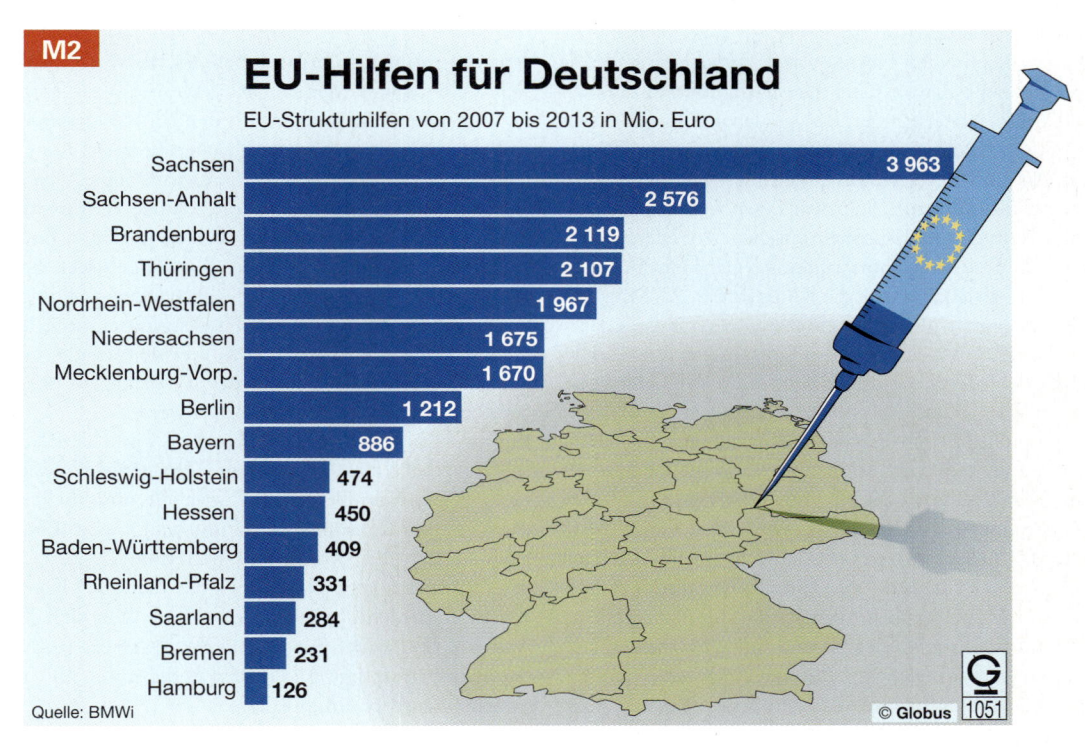

Strukturfonds

M2 EU-Hilfen für Deutschland
EU-Strukturhilfen von 2007 bis 2013 in Mio. Euro

Sachsen	3 963
Sachsen-Anhalt	2 576
Brandenburg	2 119
Thüringen	2 107
Nordrhein-Westfalen	1 967
Niedersachsen	1 675
Mecklenburg-Vorp.	1 670
Berlin	1 212
Bayern	886
Schleswig-Holstein	474
Hessen	450
Baden-Württemberg	409
Rheinland-Pfalz	331
Saarland	284
Bremen	231
Hamburg	126

Quelle: BMWi

Aufgaben

6. Welche Bundesländer erhalten den größten Anteil der EU-Strukturhilfen (M2)?
7. Sechs von den unter Frage 6 gefundenen Bundesländern gehörten zum Gebiet der ehemaligen DDR. Welche Wirtschaftsordnung galt dort vor der Wiedervereinigung?
8. Suchen Sie in Ihrem Heimatort die Stadtverwaltung oder das Landratsamt auf und erkundigen Sie sich nach Projekten, die mit EU-Mitteln gefördert wurden. Halten Sie dazu ein Kurzreferat in Ihrer Klasse.
9. Aus dem Europäischen Garantiefonds für Landwirtschaft (EGFL) erhalten die Bauern Direktzahlungen, wenn sie „nachhaltige Landwirtschaft" betreiben. Informieren Sie sich beim Bauernverband, was man darunter versteht, und halten Sie dazu ein Kurzreferat vor der Klasse.

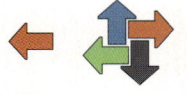

Globalisierung 4.3

4.6 Wettbewerbspolitik

M1 Artikel 81 des EG-Vertrags (Kartellverbot) legt Folgendes fest:

1) Mit dem gemeinsamen Markt unvereinbar und verboten sind alle Vereinbarungen zwischen Unternehmen, Beschlüsse von Unternehmensvereinigungen und aufeinander abgestimmte Verhaltensweisen, welche den Handel zwischen Mitgliedstaaten zu beeinträchtigen geeignet sind und eine Verhinderung, Einschränkung oder Verfälschung des Wettbewerbs innerhalb des gemeinsamen Marktes bezwecken oder bewirken, insbesondere

a) die unmittelbare oder mittelbare Festsetzung der An- oder Verkaufspreise oder sonstiger Geschäftsbedingungen,

b) die Einschränkung oder Kontrolle der Erzeugung, des Absatzes, der technischen Entwicklung oder der Investitionen,

c) die Aufteilung der Märkte oder Versorgungsquellen,
…

e) die an den Abschluss von Verträgen geknüpfte Bedingung, dass die Vertragspartner zusätzliche Leistungen annehmen, die weder sachlich noch nach Handelsbrauch in Beziehung zum Vertragsgegenstand stehen.

2) Die nach diesem Artikel verbotenen Vereinbarungen oder Beschlüsse sind nichtig.

Nichtige Vereinbarungen oder Beschlüsse

M2 EU-Kommission will im Sport mitmischen

Pläne Profiklubs sollen wie Wirtschaftsunternehmen behandelt werden

Brüssel Die beiden Herren waren zutiefst verärgert, ja wütend. Sepp Blatter, Chef des Internationalen Fußballverbandes, wetterte gegen Brüssel. Jacques Rogge, Präsident des Internationalen Komitees, rief gar zum Kampf auf. Anlass für die Wutausbrüche: das Weißbuch Sport der EU-Kommission. Seit zwei Tagen steht fest: Brüssel will sich in den Profisport einmischen. Vor allem in den Fußball. Dabei ist Sport eigentlich gar keine Aufgabe der Gemeinschaft. Aber die Klubs in den 27 Mitgliedstaaten sind zu Wirtschaftsunternehmen geworden, die jährlich 490 Milliarden Euro Umsatz machen und 15 Millionen Menschen direkt oder indirekt beschäftigen, das sind 5,4 Prozent der Erwerbstätigen in der EU, wie es in dem 20-Seiten-Papier der Kommission heißt.
Und damit steht fest: Sportorganisationen fallen unter das europäische Recht für Wirtschaftsunternehmen. Eine Sichtweise, die der Europäische Gerichtshof (EuGH) in Luxemburg seit 1974 in zahllosen Urteilen bestätigt hat. Die CSU-Europa-Abgeordnete Anja Weisgerber, selbst in jungen Jahren Tennisprofi, sagt, was das bedeutet: „Gleiche und faire Wettbewerbsbedingungen sind wichtig." Aber eben nicht vorhanden. Europäische Spitzenfußballklubs wie Real Madrid erwirtschaften bis zu 160 Millionen Euro jährlich, weil sie ihre Fernsehrechte selbst vermarkten können.

Nachteile für den FC Bayern wegen Zentralvermarktung

Deutschlands Vorzeigefußballer vom FC Bayern unterliegen der zentralen Vermarktung, die hierzulande gesetzlich geregelt ist und kommen deshalb auf gerade mal 28 Millionen. Kein Wunder, dass die Bayern sich nicht den Kader zusammenkaufen können wie die Spanier.

Nun harmonisiert Brüssel den Wettbewerb, wofür sich auch Bayern-Manager Karl-Heinz Rummenigge in zahlreichen Gesprächen mit dem Europaparlament eingesetzt hat. Er wollte die gleichen Freiheiten wie in Italien, Spanien oder Großbritannien. Doch es kommt anders: Überall in der EU soll die zentrale Vermarktung Pflicht werden, damit alle Vereine die gleichen (finanziellen) Chancen haben. Die Spitzengehälter ihrer Kicker dürfen sie zwar weiter frei aushandeln (eigentlich hatten die Abgeordneten hier Höchstgrenzen einziehen wollen, um zu verhindern, dass Vereine sich übernehmen), aber sie müssen ihre Bücher offenlegen, um zu verhindern, dass Gelder gewaschen werden …

Bislang haben sich lediglich das IOC und der Weltfußballverband protestierend zu Wort gemeldet, dabei rechnet EU-Kommissar Jan Figel, aus dessen Feder die Vorstöße stammen, noch mit weit mehr Widerstand. Denn die Vorschriften betreffen alle Bereiche des Profisports vom Eishockey über Handball bis hin zur Leichtathletik, wo die Besten der Welt sich ihre Auftritte honorieren lassen. Aus Sicht der EU sind sie damit selbstständige Dienstleister, die unter die entsprechenden Richtlinien fallen.

Kommission und EU-Parlament sind entschlossen, die Umstellung durchzuziehen, zumal sie den EuGH im Rücken wissen. In Brüssel mutmaßt man, die Widerstände vor allem des Weltfußballverbandes hätten vorrangig finanzielle Gründe. Immerhin habe die FIFA allein bei der WM 2006 einen Reingewinn von etwa zwei Milliarden Euro erzielt, ohne als Wirtschaftsunternehmen anerkannt zu sein.

Gleiche und faire Wettbewerbsbedingungen

Drewes, Detlef: EU-Kommission will im Sport mitmischen, in: Augsburger Allgemeine, 14.07.2007 (leicht gekürzt)

Aufgaben

1. Klären Sie mithilfe eines Fachbuchs in Betriebswirtschaftslehre, was man unter nichtigen Vereinbarungen versteht.
2. Welche Absprachen sind nach Artikel 81 des EG-Vertrages nichtig (M1)?

M3 Sport-Konzerne

Den Fußballern, Eishockeyklubs und Profi-Athleten wird nicht gefallen, was da von der EU-Kommission vorbereitet wird. Dabei muss man sich nicht einmal in das Denken der EU-Verwaltung hineinversetzen, um zustimmen zu können: Natürlich sind die großen Vereine längst Wirtschaftsunternehmen, die nicht außerhalb der europäischen Gesetzgebung stehen können. Faire Wettbewerbsbedingungen gehören zu dem freien Markt ebenso wie Arbeitnehmerschutzrechte, die für jeden gelten. Ob er nun Fußball spielt oder Haare schneidet.

Die Frage ist allerdings einmal mehr, ob die EU-Kommission nicht den richtigen Ansatz am Ende wieder durch ein bürokratisches Legitimierungsmonster zunichte macht, anstatt es Vereinen und den internationalen Verbänden zu überlassen, eine marktgerechte Lösung zu finden, die allen die gleichen Ausgangschancen garantiert.

Legitimation = Erlaubnis, eine Handlung durchzuführen

Drewes, Detlef: Sport-Konzerne, in: Augsburger Allgemeine, 14.07.2007

Für die Umsetzung der Wettbewerbsvorschriften im EU-Binnenmarkt ist vor allem die EU-Kommission zuständig, die in diesem Zusammenhang auch Sanktionsmöglichkeiten (z. B. hohe Geldbußen) hat.

M4 Die Kommunen wollen in Europa mitreden

Die Wettbewerbspolitik der EU stellt die kommunale Daseinsvorsorge infrage

„Die Europäische Union leidet unter der Dominanz von Wirtschaft und Wettbewerb, der kommunalen Daseinsvorsorge* wird nicht ausreichend Bedeutung beigemessen", beobachtet Knäusl, Geschäftsführer des Bayerischen Städtetags. Die neoliberale* Wettbewerbspolitik der Europäischen Union bedroht zentrale Teile der kommunalen Daseinsvorsorge, etwa bei Wasser, Energie, Kläranlagen, Abfall, Nahverkehr oder Krankenhäusern. ...

Die Versorgung mit Energie und Wasser, die Entsorgung von Müll und Abwasser oder die Sicherung der Krankenhäuser sind nicht nur das Recht, sondern die Pflicht der Kommunen. „Die EU-Rechnung, dass Wettbewerb dem Verbraucher automatisch Vorteile bringt, muss nicht immer aufgehen", gibt Knäusl zu bedenken. So habe sich die Liberalisierung des Strommarkts nur in den ersten Jahren günstiger für die Bürger ausgewirkt. Inzwischen diktiert ein Oligopol von vier Konzernen die Preise.

Freiheitlich-demokratische Grundordnung 4.4

Auszug aus: Bayerische Staatszeitung, Ausgabe 27, 06.07.2007

Aufgaben

3. Nennen Sie die europäischen Institutionen, die sich mit der Thematik des Textes „EU-Kommission will im Sport mitmischen" beschäftigen (M2).
4. Arbeiten Sie aus den Texten heraus, warum die Organisationen des Profifußballs unter das europäische Recht für Wirtschaftsunternehmen fallen.
5. Erörtern Sie mit Ihrem Nachbarn Gesichtspunkte, warum staatliche Stellen ein Interesse daran haben, dass z. B. die Profifußballklubs als Wirtschaftsunternehmen eingestuft werden?
6. Warum beschäftigen sich europäische Politiker mit dieser Thematik?
7. Überlegen Sie mit Ihrem Nachbarn, welche Profisportarten wohl auch noch zu den Wirtschaftsunternehmen zählen.
8. Wer sollte nach Meinung des Kommentators anstelle der EU-Kommission für eine marktgerechte Lösung sorgen (M3)?
9. Klären Sie mit dem Glossar, was man unter „Neoliberalismus" und „Daseinsvorsorge" versteht.
10. Nennen Sie Bereiche, in denen die Kommunen pflichtgemäß eine Grundversorgung sicherstellen müssen (M4).
11. Informieren Sie sich in einem Wirtschaftslexikon, was man unter einem Oligopol versteht.
12. Warum ist nach Auffassung Knäusls der freie Wettbewerb für den Verbraucher nicht automatisch günstig (M4)?

4.7 Sozial- und Beschäftigungspolitik

Die Sozial- und Beschäftigungspolitik fällt zwar überwiegend in die Zuständigkeit der Mitgliedstaaten. Allerdings unterstützt die Gemeinschaft im Hinblick auf die im Artikel 136 EG-Vertrag festgesetzten Ziele (z. B. Förderung der Beschäftigungen, Verbesserung der Lebens- und Arbeitsbedingungen oder angemessener sozialer Schutz) gemäß Artikel 137 EG-Vertrag die Tätigkeiten der Mitgliedsländer, z. B. bei der Verbesserung der Arbeitsumwelt zum Schutz der Gesundheit und Sicherheit der Arbeitnehmer/-innen, der Verbesserung der Arbeitsbedingungen oder bei der Verwirklichung der Chancengleichheit von Männern und Frauen auf dem Arbeitsmarkt bzw. bei der Gleichbehandlung am Arbeitsplatz.

M1 Beispiel: Verbesserung der Arbeitsumwelt

Prävention = Vorbeugung

maximaler Expositionswert = Obergrenze für die tägliche Lärmbelastung eines Menschen

Lärm- und Vibrationsverordnung

Neue Schallgrenze

Die – lang erwartete – nationale Lärm- und Vibrations-Arbeitsschutzverordnung ist seit März in Kraft. Im Lärmschutz gelten neue Auslösewerte für Präventionsmaßnahmen.

Die neue Verordnung war überfällig. Schon Anfang 2006 sollte die Umsetzung der EG-Lärmrichtlinie in deutsches Recht erfolgen. Mit einem Jahr Verspätung löst sie jetzt die Unfallverhütungsvorschrift (UVV) „Lärm" ab, die seit 1974 die Maßnahmen zum Schutz der Beschäftigten regelte.

… Gegenüber der UVV „Lärm" sind die Auslösewerte für Präventionsmaßnahmen mit der neuen Verordnung um 5 dB(A) gesunken. Das heißt, das Schutzniveau ist gestiegen … Neu ist, dass der auf das Gehör einwirkende Lärm die maximal zulässigen Expositionswerte* in Höhe der oberen Auslösewerte nicht überschritten werden darf. Dabei ist allerdings die Wirkung des Gehörschutzes zu berücksichtigen. … Mit der Absenkung der Grenzwerte ist der zu schützende Personenkreis erweitert worden … Probleme können sich ebenso bei den Müllwerkern ergeben, da bei der Abfallsammlung zumindest der untere Auslösewert überschritten wird, gegebenenfalls auch der obere. Somit muss den Müllwerkern Gehörschutz zur Verfügung gestellt werden und je nach Ergebnis der Gefährdungsbeurteilung müssen die Beschäftigten ihn tragen. Mit Blick auf die Unfallgefahr im Straßenverkehr sollten die Hersteller gefordert sein, leisere Sammelsysteme zu entwickeln.

Neumann, Heinz-Dieter: Neue Schallgrenze, in: faktor arbeitsschutz 3/2007 (stark gekürzt)

Wenn das Geschlecht das Gehalt bestimmt

Um so viel Prozent lagen im Jahr 2005 die Bruttogehälter für Frauen unter denen ihrer männlichen Kollegen

Land	%
Estland	25
Zypern	25
Slowakei	24
Deutschland	22
Finnland	20
Großbritannien	20
Tschechien	19
Dänemark	18
Niederlande	18
Österreich	18
Lettland	17
Bulgarien	16
Schweden	16
EU-27	15
Litauen	15
Luxemburg	14
Rumänien	13
Spanien	13
Frankreich	12
Ungarn	11
Polen	10
Griechenland	9
Irland	9
Italien	9
Portugal	9
Slowenien	8
Belgien	7
Malta	4

Quelle: Eurostat / © Globus 1521

M2 Beispiel: Verwirklichung der Chancengleichheit

Die im EG-Vertrag geforderte Chancengleichheit von Männern und Frauen auf dem Arbeitsmarkt bzw. Gleichbehandlung am Arbeitsplatz ist in vielen Bereichen nicht gegeben und ist deswegen ein wichtiges soziales Ziel der EU-Politik.

Pläne des Brüsseler Sozialkommissars Spidla

Pflicht zur Babypause für Väter

EU will Frauen beruflichen Aufstieg erleichtern / Männer in Deutschland verdienen 22 Prozent mehr.

Brüssel – Die EU-Kommission denkt an drastische Maßnahmen, um die Benachteiligung von Frauen in der Arbeitswelt zu verringern. Im Gespräch ist eine Pflicht für Väter, sich um ihre Kinder zu kümmern. In Deutschland ist das Lohngefälle zwischen Männern und Frauen weit höher als sonst in Europa …

Hagelüken, A., Haas, S. und Kappes, C.: Pflicht zur Babypause für Väter, in: SZ, 19.07.2007 (stark gekürzt)

Aufgaben

1. Erkundigen Sie sich bei einer Berufsgenossenschaft über alltägliche Lärmbelastungen des Menschen und wie er sich davor schützen kann.
2. Worin liegen die wesentlichen Unterschiede zwischen der UVV „Lärm" und der neuen Lärm- und Vibrationsverordnung (M1)?

Druck auf die Männer

Es gibt so manches, was einen Lagerarbeiter mit einer Kassiererin im Supermarkt verbindet. Beide Berufe verlangen Disziplin, um eine eher gleichförmige Tätigkeit stundenlang auszuüben. Beide Berufe erfordern ein gewisses Tempo. Und für beide ist keine hohe Qualifikation nötig. Trotzdem werden Lagerarbeiter in einigen EU-Staaten besser bezahlt als Kassiererinnen.

…

Natürlich führen unterschiedliche Ursachen dazu, dass Arbeitnehmerinnen in Deutschland pro Stunde mehr als ein Fünftel weniger verdienen als Männer. Frauen suchen sich oft gezielt Teilzeitjobs ohne große Aufstiegschancen, weil sie sich um Kinder und Haushalt kümmern wollen (oder sollen) … Doch außer solchen Faktoren gibt es eben die direkte Diskriminierung: ungleicher Lohn für gleiche Arbeit, mehr Männer in Führungsjobs und die „Feminisierung" des Gehalts, also das Paradox von Lagerarbeiter und Kassiererin … Sozialkommissar Spidla überlegt, Gesetze zu verschärfen. Doch es ist auf diesem Gebiet schwierig, die richtige Balance zwischen Nutzen und Schaden zu finden

…

Soll die Politik Berufe kategorisieren, damit Kassiererinnen genauso viel verdienen wie Lagerarbeiter? Soll eine Quote mehr Frauen in Firmenvorstände hieven? Soll eine EU-Richtlinie Männern eine Babypause vorschreiben, damit sich Frauen besser ihrem beruflichen Aufstieg widmen können? In all diesen Fällen garantieren neue Paragrafen keinen Erfolg, aber Ineffizienzen und teure Rechtsstreitigkeiten.

Hagelüken, Alexander: Druck auf die Männer, in: SZ 19. Juli 2007 (gekürzt)

Paradox = Widerspruch

Kategorie = Klasse, Gattung

Ineffizienz = Erfolglosigkeit

Diskriminierung = Ungleichbehandlung

M3 Beispiel: Gleichbehandlung am Arbeitsplatz

Darunter geht nichts

Gesetzliche Mindestlöhne in der EU in Euro pro Stunde, Stand Oktober 2007:

Luxemburg	9,08
Irland	8,65
Frankreich	8,44
Großbritannien	8,20
Niederlande	8,08
Belgien	8,08
Deutschland (DGB-Forderung)	7,50
Griechenland	3,80
Malta	3,47
Spanien	3,42
Slowenien	3,12
Portugal	2,41
Tschechien	1,76
Ungarn	1,51
Slowakei	1,46
Polen	1,43
Estland	1,38
Litauen	1,21
Lettland	0,99
Rumänien	0,66
Bulgarien	0,53

Quelle: WSI

zum Vergleich: Tarifliche Mindestlöhne in Deutschland nach dem Arbeitnehmer-Entsendegesetz (Stand Juli 2007):

Gewerbe	West	Ost
Bauhauptgewerbe – Werker	10,30	8,90
Bauhauptgewerbe – Fachwerker	12,40	9,80
Maler und Lackierer – Ungelernter	7,85	7,15
Maler und Lackierer – Geselle	10,73	9,37
Abbruch- und Abwrackgewerbe – Hilfskraft	9,49	8,80
Abbruch- und Abwrackgewerbe – Fachwerker	11,60	9,80
Dachdecker – Helfer (West u. Ost)	10,00	
Gebäudereiniger – unterste Lohngruppe	7,87	6,36
Postgewerbe* – Briefzusteller	9,80	8,40
Postgewerbe* – übrige Postbeschäftigte	9,00	8,00

*noch nicht für allgemeinverbindlich erklärt

© Globus 1625

In der EU-Dienstleistungsrichtlinie ist festgelegt, dass grenzüberschreitende Dienstleistungen nach den Bedingungen des Ziel- oder Bestimmungslandes und nicht des Heimatlandes angeboten werden müssen. Diese Richtlinie der EU soll vor allem Lohndumping aus den sogenannten Billiglohnländern der EU vermeiden, für die Übergangsregelungen gelten.

Lohndumping = Lohn unterhalb des Tarif- bzw. Mindestlohns

Aufgaben

3. Zählen Sie die EU-Länder auf, in denen Frauen noch schlechter verdienen als in Deutschland (M2).
4. Welche Ursache für schlechtere Bezahlung von Frauen findet sich im Text „Druck auf die Männer" (M2)?
5. Nennen Sie die Bereiche, in denen Hagelüken eine direkte Diskriminierung von Frauen in der Arbeitswelt sieht.
6. Diskutieren Sie in der Gruppe, warum die als Fragen vorgeschlagenen Denkansätze in Hagelükens Artikel zur Lösung dieser Thematik wenig Erfolg versprechen.
7. Wodurch unterscheiden sich die Mindestlohnregelungen in Deutschland im Vergleich zu denen in anderen EU-Staaten (M3)?
8. Arbeiten Sie mithilfe des Grundgesetzes Artikel 9 heraus, warum es in Deutschland wohl auf absehbare Zeit keine flächendeckende gesetzliche Lohnuntergrenze geben wird.

4.8 Umweltpolitik

Die Umwelt soll erhalten und geschützt werden, ebenso die menschliche Gesundheit. Außerdem fordert der EG-Vertrag dazu auf, natürliche Ressourcen so umsichtig und rationell wie möglich zu verwenden und Maßnahmen zur Bewältigung von Umweltproblemen auf internationaler Ebene zu fördern. Angesichts des weltweiten Klimawandels besteht hier deutlicher Handlungsbedarf, weshalb die EU-Kommission darauf drängt, den Ausstoß von Kohlendioxid (CO_2) in der Gemeinschaft bis zum Jahr 2020 um mindestens 20 % unter das Niveau von 1990 zu senken. Deutschland nimmt innerhalb der EU beim Ausstoß von Treibhausgasen einen (unrühmlichen) Spitzenplatz ein:

M1 Treibhausgase in der EU
Emissionen der sechs wichtigsten vom Menschen verursachten Treibhausgase* im Jahr 2005 in Millionen Tonnen CO_2-Äquivalenten / Veränderungen gegenüber 1990 in %

Land	Emissionen	Veränderung
Deutschland	994	-19,2
Großbritannien	658	-14,0
Italien	584	+12,3
Frankreich	563	-1,4
Spanien	442	+53,8
Polen	387	-15,8
Niederlande	220	+3,2
Belgien	150	+2,3
Tschechien	148	-24,5
Griechenland	137	+25,4
Österreich	94	+19,2
Ungarn	85	-30,6
Portugal	84	+39,5
Finnland	70	-1,9
Irland	70	+25,8
Schweden	69	-4,9
Dänemark	64	-7,7
Slowakei	52	-28,5
Estland	21	-50,2
Litauen	21	-59,1
Slowenien	20	-0,9
Luxemburg	14	+11,4
Lettland	11	-58,2
Zypern	9	+49,0
Malta	3	+45,8

Quelle: DIW Berlin *u.a. Kohlendioxid (CO_2), Methan (CH_4), Lachgas (N_2O)

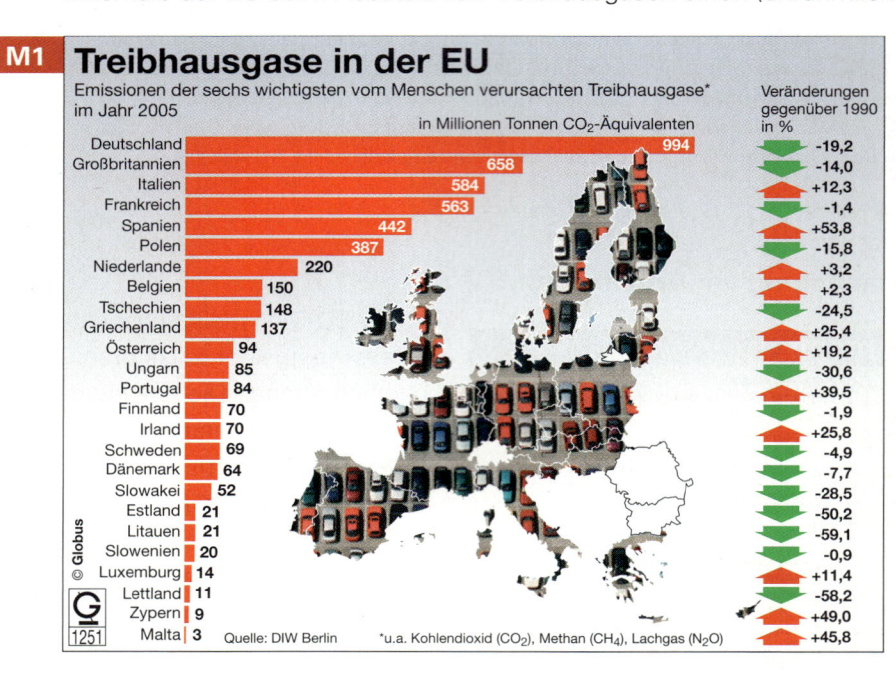

Eine Möglichkeit, um die für das Klima schädlichen Treibhausgase zu reduzieren, besteht darin, den Anteil von erneuerbaren Energien auszubauen.

Die bedingungslose Förderung von alternativen Energieformen kann allerdings dazu führen, dass an anderen Stellen Umweltrisiken „erzeugt" werden oder Probleme anderer Art entstehen, wie die folgenden Zeitungsartikel zeigen.

Aufgaben

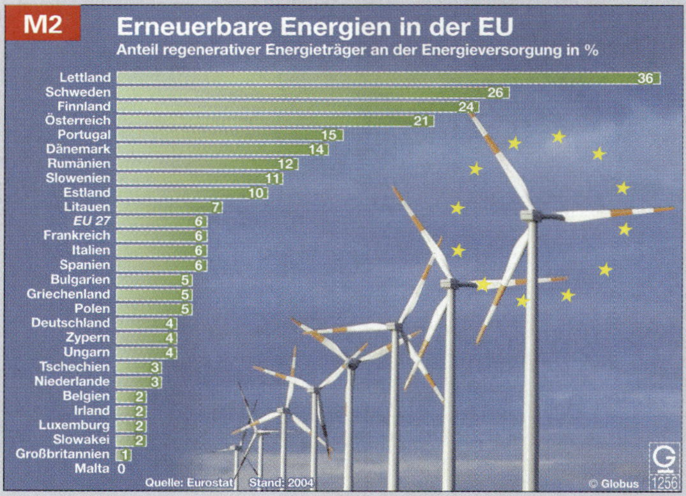

1. Nennen Sie die EU-Länder, die es zwischen 1990 und 2005 geschafft haben, ihre Treibhausgas-Emissionen zu vermindern (M1)? Stellen Sie dazu eine Rangliste auf.
2. Welche EU-Länder haben trotz der Klimaprobleme bei der Emission von Treibhausgasen noch zugelegt? Stellen Sie auch dazu eine Rangliste auf.
3. Diskutieren Sie in der Gruppe Gründe, warum manche EU-Länder den Ausstoß von Treibhausgasen nicht vermindert, sondern sogar noch vermehrt haben.
4. Welche Energieformen zählen zu den erneuerbaren (regenerativen) Energieträgern?
5. Diskutieren Sie in der Gruppe, warum in manchen Ländern der Anteil an regenerativen Energieträgern größer und in anderen Staaten weniger groß oder gleich Null ist.
6. Suchen Sie in der Gruppe nach weiteren Möglichkeiten, um den Ausstoß an Treibhausgasen zu reduzieren.

M2 Erneuerbare Energien in der EU
Anteil regenerativer Energieträger an der Energieversorgung in %

Land	Anteil
Lettland	36
Schweden	26
Finnland	24
Österreich	21
Portugal	15
Dänemark	14
Rumänien	12
Slowenien	11
Estland	10
Litauen	7
EU 27	6
Frankreich	6
Italien	6
Spanien	6
Bulgarien	5
Griechenland	5
Polen	5
Deutschland	4
Zypern	4
Ungarn	4
Tschechien	3
Niederlande	3
Belgien	2
Irland	2
Luxemburg	2
Slowakei	2
Großbritannien	1
Malta	0

Quelle: Eurostat, Stand: 2004

M3 Bio im Tank macht das Essen teurer

Alternativ-Kraftstoffe Die EU will den Anbau fördern, aber die Risiken vermeiden

Brüssel Biosprit heißt das Zauberwort, von dem sich Lateinamerika einen beispiellosen Aufschwung verspricht. Die EU hat gestern zum Beginn einer internationalen Konferenz in Brüssel mit dem brasilianischen Präsidenten eine solidarische Partnerschaft vereinbart, um die Nutzung von Biokraftstoffen voranzubringen. Doch in die Euphorie mischen sich immer massivere Zweifel.

„Wir wollen garantieren, dass Biotreibstoffe so hergestellt werden, dass sie unseren Planeten schützen, statt neue Risiken zu erzeugen", sagt die EU-Außenkommissarin. Wie das allerdings funktionieren soll, konnte keiner der in Brüssel versammelten Experten gestern erklären.

Immer deutlicher warnen die Fachleute aber vor der Umsetzung des viel gefeierten Ziels, das sich die EU-Staats- und Regierungschefs beim März-Gipfeltreffen gesetzt haben: Bis 2020 sollen zehn Prozent der Kraftstoffe von den Feldern kommen – mit dramatischen Folgen für den Verbraucher. Lester Brown vom Washingtoner Earth Policy Institute bringt es auf die kurze Formel: Essen oder Tanken. Durch den großflächigen Anbau von Weizen und Mais in Mittel- und Südamerika seien die Verbraucherpreise dort dramatisch gestiegen.

Ähnliche Auswirkungen werden auch in Europa befürchtet: Wenn den Bauern erst einmal klar sei, dass sie mit Biomasse-Anpflanzungen deutlich mehr als mit der Milchwirtschaft verdienen können, werde es dramatische Verschiebungen geben, heißt es in einem Papier der Gaswirtschaft. Die Organisation für wirtschaftliche Zusammenarbeit OECD und die UN-Organisation für Landwirtschaft und Ernährung (FAO) behaupten in einer Studie: Grundnahrungsmittel wie Mais, Magermilchpulver und Butter könnten dadurch im Jahr 2016 bis zu 43 Prozent teurer sein.

„Weitaus schlimmer sind die Umweltbelastungen", sagt Eric Holtz-Gimenez, Geschäftsführer der Denkfabrik Food First/Institute for Food and Development Policy und zuvor Lateinamerika-Experte bei der Weltbank. Schon die Herstellung von einem Liter Ethanol verursache bis zu 13 Liter Abwasser. „Bisherige Energieberechnungen berücksichtigen weder den Transport der Energierohstoffe noch die Belastungen der Umwelt oder die Ernährungssicherheit," sagt der Grünen-Politiker Friedrich-Wilhelm Graf zu Baringdorf.

Euphorie = überschwängliche subjektive Hochstimmung

Drewes, Detlef: Bio im Tank macht das Essen teurer, in: Augsburger Allgemeine, 06.07.2007

M4 Kein Allheilmittel

Nur vier Monate nach dem historischen Klima-Gipfel der EU ist die Begeisterung der Ernüchterung gewichen. Nachdem die ersten Vereinbarungen durchgerechnet, die ersten Vorbereitungen zur Umstellung angelaufen sind, zeigen sich dramatische Folgen: Europas Hunger nach neuer Energie stürzt die Länder der Dritten Welt in unabsehbare Folgen für die eigene Lebensmittelsicherheit.

Schlimmer noch: Die dramatischen Verteuerungen der Lebensmittel werden auch wir zu spüren bekommen. Nun mag man sich damit beruhigen, dass niemand dauerhaft und vollständig auf Biosprit umstellen will. Trotzdem muss jedem klar sein, dass hier ein fragiles Gefüge gegenseitiger Abhängigkeiten besteht. Wenn die Landwirtschaft, wie politisch gewollt, umschwenkt, baden die Verbraucher die Folgen aus und sie bekommen damit nicht einmal die erhoffte Verbesserung des Klimas.

Unsere Neigung, ein Allheilmittel suchen und finden zu wollen, ist ausgeprägt. Biosprit kann das nicht sein. Er wird nur einer von vielen Energielieferanten sein können, weil die Ausbeutung unserer Felder mehr zerstört als lindert.

fragil = zerbrechlich

Drewes, Detlef: Kein Allheilmittel, in: Augsburger Allgemeine, 06.07.2007

Aufgaben

7. Warum führt die Verwendung von Biosprit nach Ansicht von Experten zur Verteuerung von Nahrungsmitteln (M3)?
8. Nennen Sie die Nahrungsmittel, die laut Text hauptsächlich teurer werden?
9. Erläutern Sie das Dilemma, das sich durch die Herstellung von Ethanol für die Umwelt ergibt.
10. Welche weiteren Gesichtspunkte müssen bei den Energieberechnungen im Zusammenhang mit Biosprit noch berücksichtigt werden?
11. Diskutieren Sie in der Gruppe, warum letztendlich die Verbraucher die politisch gewollte Entscheidung für Biosprit „ausbaden".
12. Worin sieht der Kommentator die „Lösung" des Energieproblems?

4.9 Verbraucherschutz

Globalisierung 6.2 / 2.3

Informationen der Verbraucher (z. B. über genmanipulierte Produkte) und Gesundheitsschutz sind neben der Schaffung von Qualitätsstandards in der Produktion und im Handel wichtige Ziele der EU im Bereich des Verbraucherschutzes. Bei Gefahren für die Gesundheit der Menschen hat die EU-Kommission die Möglichkeit, in den betroffenen Mitgliedsländern Ausfuhrverbote für bestimmte Waren zu verhängen (z. B. bei „BSE*-Fällen" oder bei Auftreten von Maul- und Klauenseuche). Nach der in der EU geltenden Produkthaftungsrichtlinie liegt im Schadensfall die Beweislast, dass das Produkt fehlerfrei ist, auf Seiten des Herstellers. Ausgleichszahlungen können Passagiere nach einer EU-Verordnung verlangen, wenn Flugzeuge stark verspätet starten, Flüge gestrichen werden oder wenn sie wegen Überbuchung nicht mitfliegen können. Außerdem ist es in solchen Fällen Aufgabe der Fluggesellschaften, sich z. B. um notwendige Übernachtungen, Verpflegung und Ersatzflüge zu kümmern.

Die EU hat mit Wirkung vom 1. Juli 2007 eine einheitliche gesetzliche Regelung für nährwert- und gesundheitsbezogene Angaben auf Lebensmitteln festgelegt.

M1 „Mit Kalzium für starke Knochen"

Verbraucher Eine neue EU-Richtlinie verlangt, dass Angaben auf Lebensmittel-Verpackungen nachgewiesen werden müssen. Noch sind aber viele Fragen offen.
Brüssel Wie erfährt der Verbraucher, ob ein Lebensmittel wirklich natriumarm oder reich an Ballaststoffen ist? Abhilfe schaffen soll eine neue EU-Richtlinie zu nährwertbezogenen Angaben auf Verpackungen. Am 1. Juli beginnt die erste Phase. Innerhalb von drei Jahren müssen die Hersteller dann ihre Slogans wissenschaftlich nachweisen lassen, ehe Aufdrucke wie „mit Kalzium für starke Knochen" oder „senkt den Cholesterinspiegel" genehmigt werden.
Nährwertprofile heißt das offiziell, eine Art Inhalts-Steckbrief für jedes Produkt. Doch in die Freude der Ernährungsexperten über den Erfolg im Kampf gegen Fett, Salz und Zucker mischt sich Verärgerung. Schuld ist die EU-Kommission. Für alle möglichen Lebensmittel haben die Beamten des Gesundheitskommissars Übergangsfristen in die Richtlinie geschrieben, um der Industrie Zeit zur Umstellung zu geben. Nur Produkte für Kinder wurden vergessen.

„Man hatte uns verbindlich Übergangsfristen zugesagt", sagt Sabine Henssler vom Verband der europäischen Lebensmittelhersteller (CIAA) auf Anfrage. Sollten Kommission, Europa-Parlament oder der zuständige Ministerrat nicht noch die Notbremse ziehen, müssen am 1. Juli alle Verpackungen aus den Regalen verschwinden, auf denen Aussagen zu Gesundheit und Entwicklung von Kindern aufgedruckt wurden. Zwar gaben sich die Hersteller von „Nimm 2"-Bonbons oder Lakritz-Kätzchen zuversichtlich, dass sie bereits alle Auflagen erfüllen. Doch hinter den Kulissen herrscht massive Verunsicherung, weil die Richtlinie auch noch unpräzise formuliert wurde.
So bangt beispielsweise ein Branchenriese, der Hustenbonbons für Kinder im Angebot hat, ob er sein Produkt überhaupt noch länger unter dem eingeführten Namen weiterführen darf. Dieser Markenname suggeriert nämlich eine Wirkung, für die die neue Richtlinie erst einmal einen Beleg fordert. Den aber bekommt das Unternehmen erst innerhalb der nächsten Jahre. Muss das Bonbon deshalb so lange vom Markt verschwinden? …

suggerieren = beeinflussen, etwas einreden

Drewes, Detlef: „Mit Kalzium für starke Knochen", in: Augsburger Allgemeine, 08.06.2007 (gekürzt und leicht verändert)

Aufgaben
1. Erläutern Sie mit eigenen Worten, welche Qualität die Angaben auf Lebensmittel-Verpackungen nach der oben genannten EU-Richtlinie haben müssen (M1).
2. Warum sind Ernährungsexperten über die neue EU-Richtlinie verärgert?
3. Nennen Sie die EU-Institutionen, die diese Lebensmittelrichtlinie in letzter Minute hätten stoppen können.
4. Berichten Sie in einem Kurzreferat, welche Gesichtspunkte Sie bei Ihrem Einkauf hinsichtlich der nährwert- und gesundheitsbezogenen Verpackungsangaben beachten.

Strukturelemente der Europäischen Union (Politikfelder)

M2 Lebensmittel-Steckbrief

Zwei Beispiele für künftige Angaben auf Lebensmittel-Verpackungen:

- **Zuckerfrei:** Die Angabe, ein Lebensmittel sei zuckerfrei, ist nur zulässig, wenn das Produkt nicht mehr als 0,5 Gramm bzw. 100 Milliliter enthält. Der Verbraucher muss wissen, dass das Produkt keinesfalls überhaupt keinen Zucker enthält.
- **Natriumfrei oder kochsalzfrei:** Die Angabe, ein Lebensmittel sei natriumfrei oder kochsalzfrei, ist nur zulässig, wenn das Produkt nicht mehr als 0,013 g Natrium oder den gleichwertigen Gehalt an Salz pro 100 Gramm enthält. Auch hier gilt: Es wäre ein Irrtum zu glauben, dass das Produkt überhaupt kein Natrium oder Salz enthält.

dr: Lebensmittel-Steckbrief, in: Augsburger Allgemeine, 08.06.2007

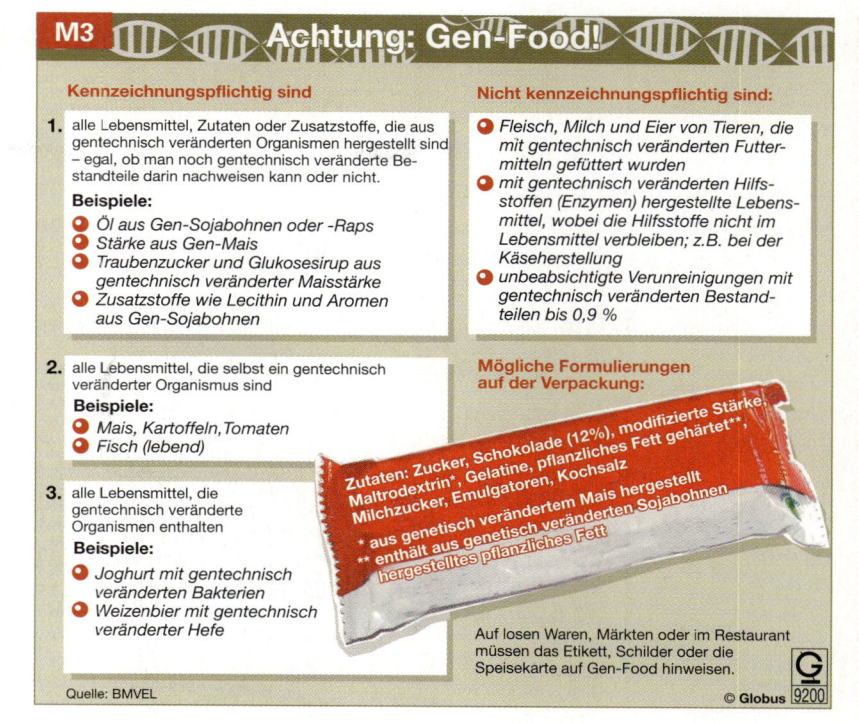

M3 Achtung: Gen-Food!

Kennzeichnungspflichtig sind

1. alle Lebensmittel, Zutaten oder Zusatzstoffe, die aus gentechnisch veränderten Organismen hergestellt sind – egal, ob man noch gentechnisch veränderte Bestandteile darin nachweisen kann oder nicht.

   Beispiele:
   - Öl aus Gen-Sojabohnen oder -Raps
   - Stärke aus Gen-Mais
   - Traubenzucker und Glukosesirup aus gentechnisch veränderter Maisstärke
   - Zusatzstoffe wie Lecithin und Aromen aus Gen-Sojabohnen

2. alle Lebensmittel, die selbst ein gentechnisch veränderter Organismus sind

   Beispiele:
   - Mais, Kartoffeln, Tomaten
   - Fisch (lebend)

3. alle Lebensmittel, die gentechnisch veränderte Organismen enthalten

   Beispiele:
   - Joghurt mit gentechnisch veränderten Bakterien
   - Weizenbier mit gentechnisch veränderter Hefe

Nicht kennzeichnungspflichtig sind:
- Fleisch, Milch und Eier von Tieren, die mit gentechnisch verändertem Futtermitteln gefüttert wurden
- mit gentechnisch veränderten Hilfsstoffen (Enzymen) hergestellte Lebensmittel, wobei die Hilfsstoffe nicht im Lebensmittel verbleiben; z.B. bei der Käseherstellung
- unbeabsichtigte Verunreinigungen mit gentechnisch veränderten Bestandteilen bis 0,9 %

Mögliche Formulierungen auf der Verpackung:

Zutaten: Zucker, Schokolade (12%), modifizierte Stärke*, Maltrodextrin*, Gelatine, pflanzliches Fett gehärtet**, Milchzucker, Emulgatoren, Kochsalz
* aus genetisch verändertem Mais hergestellt
** enthält aus genetisch veränderten Sojabohnen hergestelltes pflanzliches Fett

Auf losen Waren, Märkten oder im Restaurant müssen das Etikett, Schilder oder die Speisekarte auf Gen-Food hinweisen.

Quelle: BMVEL © Globus 9200

M4 Freie Saat für die Gen-Kartoffel

Grünes Licht EU-Kommission genehmigt Anbau. Auf den Teller darf „Amflora" aber nicht

Brüssel |afp| Trotz der Bedenken anderer EU-Staaten und von Umwelt- und Verbraucherschützern unterstützt der Bundeslandwirtschaftsminister den Anbau der gentechnisch veränderten Kartoffel „Amflora" des deutschen Chemiekonzerns BASF. Sie dürfe aber nur in der Industrie und „nicht für Lebens- und Futtermittel verwendet" werden, sagte er.

Im wahrscheinlichen Fall einer Zulassung durch die EU wäre die Kartoffel das erste zum kommerziellen Anbau zugelassene Genprodukt seit neun Jahren. Kritiker fürchten, dass sich ihre Antibiotika-Resistenz auf den Menschen übertragen könnte. Die BASF-Gentechniktochter Plant Science will die besonders stärkehaltige Kartoffelsorte für den Anbau in Europa genehmigen lassen und damit den Stärkebedarf der Papier- und Klebstoffindustrie stillen.

Umstritten bei „Amflora" ist ein Marker-Gen, das sie widerstandsfähig gegen Antibiotika macht. Umweltschützer fürchten, dass sich diese Eigenschaft auf Menschen und Tiere überträgt und Medikamente so ihre Wirksamkeit verlieren könnten. Der Bundeslandwirtschaftsminister will deshalb verhindern, dass die Industriekartoffel „mit Lebens- oder Futtermittelkartoffeln vermischt werden kann". Dazu will er auf nationaler Ebene „sehr klare Regeln" verfassen, zum Beispiel Mindestabstände auf Feldern. Auch die Auswirkungen auf die Bodenökologie will der Minister genau überwachen lassen.

Seine Zustimmung begründete der Bundeslandwirtschaftsminister mit Interessen der nationalen Wirtschaft: „Wir wollen deutlich machen, dass wir keine deutsche Firma behindern." Dieses Vorgehen sei mit dem Bundesumweltminister abgestimmt …

Afp, in: Augsburger Allgemeine, 17.07.2007 (gekürzt und leicht verändert)

Marker-Gen = markiertes Gen, das im Organismus leicht erkannt werden kann

kommerziell = wirtschaftliche Aktivitäten von Privatpersonen und Betrieben

Antibiotika-Resistenz = Antibiotika bleiben wirkungslos bei Krankheitserregern

Aufgaben

5. Klären Sie Ihre Mitschüler/-innen mithilfe von ausgewählten Lebensmittelverpackungen über die Kennzeichnungspflicht von Gen-Produkten auf (M3).
6. Welchen Vorteil hat die Gen-Kartoffel „Amflora" im Vergleich zur herkömmlichen Kartoffel (M4)?
7. Nennen Sie die Bereiche der Industrie, für die „Amflora" genehmigt werden soll.
8. Erläutern Sie, warum die Gen-Kartoffel „Amflora" bei Umweltschützern in der Kritik steht.
9. Beurteilen Sie zusammen mit Ihrem Nachbarn die Maßnahmen, mit denen die Politik den gesundheitlichen Bedenken der Kritiker Rechnung tragen will.
10. Welchen Grund nennt der Bundeslandwirtschaftsminister für seine Haltung? Wie beurteilen Sie diese Haltung?

4.10 (Öko-) Fairer Handel mit den Entwicklungsländern

Globalisierung 3.6
Präferenz = Vorrang

Viele EU-Bürger kaufen Waren aus „fairem Handel". Mit Entschließungen des Europäischen Parlaments oder mit der Finanzierung von Projekten in den Entwicklungsländern hat sich die Europäische Gemeinschaft für den fairen Handel engagiert. Grundsätze des fairen Handels finden sich auch in verschiedenen Rechtsvorschriften der Gemeinschaft, z. B. bei den allgemeinen Präferenzregelungen der EU, die den Zugang von Waren aus fairem Handel in den Binnenmarkt erleichtern.

Fairtrade = fairer Handel

Label = Etikett

Kooperative = Lebens- und Arbeitsgemeinschaft

Globalisierung 6.2

M1 Fairer Handel gegen die Armut

Wenn Kaffee zu wenig kostet …

Die EU-Entwicklungsminister sind sich einig: Fairer Handel kann ein „wichtiges Instrument für Armutsbekämpfung" sein – so einer der jüngst vereinbarten Grundsätze zur gemeinsamen Entwicklungspolitik. Auch die Verbraucher kaufen immer öfter Produkte, deren Label Öko und soziale Fairness garantieren. Ob die EU zum Wegbereiter für Handelsgerechtigkeit wird, ist jedoch noch nicht entschieden.

Seit sich die Kaffeebauern der Kooperative Llano bonito in Costa Rica vor zehn Jahren dem Fairtrade-Netzwerk angeschlossen haben und ihre Bohnen mit dem Zertifikat der internationalen Fairtrade Labelling Organizations (FLO) verkaufen können, geht es den Bauern und ihren Familien besser. „Unsere Kinder können zur Schule gehen. Durch den fairen Mindestpreis kann unsere Kooperative ihnen sogar Stipendien geben, damit sie eine weiterführende Schulausbildung bekommen", sagt Gerardo Arias Camacho, Chef der Genossenschaft Llano bonito.

… Die Genossenschaft Llano bonito verkauft jetzt 40 Prozent ihres Kaffees an den Fairen Handel. Das heißt: Sie bekommen einen festen Mindestpreis garantiert, der über dem börsengehandelten Preis liegt. Dafür bauen die Bauern den Kaffee nach ökologisch nachhaltigen Methoden* an. Zum FLO-Zertifikat gehört zudem die Einhaltung von sozialen Standards wie Gesundheitsversorgung der Arbeiter und Arbeitsrechte. Und – ein weiteres, ausschlaggebendes Kriterium für „Fairen Handel" – ein Betrag fließt in soziale Projekte wie Aus- und Weiterbildung …

Emigration geht zurück
Wie zum Beispiel bei den Kaffeebauern der Kooperativen in Costa Rica. „Bei uns in der Region hat die Auswanderung in die USA abgenommen", erzählt Gerardo. „Es ist nicht mehr notwendig, seit wir faire Mindestpreise für unseren Kaffee bekommen und auch neue Projekte aufbauen können", erklärt er. So hat die Genossenschaft Llano bonito neben dem Schulprojekt in den letzten Jahren damit begonnen, zusätzlich zum Kaffee auch Avocados und andere Produkte anzubauen, um durch die Vielfalt unabhängiger zu werden.

Aid for Fairtrade
Auch für den Grünen-Politiker im Europa-Parlament Frithjof Schmidt steht fest: „Handel und Entwicklung müssen an einem Strang ziehen." Schmidt gehört zu den Abgeordneten, die sich im Europa-Parlament für gemeinsame Richtlinien zum fairen Handel eingesetzt haben. Im Sommer letzten Jahres verabschiedete das Europa-Parlament einen Beschluss, in dem von der EU-Kommission eine Empfehlung für einheitliche Fairtrade-Richtlinien in der EU gefordert wird. Dazu gehört zum Beispiel, dass die EU einen Teil der Mittel, die sie den Entwicklungsländern als „Aid for Trade" bereitstellt, für die Förderung von fairem Handel einsetzt – also „Aid for Fairtrade", wie Schmidt sagt. Ob die Abgeordneten bei der EU-Kommission mit ihren Forderungen durchkommen, ist derzeit noch offen. Die Handels-, Entwicklungs- und Verbraucherkommissionen beraten noch.

Doch einen Schritt in diese Richtung haben die Entwicklungsminister der 27 EU-Länder bei ihrem Treffen Mitte März bereits getan. Im Petersberger Kommuniqué legten sie die Grundsätze der europäischen Entwicklungspolitik fest – unter anderem den Fairen Handel als „ein wichtiges Instrument für nachhaltige Entwicklung und Armutsbekämpfung". „Das ist ein Erfolg", sagt Schmidt. Wenn die EU politisch verstärkt für mehr Handelsgerechtigkeit eintrete und auch die Nachfrage der europäischen Verbraucher nach fair gehandelten Produkten weiter steige, so könne das die Entwicklungschancen der armen Länder verbessern, ist der Grünen-Politiker überzeugt.

Fairtrade boomt
Europaweit hat der Umsatz von Fair-Handelsprodukten nach Angaben des Netzwerks „Forum Fairer Handel" in den letzten Jahren bereits stark zugenommen. „2,5 Millionen Euro werden jährlich in Europa an Fairtrade-Umsätzen verzeichnet", sagt TransFair-Geschäftsführer Dieter Overath … Einen weiteren Zuwachs erhofft sich TransFair unter anderem auch vom Einzug in Discounter-Läden. Auch Grünen-Politiker Schmidt wertet das grundsätzlich als „Siegeszug der Fairtrade-Produkte". Der EU-Abgeordnete ist ebenso wie der Kaffeeproduzent aus Costa Rica überzeugt: Handelsgerechtigkeit ist ein Mittel zur Bekämpfung der Armut.

Scholtys, Britta: Wenn Kaffee zu wenig kostet …, in: tagesschau.de, 27.03.2007 (gekürzt und leicht verändert)

M2 „Warum Bionahrung die Welt nicht besser macht"

Bio boomt. Die Deutschen wollen gesundes Essen. „Die deutschen Bauern können die Nachfrage nach Bio nicht mehr befriedigen", berichtet die Centrale Marketing-Gesellschaft der deutschen Agrarwirtschaft. 2005 ist der Umsatz von Öko-Lebensmitteln um rund 15 Prozent auf 3,9 Milliarden Euro gestiegen ... Es gibt so etwas wie einen Glaubenskern, an den Menschen bei der Nahrungsauswahl fest glauben: Lebensmittel, die ohne künstliche Chemie erzeugt werden, sind gesünder und für die Umwelt besser. Zweitens: Der Verbrauch von Erzeugnissen vom Landwirt nebenan ist umweltschonender als der Verbrauch von Importware aus Neuseeland oder Argentinien. Und schließlich: Sogenannter Fairer Kaffee oder Fairer Kakao schützt Bauern in Südamerika, Afrika und Vietnam vor Ausbeutung und gibt der Bevölkerung eine wirtschaftliche Perspektive. ... Dass ökologisch produzierte Erzeugnisse gesünder sind als konventionell produzierte Lebensmittel, ist bisher durch keine Studie bewiesen worden. ...

Noch schwerer wiegt ein anderes Argument gegen den ökologischen Landbau. Das hängt mit dem „Flächenverbrauch" und der „Flächenproduktivität" zusammen: Weil Ökolandbau auf die Anwendung von chemisch-synthetischen Pflanzenschutzmitteln verzichtet, sind die Erträge deutlich geringer als beim konventionellen Landbau. Erntet ein konventioneller Landwirt auf einem Hektar etwa 70 Dezitonnen Weizen, so kommt der Ökoanbauer gerade auf die Hälfte. „Der Flächenverbrauch würde weltweit 30 Prozent größer sein, wenn wir ganz auf Öko-Landbau umsteigen", sagt Agrarwissenschaftler Michael Schmitz von der Universität Gießen. „Wir müssten die Wälder abholzen, um die Menschen ernähren zu können." Jetzt, da die Ware noch überwiegend konventionell erzeugt wird, vergrößern sich zumindest in den Industrieländern die Waldgebiete. ... Weil die Nachfrage mit den Erzeugnissen vor Ort nicht mehr gedeckt werden kann, werden Biolebensmittel zunehmend importiert aus Ländern wie Brasilien zum Beispiel, wo die Ausdehnung der Landwirtschaft ohnehin schon den tropischen Regenwald bedrängt. Umstritten ist auch, dass für den Ökolandbau weniger Energie verbraucht wird. Konventionelle nutzen Kunstdünger, dessen Produktion Energie verbraucht. Trotzdem schneidet nach Berechnung des Biochemikers Anthony Trewavas Ökolandbau nicht besser ab. ... Nah ist gut, lautet ein Mythos. Weshalb der bewusste Verbraucher gern den Bauern in der Umgebung aufsucht, um Obst, Gemüse, Korn direkt vom Hof zu kaufen. Verbraucher empfinden diese Ausflüge als Beitrag zum Umweltschutz. ... Falsch gerechnet, sagt der Giessener Professor für Haushaltstechnik, Elmar Schlich, dazu. Fruchtsäfte aus der Region, in der Region vermarktet, können unter Einbeziehung aller Transportaufwendungen pro Liter bis zu achtmal mehr Energie verbrauchen als Fruchtsäfte, deren Rohstoffe einige Kilometer weit transportiert werden.

„Große Betriebe, die ihre Rohstoffe über zum Teil erhebliche Strecken transportieren, können energetisch so günstig produzieren, dass Regionalität bei der Bereitstellung der untersuchten Lebensmittel kein energierelevanter Faktor sein muss", fand Schlichs Mitarbeiterin Ulla Fleissner heraus. Alles hängt von der Betriebsgröße ab, stellt Schlich fest. ... Hessische Bauern müssen 2,5-mal soviel Energie aufwenden, ihre Lämmer aufzuziehen, wie ihre Konkurrenten in Neuseeland. Dort müssen die Tiere wegen des freundlich-warmen Klimas nicht im Stall gehalten werden. Futter finden die Tiere auf der Wiese ...

Winand von Petersdorff, Carsten Germis, in: FAZ unter http://www.faz.net/s/RubEC1ACFE1EE274C81BCD3621EF555C83C/Doc~E2F2EB41FFA9A4B85B6213EEDEF1BDB95~Atpl~Ecommon~Sspezial.html, 10.12.2007

Globalisierung 3.5

Mythos = Legende

konventionell = herkömmlich

Aufgaben

1. Nennen Sie den Vorteil, den die Kaffeebauern der Kooperative Llano bonito durch den Beitritt zum Fairtrade-Netzwerk haben (M1).
2. Welchen Preis erhalten die Bauern für ihren Kaffee?
3. Zählen Sie die sozialen Standards, die nach dem FLO-Zertifikat eingehalten werden müssen, auf.
4. Warum baut die Genossenschaft Llano bonito neben Kaffee auch noch Avocados an?
5. Erläutern Sie die Forderung, die das Europa-Parlament an die EU-Kommission stellt, um den Entwicklungsländern zu helfen.
6. Was besagt das Petersburger Kommuniqué zur europäischen Entwicklungspolitik?
7. Beschreiben Sie den Erfolg, den der Abgeordnete Schmidt mit dem Fairtrade-Boom verbindet.
8. Welches Problem zeigt sich in Deutschland aufgrund der verstärkten Nachfrage nach Bioprodukten (M2)?
9. Welche Annahmen verleiten Konsumenten dazu, Bioprodukte zu kaufen?
10. Wie wirkt sich Ökolandbau auf den Flächenverbrauch aus?
11. „Nah ist gut". Mit welchen Argumenten widerlegt der Autor diese Aussage?
12. Vergleichen Sie die Preise für bestimmte Bioprodukte, z. B. Kaffee, Schokolade oder Bananen, in einem „echten" Bioladen und einem Discounter.

4.11 Agrarpolitik

Die Gemeinsame Agrarpolitik (GAP) verfolgte nach Artikel 39 des EWG-Vertrags unter anderem folgende Ziele: **Produktionssteigerung der Landwirtschaft und Einkommenserhöhung für die Landwirte**. Der Ministerrat legte für die meisten Agrarprodukte gemeinsame Richtpreise fest und die EG verpflichtete sich, alle landwirtschaftlichen Produkte zu einem garantierten Mindestpreis aufzukaufen.

Mindestpreise

Innerhalb von 40 Jahren stieg z. B. beim Anbau von Weizen durch verbesserte Düngemittel der Ertrag eines Hektars von zweieinhalb auf sechs Tonnen. Die Milchproduktion erhöhte sich durch entsprechende Futtermittel von jährlich 3000 auf 5000 Liter pro Milchkuh. Die Folge war eine **Überschussproduktion**. Es entstanden z. B. Butter-, Getreide- und Fleischberge sowie Weinseen, die aufgrund der teuren Lagerhaltung hohe Kosten mit sich brachten. Anfang der 90er-Jahre versuchte man dem Überschussproblem mit einer Agrarreform zu begegnen. Es wurden verschiedene Lösungsansätze diskutiert:

Überschussproduktion

M1 EU-Agrarproblem Nr. 1: *Überschüsse*

Problemlösung
So... ...oder so
- Senkung der Agrarpreise
- Einkommensverluste der Landwirte
- Ausscheiden unrentabler Betriebe

- Administrative Beschränkung der Agrarproduktion (z.B. Milchquote, Flächenstilllegung)
- Einkommensausgleich für Landwirte
- Erhalt von bäuerlichen Familienbetrieben

...aber:
1. Landwirte in sozialer Not
2. Mehr Agrarfabriken
3. Kulturlandschaft in Gefahr

ERGEBNIS: Abbau der Überschüsse

...aber:
1. Hoher Finanzaufwand
2. Landwirte am Subventionstropf
3. Marktwirtschaft eingeschränkt

© Globus 8995

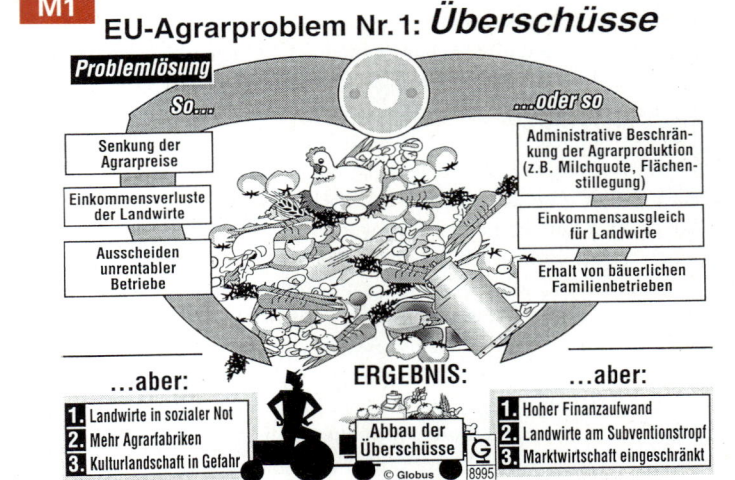

M2 Der Milchtopf ist plötzlich umkämpft

Lebensmittel EU-Überschüsse sind verkauft, die Nachfrage übersteigt das Angebot

Augsburg Bislang sind Lebensmittel in Deutschland so billig wie kaum andernorts in Europa. Doch die paradiesischen Zeiten sind vorbei. Der Hunger nach Milchprodukten in aufstrebenden Ländern wie China und Russland hat die weltweite Nachfrage und damit die Preise in die Höhe schnellen lassen. „Der Milchtopf ist plötzlich umkämpft", beschreibt Michael Brandl vom Milchindustrie-Verband gegenüber unserer Zeitung die Lage.
… Sämtliche Lager wären leergefegt und die Bestände, die in Überschusszeiten von der EU angehäuft worden waren, verkauft. Der Preis für Produkte wie Molkenpulver hätte sich innerhalb eines Jahres verdoppelt.
Da war es nur eine Frage der Zeit, bis auch die anderen Milcherzeugnisse vom Preissog erfasst wurden, „denn der Rohstoff ist schließlich der gleiche", so Brandl. Die Verarbeitung von Milch zu Joghurt und anderen Frischprodukten lohnte für die Molkereien immer weniger, solange der Handel dafür nicht mehr bezahlt.

„Preisanpassungen für die Produkte des Kühlregals sind dringend notwendig, um die Versorgung nachhaltig zu sichern", warnte der Verband. Nachdem die Molkereien in den vergangenen Jahren dem Handel, allen voran den Discountern, immer wieder Preiszugeständnisse machen mussten, sitzen sie jetzt plötzlich am längeren Hebel. „Wir kommen aus dem Tal der Tränen. Viele Milchbauern standen mit dem Rücken an der Wand, weil die Preise nicht die Kosten deckten", so Brandl. Dass sich die Lage jetzt so schnell drehen würde, hatte niemand erwartet.
Die Bauern bekommen bereits deutlich mehr für die Milch als noch vor einem Jahr und können mit weiteren Steigerungen rechnen, weil den Molkereien ihre Produkte aus der Hand gerissen werden. Bezahlen müssen es am Ende die Verbraucher. „1970 musste ein Arbeitnehmer noch 22 Minuten für ein Päckchen Butter arbeiten – heute nur noch vier", sagt Michael Brandl. Doch das wird sich bald ändern.

Köhler, Klaus: Der Milchtopf ist plötzlich umkämpft, in: Augsburger Allgemeine, 30.07.2007 (leicht gekürzt)

Aufgaben

1. Arbeiten Sie mithilfe eines Fachbuchs in Volkswirtschaft heraus, welche Folgen durch vom Staat festgesetzte Mindestpreise entstehen.
2. In welchen Bereichen erwirtschafteten die Landwirte Überschüsse?
3. Diskutieren Sie anhand des Schaubildes „Überschüsse" die Lösungsansätze zur Verminderung der Überschussproduktion (M1). Arbeiten Sie die einzelnen Positionen heraus.

Strukturelemente der Europäischen Union (Politikfelder)

Im Jahr 2004 wurde die Gemeinsame Agrarpolitik (GAP) umfassend reformiert und zur Entwicklung des ländlichen Raumes wurden für die Jahre 2007 bis 2013 drei Ziele festgesetzt:
- Steigerung der Wettbewerbsfähigkeit des Agrarsektors, z. B. durch Berufsbildungsmaßnahmen, durch Förderung von Innovationen, durch Inanspruchnahme von Beratungsdiensten oder durch Absatzförderungsmaßnahmen für Nahrungsmittel mit besonderer Qualität;
- Umweltschutz und Landmanagement mit der Ausrichtung auf Schwerpunkte wie z. B. Bekämpfung des Klimawandels, Förderung der Artenvielfalt, Verbesserung der Wasserqualität oder Risikoverringerung bei Naturkatastrophen;
- Verbesserung der Lebensqualität durch eine attraktivere Gestaltung der ländlichen Gebiete (z. B. Dorferneuerung und -entwicklung) und Diversifizierung* der Wirtschaft (z. B. Förderung des Fremdenverkehrs).

Innovation = Erneuerung

Die bewährte Gemeinschaftsinitiative LEADER wird in die allgemeine Programmplanung einbezogen, um so auf nationaler Ebene und auf EU-Ebene ein Netzwerk für ländliche Entwicklung zu errichten. Im Rahmen von LEADER wird freiwilliges Engagement (lokale Aktionsgruppen) genutzt und innovative, sektorübergreifende Kooperationsprojekte zwischen Land- und Forstwirtschaft sowie anderen Partnern im ländlichen Raum, wie z. B. Tourismus, Handwerk, Wirtschaft und Gastronomie, gefördert.

Beispiele für erfolgreiche LEADER-Projekte*, die die ländlichen Strukturen verändern und die Regionen bzw. Länder vernetzen:
- Deutsches Hirtenmuseum Hersbruck mit den Schwerpunkten Natur und Kultur, verstärkte Nutzung bestehender Potenziale in den Bereichen „Erholung" und „Tourismus", Kooperation mit Gesundheits- und Bildungseinrichtungen in unmittelbarer Nähe.
- Im Landkreis Neuburg-Schrobenhausen wird in der Volksschule Karlshuld eine Ganztagesbeschulung für Kinder und Jugendliche mit hohem Förderbedarf im sozialen und schulischen Bereich (keine Förderschüler) unterstützt. Die Schüler/-innen erhalten z. B. differenzierten Unterricht in kleinen Klassen, individuelle Förderung, berufsvorbereitenden praxisorientierten Unterricht sowie sozialpädagogische und schulpsychologische Betreuung.

Aufgaben

4. Warum schnellen die Preise für Milchprodukte in die Höhe (M2)? Wie nennt man diesen Vorgang mit dem Fachbegriff?
5. Nennen Sie die Maßnahme der EU, die vorübergehend geholfen hat, die steigende Nachfrage nach Milchpulver zu decken.
6. Die Marktposition des Handels sorgte in den letzten Jahren immer wieder dafür, dass der Preis für Milchprodukte niedrig gehalten wurde. Warum?
7. Welche Maßnahme ist nach Ansicht Brandls notwendig, um die Versorgung der Bevölkerung mit Milchprodukten nachhaltig zu sichern?
8. Erkundigen Sie sich in der Gemeindeverwaltung oder im Landratsamt Ihres Heimatortes nach Projekten, die im Rahmen von LEADER gefördert wurden bzw. werden und stellen Sie diese Initiativen in Ihrer Klasse vor.

Migration = Abwanderung

Gesellschaft im Wandel 1.3, 3.1

Globalisierung 5.2

4.12 Migrationen

Viele Menschen auf der Welt – nicht nur aus Afrika, Asien oder Amerika, sondern auch aus europäischen Ländern – sind auf der Flucht (z. B. aus religiösen oder politischen Gründen) oder wollen aus anderen Überlegungen (z. B. Arbeitsplatzsuche) ihre Heimat verlassen. Ihr Ziel ist oft die EU. Die europäische Gemeinschaft hat die Aufgabe, diese Menschen zu integrieren oder sich der Flüchtlinge anzunehmen, bis die Situation im jeweiligen Heimatland eine Rückkehr erlaubt. Die soziale Verantwortung für Notleidende ist ausgesprochen groß, die Akzeptanz in der Bevölkerung sehr unterschiedlich.

M1

Sprechblase: „…also, das ist so: Wir sitzen hier im Gefängnis, weil man uns nicht glaubt, dass uns in der Heimat Gefängnis droht!"

Dokument: ABSCHIEBEBESCHEID

Bildunterschrift: in Abschiebehaft

Auch zahlreiche Bundesbürger suchen – wie folgendes Schaubild zeigt – ihr Glück in der Ferne.

Aufgaben

1. Welche Problematik will der Karikaturist Mester verdeutlichen (M1)?
2. Nennen Sie Gründe, warum Menschen ihre Heimat verlassen.
3. Erörtern Sie mit Ihrem Nachbarn Befürchtungen von Einheimischen gegenüber Migranten.
4. Überlegen Sie in der Gruppe, wie man derartige Befürchtungen abbauen kann.
5. Die Grafik M2 enthält auch befristete Ausreisen. Diskutieren Sie in der Gruppe, welche Gründe Deutsche dazu veranlassen.
6. Diskutieren Sie in der Gruppe Motive der deutschen Auswanderer.

M2 Auf gepackten Koffern

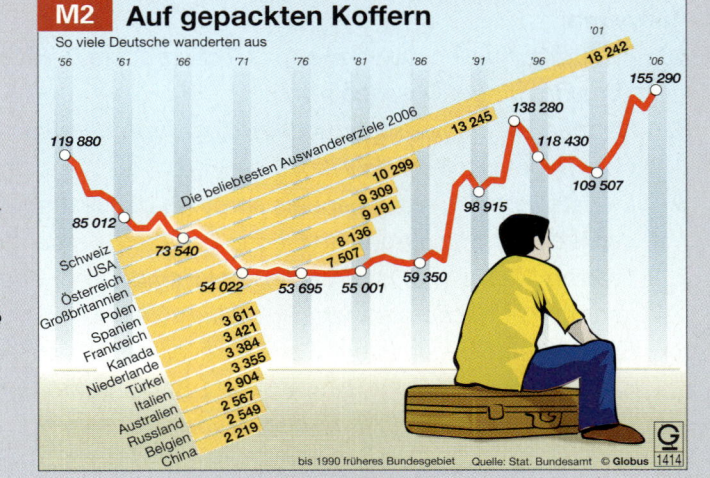

So viele Deutsche wanderten aus

'56	119 880
'61	85 012
'66	73 540
'71	54 022
'76	53 695
'81	55 001
'86	59 350
'91	98 915
'96	118 430
'01	109 507
'06	155 290

Zwischenwerte: 7 507, 8 136, 9 191, 9 309, 10 299, 13 245, 18 242, 138 280

Die beliebtesten Auswandererziele 2006:
- Schweiz
- USA
- Österreich
- Großbritannien
- Polen
- Spanien 3 611
- Frankreich 3 421
- Kanada 3 384
- Niederlande 3 355
- Türkei 2 904
- Italien 2 567
- Australien 2 549
- Russland
- Belgien 2 219
- China

bis 1990 früheres Bundesgebiet Quelle: Stat. Bundesamt © Globus 1414

Strukturelemente der Europäischen Union (Politikfelder)

M3 Wirtschaft setzt auf Zuwanderer

EU-Studie Viele Immigranten verfügen über das Fachwissen, das Europas Firmen brauchen

Brüssel Europas Wirtschaft kommt wieder in Schwung, doch der Aufstieg könnte viel schneller und nachhaltiger sein, wenn es nicht immer mehr an heimischen Fachkräften mangeln würde. Ersatz, ja, mehr als das, könnten Immigranten bieten, wenn sie denn arbeiten dürften.

„Europas Wirtschaft lässt Fachwissen ungenutzt liegen, obwohl man solche Spezialisten dringend braucht": Das ist auf einen Nenner gebracht die Erkenntnis eines von Meet (Migrants, Employment, Empowerment, Training = Migranten, Arbeit, Eigenständigkeit, Training) getragenen Symposiums in Brüssel. Meet, das ist ein Zusammenschluss der 65 Organisationen aus bislang sechs europäischen Staaten, die Zuwanderer ausbilden, ihnen Sprachkenntnisse vermitteln, um sie auf dem Arbeitsmarkt unterzubringen. In Deutschland sind zahlreiche Stellen aus dem Migranet-Netzwerk darin eingebunden.

„Wir sind mehr und mehr von Immigranten abhängig", sagte der CSU-Europaabgeordnete Markus Ferber zur Eröffnung der Konferenz ... Nach einer EU-Studie sinkt zwar die Arbeitslosigkeit in der EU immer weiter, gleichzeitig explodiere aber die Zahl der unbesetzten Stellen. Inzwischen könnten drei Millionen Jobs nicht mehr besetzt werden. Dabei handele es sich aber nicht wie früher um Tätigkeiten für ungelernte Kräfte. Gesucht würden vielmehr Spezialisten.

Allenfalls behutsam an das brisante Thema gewagt

Allein in Deutschland ist das Stellenangebot für Ingenieure innerhalb des Jahres 2006 um 30 Prozent gestiegen. In der Informationstechnik werden bis 2010 in der EU rund 300 000 qualifizierte Bewerber fehlen. Einer Studie des Instituts der Deutschen Wirtschaft zufolge dürften die Kosten, die den Firmen durch unbesetzte Stellen entstehen, bei 3,5 Milliarden Euro liegen. Indessen hat sich die EU bislang bestenfalls „behutsam" an das so brisante Thema herangewagt. Innerhalb des Europäischen Parlaments wurden gerade mal zwei Bestandsaufnahmen angefertigt – ohne jede Verbindlichkeit für die nationale Politik der Mitgliedstaaten.

Die aber könnten längst auf fundierte Kräfte zurückgreifen, wenn sie ihre Arbeitsmärkte für Zuwanderer weiter öffneten, zumal ihnen die Migranet-Experten praktisch alle Vorbereitung wie Sprachschulung und Integration abnehmen.

Immigrant = Zuwanderer

Symposium = themengebundene Tagung mit Vortrag und Diskussion

Drewes, Detlef: Wirtschaft setzt auf Zuwanderer, in: Augsburger Allgemeine, 08.06.2007 (leicht gekürzt)

M4 Die Politik muss nachziehen

Wir müssen umdenken. Jahrelang hat man uns Zuwanderer und Aussiedler als Sozialschmarotzer vorgeführt. Nun stellt sich eine ganz andere Wirklichkeit dar: Viele von denen, die in die EU und nach Deutschland kommen (oder kommen wollen), verfügen genau über die qualifizierte Ausbildung, die unsere Unternehmen brauchen und die sie auf dem hiesigen Arbeitsmarkt nicht mehr finden.

Der Rückgang der Geburten lässt ein immer größeres Loch klaffen, das übrigens keineswegs nur durch Zuwanderer allein geschlossen werden kann. Auch ältere Arbeitnehmer werden mehr und mehr gebraucht.

Abseits der großen Schlagzeilen sind längst jene Organisationen entstanden, die den Betrieben die Vorarbeit abnehmen, die Sprachschulungen und Trainings anbieten, um die Menschen mit Migrationshintergrund fit für den Arbeitsmarkt zu machen. Nun muss nur noch die Politik nachziehen und endlich begreifen, dass auch zeitlich befristete Arbeitsverbote für die Unternehmen ein schwerer Verlust sind.

Dabei ist die Frage einer legalisierten Einwanderung nur teilweise national zu lösen. Aber auch auf europäischer Ebene ist man momentan mehr mit der Abwehr illegaler Zuwanderung befasst.

legal = gesetzlich

Drewes, Detlef: Die Politik muss nachziehen, in: Augsburger Allgemeine, 08.06.2007

Aufgaben

7. Die Wirtschaft in Deutschland benötigt Fachkräfte, die auf dem heimischen Markt nicht zur Verfügung stehen. Wie könnte dieser Mangel ausgeglichen werden (M3, M4)?
8. In der EU sinkt die Zahl der Arbeitslosen, gleichzeitig steigt die Zahl der unbesetzten Stellen. Warum ist diese Entwicklung im Vergleich zu früheren Jahren problematisch?
9. Was bedeutet der Name „Meet" (M3)?
10. Nennen Sie die Leistungen, die „Meet" für Arbeitsuchende bzw. für Unternehmen bringt.
11. Besprechen Sie mit Ihrem Nachbarn, warum wir Deutsche hinsichtlich der Immigranten umdenken müssen (M4).
12. Warum geht die EU nach Auffassung des Kommentators relativ zögerlich an das Problem der Zuwanderung heran?

5 Gemeinsame Außen- und Sicherheitspolitik (GASP)

M1 Kardinal Lehmann plädiert für gemeinsame EU-Außenpolitik

Für eine gemeinsame europäische Außenpolitik spricht sich der Vorsitzende der Deutschen Bischofskonferenz, Kardinal Karl Lehmann, aus.

Eine gemeinsame EU-Außen- und Sicherheitspolitik verkörpere „wie kaum ein anderes Politikfeld das Selbstverständnis der Europäischen Union als Friedensprojekt", sagte Lehmann. Er bedauerte, dass die Schritte zu einer gemeinsamen EU-Außenpolitik, die der „leider nicht ratifizierte Verfassungsvertrag" vorsieht, bislang nicht gesetzt worden seien.

Der Kardinal appellierte an die EU-Staaten, eine gemeinsame Außenpolitik auf den Werten von Menschenrechten, Demokratie, Rechtsstaat und internationaler Solidarität aufzubauen.

Lehmann räumte zugleich ein, dass es Widerstände gegen eine gemeinsame EU-Außenpolitik gebe. Dazu gehörten vor allem „nationale Verlustängste und die Sorge, von einer übermächtigen Zentrale dominiert zu werden", so der Bischofskonferenz-Vorsitzende. Diese Sorgen hätten ihre Wurzeln in der europäischen Geschichte. Sie seien nur zu überwinden, wenn die unterschiedlichen Erfahrungen zu einer Quelle gegenseitiger Korrektur würden.

ratifizieren = völkerrechtlich Verträge anerkennen

(KNA) Land aktiv, Die Zeitschrift für engagierte Christen auf dem Land, Ausgabe 04/2007

Im Vertrag von Amsterdam einigten sich die EU-Mitgliedsländer im Rahmen der GASP, eine Europäische Sicherheits- und Verteidigungspolitik (ESVP) schrittweise aufzubauen. Zum Aufgabenspektrum der ESVP zählen neben humanitären Projekten auch Rettungsmaßnahmen in Katastrophenfällen sowie friedenserhaltende Aufgaben und Kampfeinsätze zur Bewältigung von Krisensituationen. Die bisher durchgeführten Operationen im Rahmen der ESVP machen deutlich, dass sich die EU in Krisenregionen der Welt engagiert und in zunehmendem Maße auch global orientiert.

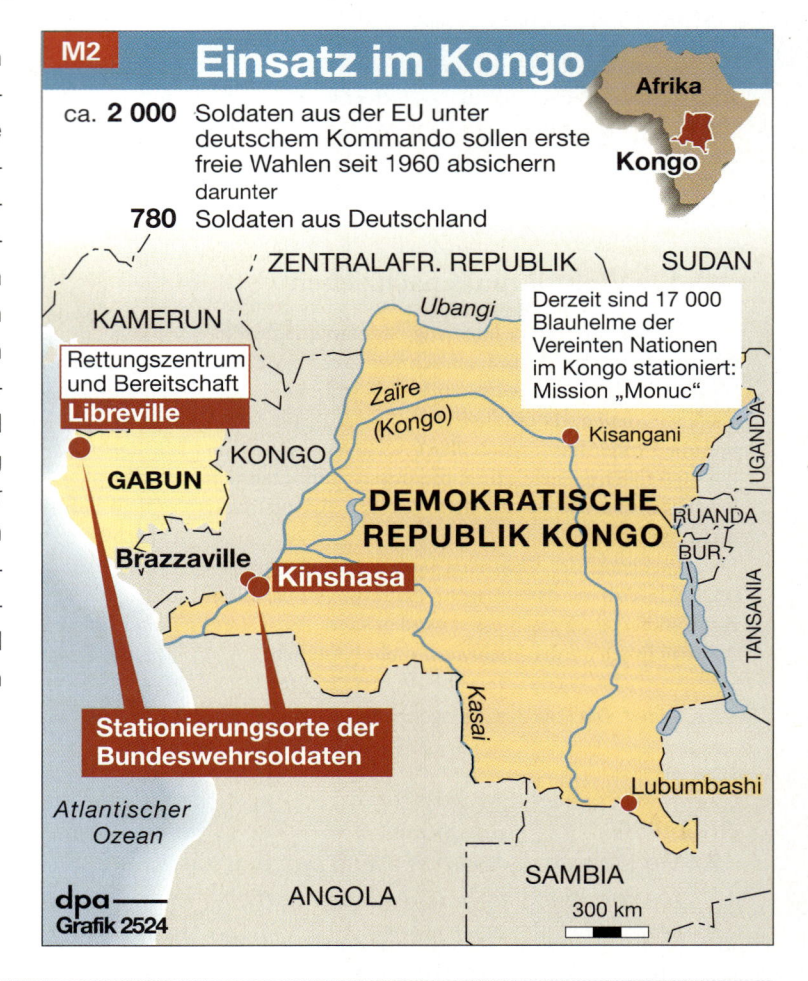

humanitär = menschenfreundlich, wohltätig

M2 Einsatz im Kongo

- ca. 2 000 Soldaten aus der EU unter deutschem Kommando sollen erste freie Wahlen seit 1960 absichern
- darunter 780 Soldaten aus Deutschland
- Derzeit sind 17 000 Blauhelme der Vereinten Nationen im Kongo stationiert: Mission „Monuc"

Stationierungsorte der Bundeswehrsoldaten: Libreville (Rettungszentrum und Bereitschaft), Kinshasa

dpa-Grafik 2524

Aufgaben

1. Erläutern Sie mit eigenen Worten, warum Kardinal Lehmann eine gemeinsame Außen- und Sicherheitspolitik der EU für notwendig erachtet (M1).
2. Nennen Sie die Werte, denen nach Auffassung des Kardinals eine gemeinsame EU-Außenpolitik verpflichtet sein sollte.
3. Warum gibt es nach Auffassung des Kardinals gegen eine gemeinsame EU-Außenpolitik Widerstände?

Gemeinsame Außen- und Sicherheitspolitik (GASP)

M3 Engagement für Afrika

… Aldo Ajello ist keiner, der die Dinge schönredet. Dafür hat der 70-jährige italienische Diplomat zu viel von der Welt im Allgemeinen und von Afrika im Besonderen gesehen. Aber deswegen hütet er sich auch vor Schwarzmalerei. Der Beauftragte der Europäischen Union für den Kongo hat schon Mosambik auf dem Weg vom Bürgerkrieg zu einem funktionierenden Staat weitergeholfen. Damals, Anfang der neunziger Jahre, war er noch Emissär der Vereinten Nationen.

Zwischenzeitlich ist viel passiert und nicht alles zum Besten. Auf einen Erfolg des Westens kommen mehrere Misserfolge. Somalia, Ruanda und auch die Demokratische Republik Kongo stehen bislang nicht auf der Habenseite der europäischen Politik … Nun will die EU Truppen unter deutscher und französischer Führung zur Sicherung der Wahlen in den Kongo schicken …

Nach einem der schlimmsten Bürgerkriege der Geschichte, der rund vier Millionen Menschenleben gekostet hat und an dessen Weiterschwelen täglich immer noch mehr als tausend sterben, hat die EU begriffen, dass sie mehr als nur Verbandsmaterial schicken muss. „Wenn wir nichts tun, dann werden die Kosten für uns sehr hoch", prophezeit Ajello. Dem Kongo zu helfen ist nicht nur eine Frage der Moral, sondern auch des europäischen Eigennutzes. Solange das Land nicht zur Ruhe kommt und in der Lage ist, seine Nachbarn Ruanda und Uganda von blutigen Raubzügen in seine rohstoffreichen Grenzregionen abzuhalten, so lange wird es Flüchtlingsströme aus dem Herzen Afrikas nach Europa geben. So lange wird der große Kontinent im Süden der EU instabil bleiben.

In den vergangenen 20 Jahren hat die EU weit über eine Milliarde Euro an Entwicklungshilfe in den Kongo gesteckt. Den Bürgerkrieg hat das nicht verhindert.

Daraus lassen sich Lehren ziehen. Als es 2000 endlich gelungen war, einen Waffenstillstand zu vermitteln und sich auf einen Plan für eine Verfassung und für Wahlen zu einigen, konzentrierte die EU sich auf deren Absicherung, die sie bis heute mit 150 Millionen Euro finanzierte. Hinzu kommen 65 Millionen Euro aus Mitgliedsländern.

Die EU hilft außerdem, was bislang nicht zum klassischen Repertoire der Entwicklungspolitik gehört, beim Aufbau einer zuverlässigen Polizeitruppe und einer dem Staat loyalen Armee. Mehrere Dutzend europäischer Offiziere beraten die aus den Kriegsfraktionen zusammengewürfelten Streitkräfte. Die Afrikaexperten des EU-Außenbeauftragten Javier Solana kalkulieren so: Ein Land, so groß und so reich wie der Kongo, mit so gierigen Nachbarn braucht neben aller politischen und wirtschaftlichen Hilfe beim Aufbau eines funktionierenden Staates auch eine starke Armee.

Armeen in Afrika tendieren freilich dazu, in ihren Reihen Putschisten heranzuziehen oder bei innenpolitischen Spannungen auseinanderzufallen. Einen der Gründe dafür sehen die EU-Spezialisten im verbreiteten Diebstahl des Soldes durch Offiziere. Soldaten, so kalkulieren die Europäer, die regelmäßig und zuverlässig ihr Gehalt bekommen, verschaffen sich ihren Lebensunterhalt nicht durch Marodieren. Auf Drängen der EU gibt es in Kinshasa erste Fortschritte hin zu einem funktionierenden und weniger betrugsanfälligen Soldsystem. Das mag noch nicht viel sein. Aber bei den bevorstehenden Wahlen wird sich zeigen, ob die Armee loyal zum demokratischen Prozess steht. Und dabei entscheidet sich aus Brüsseler Sicht eben auch, ob es ein Fundament dafür gibt, die vielen anderen Instrumente des nation building einzusetzen, die die Europäer in ihrem Werkzeugkasten haben.

Emissär = Abgesandter

Repertoire = Gesamtheit der Möglichkeiten

loyal = treu, zuverlässig

marodieren = plündern

Instrumente des nation building

Winter, Martin: Brüssels Werkzeuge, in: Süddeutsche Zeitung, 17.05.2006

Aufgaben

4. Nennen Sie die Aufgaben, die die ESVP kennzeichnen.
5. Beschreiben Sie den konkreten Anlass, warum die EU Truppen in den Kongo schicken will (M3).
6. Begründen Sie, warum es für die EU vorteilhaft ist, im Kongo zu helfen.
7. Erläutern Sie die EU-Hilfen außerhalb der klassischen Entwicklungspolitik, die dem Kongo gegen die Gier seiner Nachbarländer helfen sollen.
8. Welche Maßnahme soll dazu führen, dass sich die Armee im Kongo z. B. bei innenpolitischen Spannungen loyal zur gewählten Regierung verhält?
9. Überlegen Sie zusammen mit Ihrem Nachbarn, was der Verfasser mit den „Instrumenten des nation building" meint.
10. Wie beurteilen Sie das Engagement der Europäer im Kongo? Führen Sie dazu innerhalb der Klasse eine Diskussion.

Globalisierung 3.4

6 Zusammenarbeit in der Innen- und Justizpolitik (Europol und Eurojust)

Europol

Europol ist das europäische Polizeiamt, das seinen Sitz in Den Haag hat. Ziel dieser Behörde ist es, die EU-Mitgliedsländer bei der Verhütung und Bekämpfung der internationalen Kriminalität durch intensive Zusammenarbeit zu unterstützen. Im Blickpunkt sind dabei u. a. Geldfälschung, Menschenhandel, Kraftfahrzeugkriminalität, illegaler Drogenhandel und Verhütung bzw. Bekämpfung des Terrorismus.

Zur Erfüllung ihrer Aufgaben unterhält Europol ein automatisiert geführtes Informationssystem, in dem neben Personendaten auch beispielsweise folgende Daten gespeichert werden dürfen: Verdacht über die Zugehörigkeit zu einer kriminellen Vereinigung, begangene Straftaten, Tatmittel, die verwendet wurden, Verurteilungen für Straftaten im Zuständigkeitsbereich von Europol.

Zwei Datenschutzexperten aus jedem Mitgliedsland überwachen als Kontrollinstanz Inhalt und Nutzung aller bei Europol vorhandenen personenbezogenen Daten.

M1

... Nach dem Sechsfachmord von Duisburg hat die Polizei noch keinen Hinweis auf den Verbleib eines der möglichen Täter. ...

Die Duisburger Polizei geht bei dem Verbrechen inzwischen von einer Blutfehde zwischen zwei Familien im kalabrischen San Luca aus. Beide Clans werden der kalabrischen Mafia 'Ndrangheta zugerechnet. Bei der Bluttat in der Nacht zum Mittwoch waren vor einem Restaurant in der Duisburger Innenstadt sechs Männer im Alter zwischen 16 und 38 Jahren erschossen worden.

Zwei Männer unter Verdacht

Nach Zeugenaussagen wurden in unmittelbarer Nähe des Tatorts zwei Männer gesehen, die mit der Tat in Verbindung stehen könnten.

Der Bundesnachrichtendienst (BND) hat Medienberichten zufolge seit längerem Hinweise darauf, dass italienische Mafia-Banden ein starkes Netzwerk in Deutschland unterhalten. Vor allem in Hessen und Rheinland-Pfalz, aber auch in anderen Ländern gebe es eine Vielzahl von „Filialen" der sogenannten Camorra, zitiert eine Zeitung aus einem geheimen Vermerk des BND aus dem Jahr 2004. Die 'Ndrangheta sei vor allem in Ostdeutschland aktiv. Neben Rauschgiftschmuggel, Geldwäsche und Schutzgelderpressungen liege der Schwerpunkt aber auf legalen Geschäften, die mit Gewinnen aus Verbrechen in Italien und anderen Ländern finanziert werden.

Zusammenarbeit muss verbessert werden

Nach Ansicht des Direktors der europäischen Polizeibehörde Europol, Max-Peter Ratzel, muss im Kampf gegen die organisierte Kriminalität die Zusammenarbeit der EU-Länder verbessert werden. „Wichtige Informationen aus den EU-Ländern liegen Europol zum Teil nicht vor, weil nationale Behörden die europaweite Relevanz nicht erkennen und sie nicht weitergeben", sagte Ratzel der „Neuen Osnabrücker Zeitung".

Die italienische Mafia sei dabei nicht die größte kriminelle Gefahr in Europa. „Türkische, albanische oder nigerianische Gruppen spielen eine größere Rolle", erklärte Ratzel. Zwischen den Organisationen gebe es zudem enge Verflechtungen. Der Datenaustausch über Europol müsse deshalb effektiver gestaltet werden. Große Länder wie Deutschland seien durch organisierte Kriminelle besonders bedroht. Größe, Lage und Infrastruktur machten das Land zum besonders attraktiven Markt für Drogen- und Menschenhändler.

Relevanz = Bedeutung

Camorra = Geheimbund in Italien

www.faz.net/s/Rub77CAECAE94D7431FqEACD163751D4CFD/Doc~E20A4E459125D489CBCDFC5C5AD6A664B~ATpl~Ecommon~Scontent.html verantw. Kai N. Pritzsche, 17.08.2007

Aufgaben

1. Nennen Sie die Verbrechen, die der Mafia 'Ndrangheta zur Last gelegt werden (M1).
2. Erläutern Sie, warum nach Meinung des Direktors von Europol die Zusammenarbeit der EU-Länder verbessert werden muss.
3. Zählen Sie die Gruppen auf, die der Europol-Chef neben der italienischen Mafia zur größten kriminellen Gefahr in Europa rechnet.
4. Für welchen Markt ist nach Ansicht Ratzels Deutschland wegen seiner Infrastruktur besonders attraktiv?

Eurojust

Bei Eurojust handelt es sich um eine Servicebehörde der Mitgliedsländer, die 2002 in Den Haag eingerichtet wurde, um die Bekämpfung von grenzüberschreitenden Verbrechen zu erleichtern. Eurojust ist zuständig bei allen Kriminalitätsformen und Straftaten, die im Gebiet von Europol anfallen, einschließlich Computerkriminalität, Betrug und Korruption, Umweltkriminalität sowie Geldwäsche. Mithilfe dieser Servicebehörde können strafrechtliche Angelegenheiten im internationalen Bereich wirksamer und zügiger bearbeitet werden. Dies geschieht z. B. durch eine verbesserte Koordination der in den Mitgliedsländern laufenden Ermittlungen und Strafverfolgungsmaßnahmen oder auch dadurch, dass Rechtshilfeersuchen und Auslieferungsverfahren erleichtert werden.

M2 Die Überstellung Helmut Elsners aus Frankreich war einer der prominentesten Fälle der EU-Justizinstitution „Eurojust"

EU-Bundesbehörden könnten sich in einigen Jahren um grenzüberschreitende Straftaten kümmern. Die EU-Kommission will für Eurojust und Europol ab 2009 deutlich mehr Kompetenzen, die Mitgliedstaaten sträuben sich noch. In einem Binnenmarkt wie der EU werde auch die Strafverfolgung über Grenzen hinweg immer wichtiger, unterstrich EU-Justizkommissar Franco Frattini am Dienstag in Brüssel anlässlich der Präsentation der Bilanz 2006 von Eurojust, der Institution, die die Strafverfolgung über Grenzen hinweg koordinieren soll und der auch Fälle von den einzelnen Mitgliedstaaten übertragen werden können.

771 Fälle waren es im abgelaufenen Jahr, ein Drittel mehr als 2006, die von den Juristen übernommen wurden – darunter auch die Auslieferung des ehemaligen Bawag-Chefs Helmut Elsner von Frankreich nach Österreich. Eurojust hatte die überraschende Verhaftung Elsners am 14. September 2006 in seiner südfranzösischen Villa auf Basis eines europäischen Haftbefehls koordiniert. Seine beschlossene Auslieferung hatte sich aufgrund von Herzproblemen des 71-Jährigen aber immer wieder verzögert.

Große Fische

Grundsätzlich sind es große Fälle wie der eines Lkw-Fahrers aus Hof in Bayern, der fünf Morde an Prostituierten in Spanien und Frankreich sowie die Tötung einer 14-jährigen Mitschülerin vor 33 Jahren gestanden hat, und nach Polizeiangaben für weitere 13 Morde infrage kommt, oder ein EU-weit tätiger Kinderporno-Ring, um den sich Eurojust in Den Haag kümmert.

Kritik an Kooperation

Frattini wie auch der Chef von Eurojust, Michael Kennedy, kritisieren allerdings die eher zurückhaltende Zusammenarbeit der nationalen Behörden mit Eurojust wie auch der Polizeiorganisation Europol. Aber auch die Zusammenarbeit der EU-Behörden untereinander sei verbesserungswürdig, meinte Frattini.

Bis 2009 müssen neue strategische Ziele für die Behörden formuliert werden und die Kommission will hier deutlich mehr Kompetenzen: Frattini kann sich einen „EU-Staatsanwalt" vorstellen und in Zusammenarbeit mit Eurojust könnte Europol Schritt für Schritt zu einer Bundespolizei für die gesamte Union ausgebaut werden – ähnlich dem FBI in den USA.

Gegen diese Pläne gibt es allerdings in den Mitgliedstaaten noch erheblichen Widerstand, sind doch bisher die Bereiche Sicherheit und Justiz hauptsächlich Landessache.

Vor allem Deutschland und Frankreich wollen hier keinesfalls Kompetenzen abgeben, heißt es in Brüssel.

Kompetenz = Zuständigkeit

Seidler, Michael am 19.04.2007 in: http://www.euroblogg.eu/index.php?m=1&id=1360&lang=de (09.09.2007)

Aufgaben

5. Nennen Sie die Erfolge von Eurojust im Jahr 2007, die im obigen Artikel dargestellt werden (M2).
6. Welche rechtliche Grundlage war für die Verhaftung Elsners in Südfrankreich nötig?
7. Erläutern Sie mit eigenen Worten die Kritik, die EU-Justizkommissar Frattini trotz der Erfolge von Eurojust formulierte.
8. Zählen Sie die Verbesserungsvorschläge auf, die Frattini nennt, um die Arbeit von Eurojust effektiver zu gestalten.
9. Wie beurteilen Sie die Erfolgsaussichten für die Vorschläge von Frattini?

7 Europäische Verfassung – Grundlagenvertrag

M1 Der Vertrag ersetzt die Verfassung

Beschlüsse des Gipfels

Brüssel |afp| Der ausgehandelte neue EU-Vertrag soll die gescheiterte Verfassung ersetzen und die Handlungsfähigkeit der Union mit 27 Staaten garantieren. In Kraft treten soll er vor der Europawahl 2009. Das ändert sich in Europa:

- **Vertrag statt Verfassung:** Der Ausdruck „Verfassung" kommt in dem Text nicht mehr vor; die Fahne und Hymne werden auf Wunsch Großbritanniens und der Niederlande nicht mehr als EU-Symbole genannt, weil dies an einen europäischen „Superstaat" erinnere.
- **Stimmrechte:** Mit Rücksicht auf Polen soll das Prinzip der „doppelten Mehrheit" erst ab 2014 mit einer Übergangsfrist bis 2017 eingeführt werden. Danach erfordern EU-Beschlüsse eine Mehrheit von 55 Prozent der Staaten, die 65 Prozent der Bevölkerung auf sich vereinen.
- **Mehrheitsentscheidungen:** EU-Entscheidungen sollen künftig in der Regel mit qualifizierter Mehrheit fallen und nicht mehr einstimmig, um Gesetze zu beschleunigen. Bei polizeilicher und Justiz-Zusammenarbeit wird jedem Mitgliedstaat freigestellt, wie stark er sich einbinden lässt. In sensiblen Bereichen wie der Außenpolitik, Steuerpolitik oder Sozialpolitik gilt weiter das Prinzip der Einstimmigkeit.
- **EU-Außenminister:** Die EU bekommt erstmals einen Außenminister, der aber mit Rücksicht auf Großbritannien so nicht heißen darf. Der Chefdiplomat nennt sich „Hoher Repräsentant der Union für Außen- und Sicherheitspolitik". Er vereint die Funktion des bisherigen EU-Außenbeauftragten und des EU-Außenkommissars.
- **EU-Präsident:** Die EU erhält einen Vorsitzenden, dessen Amtszeit zweieinhalb Jahre beträgt. Bisher übernimmt alle sechs Monate ein anderer Staat die Präsidentschaft.
- **Charta der Grundrechte*:** Die im Jahr 2000 beschlossene Grundrechtscharta der EU wird rechtsverbindlich. Sie taucht im Vertragsentwurf aber nicht mehr als Text auf, sondern nur als Verweis. Um London entgegenzukommen, wurde festgelegt, dass Bestimmungen der Charta in keiner Weise die britische Rechtsprechung beeinflussen können.
- **Gelb-rote Karte:** Dem Drängen der Niederländer auf mehr Kontrollrechte der nationalen Parlamente wurde ein Stück weit nachgegeben. Die EU-Kommission muss ihre Gesetzesvorschläge überprüfen und stichhaltig begründen, wenn dies mehr als die Hälfte der nationalen Parlamente verlangt („Gelbe Karte"). Im Extremfall kann ein Gesetzesprojekt der Kommission zu Fall gebracht werden („Rote Karte").
- **EU-Erweiterung:** Auf Wunsch der Niederlande wurde ein Passus aufgenommen, wonach die beitrittswilligen Länder die EU-Kriterien erfüllen müssen. Dies betrifft unter anderem den Zustand der Demokratie und der Wirtschaft sowie die Lage der Menschenrechte.

afp, in: Augsburger Allgemeine, 25.06.2007

Passus = Abschnitt im Text

Aufgaben

1. Besorgen Sie sich einen Entwurf der „Europäischen Verfassung" und halten Sie zu jedem der folgenden Inhaltspunkte ein Kurzreferat: Gemeinsame Werte innerhalb der EU, Grundfreiheiten, Unionsbürgerschaft, Charta der Grundrechte und Solidarität unter den Mitgliedstaaten.
2. Welche Länder haben den Beschlüssen des Gipfels ihren besonderen „Stempel" aufgedrückt (M1)?
3. Nennen Sie den Grund, warum die Fahne und Hymne der EU nicht mehr „EU-Symbole" genannt werden.
4. Erläutern Sie mit eigenen Worten die Prinzipien der „doppelten Mehrheit" und der „qualifizierten Mehrheit" bei EU-Abstimmungen?
5. In welchen sensiblen Bereichen der Politik gilt weiterhin das Prinzip der Einstimmigkeit? Überlegen Sie sich hierzu auch Gründe.
6. Informieren Sie sich im Glossar über Einzelheiten der Charta der Grundrechte.
7. Warum kann man die „Gelbe Karte" als einen Rückschritt im europäischen Einigungsprozess betrachten?
8. Zählen Sie die Kriterien auf, die künftige EU-Kandidaten insbesondere erfüllen müssen.

Europäische Verfassung – Grundlagenvertrag

M2 Polen ist nicht allein

Europa muss sich entscheiden. Nach dem Tod der geplanten Verfassung geht es beim Streit um die Frage, wie künftig Entscheidungen gefällt werden, um weit mehr als nur eine Kleinigkeit. Die Skepsis vieler Staaten gegenüber der Krake EU, die alles an sich reißt und rücksichtslos in die nationalen Belange hineinregiert, ist weitaus größer, als der Krach mit Polen vermuten lässt. Dazu hat Brüssel ein gehöriges Maß beigetragen, indem es nicht nur nach ständig neuen Zuständigkeiten ruft, sondern diese auch nicht selten mit kalter Rücksichtslosigkeit durchsetzt. Die Liste derer, die die Macht der EU begrenzen möchten, ist lang. Und nicht wenige sind darunter, die gerade den Großen in der Gemeinschaft unterstellen, die Union immer wieder auch für eigene Zwecke missbraucht zu haben.

… In der Sache kann man nicht alle Schuld an der momentanen Zerstrittenheit nach Warschau abschieben. Polen ist die Speerspitze einer Bewegung, die tiefer geht und die sich zum ersten Mal bei dem Nein zur EU-Verfassung in Frankreich und in den Niederlanden gezeigt hat. Das Gemeinschaftsgefühl, das Vertrauen untereinander, dass nicht nur jeder für sich, sondern für alle das Beste sucht, ist weitgehend abhanden gekommen. Die Angst eines wichtigen europäischen Landes, bei zukünftigen Beschlüssen in die Ecke gedrängt zu werden, ist nachvollziehbar.

Skepsis = kritische Zweifel, Bedenken

Drewes, Detlef: Polen ist nicht allein, in: Augsburger Allgemeine, 20.06.2007 (gekürzt)

Hinweis zur Karikatur: Auf dem Strick stehen die polnischen Zwillingsbrüder Lech Kaczynski (Staatspräsident) und Jaroslaw Kaczynski (Premierminister). Die „Reiterin" ist die Bundeskanzlerin Angela Merkel.

M3

POLNISCHER STANDPUNKT

Aufgaben

9. Warum bezeichnet der Kommentator die EU als Kraken (M2)?
10. Zählen Sie die Länder auf, die der Kommentator mit den „Großen in der Gemeinschaft" meint.
11. Was will Haitzinger mit seiner Karikatur aussagen (M3)?
12. Benennen Sie die EU-Staaten, die offenkundig nicht mit der Entwicklung in der EU einverstanden sind.
13. Welches Grundübel, das von Anfang an das Zusammenwachsen Europas zu einer Einheit erschwert hat und auf dem EU-Gipfel wieder einmal offen zutage getreten ist, beklagt der Kommentator?
14. Recherchieren Sie die aktuelle Lage zu dieser Thematik und berichten Sie darüber in Ihrer Klasse.

8 Europäische Union als „Global Player"

Globalisierung 6.

heterogen = ungleichartig

Die Europäische Union ist gegenwärtig ein wirtschaftlicher und politischer Zusammenschluss von 27 Staaten, die bestimmte Hoheitsrechte aufgegeben oder eingeschränkt haben, um sie auf überstaatliche Einrichtungen zu übertragen. Diese teilweise noch recht heterogene Gemeinschaft wird erst dann ihre Interessen in einer globalisierten Welt angemessen vertreten und im internationalen Geflecht neben wirtschaftlichen auch politische Aufgaben wahrnehmen können, wenn sie zusammengewachsen ist, insbesondere wenn die politische Union in die Tat umgesetzt wird.

Als „Global Player" muss sich die EU einer weltweiten Entwicklung, einem Prozess stellen, der immer weiter voranschreitet. Grenzüberschreitende Beziehungen in den Bereichen Wirtschaft, Politik, Kultur und Kommunikation werden ausgeweitet und führen global zu einer wachsenden Vernetzung, die auch gegenseitige Abhängigkeiten erzeugt. Wenn die EU als „Global Player" international ernst genommen werden will, muss sie sich auch bei der Lösung weltweiter Probleme, z. B. Klimawandel, Migrationen, Ressourcenknappheit, Terrorismus oder Armutsbekämpfung, angemessen beteiligen.

Ressourcen = Rohstoffe

Auch als Handelsgigant kann sich die EU dem Globalisierungsprozess auf dem Weltmarkt nicht verschließen, sie muss sich dem Standortwettbewerb stellen. Dies erfordert eine EU-Politik, die einerseits die Rahmenbedingungen der Wirtschaft verbessert (z. B. durch Ausbau der Infrastruktur, Förderung von Privatinitiativen oder Abbau von Subventionen), andererseits aber auch ökologische und für Arbeitnehmer soziale Gesichtspunkte in den Fokus nimmt.

in den Fokus nehmen = aufmerksam betrachten

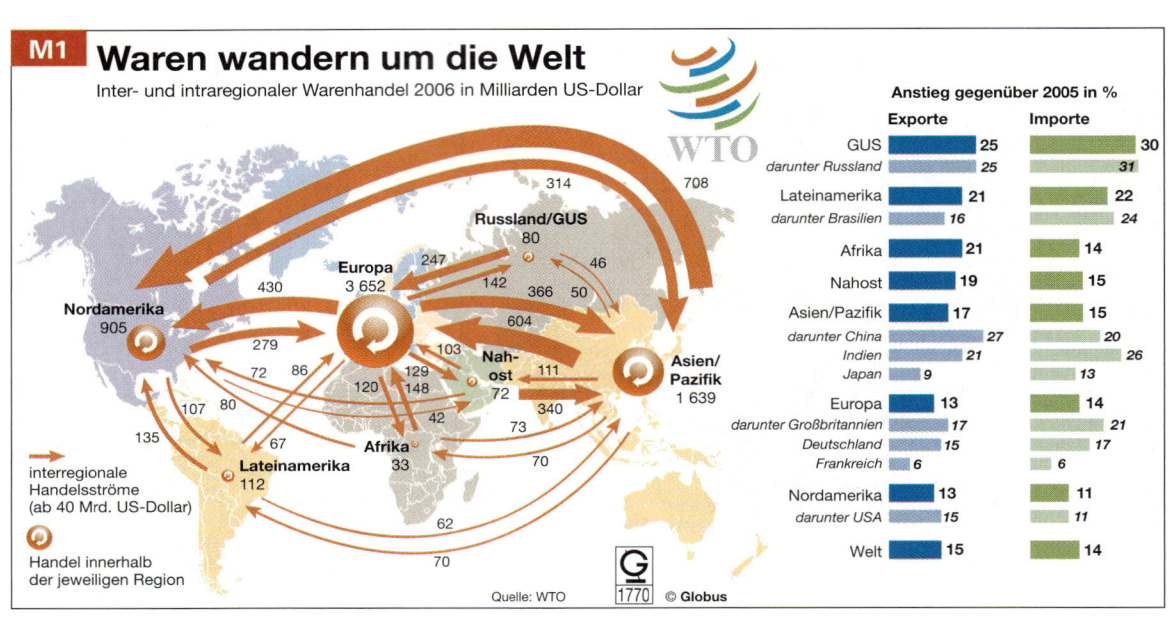

M1 Waren wandern um die Welt
Inter- und intraregionaler Warenhandel 2006 in Milliarden US-Dollar

Nordamerika 905; Europa 3 652; Russland/GUS 80; Nahost 72; Asien/Pazifik 1 639; Lateinamerika 112; Afrika 33

interregionale Handelsströme (ab 40 Mrd. US-Dollar)
Handel innerhalb der jeweiligen Region
Quelle: WTO © Globus

Anstieg gegenüber 2005 in %

Region	Exporte	Importe
GUS	25	30
darunter Russland	25	31
Lateinamerika	21	22
darunter Brasilien	16	24
Afrika	21	14
Nahost	19	15
Asien/Pazifik	17	15
darunter China	27	20
Indien	21	26
Japan	9	13
Europa	13	14
darunter Großbritannien	17	21
Deutschland	15	17
Frankreich	6	6
Nordamerika	13	14
darunter USA	15	11
Welt	15	14

Aufgaben

1. Informieren Sie sich in einem Fremdwörterbuch, was die Begriffe „interregional" und „intraregional" bedeuten.
2. Informieren Sie sich in einem Lexikon für Politik, was die Abkürzung „WTO" bedeutet.
3. Um wie viel Prozent sind die Im- und Exporte laut Schaubild „Globale Handelsströme" weltweit gestiegen (M1)?
4. Finden Sie heraus, welche Region den höchsten Exportzuwachs hatte. Welcher Rohstoff spielt dabei eine große Rolle?
5. Wie viele Milliarden US-Dollar werden im weltweit größten „regionalen Handel" umgesetzt?
6. Stellen Sie die Im- und Exportverhältnisse sowohl zwischen der EU und Nordamerika als auch zwischen der EU und Asien/Pazifik dar. Beurteilen Sie diese Situation in Gruppenarbeit.

Europäische Union als „Global Player"   143

M2 Sparlampen werden bald billiger

EU baut Schutzzölle für Chinesen ab
Brüssel |dr, AZ| Energiesparlampen sollen zwischen 50 und 60 Prozent billiger werden. Grund dafür ist eine Entscheidung der EU-Kommission. Sie hat am Mittwoch beschlossen, die Schutzzölle auf Energiesparlampen aus China in einem Jahr abzubauen. Diese Zölle betragen derzeit 66 Prozent. Die Ware aus dem Reich der Mitte kann so künftig EU-weit billig verkauft werden.
Brüssel war in Bedrängnis geraten. Während man seit dem EU-Gipfel zum Klimaschutz jeden noch so kleinen Beitrag von Verbraucher und Industrie zum Abbau von CO_2-Emissionen forderte, durchkreuzte man zugleich die eigenen Pläne, indem der Import der Energiesparlampen durch Schutzzölle künstlich erschwert wurde. China ist jedoch der wichtigste Lieferant für diese Leuchtmittel. Zwischen Juli 2005 und Juni 2006 stammten 69 Prozent aller in der EU verkauften einschlägigen Produkte aus dem Reich der Mitte. Die europäische Industrie ist nach Einschätzung Brüssels in der Lage, gerade mal 25 Prozent des Bedarfs an neuen Lichtkörpern herzustellen …
Berechnungen haben ergeben, dass durch den flächendeckenden Einsatz dieser Leuchtstoff-Birnen pro Jahr EU-weit etwa 25 Millionen Tonnen Kohlendioxyd eingespart werden könnten. Kommissionsmitglieder hatten bereits mit der Wirtschaft Gespräche aufgenommen, um die Herstellung herkömmlicher Glühbirnen in absehbarer Zeit auslaufen zu lassen und diese vom Markt zu nehmen.

Emission = Aussendung von Schadstoffen, z. B. CO_2

dr, AZ: Sparlampen werden bald billiger, in: Augsburger Allgemeine, 31.08.2007

M3 „Öl wird teurer – so oder so"

Interview Expertin Claudia Kemfert über steigende Preise und die Folgen für Verbraucher
Augsburg Der Ölpreis bewegt sich unaufhaltsam in Richtung Allzeithoch, an der Tankstelle tränen manchem Autofahrer die Augen und Experten warnen, das Ende der Fahnenstange sei noch lange nicht erreicht. Energie wird immer teurer. Wir sprachen darüber mit Prof. Claudia Kemfert vom Deutschen Institut für Wirtschaftsforschung (DIW).
Frage: Warum ist Öl so teuer?
Kemfert: Da kommen im Moment mehrere Dinge zusammen. Wegen des weltweiten Wirtschaftswachstums besteht eine sehr hohe Nachfrage nach Öl. Zudem gibt es Produktionsausfälle in Nigeria. Risikofaktoren wie drohende Hurrikans in den USA und die politische Unsicherheit im Iran treiben die Preise zusätzlich nach oben. Außerdem haben die Erdöl exportierenden Länder ihre Förderquoten überraschenderweise nicht erhöht. Es ist also weniger Öl auf dem Markt als gebraucht wird …
Frage: Würde eine konjunkturelle Abkühlung denn die Energiepreise wieder fallen lassen?
Kemfert: Nein, so einfach ist es leider nicht. Die Nachfrage in stark wachsenden Volkswirtschaften wie China oder Indien ist so groß, dass sie einen möglicherweise sinkenden Bedarf aus anderen Regionen wie Europa oder den USA mehr als kompensieren würde. Es ist klar: Der Ölpreis wird weiter steigen, so oder so.
Frage: Wie lange reicht uns denn das Öl überhaupt noch?
Kemfert: Wir gehen davon aus, dass 2020 der Punkt erreicht ist, an dem die Nachfrage größer ist als das Angebot. Öl wird in zunehmendem Maße knapper. Der Preis wird dann sicher über 100 Dollar pro Barrel steigen. Unsere eigenen Vorräte in Deutschland würden bei einem kompletten Importausfall etwa 90 Tage lang reichen …

Stifter, Michael: Öl wird teurer – so oder so, in: Augsburger Allgemeine, 12.07.2007 (gekürzt)

Aufgaben

7. Erläutern Sie, wie der Außenzoll der EU den Preis von Energiesparlampen beeinflusste (M2).
8. Diskutieren Sie in der Gruppe, warum die EU-Kommission als „Global Player" beschließen musste, die Schutzzölle auf Energiesparlampen abzubauen.
9. Welcher Erfolg für das Weltklima wird durch einen flächendeckenden Einsatz von Leuchtstoff-Birnen im EU-Raum erwartet?
10. Nennen Sie die wirtschaftlichen und politischen Gründe, die Kemfert für den weltweit steigenden Ölpreis nennt (M3).
11. Vor welchem Problem stehen nach Meinung der Expertin ab dem Jahr 2020 die Volkswirtschaften in Deutschland, in der EU und in der übrigen Welt?
12. Diskutieren Sie in der Gruppe, welche Initiativen die EU als „Global Player" unterstützen müsste, um die Lösung des weltweiten Energieproblems zu fördern.
13. Überlegen Sie zu Hause, was Sie als Verbraucher dazu beitragen können, das Energieproblem zu verringern und berichten Sie in der nächsten Stunde darüber in Ihrer Klasse.

Globalisierung 4.2

Rund ums Thema – Einsichten

Prüfen Sie in der Auseinandersetzung mit folgenden Materialien Ihr Grundwissen zum Thema europäische Integration im Hinblick auf die EU als Werte- und Wirtschaftsgemeinschaft, die viele Möglichkeiten eröffnet, aber auch Probleme mit sich bringt und im globalen Wettbewerb mit anderen Wirtschaftsräumen steht.

Zinsen im Höhenflug – und noch ist Luft nach oben

EZB-Entscheidung Leitzins schon bei vier Prozent. Rekordwert aus dem Jahr 2000 rückt in Reichweite
Frankfurt ldpa] Es ist noch Luft nach oben. Die Zinsen im Euro-Raum haben zwar mit vier Prozent den höchsten Stand seit fast sechs Jahren erreicht – aber das Ende der Fahnenstange ist nach einhelliger Meinung von Volkswirten damit nicht erreicht … Der unerwartet lang anhaltende Boom der Wirtschaft in Europa gibt der Europäischen Zentralbank (EZB) Rückenwind für weitere Zinserhöhungen. In Anbetracht des Wirtschaftsaufschwungs halten die Experten die Zinsen noch für zu niedrig, um Inflationsgefahren einzudämmen …
Die Ausgangslage im Euro-Raum ist heute aber ganz anderes als beim Rekordwert vor sieben Jahren. „Im Jahr 2000 haben wir eine extreme Aktieneuphorie und ein noch stärkeres Wirtschaftswachsen gesehen", sagt Volkswirt Karsten Junius von der DekaBank. „Gleichzeitig war der Euro extrem schwach und nur noch 86 Dollar-Cent wert."
Die Währungshüter erhöhten damals die Zinsen auch, um die europäische Gemeinschaftswährung zu stabilisieren. Das ist derzeit nicht nötig. Der Euro liegt mit 1,35 Dollar immer noch knapp unter seinem Höchstwert. Eine starke Währung verteuert Exporte und hat damit die gleiche bremsende Wirkung auf die Konjunktur wie eine Zinserhöhung …
Die Wirtschaft im Euro-Raum soll 2007 um rund 2,5 Prozent zulegen. Das setzt eine Spirale in Gang: Arbeitslose finden wieder Beschäftigung, die Löhne steigen und die Verbraucher geben mehr Geld aus. Dies heizt die Inflation an, die die EZB knapp unter zwei Prozent halten soll. Gewinnt die Entwicklung erst einmal an Fahrt, ist sie nur schwer zu stoppen …

dpa, in: Augsburger Allgemeine, 08.06.2007 (gekürzt)

Globalisierung 5.2
Gesellschaft im Wandel 3.3

Wir wollen sie, wir wollen sie nicht

Europa und die Einwanderung – das ist eine alte, verquere Geschichte. Bei uns in Deutschland fing es mit den Gastarbeitern an, in England und Frankreich mit den Zuwanderern aus den ehemaligen Kolonien. Wir hier haben lange so getan, als gingen die „Gäste" irgendwann wieder „heim". Briten und Franzosen taten so, als wären die Zuwanderer aus den Kolonien normale Briten und Franzosen.
Am Anfang standen Lebenslügen. Nun ist Europa dabei, die Realität der Einwanderung aus fremden Kulturkreisen anzuerkennen. Es wird Zeit. Aber 20 Millionen? Europa kann offenbar nicht anders, es muss übertreiben. Die klassischen Einwanderungsländer haben uns schon immer vorgemacht, wie man die Tore vor allem für die Leute öffnet, die man haben will. Auch dort gibt es Probleme mit den armen Massen, die zu ihnen in den

Aufgaben
1. Zählen Sie die Länder auf, die zum Euro-Raum gehören.
2. Erläutern Sie, warum die EZB nach Meinung von Experten die Zinsen erhöhen soll.
3. Berechnen Sie, wie viele Dollar für ein deutsches Auto (10.000 Euro) im Jahr 2000 bzw. im Jahr 2007 von einem Amerikaner bezahlt werden mussten.
4. Nehmen Sie zur Lösung folgender Aufgaben gegebenenfalls ein Fachbuch in Volkswirtschaft zur Hand: Welchen Einfluss auf die Wirtschaft hat ein im Vergleich zu anderen Währungen starker Euro? Welche Auswirkung kann ein zu starker Euro auf die Beschäftigungslage in der EU haben?
5. Wer ist für die Stabilität des Euro allein verantwortlich?
6. Erläutern Sie kurz mit eigenen Worten, welche positiven und negativen Auswirkungen eine wachsende Wirtschaft im Euro-Raum haben kann.

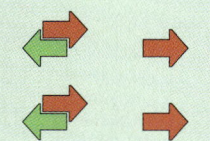

Wohlstand drängen. Amerika baut sogar Mauern, um die anstürmenden Mexikaner fernzuhalten. Übrigens vergebens.

Dennoch: Wo man gelernt hat, rational mit der Einwanderung umzugehen, hat man einen Startvorteil, auch einen moralischen, bei der Bewältigung eines Themas, das immer drängender wird.

Die furchtbare Armut in vielen Teilen der Welt ist die Hauptquelle des Problems. Wer sich in diese Menschen hineinversetzt, versteht sofort, dass sie alles riskieren, durch Auswanderung für sich und ihre Kinder eine bessere Zukunft zu sichern. Armutswanderungen gab es schon immer. Früher waren es Millionen Deutsche, die vor Armut und politischer Verfolgung in die neuen Welten hinauszogen.

Es ist richtig, aber auch billig zu sagen, man müsse die Armut vor Ort bekämpfen. Ja, natürlich. Aber wer tut es denn? Die armen Länder versagen; und wir versagen auch, weil wir Sozialhilfe statt Chancengleichheit bieten.

Nein, das Problem bleibt uns erhalten. Und Abschotten ist keine moralische Option. Daran ändert auch die Tatsache nichts, dass mit jeder islamistischen Terrortat die Attraktivität verschlossener Grenzen zu wachsen scheint.

Europa ist ein Einwanderungskontinent und wird es bleiben. Und muss es bleiben: Wir sind ja nicht nur reich; wir werden älter und unsere Bevölkerung schrumpft. Wir brauchen Leute, auch wenn es vielen nicht ins politische Konzept passt. Wir brauchen beides, Kinder und Inder. Unser Arbeitsmarkt wird in Zukunft besser noch als heute beides verkraften: Einheimische und Zugereiste. Entscheidend ist, dass wir das Thema Zuwanderung vernünftig gestalten, auch dem aktuellen Bedarf folgend. Und wenn wir so unsere Grenzen öffnen, stehen wir auch moralisch besser da, wenn wir im Gegenzug unsere Sozialversicherungen mehr abschotten. So oder so: Die Armen klopfen weiter bei uns an.

Option = Wahlmöglichkeit

Konzept = Programm für ein Vorhaben

Bonhorst, Rainer, in: Augsburger Allgemeine, 14.09.2007

Aufgaben
7. Wiederholen Sie die kulturellen Wurzeln der Europäer aus dem Anfangskapitel. Welche kulturellen Einflüsse auf europäische Länder werden hier genannt?
8. Welches klassische Einwanderungsland findet sich im obigen Text?
9. Diskutieren Sie in der Gruppe, warum es „moralisch wertvoll" ist, dass die Staaten der Welt möglichst rational mit dem Problem der Einwanderung umgehen.
10. Warum versagen die Europäer nach Ansicht des Kommentators bei der Bekämpfung der Armut in der Welt?
11. Nennen Sie aus dem obigen Text den Grund dafür, dass die Staatsgrenzen für (Armuts-) Migranten geschlossen werden.
12. Warum muss nach Ansicht von Rainer Bonhorst Europa ein Einwanderungskontinent bleiben?
13. Erläutern Sie das moralische Dilemma, das der Karikaturist mit obiger Zeichnung verdeutlichen will.

Projektvorschlag
MEUTE – EU für junge Leute

Keiner interessiert sich für Europa?
MEUTE – EU-Projekt der KLJB Regensburg:
Jugendliche machen Jugendliche neugierig auf Europa!

… Seit einem Jahr sind regelmäßig KLJB-Ortsgruppen zu beobachten, die sich einen Abend lang mit Europa beschäftigen: mit den verschiedenen Religionen in Europa, mit Anbau und Herstellung europäischer Lebensmittel, mit den Mitgliedsländern und den jeweiligen Besonderheiten, mit den EU-Institutionen und ihren Aufgaben. Sie haben sich die MEUTE (Mobiles Europa Team) in ihr Dorf eingeladen.

Mobiles Europateam
Das mobile Europateam ist eine Gruppe Jugendlicher, die sich in den Kopf gesetzt hat, andere Jugendliche für Europa zu interessieren …
Wie? Ab Oktober 2005 wurde an der Ausgestaltung des Projekts gearbeitet. Die Jugendlichen entschieden sich für Themen rund um Europa, die sie anpacken wollten. In Kleingruppen wurden die Themen behandelt und Spielideen ausgearbeitet. …

Jugendliche, Europa-Bausteine und ein Bus
Das ist die Basisausstattung für MEUTE Einsätze. KLJB-Ortsgruppen wählen einen Baustein aus und vereinbaren mit der KLJB-Diözesanstelle einen Termin. Der MEUTE-Bus kommt ins Dorf und für 2 Stunden dreht sich alles rund um Europa … Es hat sich herumgesprochen, dass die MEUTE der KLJB unterwegs ist und die Spiele rund um Europa ein interessantes und lustiges Angebot für die KLJB-Gruppenstunde sind … Auch … in Haupt-, Realschule und Gymnasium war die MEUTE schon zu Gast.

Einzelaktionen ergänzen das Angebot
Neben den Besuchen in den Ortsgruppen bietet die MEUTE noch mehr Aktionen: Fahrten nach Brüssel und Straßburg, osteuropäisches Open-Air-Kino, MEUTE-Talkabende mit Promis und Fachleuten rund um Europa, ein Videowochenende, bei dem Jugendliche ihren eigenen kleinen Film zu Europa drehen können …

MEUTE – ein Erfolg?
MEUTE hat sich zum Ziel gesetzt, Jugendliche für das Thema Europa zu interessieren, Wissen zu vermitteln, ins Gespräch zu kommen und so Meinungsbildung anzuregen. Je nach Gruppe und Baustein wird dies in unterschiedlichem Maß erreicht …

Bach, Christina: MEUTE – EU-Projekt der KLJB Regensburg: Jugendliche machen Jugendliche neugierig auf Europa!, in: Land aktiv, 04/2007 (gekürzt)

Der Start für ein eigenständiges Europa-Projekt an der Schule könnte – nachdem Sie sich mithilfe von Broschüren aus einem EU-Informationsbüro über europäische Themen informiert haben – mit einem der folgenden „MEUTE-Bausteine" beginnen: „Das Europaspiel", „Christentum und Europa", „Ich glaub, du glaubst anders!", „Der Euro" oder „Abend mit Elementen aus Taizé" (Internet: www.meute-kljb.org).

Folgende Hinweise können Ihnen die Vorbereitung erleichtern:
- Einigen Sie sich in der Klasse auf eine bestimmte Thematik und überlegen Sie, welcher „MEUTE-Baustein" den Zugang erleichtern könnte.
- Informieren Sie sich aus dem Text von Christina Bach über mögliche Vorgehensweisen bei der Gestaltung eines eigenständigen Europa-Projektes an Ihrer Schule, z. B. an einem Tag der offenen Tür, zum Europatag oder zu einem Jubiläum der Europäischen Union.
- Lesen Sie aufmerksam die Tagespresse, damit Sie in Erfahrung bringen, welche Politiker in Ihrer Heimat sich mit europäischen Fragen beschäftigen. Laden Sie diese Politiker gegebenenfalls zu einem Informationsgespräch ein und erkunden Sie dabei auch, ob es Fördermöglichkeiten für Ihr Projekt gibt.
- Zudem bietet das Internet Anregungen für Aktionen der Jugend in Europa. Eine wichtige Adresse ist www.webforum-jugend.de. Hier gibt es z. B. auch Informationen zu Fördermöglichkeiten.

Globalisierung

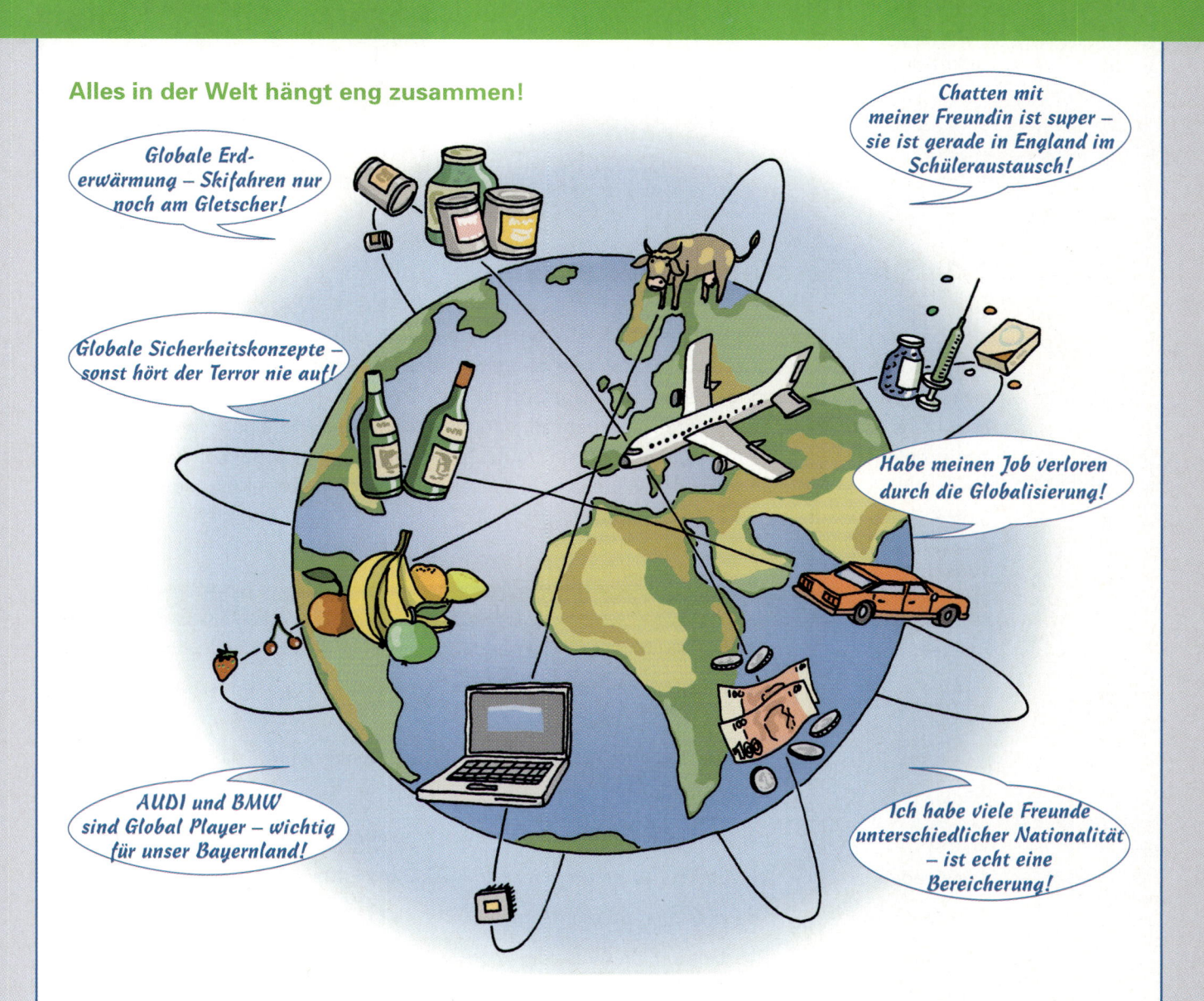

Alles in der Welt hängt eng zusammen!

Globale Erderwärmung – Skifahren nur noch am Gletscher!

Chatten mit meiner Freundin ist super – sie ist gerade in England im Schüleraustausch!

Globale Sicherheitskonzepte – sonst hört der Terror nie auf!

Habe meinen Job verloren durch die Globalisierung!

AUDI und BMW sind Global Player – wichtig für unser Bayernland!

Ich habe viele Freunde unterschiedlicher Nationalität – ist echt eine Bereicherung!

1. Ordnen Sie die Aussagen Oberbegriffen zu.
2. Überlegen Sie in einem Brainstorming weitere Beispiele der Globalisierung*. Notieren Sie jede Auswirkung auf einem Blatt und sammeln Sie alle Vorschläge an der Tafel, geordnet nach sinnvollen Oberbegriffen.
3. Ordnen Sie die Karikatur geschichtlich und geografisch ein. Welche Folgen ergaben sich aus dieser Begegnung?

"SIND SIE NOCH ZU RETTEN, MANN? SIE BETREIBEN GERADE GLOBALISIERUNG!"

"GROSSER GOTT – SIE HABEN RECHT!"

Schrecksekunde 1492

1 Internationale Arbeitsteilung und ihre Folgen

Internationale Arbeitsteilung ist ein wichtiges Element in der globalisierten Arbeitswelt. Nahezu alle Volkswirtschaften der Welt sind damit verbunden.

Jeans-Angebot

1.1 Die Herstellung einer Jeans

1948 wurde die Jeans erstmals in Europa hergestellt und zwar von der 1932 gegründeten L. Hermann Kleiderfabrik in Künzelsau. 1953 wurde die erste Jeans für Frauen in Europa hergestellt. 1958 firmierte die L. Hermann Kleiderfabrik in Mustang um.

Die Jeans, die heute die meisten von uns oft tragen, hat mittlerweile einen sehr weiten Weg zurückgelegt, bevor sie auf die Ladentische in Deutschland kommt. Die Produktion findet aufgeteilt in verschiedene Produktionsstufen insgesamt in 11 Ländern statt, die einzelnen Materialien legen eine Strecke von bis zu 19 000 km zurück.

M1

Folgende Länder sind z. B. an der Jeans-Herstellung beteiligt:	
Indien	Baumwollanbau unter Verwendung deutscher Pestizide und Düngemittel
China	die geerntete Baumwolle wird mit Schweizer Ringspinnmaschinen versponnen
Taiwan	Färbung mit chemischer Indigofarbe aus Deutschland
Polen	Stoff wird gewebt
Frankreich	Lieferung des Innenfutters und Washinglabels
Schweden	Versand von Schnittmuster und Design per E-Mail an die Philippinen
Philippinen	Jeans werden zusammengenäht
Griechenland	Bearbeitung mit Bimsstein
Deutschland	Verkauf

Label = Etikett mit Angaben zur Pflege

Arbeitsbedingungen

Die Jeans werden nach unserem Beispiel auf den Philippinen oder in Osteuropa zusammengenäht, weil dort die Lohnkosten besonders gering sind. Oft werden diese Tätigkeiten in den sogenannten „Freien Produktionszonen"* erledigt. Dort sind Arbeitsbedingungen gültig, die weder den Bestimmungen allgemeiner Menschenrechte noch den Vereinbarungen internationaler Arbeitsorganisationen entsprechen.

Aufgaben
1. Entwerfen Sie eine kurze Skizze, die die an der Jeans-Herstellung beteiligten Länder geografisch darstellt und verbinden Sie die Länder mit Pfeilen in der Reihenfolge der Arbeitsschritte (M1).

Internationale Arbeitsteilung und ihre Folgen

Folgender Arbeitsvertrag aus der „Freien Textilproduktionszone" verdeutlicht die Arbeitsbedingungen:

M2

Arbeitsvertrag

zwischen Arbeitnehmerin/Arbeitnehmer _____

und der Firma „HippieJeans" (in der Freien Produktionszone durch Auftragsfirma von Lewis, Mustang etc. als Arbeitgeber)

Die Haupttätigkeit ist das Nähen von Jeans.

Die Arbeitnehmer/-innen gehen dabei folgende Pflichten ein:
- Die Arbeitzeiten sind flexibel und auf Wunsch des Arbeitgebers wahrzunehmen bei einer Mindestzeit von 10 Stunden pro Tag, 6 Tage die Woche.
- Überstunden müssen nach Wunsch des Arbeitgebers im Umfang bis zu drei Stunden täglich über die Tagesarbeitszeit geleistet werden und werden nicht extra entlohnt.
- Es ist den Arbeitnehmer/-innen nicht gestattet, sich Gewerkschaften anzuschließen.
- Wird eine Arbeitnehmerin schwanger, kann sie fristgerecht entlassen werden.
- Alle Arbeitnehmer/-innen haben das Recht, jeden Tag für fünf Minuten den Arbeitsplatz zu verlassen, um die Toiletten aufzusuchen.

Die Tätigkeit wird vergütet mit 20 Cent pro Stunde, höchstens 2 Euro täglich.

September 2007

Die Folgen dieser internationalen Arbeitsteilung „Jeans" sind für die Betroffenen oft sehr bitter. Soziale Standards und Arbeitsbedingungen verschlechtern sich stetig. Ein verschärfter Wettbewerb der Anbieter erzeugt weiteren Kostendruck zulasten der Entwicklungsländer.

M3

Karikatur: Christian Heinrici

Aufgaben

2. Erarbeiten Sie sechs konkrete Forderungen aus obigem Arbeitsvertrag im Sinne der Arbeitnehmer (M2). Orientieren Sie sich dabei an den Rechten eines deutschen Arbeitnehmers mithilfe deutscher Gesetze (http://www.rechtsrat.ws/arbeitsrecht/gesetze.htm).
3. Sehen Sie nach und notieren Sie, in welchem Land Ihre Kleidung und Nahrung produziert werden. Vergleichen Sie Ihre Ergebnisse.

1.2 Erfolgsstorys

Die internationale Arbeitsteilung wird häufig mit enormen Nachteilen, wie z. B. niedrigen Löhne in Entwicklungsländern oder für bestimmte Branchen (z. B. Textilindustrie) in Verbindung gebracht. Es gibt jedoch auch Beispiele, die belegen, dass durchaus auch Positives damit verbunden ist.

M1 UPB Energy: Deutsches Know-how, europäische Komponenten, lettische Facharbeit

Das Kürzel UPB steht für eine lettische Erfolgsstory des Architekten Uldins Pilens. In mittlerweile mehr als 15 Jahren hat er einen Konzern mit 31 Gesellschaften und etwa 1400 Mitarbeitern zusammengestellt. Wachstumsprognose pro Jahr sind derzeit 25 %. In der Umwelttechnik will Pilens mit **Blockheizkraftwerken*** den europäischen Markt erobern. „Erstklassig ausgebildete und motivierte Facharbeiter in Lettland montieren BHKW, die in Deutschland hervorragend entwickelt wurden, mit westeuropäischen Komponenten (Motor aus der Schweiz und Generator aus Italien) für den europäischen Markt. Sitz und Hauptverwaltung der UPB ist Berlin. Deutschland nimmt aufgrund seiner zentralen geografischen Lage eine Schlüsselposition für unsere langfristigen Pläne ein", so UPB-GmbH Geschäftsführer Stefan Decker.

Komponente = Bestandteil eines Ganzen

www.lettische-presseschau.de/joomla/index.php?option=com_content&task=view&id=195&Itemid=5, 11.12.2007, Ojars J. Rozitis, Münster

Aber auch in Bayern gibt es positive Trends zu vermelden:

M2 MÜNCHEN – PFAFFENHOFEN
Eine japanisch-bayerische Erfolgsgeschichte wird fortgeschrieben:
Die Firma DAIICHI SANKYO investierte rund 25 Mio. Euro
für die Erweiterung ihrer Produktionsstätte in Pfaffenhofen a. d. Ilm.

Die Entscheidung der Firma DAIICHI SANKYO zur Erweiterung ihrer Kapazitäten in Pfaffenhofen signalisiert, dass Bayern auch als Produktionsstandort international wettbewerbsfähig ist. Die Entscheidung von DAIICHI SANKYO zeigt erneut, dass der Freistaat für internationale Unternehmen der ideale Standort zur Entwicklung und Herstellung innovativer Produkte und Erschließung neuer Märkte ist", freut sich Bayerns Wirtschaftsminister Erwin Huber.

„Pfaffenhofen war bereits vor der Erweiterung die größte Produktionsstätte von DAIICHI SANKYO außerhalb Japans. Jetzt hat der Standort eine noch größere strategische Bedeutung für unser Unternehmen", sagt Reinhard Bauer, CEO der DAIICHI SANKYO EUROPE GmbH. Mit dem Werksausbau bekennt sich das Pharmaunternehmen mit japanischen Wurzeln nachdrücklich zum Produktionsstandort Bayern und Pfaffenhofen. Pfaffenhofen bietet aufgrund seiner optimalen Lage zwischen München, Augsburg und Ingolstadt, der guten Verkehrsverbindung und der Verfügbarkeit von qualifizierten Mitarbeitern entscheidende Vorteile. Die Firma DAIICHI SANKYO EUROPE GmbH unterhält zwei Standorte in Bayern. Die Europazentrale der Firma ist in München. In der Pfaffenhofener Produktionsstätte arbeiten rund 360 Mitarbeiter an der Herstellung von innovativen Arzneimitteln. 25 Millionen Packungen und 1,2 Mrd. Tabletten sind im vergangenen Jahr von Pfaffenhofen aus in über 50 Länder weltweit verschickt worden. Mit der Erweiterung soll das Produktionsvolumen schrittweise auf über 40 Millionen Packungen und ca. 4 Milliarden Tabletten pro Jahr erhöht und damit der Umsatz des Unternehmens bis 2011 auf 1 Mrd. Euro gesteigert werden.

innovativ = Erneuerungen beinhaltend

Invest in Bavaria, Bayerisches Staatsministerium für Wirtschaft, Infrastruktur, Verkehr und Technologie, unter: www.invest-in-bavaria.de/Aktuelles/index.html?status=neues&mode=detail&News_ID=1845&%5BSESSION%5D&PHPSESSID=5f113bf52a2b5f85f3643881410589d6, 11.12.2007, Dr. Markus Wittmann

Internationale Arbeitsteilung und ihre Folgen

Dass auch die Regierung auf einen möglichen Abzug der Arbeitsplätze reagieren muss, zeigt die Stabsstelle des bayerischen Wirtschaftsministeriums, „Invest in Bavaria". Erfolge sind bereits zu verbuchen:

> Im Jahr 2006 konnte Invest in Bavaria, im Wirtschaftsministerium zuständig für Standortmarketing und Unternehmensansiedlung, 80 Investitionsvorhaben erfolgreich abschließen, die rund 2750 neue Arbeitsplätze brachten. Ein Großteil der Investitionen kommt aus Japan, den USA und europäischen Nachbarländern wie Österreich und der Schweiz. Inzwischen nutzen aber auch Unternehmen aus Indien und China die Vorzüge Bayerns. Im letzten Jahr hat Invest in Bavaria 15 indische und 13 chinesische Unternehmen im Freistaat angesiedelt.

Invest in Bavaria, Bayerisches Staatsministerium für Wirtschaft, Infrastruktur, Verkehr und Technologie, unter: www.invest-in-bavaria.de/Aktuelles/index.html?status=news&mode=detail&News_ID=17328%5BSESSUIN%5D&PHPSESSID=5f113bf52a2b5f85f3643881410589d6, 11.12.2007, Dr. Markus Wittmann

M3 Die Realität vieler Firmen, die global handeln, sieht heute bereits vor, dass internationale Projekte verwirklicht werden, wie das Beispiel von Technologie-Transfer zeigt:

Transfer = Übertragung

Aufgaben

1. Erarbeiten Sie Gründe, die UPB Energy und DAIICHI SANKYO erfolgreich am jeweiligen Standort werden lassen (M1, M2).
2. Berechnen Sie die geplante Produktionssteigerung der DAIICHI SANKYO in Prozent (M2).
3. Wie viele Länder sind am Projekt Technologie-Transfer beteiligt (M3)?
4. Formulieren Sie ein konkretes Ziel dieses Projektes (M3).
5. Erstellen Sie am PC eine Zeitungsannonce, bei der eine Assistentenstelle beim deutschen Projektpartner zur Bewerbung ausgeschrieben wird. Überlegen Sie dabei drei wichtige Anforderungen, die ein Mitarbeiter in diesem Projekt erfüllen muss.

1.3 Die Folgen der globalen Arbeitsteilung für den Wirtschaftsstandort Deutschland

Investment = Kapitalanlage in Wertpapieren oder Grundstücken

M1 Manchmal tun Kiran die Deutschen leid. „Es ist traurig, dass sie ihren Job verlieren", sagt sie. „Aber es ist gut für uns, dass die Jobs herkommen." Kiran arbeitet jetzt für eine europäische Investmentbank in Neu Delhi. Bis vor einigen Monaten wurde der Job noch von irgendjemandem in Frankfurt erledigt – bis der Bank die einheimischen Mitarbeiter zu teurer wurden. Die Kundenaufträge kommen online. 12 000 Rupien verdient sie im Monat, das sind etwa 240 Euro. In Indien ein Spitzengehalt ... Wenn die Konzerne im großen Stil Arbeitsplätze in die Dritte Welt verlagern, merken das die Kunden oft gar nicht. Längst geht es dabei auch nicht mehr nur um simple Handlangerdienste. Auch Softwareentwickler oder Analysten müssen um ihre Jobs bangen. Großer Gewinner dürfte Indien sein. Nachdem China zur Werkhalle der Welt avanciert ist, schickt sich Indien (mit rund 1 Milliarde Einwohner) an, das globale Service- und Rechenzentrum zu werden ...

Pädagogisches Institut für die deutsche Sprachgruppe Bozen. Unter: Dr. Peter Höllrigl, Bozen 11.12.2007 Quelle: http://www.blikk.it/angebote/modellmathe/ma0165.htm

Enquete = amtliche Untersuchung zum Zweck der Forschung in verschiedenen Bereichen, z. B. Bevölkerung oder Wirtschaft

M2 Die internationale Verflechtung führt zu einem deutlich höherem Wettbewerbs- und Innovationsdruck. Die Arbeitsmarktchancen gut qualifizierter und hochproduktiver Beschäftigter steigen dadurch. Doch es gibt auch Verlierer: „Weniger gut qualifizierte Arbeitnehmerinnen und Arbeitnehmer geraten in eine zunehmend schwierige Lage, da sie sich mit ihrer geringen Qualifikation in den Wettbewerb mit Beschäftigten aus Niedriglohnländern begeben. Ihre Arbeitsmarktsituation und wahrscheinlich auch ihre Einkommensposition verschlechtern sich", stellte die Enquete-Kommission nüchtern fest. Im schlimmsten Fall kann das für die Betroffenen auch Arbeitslosigkeit heißen: „Jobverluste in einigen Branchen gehören genauso wie neue Jobchancen in anderen Branchen zu den unvermeidlichen Begleiterscheinungen der Globalisierung", schreibt die OECD in ihrem Beschäftigungsbericht 2005.

Deutsche Unternehmen im Ausland schaffen Arbeitsplätze zu Haus. In: Stefan von Borstel, Das Parlament Nr. 47/21.11.2005

M3 Standardisierte Produkte mit hohem Lohnkostenanteil und reifer Technologie sind besonders gefährdet

Nicht alle Produkte und Dienstleistungen sind gleichermaßen gefährdet. Die Auswahl orientiert sich zum einen am realisierbaren Kostenpotenzial und zum anderen an technologischen Fähigkeiten potenzieller Standorte. Als besonders gefährdet erweisen sich dabei Produkte mit
- hohem Lohnkostenanteil: z. B. Textilien, Schuhe, Keramik,
- guter Transportfähigkeit: z. B. Handys, Spielzeug, Kunststofferzeugnisse,
- reifen Technologien: z. B. Konsumelektronik, Haushaltswaren, weiße Ware,
- hohem Standardisierungsgrad und hohen Stückzahlen: Standard- und Normteile.

Verband der Bayerischen Metall- und Elektroindustrie e. V./TCW Transfer-Centrum GmbH&Co.KG, Wertschöpfung hat seinen Wert, S. 9 unter: www.stmwivt.bayern.de/pdf/wirtschaft/stark_in_bayern/Wert_der_Wertschoepfung.pdf, 11.12.2007, Bertram Brossardt

Aufgaben
1. Welche Bereiche sind in Deutschland aus Globalisierungs-Sicht gefährdet (M1 und M3)?
2. Überlegen Sie die Folgen einer Arbeitslosigkeit für den Arbeitnehmer und seine Familie.
3. Entwerfen Sie aus den Texten auf S. 152 eine Strategie für eine „sichere" Berufsfindung (M1 bis M3).

Neue Technologien und deren Folgen

Die Verlagerung der Arbeitsplätze wird sich in den nächsten Jahren weiter mehr in Richtung der osteuropäischen Staaten fortsetzen, da die niedrigeren Kosten, die geografische Nähe und die sprachliche Verwandtschaft für die Unternehmen von großer Bedeutung sind. Auch Asien kann aufgrund noch höherer Kostenvorteile weiter mit steigenden Arbeitsplatzverlagerungen aus Deutschland rechnen.

Nach Angaben des VBM im Jahr 2005 ergibt sich gesamtwirtschaftlich folgender Arbeitsplatzverlust für die deutsche Industrie:

VBM = Verband der bayerischen Metallindustrie

M4

Arbeitsplatzverlust pro Jahr bis 2010:	ca. 150 000
Bereiche	**Prozentanteil**
Produktion:	70 %
Verwaltung und IT:	18 %
Forschung und Entwicklung:	9 %
Service und Vertrieb:	3 %

Da jedoch viele Betriebe als Zulieferbetriebe für die Industrie arbeiten, werden auch sie nicht mehr in der großen Zahl gebraucht. Es erfolgt also auch bei Zulieferbetrieben ein Arbeitsplatzabbau. Die deutsche Wirtschaft rechnet demnach mit weit mehr als 150 000 abgebauten Arbeitsplätzen pro Jahr.

Den Verantwortlichen in Politik und Wirtschaft sind diese Zahlen und Fakten bekannt. Je nach der Position im Problemfeld ergeben sich verschiedenartige Lösungsvorschläge, um dem Arbeitsplatzabbau durch die internationale Arbeitsteilung in Deutschland entgegenzuwirken. Folgende Aussagen kann man von Unternehmern, Gewerkschaften, Hochschulen, Parteien sowie Berufsberatern tagtäglich lesen und hören:

M5

Produktionsstätten deutscher Firmen im Ausland sollten möglichst aus Deutschland beliefert werden; somit bleiben doch einige Arbeitsplätze zum Wohl der Arbeitnehmer erhalten.

Körperschaftssteuer ist in Deutschland viel zu hoch!

Unternehmen haben auch eine soziale Verantwortung und dürfen nicht nur nach Gewinnmaximierung streben!

Die Politik muss einfach schneller reagieren!

Tarifverträge machen uns nicht mehr flexibel und wettbewerbsfähig.

Mehr Freiheit für die Forschung und Lehre, um kluge Köpfe hervorzubringen …

Je einfacher die Tätigkeit, desto größer ist die Gefahr des Arbeitsplatzverlustes. Jeder muss sich bemühen, um sich möglichst hoch zu qualifizieren!

Aufgaben

4. Berechnen Sie anhand der Tabelle, wie viele Arbeitsplätze bei der Produktion jährlich abgebaut werden (M4).
5. Überlegen Sie die wirtschaftlichen Folgen für die Stadt Ingolstadt, wenn die AUDI AG 15 000 Stellen ihrer Produktion nach Estland verlagern würde.
6. Ordnen Sie die Aussagen der Sprechblasen den entsprechenden Gruppierungen zu (M5).
7. Nehmen Sie Kontakt zu Ihrer nächstgelegenen Agentur für Arbeit auf und fragen Sie nach, wie viele Arbeitsplätze im letzten Quartal durch Arbeitsplatzverlagerungen verloren gingen.

2 Neue Technologien und deren Folgen

Die Technologie entwickelt sich seit jeher. Ständig kommen Neuerungen, Modernisierungen und technische Errungenschaften, die die Arbeitswelt der Menschen und die Gesellschaft entscheidend beeinflussen.

Folgende Übersicht der Kondratjeff-Wellen zeigt dies noch einmal deutlich:

Kondratjeff = russischer Wirtschaftswissenschaftler (1892–1938)

Die Kondratjeff-Wellen

M1

	Dampfmaschine Baumwolle	Eisenbahn, Schifffahrt, Stahl	Elektrizität, Chemie	Auto, Erdöl, Elektronik	Information, Wissen, Ökologie
	1793–1847	– 1893	– 1939	– 1984	– 2035
Konstellationen/ Prägung	1. Zyklus	2. Zyklus	3. Zyklus	4. Zyklus	5. Zyklus
flächendeckende Netze	Handelsnetze	Verkehrsnetze	Energienetze	Kommunikationsnetze	Informationsnetze
prägende neue Aktionen	Maschinen	Lokomotive, Bahnhöfe	Beleuchtung, Kino	Telefon, Auto, Fernseher, Computer, Raketen	immaterelle Waren, Informationsdatenbanken
prägende Technologie	Dampf	Stahl	Elektrizität	Elektronik	mentale Medien
Technologie Synergie	Mechanik	Großantriebe	Großanlagen	Waffensysteme	Sicherheits- und Umwelttechnologie

http://www.learn-line.nrw.de/angebote/berufswahlorientierung/modul3/03_modul3.htm#BackNote10, Dr. Peter Brauneck, 20.12.2007

2.1 Neue Techniken verändern die Ausbildung

Der technologische Wandel stellt an den Auszubildenden heutzutage veränderte fachliche Anforderungen:

M2

Grundlegende naturwissenschaftliche Kenntnisse	Grundkenntnisse in Englisch	Grundkenntnisse im IT-Bereich
Schulform- und altersgerechte Grundkenntnisse in Physik, Chemie, Biologie und Technik	Englisch ist Weltsprache; Englisch in normalen und beruflichen Alltagssituationen anwenden	Frühzeitig ein Verständnis für moderne Technik entwickeln; über Grundkenntnisse der PC-Anwendung verfügen.

Nach: Flyer Industrie- und Handelskammer Bayern. Unter: www.muenchen.ihk.de/internet/mike/ihk_geschaeftsfelder/bildung/Anhaenge/Was_erwartet.pdf, 20.12.2007

Aufgaben

1. Bilden Sie in Ihrer Klasse Gruppen und recherchieren Sie im Internet jeweils ein Ereignis aus den Kondratjeff-Schema (M1). Erstellen Sie hierzu ein Plakat.

Neue Technologien und deren Folgen

M3 Medienkaufmann/-kauffrau

Digital und Print

Ausbildungsdauer: 3 Jahre; die Ausbildung erfolgt an den Lernorten Betrieb und Berufsschule

Was ist neu? Das Internet revolutioniert die Verlagswelt. Der Verlagskaufmann/die Verlagskauffrau wurde daher in seinen/ihren Inhalten den neuen Anforderungen der Verlagswirtschaft angepasst und erhält den Namen Medienkaufmann/Medienkauffrau Digital und Print. Eine Ausrichtung des Berufes auf einzelne Produkte macht daher keinen Sinn.
Das neue Berufsbild soll sowohl für die Allrounder und Spezialisten der Medien- und Verlagswelt wie auch für verlagsnahe Multimediaunternehmen Relevanz haben. Medienkaufleute Digital und Print arbeiten prozess- und kundenorientiert. Ihr Schwerpunkt liegt im Marketing und Vertrieb. Die Kundenberatung und der Verkauf von Medienprodukten und Dienstleistungen basieren auf fundierten Kenntnissen der Entwicklung, Gestaltung und Herstellung der Produkte und werden durch kommunikative Fähigkeiten gestaltet. Der selbstverständliche Umgang mit modernsten Informations- und Kommunikationstechnologien prägt das Berufsbild, Fremdsprachenkenntnisse sind im Feld international agierenden Medienmärkten immer mehr erforderlich.

Inkrafttreten: 1. August 2006

Berufsinstitut für Berufsbildung. Unter: www.bibb.de/de/20748.htm, 11.12.07, Bernd Kuehn

Viele Schüler, die sich um Ausbildungsplätze bewerben, sind enttäuscht, wenn sie nicht den gewünschten Platz erhalten. Die Gründe dafür sind sehr unterschiedlich. Ein Grund ist manchmal auch die falsche Selbsteinschätzung über Kenntnisse und Fertigkeiten. Vor allem in den drei fachlichen Kompetenzen (s. Seite 152) bestehen oft Defizite, die es abzubauen gilt.

Auch in der Automobilindustrie wie hier bei BMW nimmt die Technologie immer mehr zu: hier elektronische Fehlerdiagnose!

Aufgaben
2. Überlegen Sie weitere Berufe, bei denen durch den technologischen Wandel die Anforderungen an die Auszubildenden immer umfassender werden (M2).
3. Diskutieren Sie die Folgen aus dem technologischen Wandel speziell für Sie als Wirtschaftsschüler.
4. Erstellen Sie für sich einen „Stärken/Schwächen-Katalog" nach den besonders gefragten Kenntnissen der abgedruckten Tabelle (M2). Beziehen Sie dabei z. B. folgende Aspekte ein: Kann ich einen Geschäftsbrief mit Word problemlos erstellen? Wie gut ist mein Englisch mit einem englischen Geschäftspartner? usw. Überlegen Sie dazu, wie und wann Sie Ihre Schwächen abbauen und Ihre Stärken ausbauen können, um bei einem Vorstellungsgespräch erfolgreich zu sein.

2.2 Neue Techniken verändern die Arbeitswelt

M1 Die Verbreitung von Wort und Bild:

M2 Das Büro der Zukunft

„Beam me up to my office"

Das Büro der Zukunft muss nicht mehr im Unternehmen sein. Neue Technologien vereinfachen das dezentrale Arbeiten massiv, erfordern allerdings ein stetig ansteigendes Maß an virtueller Kooperation. Wenn Martin De Beer sein Büro in San José im US-Staat Kalifornien betritt, ist seine Mitarbeiterin meistens schon da. Dass seine Assistentin zu spät kommt, hat der Forschungschef des IT-Konzerns Cisco seit Dezember vergangenen Jahres nicht mehr erlebt. Nur kurz tippt sie zu Hause auf eine Taste, und „zack" ist sie an ihrem Schreibtisch. Beinahe wie eine Szene aus der berühmten Science-Fiction-Serie „Raumschiff Enterprise". Margaret ist zwar an ihrem Schreibtisch, doch lediglich „virtuell". Sichtbar auf einem gigantischen Flachbildschirm sitzt sie den Kollegen und Besuchern in Lebensgröße gegenüber. Jedes Wort der attraktiven Frau kommt kristallklar und ohne Verzögerung aus den Lautsprechern, jede Mimik ist zu erkennen. „Tele-Presence"* nennt sich das von Cisco entwickelte System und könnte ein Vorgeschmack für das Büro der Zukunft sein. „Das sind Entwicklungen, die das Potenzial haben, die Art und Weise zu verändern, wie Menschen arbeiten", glaubt De Beer. Da die Lebenshaltungskosten für Margaret in der Bay Area immer weiter stiegen und sie mehr Zeit für ihre neunjährige Tochter haben wollte, zog es die Assistentin zurück in ihre Heimat Texas. Da De Beer seine Mitarbeiterin aber nicht verlieren wollte, entschied er sich für die Video-Lösung. Wie bei Margaret von Cisco. „Jeden Morgen, wenn ich mich einwähle, frage ich mich: Passiert das wirklich? Ich kann bei meiner Lieblingsfirma arbeiten, bin dort die ganze Zeit präsent und kann dennoch leben, wo immer ich möchte", schwärmt sie. Auch ihr Chef hat sich schnell daran gewöhnt. „Den Kaffee, den habe ich mir auch schon vorher selber geholt", grinst De Beer. Und denkt längst an die Zukunft: „Wir arbeiten bereits an dreidimensionalen Darstellungen, einer Art Hologramm."

virtuell = künstlich, nicht echt

Beam me up to my office. In: Handelsblatt, Jens Koenen, 30.05.2007, Düsseldorf

---

Aufgaben

1. Beschreiben Sie die Anforderungen an die Arbeitnehmer in der jeweiligen Zeit der vier Fotos (M1).
2. Beschreiben Sie die Vor- und Nachteile der „Tele-Presence" für Arbeitnehmer und Arbeitgeber (M2).

Neue Technologien und deren Folgen

M3 Mobiltät in Handel und Dienstleistungssektor wird immer wichtiger

„Die neuen Technologien", glaubt Henning Kagermann, „werden unsere Arbeitsumgebung massiv verändern." Der SAP*-Chef hat mehrere große Trends ausgemacht. Der wohl wichtigste: die Mobilität. „Sie wird immer größer", sagt Kagermann und verweist als Beispiel auf das neue Mittelstandsprodukt von SAP, das demnächst auf den Markt kommen soll. Ihm genügt statt Rechenzentren und stationärer Computer ein handelsüblicher Laptop. „Kombiniert mit einem guten Mobiltelefon für Office-Anwendungen, kann ein Mittelständler sein komplettes Geschäft damit von überall in der Welt führen", sagt Kagermann.

Es sind vor allem zwei Faktoren, die jene Mobilität vorantreiben. „Auf der einen Seite sind das neue Technologien wie etwa die Funknetze", sagt SAP-Chef Kagermann. „Auf der anderen Seite sind es die Globalisierung und der demografische Wandel." Die Folge: Alle, Unternehmer, Manager, Führungskräfte und Mitarbeiter, müssen sich von traditionellen Denkweisen lösen, wollen sie die besten Köpfe für sich gewinnen. Und er nennt auch gleich eine der möglichen Folgen: „Viele von uns, zumindest aus den nichtgewerblichen Tätigkeiten, werden künftig seltener an einem fixen Arbeitsplatz sein, vielleicht sollte ich besser sagen: sein müssen."

demografisch = die Bevölkerung beschreibend

Beam me up to my office: Handelsblatt, Jens Koenen, 30.05.2007, Düsseldorf

M4 Veränderung durch Technologie stellt auch neue Anforderungen an den Arbeitnehmer

(Bildergeschichte mit Sprechblasen:)
- „Mit dem Wissen von meinem Beruf im Gepäck, finde ich bestimmt auch einen anderen."
- „Ich wage den Sprung zum Techniker."
- „Um in meinem Beruf weiterzukommen, drücke ich eben noch mal die Schulbank."
- „Ein Blick über den Zaun kann nicht schaden."
- „Ich möchte nicht ständig auf der Stelle treten, also bilde ich mich weiter."
- „Auf einer guten Basis kann man gut aufbauen."
- „Ich will nicht, dass mir die Technik davongaloppiert."

Aufgaben

3. Erstellen Sie ein Schaubild, in dem die Folgen der erforderlichen Mobilität für den Arbeitnehmer und dessen persönliches Umfeld dargestellt sind (M3).
4. Besuchen Sie Ihre nächstgelegene Bundesagentur für Arbeit, recherchieren Sie in weiteren geeigneten Quellen und erarbeiten Sie für den künftigen Auszubildenden bzw. Arbeitnehmer von heute einen Anforderungskatalog, um ihn für Ausbildungs- und Arbeitsplätze attraktiv zu machen. Nehmen Sie hierzu auch M4 zur Hilfe.
Gehen Sie dabei auch auf die Möglichkeiten der beruflichen Weiterbildung ein.
Erstellen Sie dann eine Powerpoint-Präsentation mit Ihren Ergebnissen und präsentieren Sie diese an dem nächsten SMV-Tag oder „Tag der offenen Tür" Ihrer Schule.

2.3 Neue Techniken verändern die Gesellschaft

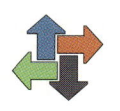

EU 4.9

1993 wurde das am Europäischen Kernforschungszentrum CERN in Genf entwickelte „World Wide Web" zur öffentlichen Nutzung freigegeben. Von diesem Zeitpunkt an setzte sich das www in unglaublicher Weise als neues Medium der Massenkommunikation durch. Heute wird das Internet schätzungsweise von über einer Milliarde Menschen regelmäßig genutzt.

M1

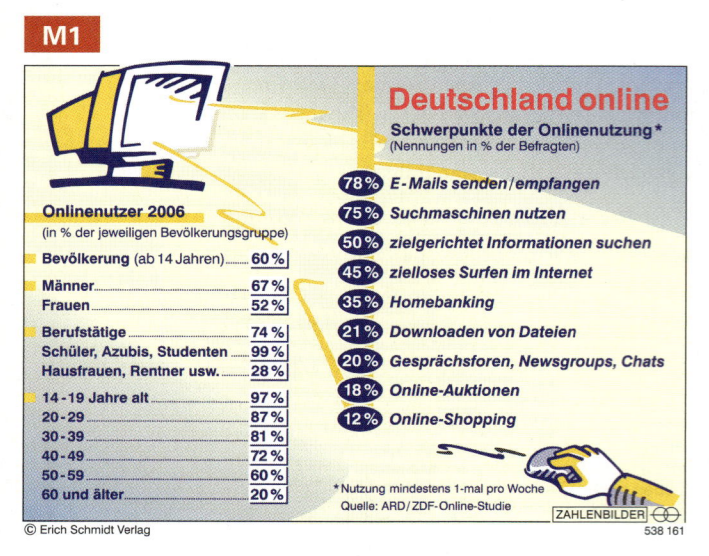

Deutschland online
Schwerpunkte der Onlinenutzung*
(Nennungen in % der Befragten)

- 78 % E-Mails senden/empfangen
- 75 % Suchmaschinen nutzen
- 50 % zielgerichtet Informationen suchen
- 45 % zielloses Surfen im Internet
- 35 % Homebanking
- 21 % Downloaden von Dateien
- 20 % Gesprächsforen, Newsgroups, Chats
- 18 % Online-Auktionen
- 12 % Online-Shopping

*Nutzung mindestens 1-mal pro Woche
Quelle: ARD/ZDF-Online-Studie

Onlinenutzer 2006
(in % der jeweiligen Bevölkerungsgruppe)

Gruppe	%
Bevölkerung (ab 14 Jahren)	60 %
Männer	67 %
Frauen	52 %
Berufstätige	74 %
Schüler, Azubis, Studenten	99 %
Hausfrauen, Rentner usw.	28 %
14–19 Jahre alt	97 %
20–29	87 %
30–39	81 %
40–49	72 %
50–59	60 %
60 und älter	20 %

© Erich Schmidt Verlag

M2

„ACHTUNG, AUF DEM INTERNET-HIGHWAY KOMMT IHNEN EIN HACKER ENTGEGEN!"

Am 30. Juni 1992 wurde das erste Handygespräch im D-Netz in Deutschland durchgeführt. Auch in diesem Bereich ist der technologische Wandel nicht aufzuhalten. Derzeit ist das iPhone* das Maß aller Dinge.

Aufgaben

1. Welche Bevölkerungsgruppen aus dem Schaubild „Deutschland online" finden Sie mit ihrem Ergebnis überraschend, welche nicht (M1). Begründen Sie Ihre Aussage.
2. Führen Sie in der Klasse eine Befragung „Schwerpunkte der Online-Nutzung" durch und stellen Sie das Ergebnis z. B. mit einer kurzen Präsentation vor (M1).
3. Überlegen Sie, welchen Stellenwert das „Online-Using" im Freizeitverhalten mittlerweile erreicht hat.
4. Auf welche negative Auswirkung der vielen Internetuser weist die Karikatur von Liebermann hin (M2)?
5. Erstellen Sie 10 wichtige Tipps für Ihr eigenes Internet-Sicherheitskonzept. (www.bsi-fuer-buerger.de)
6. Das erste Handy von 1992 war nur zum Telefonieren. Recherchieren Sie, über welche Funktionen das derzeit modernste Multimedia-Gerät verfügt und erklären Sie diese (M3).
7. Überlegen Sie in der Klasse, welche schwerwiegenden Folgen der gesellschaftliche Druck bei Jugendlichen wie bei Erwachsenen hat, immer das neueste Gerät besitzen zu müssen. Diskutieren Sie diese Thematik auch zu Hause.

M3

Neue Technologien und deren Folgen

M4

Lieber Peter,

danke, dass Du so schnell auf meinen Brief geantwortet hast. Deine Gedanken sind für mich immer wie ...

```
Pete:    Heut abend?
Steffi:  Wo?
Pete:    Cafe 04
Steffi:  müssen reden
Pete:    no problem
Steffi:  voll echt
...
```

Die ständige Weiterentwicklung der Technologie macht die Gesellschaft schleichend völlig von der Technik abhängig. Kein Empfang auf dem Handy oder z. B. der Ausfall der EC-Karte beim Einkauf bedeuten für viele Menschen eine Katastrophe. Weiterhin birgt die rasante Entwicklung der Technik natürlich auch die Gefahr in sich, dass alles in einem gewissen Maße vom Menschen machbar ist. Ganz im Sinn des bekannten Slogans „Nichts ist unmöglich" werden hier Grundsätze der Ethik und Moral unterschiedlich interpretiert und Umweltgedanken dem Primat der Technologie unterworfen.

Primat = Vorrang

M5 Die Gesellschaft verändert sich.

„Mit Google Earth oder Microsoft Virtual Earth kann jeder die Welt erkunden, egal ob Lehrer, Studenten, Umweltschützer – oder Terroristen."

„Second Life" – Millionen Menschen schaffen sich eine neue Wirklichkeit."

„Mit den jungen Leuten kann man doch kaum noch reden, die haben doch nur ihre Stöpsel im Ohr, schade eigentlich!"

„Für 29,00 Euro nach Barcelona, nichts wie hin!"

„Man bekommt alles in der Welt mit. Ich finde das total interessant!"

„Bei uns gibt es keinen Streit um das Fernsehprogramm. Jedes Familienmitglied hat einen eigenen Fernseher im Zimmer!"

„Ich fühl mich permanent gestresst, weil ich mit Handy überall erreichbar sein muss und nie meine Ruhe habe."

„Dank der neuesten medizinischen Technik konnte meinem Vater bei seinem Verkehrsunfall das Leben gerettet werden!"

Aufgaben

8. Erarbeiten Sie, wie sich die sozialen Beziehungen in der Familie und im Freundeskreis durch die Technik verändert haben. Schauen Sie sich dafür z. B. den Brief und den Chat vergleichend an (M4). Bewerten Sie diese Entwicklung.
9. Suchen Sie sich mit Ihrem Nachbarn eine Aussage aus und formulieren Sie positive und negative Auswirkungen der Technik auf die Gesellschaft (M5). Schreiben Sie im Fach Deutsch eine Erörterung über dieses Thema.
10. Erstellen Sie ein Szenario für den Fall, dass in Bayern drei Tage kein Strom vorhanden wäre.

3 Globale politische und sicherheitspolitische Herausforderungen

Durch die vermehrten wirtschaftlichen und politischen Beziehungen von Staaten untereinander ergeben sich immer wieder Interessenskonflikte. Je nach Konfliktfeld muss jede globale Herausforderung ernst genommen werden und erfordert von allen Beteiligten das ständige Bemühen um eine gerechte Lösung.

3.1 Brennpunkte und deren Akteure

M1 Brennpunkte des Weltgeschehens 2008

- US-Finanzkrise greift auf die ganze Welt über. Börsen auf Talfahrt; Banken in Not. Weltwirtschaftskrise droht
- Island vor Staatsbankrott (7.10.)
- Serbien: Als Kriegsverbrecher gesuchter Karadzic verhaftet (18.7.)
- Russland: Putin-Vertrauter Dimitri Medwedjew zum Präsidenten gewählt (2.3.)
- USA: Als erster Schwarzer gewinnt Barack Obama die Präsidentschaftswahl (4.11.)
- Iren lehnen Vertrag von Lissabon ab (12.6.)
- Georgien mit Russland im Krieg (Aug.); Moskau erkennt Südossetien und Abchasien als unabhängige Staaten an (26.8.)
- Sommerolympiade in Peking (8.–24.8.)
- Kuba: Fidel Castro erklärt Rücktritt (19.2.)
- Kosovo erklärt seine Unabhängigkeit (17.2.)
- Gaza: massiver Militärschlag Israels nach palästinensischen Raketenangriffen (29.12.)
- Myanmar: Verheerender Zyklon „Nargis" (2.–5.5.)
- China: Nach Erdbeben in Sichuan bis zu 88000 Tote (12.5.)
- Kolumbien: Ingrid Betancourt nach 6 Jahren aus der Gewalt der FARC-Guerilla befreit (2.7.)
- Ost-Kongo: Blutige Kämpfe zwischen Regierungstruppen und Tutsi-Rebellen (ab Aug.); Terror gegen Bevölkerung
- Internationaler Einsatz gegen Piraten vor Somalia
- Mumbai: Islamistische Terrorattacke (26.11.)
- Thailand: Schwere politische Krise
- Simbabwe: Machtkampf Mugabes mit der Opposition zerrüttet das Land
- Friedensnobelpreis an den finnischen Friedensvermittler Martti Ahtisaari

✶ = Krieg

© Erich Schmidt Verlag — ZAHLENBILDER 600 101

Aufgaben

1. Überlegen Sie, welche Brennpunkte (analog des Zahlenbildes für das Jahr 2008) für dieses Jahr bereits festzuhalten sind (M1).
2. Erstellen Sie für Ihr Klassenzimmer nach dem abgedruckten Muster eine eigene Übersicht „Brennpunkte des Weltgeschehens für das laufende Jahr". Je zwei Schüler lesen eine Woche lang Tageszeitung/Zeitschriften und suchen dabei wichtige Ereignisse heraus. Nach einer kurzen Präsentation vor der Klasse werden die Text-/Bilddokumente dann auf der Weltkarte befestigt.
3. Begründen Sie mithilfe der Karikatur, weshalb die Lösung globaler Herausforderungen oft so problematisch ist (M2).
4. Bilden Sie in Ihrer Klasse einen solchen „Runden Tisch". Diskutieren Sie als Vertreter Ihres Landes über das globale Problem, das Sie derzeit am meisten beschäftigt.

M2

Globale politische und sicherheitspolitische Herausforderungen

Das Vorhaben, globale politische Herausforderungen zu lösen, wird inzwischen mit dem Begriff „Global Governance" bezeichnet. Der Bundestag definierte im seinem Schlussbericht „Globalisierung der Weltwirtschaft" 2002 den Begriff „Global Governance" als „Lösungsansätze, die die wirtschaftlichen und politischen Vorteile der Globalisierung nicht infrage stellen und geeignet sind, die aufgetretenen Ungerechtigkeiten und Gefahren zu überwinden oder zu mildern."

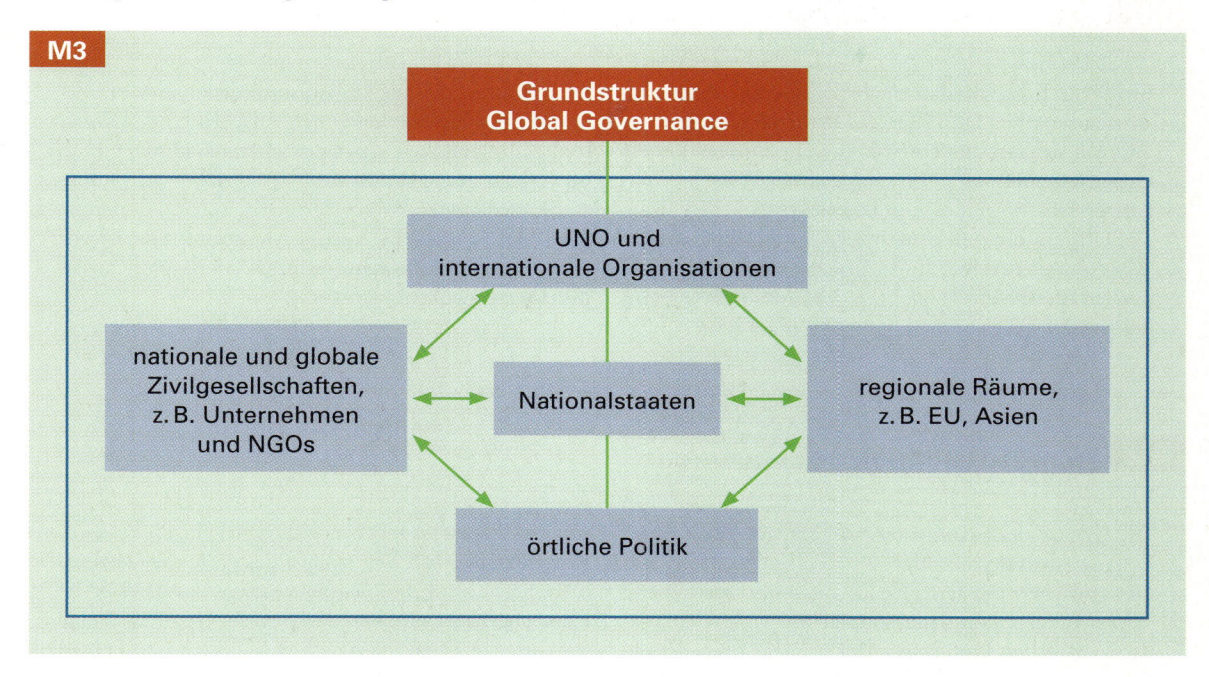

M3 Grundstruktur Global Governance

- UNO und internationale Organisationen
- nationale und globale Zivilgesellschaften, z. B. Unternehmen und NGOs
- Nationalstaaten
- regionale Räume, z. B. EU, Asien
- örtliche Politik

Internationale Organisationen sind von Staaten gebildete Akteure mit einem bestimmten, genau definiertem Aufgabengebiet, z. B. UNO oder NATO*. Dazu gibt es bestimmte Eintritts- und Austrittsregelungen sowie Mitgliedspflichten wie z. B. Beitragszahlungen.

Als NGO bezeichnet man eine „Non-Governmental Organization", also eine nichtstaatliche Organisation. NGOs arbeiten ohne Gewinnabsicht und sind häufig in den Bereichen Sozialarbeit, Berufsvertretungen, Umweltschutz, Tierschutz und Menschenrechte aktiv.

Besondere Verantwortung für die Lösung globaler sicherheitspolitischer Probleme hat die UNO*. Die Vereinten Nationen, wie sie auch genannt werden, sind ein Zusammenschluss von derzeit 192 Staaten. Gegründet nach dem Zweiten Weltkrieg 1945, hat sich die UNO zum Ziel gesetzt, den Frieden auf der Welt dauerhaft zu sichern. Der Sicherheitsrat als Hauptorgan der UNO kann Entscheidungen mit Bindungswirkung für die Mitgliedsstaaten treffen und damit weltweit über friedenssichernde und friedenserzwingende Maßnahmen beschließen. Um die Umsetzung bemühen sich die Friedenssoldaten der UNO, die sog. Blauhelme. Alle bewaffneten Einsätze der Vereinten Nationen setzen eine entsprechende Resolution des Sicherheitsrates voraus, die Art, Umfang und Dauer des Einsatzes festlegt.

Aufgaben

5. Recherchieren Sie in Lexika oder im Internet, um für folgende Organisationen eine Tabelle nach unterschiedlichem Muster anzufertigen (M3):
   Greenpeace   UNO   Rotes Kreuz   NATO   Amnesty International   WTO   OPEC

EU 3.3

Bezeichnung (ggf. Abkürzung)	Int. Org. oder NGO	Hauptziel der Organisation	Ist mir in Erinnerung wegen ...

3.2 Herausforderung „Fundamentalismus"

Vor allem seit dem 11. September 2001 ist die Bedrohung durch den islamischen Fundamentalismus allgegenwärtig.

M1 Begriffsdefinition: Fundamentalismus

Ein Mensch, der fundamentalistisch denkt, hängt starr an überlieferten Grundsätzen, lehnt Neuerungen ab und will sich der modernen Zeit nicht anpassen. Diese Grundsätze können politische oder religiöse Überzeugungen sein. So gibt es zum Beispiel christliche Fundamentalisten, die sich ganz streng auf die Bibel als das Wort Gottes berufen. Ihrer Ansicht nach ist die Bibel in allen Einzelheiten sowohl in der Familie als auch im politischen Leben zu befolgen. Der islamische Fundamentalismus, der auch Islamismus genannt wird, fordert die genaue Befolgung der Vorschriften des Koran und der islamischen Gesetze. Fundamentalisten gibt es überall auf der Welt, oft sind sie intolerant gegenüber Andersdenkenden. Wenn sie fanatisch sind, können sie gefährlich werden für andere Menschen. Das ist vor allem dann der Fall, wenn sie ihre Meinung mit Gewalt durchsetzen wollen.

Gerd Schneider, Christiane Toyka-Seid, Das junge Politik-Lexikon, Bonn, bpb, 2007, S. 100f.

M2 Begriffsdefinition: Islamismus

Die Gesetze des Islam, wie sie im heiligen Buch dieser Religion, dem Koran, aufgeschrieben sind, sollen in den moslemischen Ländern wieder eingeführt und streng befolgt werden. Nur dann könnten alle politischen und wirtschaftlichen Probleme gelöst werden: Diese Forderung, die notfalls auch mit Gewalt durchgesetzt werden soll, wird als Islamismus bezeichnet. Es soll ein Gottesstaat errichtet werden, in dem die alte islamische Gesetzgebung, die sogenannte Scharia, wieder eingeführt wird. Die Scharia enthält sehr strenge Regeln für alle Lebensbereiche. So wird zum Beispiel verlangt, dass Dieben die Hand abgehackt wird und dass es in der Gesellschaft eine ganz strenge Trennung zwischen Männern und Frauen gibt. Eines der Hauptziele der fanatischen Islamisten ist, dass sich der sogenannte islamische Gottesstaat nach und nach in der ganzen Welt ausbreitet.

autonom = selbstständig, unabhängig

Gerd Schneider, Christiane Toyka-Seid, Das junge Politik-Lexikon, Bonn, bpb, 2007, S. 140f.

M3 Terrorismus am Beispiel von Al Kaida

Al-Kaida-Chef Osama bin Laden (Foto: dpa)

Al Kaida (Die Basis) entstand aus einer Gruppe muslimischer Kämpfer aus dem Nahen Osten, die den afghanischen Mudschahedin (Gotteskrieger) in den 80er-Jahren bei ihrem Kampf gegen die sowjetische Besatzungsmacht geholfen hatten. [...]
Nach dem Rückzug der russischen Invasoren 1989 geriet Al Kaida allmählich unter die Kontrolle des saudi-arabischen Milliardärssohns Osama bin Laden. Innerhalb weniger Jahre baute er die Gruppe zu einem globalen Netzwerk von Terrorgruppen aus. [...] Ziele sind die Verteidigung der muslimischen Welt gegen „Ungläubige" und die weltweite Ausbreitung des Islam. „Die Tötung der Amerikaner und ihrer Verbündeten ist persönliche Pflicht jedes Moslems", heißt es in einem Manifest. Anschläge werden von kleinen, zum Teil unbekannten Splittergruppen oder sogenannten „Schläfern" ausgeführt. [...]
Die Terror-Aktivitäten von Al Kaida begannen nach Erkenntnissen der US-Geheimdienste etwa 1992. Sie richteten sich zunächst gegen die Streitkräfte der USA in Saudi-Arabien, Somalia und im Jemen.
Al Kaida bekannte sich unter anderem zu den Anschlägen vom 11. September 2001 in den USA sowie den Attentaten auf vier Nahverkehrszüge in Madrid am 11. März 2004. [...]

Terrornetzwerk Al-Kaida, Sascha Hornung, 07. Juli 2005 unter: http://nachrichten.t-online.de/c/12/99/99/28/12999928.html

Aufgaben
1. Beschreiben Sie einen fundamentalistisch denkenden Menschen (M1).
2. Welches Ziel hat der sogenannte „Islamismus" (M2)?
3. Recherchieren Sie im Internet mit Ihrem Banknachbarn im Rahmen einer Hausaufgabe, was genau am 11. September 2001 in New York passierte, ermitteln Sie Ursachen dafür und nennen Sie Folgen. Tragen Sie Ihr Ergebnis in der Klasse als Kurzreferat vor.
Vgl. für weitere Informationen: http://www.bpb.de/wissen/EMH9Q8,0,Linkliste_zum_11_9_2001.html

Globale politische und sicherheitspolitische Herausforderungen

M4 Gotteskrieger an der Heimatfront

Der islamistische Terror erreicht Deutschlands Mitte: Mit der Verhaftung der Bombenbastler von Oberschledorn fliegt erstmals ein Anschlagsplan heimischer Dschihadisten auf. Ermittler stehen vor einem großen Problem: Die Radikalen mit heimischem Pass sind schwer zu finden und zu fassen. [...] Der sogenannte „homegrown terrorism", lautet eine der Lehren der Operation, hat seinen Weg auch in die Bundesrepublik gefunden. Die Zusammensetzung der in Nordrhein-Westfalen ausgehobenen Zelle – zwei deutsche Konvertiten und ein Türke, der offenbar schon sehr lange hier lebt – erinnert an den Terroranschlag von London, wo scheinbar integrierte Täter am 7. Juli 2005 ihre Rucksackbomben zündeten. Konnten die fehlgeschlagenen Anschläge der Kofferbomber im letzten Jahr noch die Illusion stützen, die Gefahr ginge hierzulande vor allem von islamistischen Einwanderern aus, weiß man es seit gestern besser. Jedes Jahr konvertieren in Deutschland Tausende Deutsche zum Islam – das war immer schon so und ist kein Grund zur Besorgnis, auch wenn die Zahlen seit einiger Zeit steigen. Aber was Anlass zur Sorge gibt, ist, dass unter den Dschihadisten, die von Deutschland aus in den Krieg ziehen oder, wie die gestern Festgenommenen, den Krieg hierher tragen wollen, immer häufiger Konvertiten sind. [...] Konvertiten mit westlichen Papieren seien wertvoll für Terrorgruppen, weil sie unbeschränkt reisen können und nicht per se verdächtig seien. [...] „Sie essen Schweinefleisch, sie gehen in Kirchen, sie haben Freundinnen. Niemand weiß, wer sie sind, bis sie zuschlagen." [...]

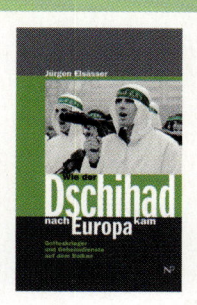

Yassin Musharbash: Gotteskrieger an der Heimatfront. In Spiegel Online, 05.09.2007 unter: www.spiegel.de/politik/deutschland/0,1518,504030,00html, 11.12.2007

homegrown = zu Hause gewachsen

Konvertit = Person, die zu einem andern Glauben übertritt

per se = von selbst

M5 Die Vorschläge zur Bekämpfung des islamischen Fundamentalismus sind vielfältig:

„Auf lange Sicht muss es darum gehen, den potenziellen Terroristen ihre Motivation zu entziehen. Zum einen das Gefühl des Gedemütigtsein durch einen technisch und wirtschaftlich überlegenen Westen und zum anderen den Glauben, dass die ungläubigen Unterdrücker Rache verdient haben ..."

Jochen Bittner: Das weltweite Al-Kaida-Netz, In: Die Zeit 29/2005, unter: www.zeit.de/2005/29/terrorismus_bittner?page=1, 11.12.2007

potenziell = möglich, denkbar

„Ich denke, es war ein schwerwiegender Fehler, den Krieg gegen den Terrorismus zu erklären. Der Kampf gegen den Terrorismus ist nicht mit Krieg gegen Terror zu gewinnen. Unter anderem ist es besonders wichtig, den Feind genau zu kennen, die Terroristen von ihrer Gemeinschaft zu trennen und schließlich viel Geduld zu haben und das Ziel im Auge behalten."

Louise Richardson: http://www.dradio.de/dkultur/sendungen/thema/643980/, 20.12.2007

Einer der einflussreichsten islamischen Prediger Saudi-Arabiens, Salman al-Auda, hat Al-Qaida-Chef Osama Bin Laden zur Umkehr aufgefordert. Der Terror der Al-Qaida habe zu viele unschuldige Opfer gefordert, auch unter den Muslimen. Zudem stellte al-Auda Extremisten, die dem bewaffneten Kampf abgeschworen haben, als Vorbild dar: „Unsere Brüder, die gekämpft haben, waren tapfer und haben Reue gezeigt, sie haben diesen gefährlichen Weg aufgegeben."

Ulrich Clauß: Kopfnote Salman al-Auda, Welt online, 17.09.2007, unter: http://www.welt.de/welt_print/article1189049/Kopfnote_Salman_al-Auda.html

Aufgaben

4. Welches Hauptproblem ergibt sich aus der Tatsache einheimischer Dschihadisten für die Bekämpfung des islamischen Fundamentalismus (M4)?
5. Diskutieren Sie die Vorschläge zur Terrorismusbekämpfung (M5).
6. Welchen grundsätzlichen Fehler begehen die Mitschüler in der Karikatur (M6)? Was raten Sie?

Gesellschaft im Wandel 3.2

Europäische Union 2.1

3.3 Herausforderung „Waffensysteme"

M1

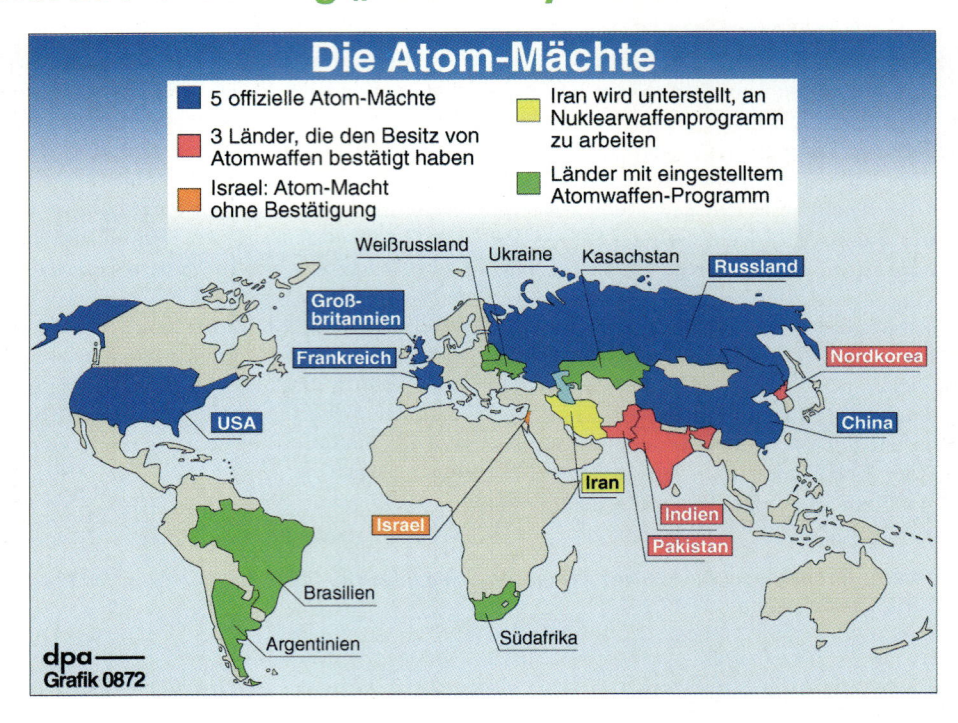

Die Atom-Mächte
- 5 offizielle Atom-Mächte
- 3 Länder, die den Besitz von Atomwaffen bestätigt haben
- Israel: Atom-Macht ohne Bestätigung
- Iran wird unterstellt, an Nuklearwaffenprogramm zu arbeiten
- Länder mit eingestelltem Atomwaffen-Programm

(Karte zeigt: USA, Großbritannien, Frankreich, Russland, China als offizielle Atom-Mächte; Indien, Pakistan, Nordkorea als bestätigte Atomwaffenbesitzer; Israel ohne Bestätigung; Iran mit unterstelltem Programm; Weißrussland, Ukraine, Kasachstan, Brasilien, Argentinien, Südafrika mit eingestelltem Programm)

dpa Grafik 0872

Overkill* (Mehrfachvernichtungskapazität)

Die Atommächte waren und sind, durch ihre Unmengen von Atomwaffen, in der Lage, die Welt mehrfach zu zerstören. Dieses Übermaß an Atomwaffen wird mit dem englischen Begriff „Overkill" beschrieben.

Konkret bedeutet dies, dass die Atomwaffenarsenale der Welt heute eine Gesamtsprengkraft von rund 7 500 Megatonnen (vergleichbar mit 7,5 Milliarden Tonnen TNT) haben. Auf die Weltbevölkerung aufgeteilt, würde eine Sprengkraft von über 1 Tonne TNT auf jeden von uns entfallen.

TNT = Trinitrotoluol (Sprengstoff)

M2

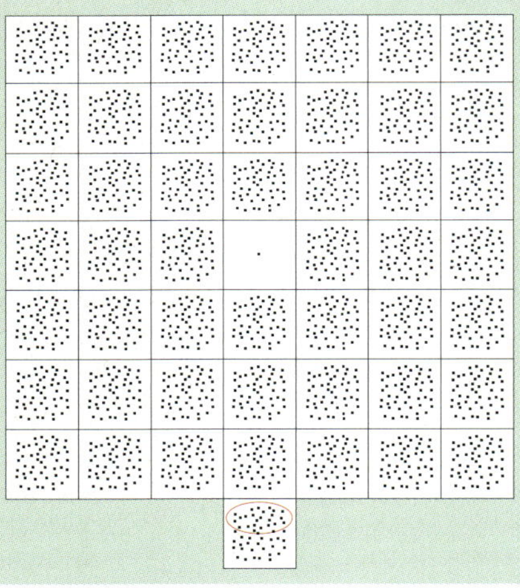

Im Zweiten Weltkrieg sind 55 Millionen Menschen gestorben. Die gesamte verwendete Zerstörungskraft des Zweiten Weltkrieges gleicht 3 Megatonnen, dies entspricht einem Punkt in der Grafik. Der heutige Overkill gleicht 2 500 Zweiten Weltkriegen. Die Zerstörungskraft von nur zwei Quadraten dieser Grafik (300 Megatonnen) würde genügen, um alle mittleren und großen Städte der Welt zu vernichten. 1985 veröffentlichte „Die Zeit" die Zerstörungskraft der damaligen Atomwaffen: Sie betrug 6 000 Zweite Weltkriege. Die nebenstehende Grafik zeigt die Zerstörungskraft aller Atomwaffen im August 2005. Somit haben wir die Zerstörungskraft seit Ende des Kalten Krieges bis August 2005 auf zwar weniger als die Hälfte reduziert, dennoch bleibt es beim Overkill.

Trägerkreis „Atomwaffen abschaffen", c/o Deutsche Sektion der Internationalen Ärzte für die Verhütung des Atomkriegs (IPPNW), Berlin, http://www.atomwaffena-z.info/heute/heut_overkill.html, 5.12.2007 (geändert)

Aufgaben

1. Überlegen Sie Gründe, weshalb ein Land Atomwaffen besitzen will.
2. Welche Folgen ergeben sich für das jeweilige Land?
3. Diskutieren Sie in Ihrer Klasse, ob Atomwaffen den Frieden stabilisieren oder eher gefährden (M1 und M2).

Globale politische und sicherheitspolitische Herausforderungen

M3

auf dem Affenfelsen

Nicht nur atomare Waffensysteme bereiten ein Gefühl der Unsicherheit, sondern auch das Verhalten „alter Supermächte" gibt zu denken:

M4 Putin wirft USA neues Wettrüsten vor – Russische Vakuumbombe stärker als Atombombe

Mit harscher Kritik an den USA hat Russlands Präsident Putin den Test seiner neuen Superwaffe gerechtfertigt. Die Interkontinentalrakete sei eine direkte Antwort auf die Raketenschild-Pläne Washingtons, sagte der Kreml-Chef. Die Amerikaner hätten ein neues Wettrüsten begonnen.

Moskau – Wladimir Putin redet Klartext: Die USA hätten eine neue Runde im Wettrüsten eröffnet, warf Putin Washington vor. Russland habe damit nicht begonnen. Der Test der neuen Interkontinentalrakete am Dienstag auf der Halbinsel Kamtschatka sei „eine direkte Antwort auf die ziemlich harten und durch nichts zu rechtfertigenden einseitigen Handlungen unserer Partner", sagte Putin.

Man habe die Amerikaner gewarnt, ihre Pläne nicht umzusetzen, und eine Antwort angekündigt, sagte Putin. Er erhob erneut schwere Vorwürfe gegen die Nato. „Nicht wir sind die Initiatoren eines neuen Wettrüstens", sagte der Kremlchef. „Ein neuer Militärstützpunkt in Bulgarien, noch einer in Rumänien, ein Raketenstandort in Polen, ein Radar in Tschechien, was sollen wir tun?" Es dürfe nicht sein, dass nur Russland allein sich an Abmachungen halte.

Die USA haben mehrfach betont, dass ihre Pläne sich nicht gegen Russland richteten und für das Land ihrer Ansicht nach auch keine Bedrohung darstellten. Der Schild solle vielmehr vor Raketenangriffen aus Staaten wie Iran schützen. Die neue Waffe ist offenbar die Antwort auf die MOAB-Bombe („Massive Ordnance Air Blast") der USA. Wie diese 2003 erstmals getestete Bombe handelt es sich um eine sogenannte thermobarische Waffe, umgangssprachlich auch als „Vakuumbombe" bezeichnet. Dabei wird ein Brennstoff-Luft-Gemisch entzündet, das eine immense Druckwelle und extrem hohe Temperaturen erzeugt. Während die MOAB in den USA die „Mutter aller Bomben" genannt wird, gaben die russischen Streitkräfte ihrer Waffe den Namen „Vater aller Bomben".

Putin wirft USA neues Wettrüsten vor in Spiegel Online als/Reuters/dpa 31.05.2007 unter: www.spiegel.de/politik/ausland/ 0,1518,485908,00html, 11.12.2007

Aufgaben

4. Informieren Sie sich über die aktuelle Situation der in der Karikatur dargestellten Problematik (M3).
5. Erarbeiten Sie die konkreten Vorwürfe Russlands an die USA (M4).
6. Überlegen Sie, wohin ein solches Wettrüsten führt.
7. Welche Folgen dieser Entwicklung haben wir Europäer zu tragen?

Europäische Union 5

konfiszieren = beschlagnehmen

3.4 Herausforderung „Dauerkrisenherde"

Ein Blick auf die Konflikte der letzten Jahre zeigt deutlich, dass sich bestimmte Dauerkrisenherde gebildet haben, die die internationale Politik mit unterschiedlichen Mitteln zu lösen versucht.

M1 Krisenherd I: Israel und Palästina

Als im Jahre 1948 die Republik Israel ausgerufen wird, beginnt zwischen den Juden und Palästinensern ein Krieg, der bis heute nicht zur Ruhe gekommen ist. Die Israelis, deren Geschichte einst in diesem Territorium begonnen hatte, wollen nach den vernichtenden Erlebnissen des Zweiten Weltkriegs eine neue Heimat finden und einen jüdischen Staat aufbauen. Doch dort leben die bereits seit über tausend Jahren ansässigen Palästinenser. Es folgt eine Vertreibung vieler Palästinenser sowie israelischer Siedlungsbau im Palästinensergebiet. Selbstmordattentate und Terroranschläge gehören zur Tagesordnung. Eine Spirale des Hasses und des Zorns entsteht und geht nahtlos auf die nächste Generation über. Durch eine acht Meter hohe Sperrwand versucht Israel sich vor dem Terror zu schützen, die Palästinenser fühlen sich wie gettoisiert. Im Laufe der Jahrzehnte wurden auf internationaler Ebene unzählige Versuche unternommen, die verfeindeten Völker zu einer gewissen Normalität zu bringen. Ein „Friedens-Fahrplan" war eine Möglichkeit, brachte jedoch nur einen Teilerfolg.
Nach einer längeren „Verhandlungspause" aufgrund unüberbrückbarer Meinungsverschiedenheiten beginnen im Dezember 2007 auf Druck der Staatengemeinschaften neue Friedensverhandlungen mit dem Ziel, einen lebensfähigen palästinensischen Staat zu schaffen, der in friedlicher Nachbarschaft mit Israel lebt. „Wer den Konflikt zwischen Israelis und Palästinensern lösen will, muss das Labyrinth aus Hass, Angst und Rachsucht zerschlagen. Und vor allem den Terror", schreibt Leon de Winter bereits 2003 (in „Die Zeit Nr. 27, 26.06.2003").
Trotz vieler Versuche der USA, Russland, der EU und der UNO tobt bis heute ein unerbittlicher Kampf um ein Land, von dem beide Völker der Meinung sind, es gehöre ihnen.

Palästinenserinnen gehen an der Sperrmauer in Abu Dis entlang

M2 Krisenherd II: Irak

Der irakische Diktator Saddam Hussein wurde vom Sicherheitsrat der UN am 08.11.2002 aufgefordert, seine Waffenprogramme binnen eines Monats offen zu legen. Zudem sollte den Waffenkontrolleuren freier Zugang zu allen Produktionsstätten gewährt werden. Die US-Regierung sah in dem vermeintlichen Besitz von Massenvernichtungswaffen eine mögliche Unterstützung des internationalen Terrorismus. Da der Verbleib von cirka 1 000 Tonnen angeblich vernichteter chemischer Kampfstoffe nicht aufgeklärt werden konnte, stellte US-Präsident Bush Saddam Hussein ein Ultimatum, den Irak zu verlassen. Nach Ablauf des Ultimatums wurde am 20.03.2003 mit der Bombardierung Bagdads begonnen. Am 09.04.2003 erobert die US-Armee Bagdad. Millionen Menschen in aller Welt hatten zuvor gegen ein militärisches Eingreifen im Irak demonstriert.
Die Tatsache, dass bis heute keine Massenvernichtungswaffen im Irak gefunden wurden, lassen Kritiker vermuten, dass neben der Befreiung des irakischen Volkes von ihrem Diktator vor allem auch irakische Ölfelder die Beweggründe für den militärischen Eingriff waren. Die Folgen dieses Krieges sind bis heute deutlich zu sehen. Die Demokratisierung des Landes hat mit vielen Hindernissen zu kämpfen. Die Zahl der zivilen und militärischen Opfer ist erschreckend hoch, da islamistische Selbstmordattentäter permanent versuchen, westliche Aufbauhilfe zu stören. Zudem bekämpfen sich verschiedene islamische Glaubensrichtungen innerhalb des Landes gegenseitig. Aus einer vermeintlichen Befreiung ist ein Bürgerkrieg entstanden.

Globale politische und sicherheitspolitische Herausforderungen

Marktplatz im Sadrija-Viertel, Bagdad: Erst im Februar 2007 starben hier 137 Menschen bei einem Anschlag

M3 Krisenherd III: Afghanistan

Konflikt und Krieg in Afghanistan begannen 1978 mit einem Staatsstreich durch afghanische Kommunisten. Als sie das Land ins Chaos stürzten, schickte die sowjetische Führung Ende Dezember 1979 Truppen ins Land. Mit den Genfer Verträgen vom April 1988 wurde der sowjetische Truppenrückzug eingeleitet, doch konnte das kommunistische Regime in Kabul erst im April 1992 von den Mujaheddin, die von den USA unterstützt wurden, entmachtet werden. Diese rieben sich danach in internen Machtrivalitäten auf und lösten einen Bürgerkrieg aus. Um das Chaos zu beenden, dehnten die von Pakistan unterstützten Taliban ihre Macht allmählich aus und nahmen 1996 Kabul ein. Ihre wachsende Radikalisierung unter dem Einfluss von Osama bin Ladens Al Kaida trieb sie in die internationale Isolation. Nach den Anschlägen vom 11. September 2001 in New York wurde das Taliban-Regime in einem kurzen Luftkrieg von den USA zerschlagen. Der Bonner Prozess 2001 führte mit den Präsidentschaftswahlen, den Parlamentswahlen und der Konstituierung des afghanischen Parlaments am 19. Dezember 2005 zur Schaffung der institutionellen Voraussetzungen für die Wiedererrichtung eines handlungsfähigen afghanischen Staates.
Die Bevölkerung ist wegen des schleppenden Wiederaufbaus und der enttäuschenden Resultate bei der Armutsbekämpfung frustriert. Da jedoch die schwache afghanische Regierung unter Präsident Hamid Karzai nicht aus eigener Kraft für Sicherheit sorgen kann, wird die internationale Militärpräsenz unter Führung der NATO aufgestockt. Das Mandat der NATO-geführten „International Security Assistance Force" (ISAF) wurde auf das gesamte Land ausgedehnt. Ihr werden insgesamt 25 „Provinzwiederaufbauteams" (PRTs) und ca. 30 000 internationale Soldaten aus 37 Staaten unterstellt.

institutionell = eine öffentliche Einrichtung betreffend

Citha D. Maaß, Afghanistan, Bundeszentrale für politische Bildung, Bonn, entnommen: http://www.bpb.de/themen/QTKZJB,0,0,Afghanistan.html, 05.12.2007, gekürzt

Aufgaben
Arbeitsteilige Gruppenarbeit mit Internetrecherche (M1 bis M3):
1. Erklären Sie kurz die Entstehung und den Verlauf der jeweiligen Krise.
2. Welche internationalen Organisationen sind jeweils betroffen?
3. Inwieweit ist Deutschland an dem Dauerkonflikt beteiligt?
4. Schildern Sie die aktuellen Meldungen der letzten Monate aus dem Krisengebiet.
5. Nennen Sie die Lösungsansätze, die zur Befriedung beitragen sollen.
6. Präsentieren Sie „Ihren" Krisenherd in geeigneter Weise vor der Klasse.
7. Erarbeiten Sie am Ende Unterschiede und Gemeinsamkeiten der Krisenherde heraus.

3.5 Herausforderung „Ressourcenknappheit"

Europäische Union 4.10

M1 Wasserverschmutzung ist ein Menschheitsproblem

Eigentlich ist mehr als genug für alle da. Trotzdem haben 15 Prozent der Weltbevölkerung keinen Zugang zu sauberem Trinkwasser oder annehmbaren Sanitäranlagen. Aber der wahre Mangel herrscht in vielen Regierungspalästen von Entwicklungsländern. Es ist der Mangel an Interesse für die Nöte einfacher Menschen. Man kann es nicht verbrauchen. Wasser ist eine unendliche Ressource und bleibt in einem ewigen Kreislauf Teil der Erdoberfläche. Aber man kann es verschmutzen, und so aus einem essenziellen Lebensmittel eine Gesundheitsgefahr machen. ... Hierzulande kann man aus dem Hahn trinken, eine Notdurft hygienisch im Spülklosett entsorgen und sicher sein, dass Trink- und Abwasser voneinander getrennt bleiben. Nicht so in großen Teilen der Welt. Dort geraten Fäkalien direkt in Gewässer, aus denen auch Trinkwasser geschöpft wird, und Felder werden mit ungeklärtem Abwasser bewässert. Die Folge sind bakterielle Durchfallerkrankungen, an denen pro Jahr über fünf Millionen Menschen sterben, die meisten davon Kinder. Toiletten, die Trennung von Trink- und Abwasser und einfache Kläranlagen könnten diese Gesundheitskatastrophe beenden. ... Neben dem Kampf für Hygiene wird eine zweite Wende im Umgang mit Wasser dringend nötig, die betrifft die Landwirtschaft. Denn viel mehr Wasser als die Haushalte und die Industrie benötigen Ackerbau und Viehzucht: 78 Prozent der weltweit verbrauchten Menge. Heute wachsen 40 Prozent aller Nahrungspflanzen auf bewässerten Feldern. Dort muss Bekämpfung des Wassermangels ansetzen, und dort gibt es auch die größten Sparpotenziale. So benötigt die Tröpfchenbewässerung durch unterirdisch verlegte Schläuche wesentlich weniger Wasser als Sprühanlagen. Wasserverschmutzung und Wassermangel sind riesige Menschheitsprobleme – aber sie sind lösbar. Zwar bestehen nur drei Prozent der Wasservorräte des Planeten aus Süßwasser, und das meiste davon steckt in den Eiskappen der Pole und in geologischen Depots unter der Erde. ... Würde alles Süßwasser völlig gleichmäßig verteilt, stünden jedem Erdbewohner etwa zwei Millionen Liter pro Jahr zu. Dennoch herrscht Mangel und kein Überfluss.

Michael Miersch: Wasserverschmutzung ist ein Menschheitsproblem, 22.08.2008, unter: http://debatte.welt.de/kommentare/86175/wasserverschmutzung+ist+ein+menschheitsproblem (gekürzt)

M2

Ein viel diskutierter Lösungsansatz ist die Meerwasserentsalzung. Das Meerwasser kann durch zwei Techniken vom Salz befreit werden: Entweder wird das Wasser verdampft und dabei Frischwasser gewonnen oder – und das ist die modernste Technik – das Meerwasser wird durch eine Membran gepresst, wobei die Salzmoleküle zurückgehalten werden (Umkehrosmose). Doch die Meerwasserentsalzung hat ihre Grenzen. Zum einen macht sie nur für Staaten Sinn, die an einem Meer liegen, ein Transport des so gewonnenen Wassers über Rohrleitungen in die Binnenländer wäre viel zu teuer. Zum anderen sind die Kosten für die Entsalzung sehr hoch, sodass sich nur verhältnismäßig reiche Staaten diese Technik in größerem Maßstab leisten können, obschon die Kosten in den letzten zehn Jahren deutlich gesunken sind: von mehr als einem Dollar pro Kubikmeter Wasser auf heute weniger als die Hälfte. Die Kapazitäten zur Meerwasserentsalzung sind stark konzentriert: Der Großteil entfällt auf die Golfstaaten mit Schwerpunkt in Saudi-Arabien. Israel gewinnt mittlerweile ein Viertel seines Haushaltsfrischwassers durch Entsalzung. Auch in den USA und Großbritannien stehen moderne Wasserentsalzungsanlagen, China und Spanien planen größere Investitionen. Da die Meerwasserentsalzungsanlagen einen relativ hohen Energieverbrauch haben, ist der Preis des gewonnenen Wassers von den Energiepreisen abhängig.

Zdenek Zofka: Kommt nach dem Hunger nun der Durst? Die Armen und die globale Wasserkrise, in: Einsichten und Perspektiven 03/2007, Bayerische Zeitschrift für Politik und Geschichte, hrsg. von der Bayerischen Landeszentrale für politische Bildungsarbeit, zitiert nach: http://www.km.bayern.de/blz/eup/03_07/4.asp, Zugriff: 06.11.2008 (Auszug)

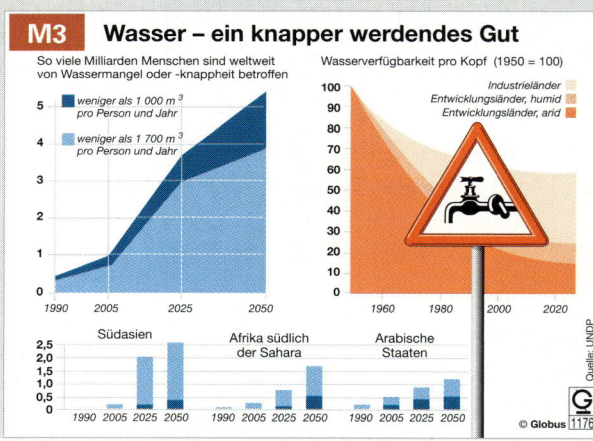

humid = feucht, nass
arid = trocken, dürr

M3 Wasser – ein knapper werdendes Gut

Aufgaben

1. Fassen Sie die Kernaussagen des Textes „Wasserverschmutzung ist ein Menschheitsproblem" zusammen (M1).
2. Welche markanten Entwicklungen sind bei dem Schaubild „Wasser" festzustellen (M3)?
3. Begründen Sie, warum die Meerwasserentsalzung nicht das „Allheilmittel" ist (M2).
4. Sammeln Sie in der Klasse Möglichkeiten, wie Sie Ihren Wasserverbrauch reduzieren können.

Globale politische und sicherheitspolitische Herausforderungen

Betrachtet man die Ressourcen der fossilen Brennstoffe Erdgas und Erdöl, ergibt sich folgendes Bild:

M4

Erdgas		Erdöl	
Lagerstätte	Vorrat in Mrd. m³	Lagerstätte	Vorrat in Mio. t
Nordamerika	6963	Nordamerika	26951
Südamerika	7484	Südamerika	16124
Europa	5567	Europa	2206
Afrika	12835	Afrika	13702
GUS	55259	GUS	10587
Naher Osten	71266	Naher Osten	100962
Süd- und Ostasien	12595	Süd- und Ostasien	4852

GUS = Gemeinschaft unabhängiger Staaten, ehemals UdSSR

nach: Erich Schmidt Verlag, Nr. 648210 09/04 und 647310 08/06, Berlin

Der Rohstoffbedarf nimmt kontinuierlich zu. Zum einen wird die Weltbevölkerung um über 2,5 Milliarden vor allem in Asien und Afrika wachsen. Zum anderen steigt auch der Wohlstand ständig und deshalb wird auch der Konsum rohstoffintensiver: „Wer heute Sojakeimlinge isst, will morgen Huhn und Rind auf dem Tisch haben, und wer heute läuft, kauft morgen ein Fahrrad. Wer heute Rad fährt, sattelt morgen auf das Auto um. Wachsende Volkswirtschaften führen zu wachsender Nachfrage und zu einem anspruchsvolleren Nachfrageverhalten", so Hans-Jörg Naumer im iwd-Forum, 2006, Nr. 15.

Europäische Union 2.1

Durch die begrenzten Rohstoffvorräte werden diese Energieträger in Zukunft unausweichlich teurer und aufgrund ihrer umwelt- und klimaschädlichen Auswirkungen ist ein Umdenken hin zu alternativen Energien unausweichlich. Jedoch ist der Ersatz durch andere Energieträger nur in begrenztem Umfang realisierbar. Hinzu kommt, dass alle wichtigen Energieträger – sei es in wirtschaftlicher, gesellschaftlicher oder ökonomischer Hinsicht – Schwachpunkte aufweisen:

M5

Das Energie-Dilemma
Ein Überblick über Probleme und Risiken bei der Nutzung der wichtigsten Energiequellen

Erdöl	Umwelt-/Klimabelastung, begrenzte Vorkommen	hohe Importabhängigkeit, Versorgungs- und Preisrisiken
Erdgas	begrenzte Vorkommen, Versorgungs- und Preisrisiken	hohe Importabhängigkeit
Kohle	Umwelt-/Klimabelastung, Braunkohle: Flächenverbrauch, massive Eingriffe in die Natur	Inlands-Steinkohle: hohe Förderkosten
Atomkraft	höchste Systemanforderungen, Importabhängigkeit (Uran)	Sicherheitsrisiken, Endlagerung radioaktiver Abfälle ungeklärt
Wasserkraft	begrenzte Kapazität, Ausbaupotenzial in Deutschland weitgehend erschöpft	
Windkraft	schwankendes Aufkommen, Landschaftsverbrauch	Netzanbindung, Netzregulierung, Speicherung noch ungelöst
Solarenergie (Wärme)	hohe Anlaufinvestitionen, schwankendes Aufkommen	
Solarenergie (Strom)	hohe Anlaufinvestitionen, schwankendes Aufkommen	Speicherung noch ungelöst
Biokraftstoff	begrenzte Kapazität, Flächenverbrauch	Bio-Ethanol: ungünstige Energiebilanz

© Erich Schmidt Verlag – ZAHLENBILDER 370 580

alternativ = aus andern Quellen gewonnen

Aufgaben

5. Erstellen Sie mit Excel je ein Kreisdiagramm für Erdgas und Erdöl und geben Sie die prozentualen Verhältnisse der einzelnen Lagerstätten an (M4).
6. Betrachten Sie die in 5. errechneten Verhältnisse in politischer und geografischer Hinsicht und erörtern Sie die Situation Europas (M4).
7. Welche neuen Allianzen zwischen Staaten bzw. welche Spannungen können international daraus entstehen?
8. Bilden Sie für jeden Energieträger des Schaubilds „Energie-Dilemma" eine Gruppe und erarbeiten Sie mithilfe des Internets jeweils die Vor- und Nachteile dieser Energieform vor allem in Hinblick auf Umweltbelastung und Zukunftsfähigkeit (M5).

3.6 Herausforderung „Armut – Bevölkerungswachstum – Bildung"

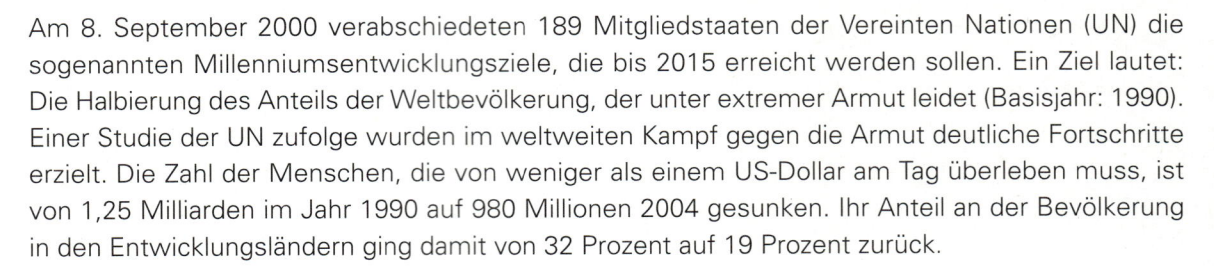

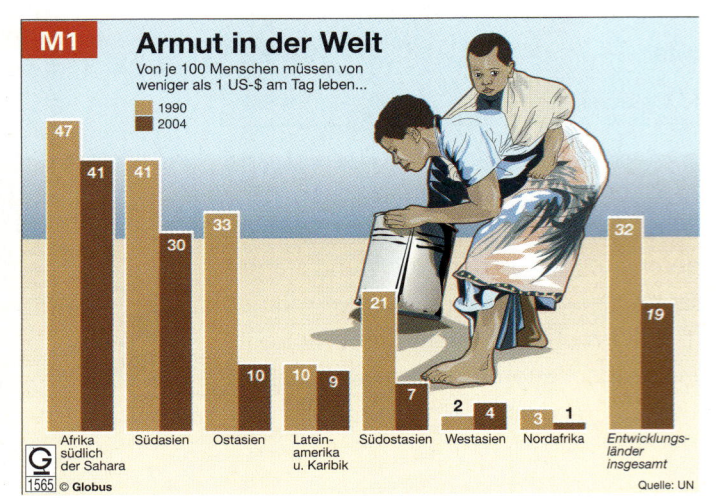

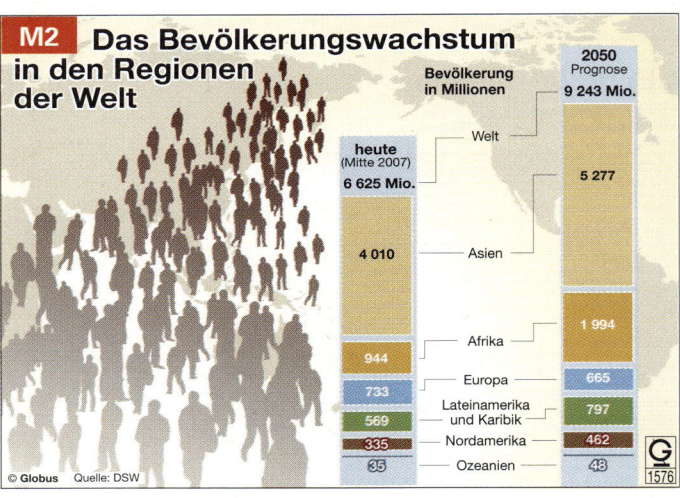

Am 8. September 2000 verabschiedeten 189 Mitgliedstaaten der Vereinten Nationen (UN) die sogenannten Millenniumsentwicklungsziele, die bis 2015 erreicht werden sollen. Ein Ziel lautet: Die Halbierung des Anteils der Weltbevölkerung, der unter extremer Armut leidet (Basisjahr: 1990). Einer Studie der UN zufolge wurden im weltweiten Kampf gegen die Armut deutliche Fortschritte erzielt. Die Zahl der Menschen, die von weniger als einem US-Dollar am Tag überleben muss, ist von 1,25 Milliarden im Jahr 1990 auf 980 Millionen 2004 gesunken. Ihr Anteil an der Bevölkerung in den Entwicklungsländern ging damit von 32 Prozent auf 19 Prozent zurück.

Asien ist und bleibt dagegen der bevölkerungsreichste Kontinent. Noch ist mit 1,3 Milliarden Menschen China das einwohnerstärkste Land, doch soll es von Indien (derzeit 1,1 Milliarden Einwohner) demnächst überholt werden.

Die Bildung ist der dritte Faktor, der es Entwicklungsländern sehr schwer macht, die Entwicklung des Landes positiv zu beeinflussen. Frauen sind daher eine Hauptzielgruppe in allen internationalen Aktionsplänen und Übereinkünften.

M1 Armut in der Welt – Von je 100 Menschen müssen von weniger als 1 US-$ am Tag leben...

Region	1990	2004
Afrika südlich der Sahara	47	41
Südasien	41	30
Ostasien	33	10
Lateinamerika u. Karibik	10	9
Südostasien	21	7
Westasien	2	4
Nordafrika	3	1
Entwicklungsländer insgesamt	32	19

Quelle: UN

M2 Das Bevölkerungswachstum in den Regionen der Welt – Bevölkerung in Millionen

Region	heute (Mitte 2007) 6 625 Mio.	2050 Prognose 9 243 Mio.
Asien	4 010	5 277
Afrika	944	1 994
Europa	733	665
Lateinamerika und Karibik	569	797
Nordamerika	335	462
Ozeanien	35	48

Quelle: DSW

M3 „If you educate a man, you educate one person. But if you educate a woman, you educate an entire family", so lautet ein Spruch einer Expertin. Da vorwiegend Frauen die häuslichen Ressourcen verwalten und die Kinder erziehen, wirken Frauen als wichtige Multiplikatorinnen. Dies ist besonders für die Bildung von Mädchen entscheidend. Hand in Hand mit der Alphabetisierung von Frauen gehen ein höheres Gesundheitsbewusstsein, die Verbesserung der Hygieneverhältnisse, Wissen um und Schutz vor HIV/AIDS etc., ein Rückgang der Kindersterblichkeit und der Geburtenrate, größere Einkommensmöglichkeiten und die beste Investition in die Armutsreduzierung.

nach: Basisbildung und Alphabetisierung. Österreichische Unesco Kommission. Unter: www.unesco.at/bildung/basisbildung.htm, 11.12.2007. Gabriele Eschig

Aufgaben

1. Welche Regionen der Welt machten die größten Fortschritte, welche Regionen bleiben zurück (M1)?
2. Verändert sich die Bevölkerung Europas (M2)?
3. Erstellen Sie ein Kreisdiagramm des Bevölkerungswachstums mit Angabe des prozentualen Anteils (M2).
4. Berechnen Sie mit Excel die prozentuale Veränderung der Bevölkerung der Kontinente für 2050 (M2).
5. Verknüpfen Sie diese Ergebnisse mit dem Schaubild „Armut in der Welt" und bewerten Sie diese (M1 und M2).
6. Erarbeiten Sie aus dem Text der Unesco, welche wichtigen Bereiche von Frauen betreut werden und welche positiven Folgen sich daraus ergeben könnten (M3).

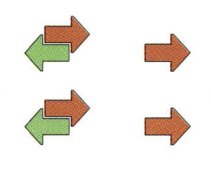

Globale politische und sicherheitspolitische Herausforderungen

M4 Die Gründe für die jeweilige Situation eines Entwicklungslandes sind fast immer gleich, jedoch sind bestimmte Faktoren jeweils unterschiedlich ausgeprägt:

- Ernährungssituation
- Geburtenrate
- wirtschaftliche Entwicklung
- politische Instabilität
- HIV-Infektionsrate
- Bildungsstand
- Kindersterblichkeit
- Infrastruktur
- Verschuldungsrate
- u.v.a

Beispiel Afrika: „Der Kontinent Afrika liegt mit einer Steigerung des BIP von 67 Prozent für den Zeitraum von 1990 bis 2006 deutlich hinter den asiatischen Ländern, die eine Steigerung von fast 200 Prozent während des gleichen Zeitraums zu verzeichnen haben. Die Ursachen liegen deutlich auf der Hand: Bürgerkriege, zu wenig Bildungsinvestitionen, wenig politische Partizipation, mangelnde Innovationsfähigkeit, schlecht funktionierende Kapitalmärkte, unzureichender Zugang zu den Weltmärkten, Korruption …

BIP = Bruttoinlandsprodukt

So kann der Teufelskreis der Armut nicht durchbrochen werden, der Wohlstand für die meisten Länder Afrikas ist in weite Ferne gerückt!

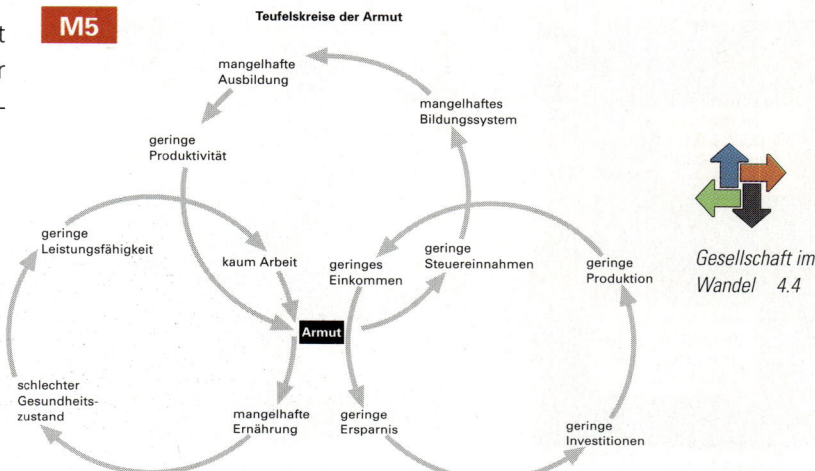

M5 Teufelskreise der Armut: mangelhafte Ausbildung, mangelhaftes Bildungssystem, geringe Produktivität, geringe Leistungsfähigkeit, kaum Arbeit, geringes Einkommen, geringe Steuereinnahmen, geringe Produktion, Armut, schlechter Gesundheitszustand, mangelhafte Ernährung, geringe Ersparnis, geringe Investitionen

Gesellschaft im Wandel 4.4

M6 Sehr geehrte Frau Müller,

unsere Schule hat vor vier Wochen einen Sponsorenlauf für alle Schüler veranstaltet und hierbei mehr als 3000 Euro eingenommen. Dieses Geld haben wir Ihrer Hilfsorganisation für die Errichtung eines Waisenhauses in Uganda gespendet. Ich habe nicht dafür gestimmt, dieses Geld für ein Afrika-Projekt zu nehmen. Nicht, dass ich Ihre Arbeit kritisieren möchte. Aber ich habe mir schon öfters überlegt, dass es wenig Sinn macht, Geld für Afrika zu spenden, da die Spenden sowieso nicht helfen. Auch wenn hier in Deutschland sehr viel Geld für Afrika gesammelt wird, hat sich die Lage der Menschen dort nicht oder nur wenig verbessert. Denn alles, was von Hilfsorganisationen aufgebaut wird, wird schnell wieder durch Waffengewalt zerstört. Wie soll man den Kindern dort helfen, wenn sie plötzlich als Soldaten verschleppt wurden? Bevor diese Kriege nicht beendet sind, kann man mit diesen Projekten nicht wirklich helfen. Es ist Sache der Regierungen einzuschreiten und Maßnahmen zu ergreifen. Stattdessen leben sie im Luxus und kümmern sich nicht darum, wie man der armen Bevölkerung helfen könnte. Für die Politiker ist es doch sehr praktisch, wenn wir Geld nach Afrika schicken: So müssen sie sich nicht kümmern und können ihr Geld weiterhin für eigene Belange ausgeben. Bevor wir weiter den Diktatoren helfen, müssen die Menschen erst diese Politiker an der Spitze vertreiben. Dann muss eine Demokratie aufgebaut werden, die keine Korruption mehr erlaubt und die Politik für Arme macht. Dann erst macht es Sinn, mit Spenden zu unterstützen. Aber vorher nützt unsere finanzielle Hilfe gar nichts, außer dass unser Gewissen beruhigt ist. Und ich finde, dass das nicht der richtige Weg ist.

Mit freundlichen Grüßen,

Sarah L.

Aufgaben

7. Entwickeln Sie konkrete Maßnahmen zu den oben genannten Merkmalen eines Entwicklungslandes (M4).
8. Erklären Sie die Teufelskreise der Armut mit eigenen Worten (M5).
9. Diskutieren Sie in Ihrer Klasse den Brief von Sarah. Wo stimmen Sie ihr zu, wo würden Sie ihr widersprechen? Verfassen Sie einen Brief an Sarah (M6).

Globalisierung

Europäische Union 4.8

4 Globale Umweltprobleme und Umweltschutz

Die Verantwortung für die Umwelt ist eine Aufgabe für alle Bürger. Jeder trägt durch sein Verhalten dazu bei, Umweltprobleme einzudämmen und Umweltschutz zu praktizieren.

Ressource = Vorrat

4.1. Globale Umweltprobleme bei Boden und Luft

M1 Tagesbilanz der Umweltzerstörung

Jeden Tag
- belasten 65 Millionen Tonnen Kohlendioxid (CO_2) die Atmosphäre
- sterben über 70 Tier- und Pflanzenarten aus
- werden 26 000 Hektar Tropenwald vernichtet
- werden 253 000 Tonnen Fische gefangen
- werden 9,1 Milliarden m³ Frischwasser verbraucht
- nimmt das verfügbare Ackerland um 27 000 Hektar ab

Quelle: OECD, Weltbank, WWF

Trotz der verstärkten Ausrichtung auf natürliche Ressourcen wird die Umwelt auf vielfältige Weise belastet.

Beispiel Boden

Es lassen sich im Wesentlichen drei Formen der Bodenzerstörung festhalten. Das Abholzen großer Flächen fördert die Bodenerosion, die durch Wind und Wasser die Bodenschicht nach und nach reduziert. Das Ausmaß der Bodenerosion hängt vor allem von der Bodenbedeckung und Bodenbearbeitung ab. Zum Zweiten ist die Bodenversiegelung durch den Bau von Häusern oder Straßen ein gewichtiger Faktor, der die Bodenzerstörung voranschreiten lässt. Ursachen der hohen Sachschäden bei den letzten Hochwassern waren Experten zufolge auch die verringerte Wasseraufnahme-Kapazität von Böden bzw. Wäldern, eine erhöhte Abflussgeschwindigkeit der Wassermassen durch Bodenversiegelung sowie Erosion, Abholzung, Begradigung und Kanalisierung.
Dritter Aspekt ist die zu hohe Zuführung von Nähr- und Düngemittel sowie Pestiziden in den Boden im Bereich der Landwirtschaft.

M2 „PIZZA FRUTTI DI MARE!"

Aufgaben

1. Bringen Sie die angezeigten Umweltzerstörungen aus dem Schaubild „Tagesbilanz" in die Reihenfolge, in der Sie aufgrund ihrer Dringlichkeit bearbeiten würden (M1). Vergleichen Sie Ihr Ergebnis mit Ihren Mitschülern.
2. Auf welche Umweltzerstörung wird in der Karikatur hingewiesen (M2)?
3. In Bayern werden ca. 26 Hektar täglich versiegelt. Laden Sie den Leiter des Bauamtes ein und diskutieren Sie mit Ihm die Problematik zunehmender Versiegelung Ihrer Stadt.
4. Erkundigen Sie sich unter www.oekolanbau.de über die Bodenbelastung im ökologischen Landbau.

Globale Umweltprobleme und Umweltschutz

Beispiel Luft

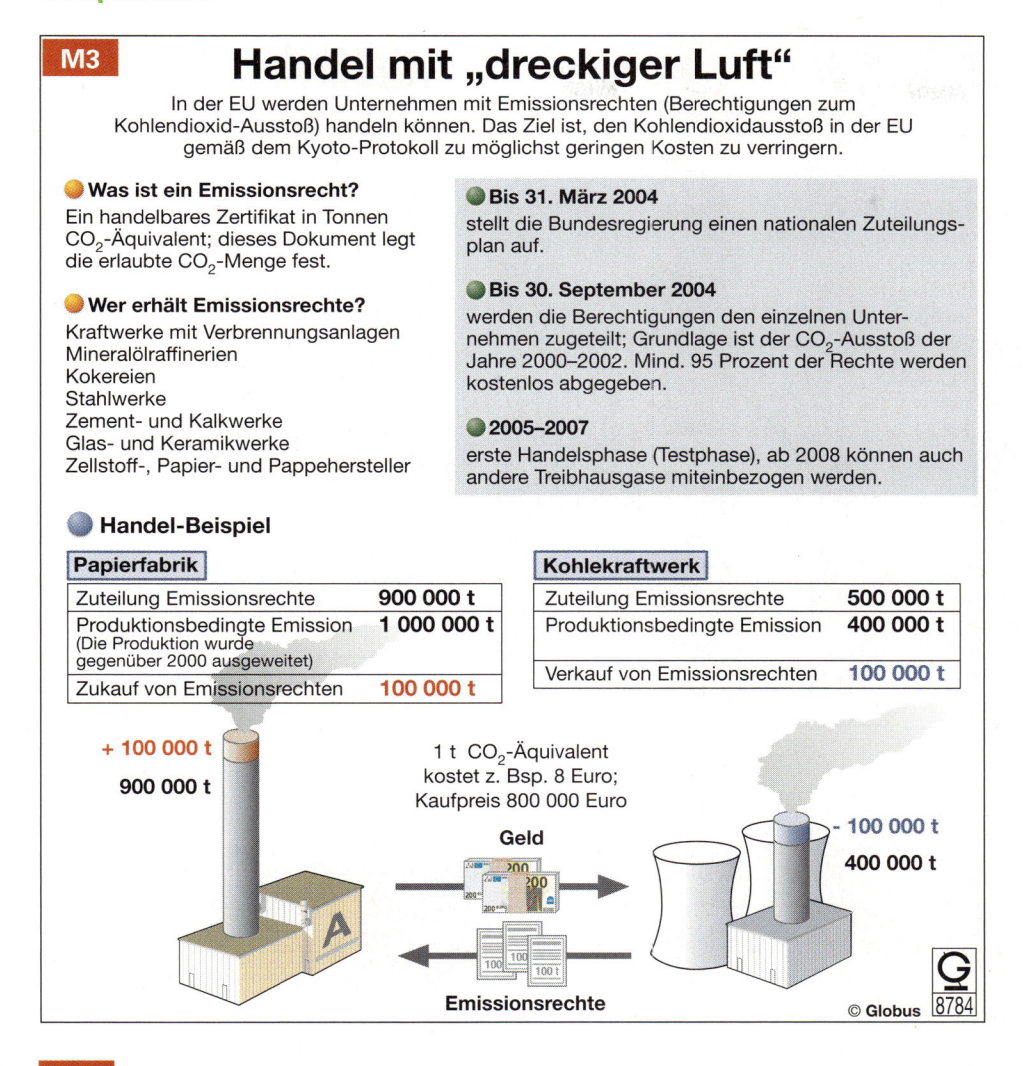

M3 **Handel mit „dreckiger Luft"**

In der EU werden Unternehmen mit Emissionsrechten (Berechtigungen zum Kohlendioxid-Ausstoß) handeln können. Das Ziel ist, den Kohlendioxidausstoß in der EU gemäß dem Kyoto-Protokoll zu möglichst geringen Kosten zu verringern.

Was ist ein Emissionsrecht?
Ein handelbares Zertifikat in Tonnen CO_2-Äquivalent; dieses Dokument legt die erlaubte CO_2-Menge fest.

Wer erhält Emissionsrechte?
Kraftwerke mit Verbrennungsanlagen
Mineralölraffinerien
Kokereien
Stahlwerke
Zement- und Kalkwerke
Glas- und Keramikwerke
Zellstoff-, Papier- und Pappehersteller

Bis 31. März 2004
stellt die Bundesregierung einen nationalen Zuteilungsplan auf.

Bis 30. September 2004
werden die Berechtigungen den einzelnen Unternehmen zugeteilt; Grundlage ist der CO_2-Ausstoß der Jahre 2000–2002. Mind. 95 Prozent der Rechte werden kostenlos abgegeben.

2005–2007
erste Handelsphase (Testphase), ab 2008 können auch andere Treibhausgase miteinbezogen werden.

Handel-Beispiel

Papierfabrik	
Zuteilung Emissionsrechte	900 000 t
Produktionsbedingte Emission (Die Produktion wurde gegenüber 2000 ausgeweitet)	1 000 000 t
Zukauf von Emissionsrechten	100 000 t

Kohlekraftwerk	
Zuteilung Emissionsrechte	500 000 t
Produktionsbedingte Emission	400 000 t
Verkauf von Emissionsrechten	100 000 t

+ 100 000 t
900 000 t

1 t CO_2-Äquivalent kostet z. Bsp. 8 Euro; Kaufpreis 800 000 Euro

- 100 000 t
400 000 t

© Globus 8784

Emission = Ausstoß

M4 „Für 29 Euro nach Barcelona" – „Dumping-Preise unter den Billig-Anbietern der Flugbranche"! Diese Schlagzeilen sind in aller Munde. Bezogen auf die Belastung der Luft durch den CO_2-Ausstoß hat dies gravierende Folgen: So werden beispielsweise bei einer Flugstrecke mit 1 000 Kilometern pro Person circa 200 kg CO_2-Ausstoß verursacht. Eine Strecke München-Athen und zurück würde pro Person 800 kg CO_2 Ausstoß nach sich ziehen, ein Flug von Frankfurt nach New York und zurück sogar 4 020 kg CO_2. Hinzu kommt, dass bei Flugzeugen die Emissionen* in einer Höhe von etwa 10 000 Metern entstehen; sie wirken dort drei- bis viermal so schädlich wie in Bodennähe. Mit dem Auto beträgt die Ausstoßmenge bei 100 km und einen 7 Liter-Verbrauch 17,5 kg CO_2. Bei einer Kurzstrecke (3 km) beträgt der Ausstoß sogar 1,0 kg CO_2, da der Verbrauch hier bis auf 14 Liter/100 km ansteigen kann.
Zum Vergleich: Die durchschnittliche Jahresemission eines Menschen in Indien beträgt 900 kg CO_2, die in Deutschland 10 500 kg CO_2, in den USA sogar 20 000 kg CO_2. Die klimaverträgliche Jahresmenge eines Menschen beträgt aber lediglich 3 000 kg CO_2.

Aufgaben

5. Diskutieren Sie die Vor- und Nachteile des Emissionshandels* (M3).
6. Berechnen Sie den CO_2 Ausstoß Ihrer Familie für den letzten Urlaub mit dem Taschenrechner oder unter www.atmosfair.de. Stellen Sie den größten Verschmutzer und den sparsamsten Verbraucher fest (M4).
7. Wie hoch wäre die CO_2 Ersparnis in kg, wenn alle Eltern Ihrer Klasse ihre Kurzstrecken, angenommen 3 000 km pro Familie pro Jahr, mit dem Fahrrad erledigen würden?

4.2 Umweltproblem Klimawandel

M1

Szenarien:

1 Es ist gewiss (mindestens 90 Prozent Wahrscheinlichkeit): Die von Menschen verursachten Treibhausgase sind hauptverantwortlich für die beobachtete durchschnittliche Erwärmung der Erdoberfläche seit Mitte des 20. Jahrhunderts.

2 Es ist in den letzten hundert Jahren auf der Erde im Durchschnitt gut 0,8 Grad wärmer geworden. Es gibt keine 50-jährige Periode in den letzten 500–1300 Jahren, in der die durchschnittliche Erwärmung stärker war als im letzten halben Jahrhundert.

3 Es gibt seit den 1960er-Jahren weniger kühle, dafür mehr warme Tage und Nächte auf allen Kontinenten. Dieser Trend wird mit großer Gewissheit weiter anhalten.

4 Starke Regenfälle, Hitzewellen und Dürren haben in den letzten Jahrzehnten zugenommen. Es ist davon auszugehen, dass dieser Trend weiter anhalten wird.

5 Nimmt der CO_2-Gehalt in der Atmosphäre um 50 Prozent zu (der Trend zeigt sicher in diese Richtung), ist mit einer Erwärmung von 2 bis 4,5 Grad gegenüber der vorindustriellen Zeit zu rechnen.

Als Hauptursache für den Klimawandel gilt der Treibhauseffekt*:

M2 *Der Treibhauseffekt*

Die von Kraftwerken, Industrie, Autoverkehr usw. ausgestoßenen Treibhausgase behindern die Wärmeabstrahlung und schicken einen Teil der Wärme zur Erde zurück.

Energiereiche, kurzwellige Sonnenstrahlung

Folgen: Temperaturanstieg, Klimawandel

Boden, Pflanzen, Häuser u.a. erwärmen sich und geben langwellige Wärmestrahlung ab

Folgen
- Zunahme der Wasserverdunstung verstärkt den Treibhauseffekt
- Gletscher und Polarkappen schmelzen
- Fruchtbarer Boden geht zunehmend verloren (Erosion)
- Mehr Stürme
- Meeresspiegel steigt: Küstenregionen werden überflutet
- Dürregebiete breiten sich aus

Ausstoß
- Verbrennung von fossilen Energieträgern: Kohle, Gas, Öl, Holz (CO_2, N_2O)
- Treibgase aus Sprühdosen, Kühl- und Schäummittel, Treibhausgase aus der chem. und Elektroindustrie (HFC, FCKW, PFC, SF_6)
- Mülldeponie (CH_4, N_2O)
- Viehzucht (CH_4)
- Brandrodung (CO_2, N_2O)
- Gewinnung von Kohle, Erdöl, Erdgas (CH_4)
- Reisanbau, Stickstoffdüngung (CH_4, N_2O)

© Globus 1336

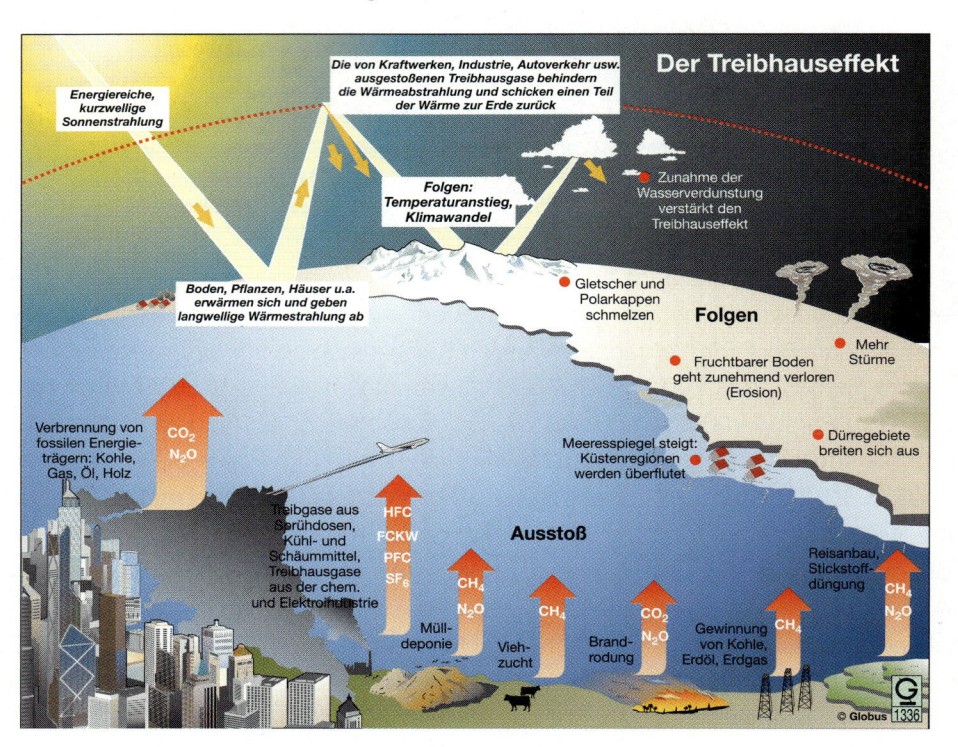

Aufgaben

1. „Klimaschutz darf das Wirtschaftswachstum nicht beeinträchtigen" (ehem. US-Präsident George Bush). Erörtern Sie die Aussage des US-Präsidenten im Hinblick auf die wichtigen Botschaften des UN-Klimaschutzberichtes 2007 (M1).
2. Erklären Sie anhand des Schaubilds „Treibhauseffekt" Wirkungsweise, Ausstoß und Folgen des Treibhauseffektes (M2).
3. Überlegen Sie, wie Sie persönlich zur Vermeidung von Treibhausgasen* beitragen können.

Europäische Union 8:

Europäische Union 3.8

Globale Umweltprobleme und Umweltschutz

Auch in der deutschen Automobilindustrie beschäftigt man sich mit dem Klimaschutz, jedoch noch ohne konkreten Zusagen. Man fürchtet, im internationalen Wettbewerb Nachteile zu erleiden, wie eine Schlagzeile aus dem Donau-Kurier vom 10. Juni 2007 zeigt: „Autobauer wollen mehr Zeit für den Klimaschutz. Umsetzung der EU-Änderungen frühestens 2015 möglich!"

Im weltweiten Klimaschutzabkommen hat Bundeskanzlerin Merkel erstmals ein Modell vorgelegt, das China und Indien mit einbezieht. Bis zum Jahr 2020 sollten mindestens 20 Prozent weniger Treibgase verursacht werden, 20 Prozent mehr Energieeffizienz erreicht werden und 20 Prozent mehr „grüne Energie" genutzt werden. Doch exakt die größten „CO_2-Produzenten" wie Amerika, China, Indien und Russland haben sich bisher noch zu keiner Emissionsreduzierung verpflichtet. Somit ist das Erreichen des Zieles 2020 mit enormen Hemmnissen verbunden.

M3

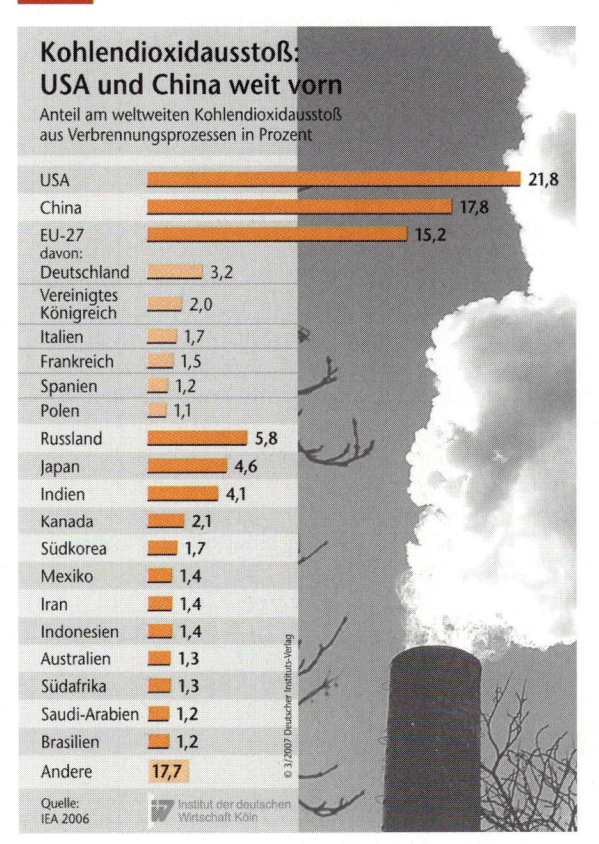

Kohlendioxidausstoß: USA und China weit vorn
Anteil am weltweiten Kohlendioxidausstoß aus Verbrennungsprozessen in Prozent

Land	Anteil (%)
USA	21,8
China	17,8
EU-27	15,2
davon: Deutschland	3,2
Vereinigtes Königreich	2,0
Italien	1,7
Frankreich	1,5
Spanien	1,2
Polen	1,1
Russland	5,8
Japan	4,6
Indien	4,1
Kanada	2,1
Südkorea	1,7
Mexiko	1,4
Iran	1,4
Indonesien	1,4
Australien	1,3
Südafrika	1,3
Saudi-Arabien	1,2
Brasilien	1,2
Andere	17,7

Quelle: IEA 2006

Dass ein Umdenken nötig ist, um den CO_2-Ausstoß zu reduzieren, steht außer Frage. Auch in Deutschland macht man sich bei z. B. der Deutschen Bahn AG auf diesen Weg, wie Vorstandsvorsitzender Hartmut Mehdorn beschreibt:

M4

„Jeden Tag sind 5 Millionen Menschen in 28 000 Zügen mit uns unterwegs – dazu kommen 5 000 Güterzüge. Das braucht Energie – dazu ein Beispiel: Wenn ein ICE anfährt, benötigt er so viel Strom wie ein Städtchen mit 5 000 Einwohnern den ganzen Tag. Also ist auch bei uns Energiesparen angesagt. Ein Drittel unseres Stromes kommt aus der Kernenergie, der Rest aus Kohle und erneuerbaren Energien. Der CO_2 Ausstoß wurde von 1995 bis heute um 25 % gesenkt, bis 2020 soll er nochmals um 20 % gesenkt werden. Unsere 20 000 Lokführer wurden geschult, energiesparend zu fahren und nicht einfach Gas zu geben. Wenn der ICE bremst, wird die Bremsenergie gespeichert und zurück ins Stromnetz gespeist."

Bahn AG Chef Hartmut Mehdorn in: „Wirtschaft und Unterricht", 3/2007, Hrsg: Institut der deutschen Wirtschaft (Jan-Wolf Selke).

Aufgaben

4. Berechnen Sie den prozentualen Anteil, den „Europa" an den globalen Treibhausgas-Emissionen hat (M3).
5. Ermitteln Sie, wie viele ICE-Züge am Münchener Hauptbahnhof täglich abfahren und berechnen Sie, für wie viel Einwohner hier nach Mehdorns Rechnung Strom verbraucht wird (M4).
6. Überlegen Sie Gründe, warum sich Länder nicht zu einer Emissionsreduzierung verpflichten wollen.

4.3 Folgen der globalen Umweltprobleme und Möglichkeiten des Umweltschutzes

M1 Expertengutachten: Spanien bekommt ein afrikanisches Klima – 28.11.2007

Madrid – In Spanien drohen infolge der Erderwärmung „afrikanische Verhältnisse". Nach einem Gutachten, das 17 spanische Klimaexperten dem Ministerpräsidenten José Luis Rodríguez Zapatero überreichten, könnte ein Drittel der Iberischen Halbinsel bis zum Ende des Jahrhunderts zu einer Wüste werden. Wenn es nicht gelinge, die Erderwärmung aufzuhalten, werde in der Südhälfte Spaniens ein «afrikanisches Klima» mit langen Hitzewellen und wenig Niederschlägen herrschen, heißt es nach Presseberichten vom Mittwoch in dem Papier. In Nordspanien werde die regenreiche Atlantikküste ein Klima erhalten, wie man es bislang vom Mittelmeer kenne. Wegen des Anstiegs der Meeresoberfläche werde Spanien einen großen Teil seiner Strände verlieren. Wasser werde im ganzen Land zu einem knappen Gut werden. Es bestehe auch die Gefahr, dass bis zum Ende des Jahrhunderts afrikanische Krankheiten in Spanien Fuß fassten. Etwa die Hälfte der Pflanzenarten drohe auszusterben.

dpa: http://www.klima-aktiv.com/article142_5260.html, 20.12.2007

M2 Arktiseis schmilzt weiter im Rekordtempo

Ein Eisberg treibt in der Baffin Bay in der kanadischen Arktis (Foto: dpa)

Das Dauereis des Arktischen Ozeans rings um den Nordpol ist zwischen 2004 und 2005 plötzlich und rapide um 14 Prozent geschrumpft. In dieser Zeit sei das Ganzjahreseis um 730 000 Quadratkilometer geschrumpft – das ist mehr als die doppelte Fläche Deutschlands. Das teilten die US-Raumfahrtbehörde NASA und der US-Verband für Geophysik mit. Langfristig könnte sich diese Entwicklung dramatisch auf die Umwelt und die Schifffahrt auswirken, hieß es. Für eine genaue Abschätzung bedürfe es jedoch weiterer Untersuchungen. Auf den Rückgang stießen Wissenschaftler bei der Auswertung von Daten eines NASA-Satelliten. Ergebnis: Im Winter blieb das Eis im Arktischen Meer insgesamt stabil. Allerdings habe sich die Verteilung von saisonalen und ganzjährigen Eismassen deutlich verschoben. (…)

Arktiseis schmilzt weiter im Rekordtempo (fest/sda), 14.09.2006, unter: http://www.nachrichten.ch/detail/252188.htm, 20.12.2007

M3 Hitze und Extremniederschläge sind zwei Seiten derselben Medaille – 30. Juli 2007

„Land unter" in Großbritannien, Rekordhitze in Rumänien und verheerende Feuer auf dem Balkan und in Italien: Im Sommer 2007 wird Europa erneut von extremen Wetterereignissen heimgesucht. Die Dürren im Süden und die Hochwasserkatastrophe im Westen sind nun Folgen des menschengemachten Klimawandels.

Matthias Armborst: „Hitze und Extremniederschläge" sind zwei Seiten derselben Medaille, 26.07.2007, in Epoch Times online. Unter: www.epochtimes.de/articles/2007/07/26/146957.html, 12.12.2007

M4 Erderwärmung überall

FOLGEN DER KLIMAERWÄRMUNG: ZÜRICH, NAIROBI, RIO DE JANEIRO, MALE, LOS ANGELES, SHANGHAI

Aufgaben

1. Finden Sie weitere Beispiele, die die Folgen des Klimawandels deutlich machen (M1 bis M3).
2. Welche Folgen des Klimawandels erwartet der Karikaturist (M4)?

Globale Umweltprobleme und Umweltschutz

M5 Lösungsansätze gibt es je nach Interessenlage sehr viele. Der Grundgedanke, wie Umweltschutz in Zukunft gestaltet werden muss, kann durchaus mit dem Begriff der Nachhaltigkeit erklärt werden. Der Rat für nachhaltige Entwicklung definiert folgendermaßen: „Nachhaltige Entwicklung heißt, Umweltgesichtspunkte gleichberechtigt mit sozialen und wirtschaftlichen Gesichtspunkten zu berücksichtigen. Zukunftsfähig wirtschaften bedeutet also: Wir müssen unseren Kindern und Enkelkindern ein intaktes ökologisches, soziales und ökonomisches Gefüge hinterlassen. Das eine ist ohne das andere nicht zu haben."

Europäische Union 4.5

Rat für nachhaltige Entwicklung beim Wissenschaftszentrum Berlin für Sozialforschung GmbH, entnommen in: www.nachhaltigkeitsrat.de/rat/was_ist_nachhaltigkeit/index.html, 05.12.2007

Das Dilemma ist, dass viele den Sinn der Nachhaltigkeit zwar für sehr wichtig erachten, das Verhalten des Einzelnen jedoch oft im Widerspruch dazu steht. Die Begründung dafür lautet häufig: „Ich allein kann ja eh nichts ausrichten gegen die globalen Umweltverschmutzer!" Dass aber das Verhalten von vielen Einzelnen durchaus Grundlegendes ändern kann, zeigt die Geschichte.
Für das Verhalten von Staaten müssen verbindliche Umweltschutzmaßnahmen beschlossen und durch internationale Organisationen überprüft und gegebenenfalls streng sanktioniert werden.

M6

M7 Jeder Verbraucher sollte für sich folgende Aspekte immer wieder kritisch hinterfragen:

- **Strombedarf**
- **Wasserverbrauch**
- **Auto/Flugzeug**
- **Müllentsorgung**
- **Bodenversiegelung**
- **Recycling**
- *Global denken, lokal handeln!*
- **Einkaufen von Waren**

Aufgaben

3. Erarbeiten Sie Gründe, warum für viele Staaten Umweltschutz ein Problem darstellt (M6).
4. Ermitteln Sie mit einem Wettbewerb die drei schnellsten Umweltschützer-Duos. Überlegen Sie in Partnerarbeit 15 Tipps, wie jeder Einzelne von uns zum Klimaerhalt beitragen kann (M7).
5. Vergleichen Sie Ihre Beispiele mit den ALLTAGSTIPPS auf www.gruenes-klima.de und testen Sie anschließend Ihr Wissen bezüglich des Klimawandels.

Europäische Union 1.

Gesellschaft im Wandel 3.5

5 Bedeutung der eigenen kulturellen Identität in einer globalisierten Welt

Kulturelle Identität äußert sich in dem Verhalten von Personen innerhalb bestimmter Personenkreise (z. B. Clique, Familie, Schule) oder innerhalb bestimmter geografischer Grenzen (z. B. Bayern, Berlin, Türkei, USA). Somit eignet sich jeder Mensch seine eigene kulturelle Identität an.

5.1 Unterschiedliche Auffassungen von kultureller Identität

Der in Deutschland geborene erfolgreiche türkische Regisseur Fatih Akin („Gegen die Wand" und „Auf der anderen Seite") meint zum Thema kultureller Identität:

M1 „Es gab mal sehr lange den Versuch, meine Arbeit zu deuten als Suche nach den Wurzeln, die Suche nach der eigenen Identität, die Suche nach der Heimat. Das stimmt so nicht. Ich hab gemerkt, dass Identität etwas ist, was permanent in Bewegung ist. Was auch in Bewegung sein sollte. Und ich kann inzwischen switchen, also ich flieg da rüber und bin da ne Zeitlang und komm wieder zurück."

Fatih Akin, zitiert nach: Archiv: Deutsch-türkische Identität: „Auf der anderen Seite" von Fatih Akin, Bericht in ttt von Alexander Carlo Stenzel, 16.9.2007, http://www.daserste.de/ttt/beitrag_dyn~uid,0hnr5snb52cpq85k~cm.asp%20-%2029k

Im Gegensatz zu dieser liberalen Auffassung gibt es kulturelle Identitäten, die in sogenannten „Parallelgesellschaften" gelebt werden.

M2 In der Bundesrepublik Deutschland leben zurzeit ca. 2,6 Millionen Mitbürgerinnen und Mitbürger türkischer Herkunft. Ein großer Teil von ihnen ist integriert, hat die Chancen dieser Gesellschaft ergriffen, viele haben diese als ihre Gesellschaft angenommen. Ein anderer Teil hat sich in eine Parallelgesellschaft zurückgezogen. Schätzungen zufolge handelt es sich um eine Gruppe von einer Million Menschen, die einer Integration in die europäische Gesellschaft ablehnend gegenüberstehen. Sie wollen weiter nach ihren Traditionen leben, dabei aber auf den Sicherheit bietenden Sozialstaat nicht verzichten.
Diese Mentalität, das Festhalten am türkisch-muslimischen Common Sense in der Fremde, führt zu der Situation, die wir vermutlich heute in Deutschland bei mindestens der Hälfte der hier lebenden Türken haben. Sie leben in der Moderne, sind dort aber nie angekommen. Sie leben in Deutschland nach den Regeln ihres anatolischen Dorfes. Sie haben sich in ihren Glauben, in ihre Umma, eine Parallelwelt, zurückgezogen und reproduzieren sie, indem sie ihre Kinder mit Mädchen und Jungen ihrer alten Heimat verheiraten. Die Folgen sind dramatisch: Mangelnde Individualisierung und Selbstverantwortung ziehen unter anderem auch mangelnden Bildungswillen nach sich. Wenn Eltern davon ausgehen, dass sie ihre Tochter mit 16 Jahren verheiraten, warum sollten sie dann in die Bildung dieses Kindes investieren, es das Abitur machen oder studieren lassen? Mangelnde Verantwortung für die Zukunft, mangelnde Investition in die Bildung ihrer Kinder reproduzieren immer wieder den eigenen sozialen Status.

Status = Zustand

Necla Kelek: Die muslimische Frau in der Moderne, Bundeszentrale für politische Bildung, Bonn, in: Aus Politik und Zeitgeschichte 1/2006, S. 31.

Kita = Kindertagesstätte

M3 Das Angebot soll alles umfassen, was das Elternherz begehrt: Ballett, Reiten, Yoga, natürlich Musikunterricht und Nachhilfeunterricht, aber auch die Bereitstellung von Nannys, von Anwälten und Eventmanagern für den Kindergeburtstag. Versteht sich, dass Chauffeure zur Verfügung stehen. Sogar von Sicherheit ist die Rede. Von Bodyguards? Die Institution heißt „Villa Ritz", residiert in einem herrschaftlichen Bau in Potsdam und ist – eine Kita. Eine Ritz-Kita! Dem Nobelhotel Ritz-Carlton in Paris nachempfunden, dessen Doppelzimmer an der Place Vendôme 710,00 Euro pro Nacht kosten, die Junior-Suite 200,00 Euro mehr. Noch mehr kostet, pro Monat, der Luxus-Kita-Platz in der „Villa Ritz" in Potsdam: 980,00 Euro. Die Fünf-Sterne-Kita ist für Besserverdienende gedacht, bei Ausschöpfung aller dargebotenen Extras sogar für Best-

Bedeutung der eigenen kulturellen Identität in einer globalisierten Welt

verdienende. Der Sinn der exklusiven Kindertagesstätte liegt auf der Hand: Für die Kleinen der Großverdiener nur das Beste. Sowie das Allerbeste: Die Kids aus den wohlbestallten Familien bleiben unter sich, säuberlich getrennt vom verderblichen egalitären Einfluss durch Kinder zweifelhafter, weil einkommensschwacher Herkunft. Die Reichen und Superreichen basteln sich ihre eigene Welt – eine Parallelgesellschaft des Luxus und der Moden. Hinter der banalen Feststellung „die Reichen werden immer reicher" steckt mehr als das statistisch erfassbare Auseinanderdriften der Einkommen. Es geht um die Absetzbewegung verwöhnter Vermögender vom gewöhnlichen Rest der Bevölkerung. Dazu gehört neben dem Ruf nach eigenen Kitas die Forderung nach Elite-Universitäten.

Frank A. Mayer in Cicero, Magazin für politische Kultur, S. 120, Ringier Publishing, Berlin Mai 2007

Die jugendlichen Aussiedler aus der Sowjetunion trifft man meist in Gruppen an. Sie bleiben unter sich, sprechen russisch und sind wenig mit Deutschen zusammen. Wollen sie das nicht oder machen es ihnen die Deutschen so schwer? Oft hört man den Satz: „Dort waren wir die Deutschen, hier sind wir die Russen – wer sind wir wirklich?" Damit ist die Entwurzelung angesprochen, die den Russlanddeutschen das Leben hier schwermacht.
Die Jugendlichen, deren Großeltern als Gastarbeiter nach Deutschland kamen und jetzt die dritte Generation sind, haben des Öfteren ähnliche Probleme.

Gesellschaft im Wandel 3.3

M4 Die Werte und Normen einer Gesellschaft sind die Basis der kulturellen Gemeinsamkeiten von Menschen. Aus ihnen folgen die Regeln der Handlungsorientierung. Diese Regeln sind kulturspezifisch, sind also nur in der jeweiligen Kultur wirksam und bieten ein Orientierungsschema für das Verhalten. Die meisten Menschen in modernen Gesellschaften gehören mehreren Sonderkulturen an und können von einem Normensystem zum anderen umschalten. Diese Umschaltfähigkeit ist in modernen Gesellschaften unabdingbar, in traditionalen Gesellschaften nur in geringem Maße vorhanden. Wo kulturelle und ethnische Identität erhalten werden soll, geschieht das durch Abgrenzung oder Ausgrenzung. Verzichtet man bewusst oder unbewusst darauf, wird man von der dominanten Kultur assimiliert, das bedeutet, man übernimmt Werte, Normen und Kulturstandards der neuen Kultur und erleidet den Verlust seiner eigenen Identität.

Norm = Vorgabe

ethnisch = das Volk betreffend

assimilieren = angleichen, anpassen

Hans Nicklas, u.a. (Hg.) Interkulturell denken und handeln, Campus Verlag, Frankfurt am Main, 2006, S. 124 ff. (gekürzt)

700 000 Jugendliche bei einer Begegnung mit Papst Benedikt XVI. in München 2006 gehören völlig anderen Normensystemen an als politische Extremisten:

Aufgaben
1. Welche Gründe haben die angesprochenen Gruppen jeweils, sich so zu verhalten (M1 bis M3)?
2. Schildern Sie, wie nach Hans Nicklas die Identität erhalten oder verloren werden kann (M4).
3. Versuchen Sie in einem Rollenspiel die Sichtweise des anderen besser zu verstehen: Deutsche Jugendliche treffen z. B. auf eine Gruppe russischer bzw. türkischer Jugendlicher, Skinheads treffen auf junge Christen: „Warum verhaltet Ihr Euch so?"
4. Diskutieren Sie, warum eine kulturelle Identität nötig ist und notieren Sie die Argumente (M4). Schreiben Sie über dieses Thema eine Erörterung im Fach Deutsch.

5.2 Folgen der Globalisierung für die eigene kulturelle Identität

Europäische Union 4.12

Rund ums Thema EU
Gesellschaft im Wandel 1.3, 3.3

stereotyp = abgedroschen, ständig wiederkehrend

Perspektivwechsel = sich in die Rolle des anderen versetzen

M1 Unsere Welt ist reich an Kulturen, die sich trotz Globalisierung und Migration in vielen Merkmalen unterscheiden. Andere Kulturen unvoreingenommen, vorurteilslos und unter Verzicht auf stereotype Charakterisierungen in ihrer Vielfalt wahrzunehmen, fällt nicht leicht, nur allzu häufig entgeht uns durch unsere Kulturbrille der Blick für das Wesentliche. Nur allzu gerne erklären wir unsere eigenen, zum Teil unbewusst verinnerlichten Kulturwerte zum Maßstab aller Dinge. In der Auseinandersetzung zwischen Fremden und Vertrauten tut der Perspektivwechsel gut. Im „Blickwinkel des Fremden" Hunger, Elend, Krieg und Katastrophen zu betrachten, trägt auch dazu bei, sich der eigenen Identität bewusst zu werden, Vorurteile zu hinterfragen und die Probleme dieser Welt in ihren Zusammenhängen neu zu betrachten.

Petra Best, bayern2 radiowissen unter: www.br-online.de/wissen-bildung/collegeradio/medien/sozialwesen/Kinderkultur/hintergrund/,Bayerischer Rundfunk, 12.12.2007

M2 „Kampf der Kulturen", so lautet ein Schlagwort in der heutigen Zeit. Der amerikanische Politikwissenschaftler Huntington vertrat 1993 die These, dass es häufiger zu Konflikten zwischen Angehörigen unterschiedlicher Kulturkreise kommen werde. Gerade in Zeiten der Globalisierung werde das Bedürfnis, sich von den anderen zu unterscheiden, also die eigene Identität zu betonen, immer stärker. Als Beweis für seine These wurde der 11. September 2001 interpretiert.

Völlig anderer Meinung ist hierzu der indische Nobelpreisträger Amartya Sen: „Eine Person kann ganz widerspruchsfrei amerikanische Bürgerin, von karibischer Herkunft mit afrikanischen Vorfahren, Christin, Liberale, Frau, Vegetarierin, Langstreckenläuferin, Tennisfan etc. sein." Mithilfe des Begriffs der kulturellen Identität, so Amartya Sen, lassen sich keine Prognosen über das Verhalten kulturell definierter Kollektive machen, da Menschen immer auf unterschiedliche Weise verschieden sind.

Sen, Amartya: Die Identitätsfalle, München, C.H. Beck, 2007

Eine weltweit gleiche kulturelle Identität zeigt sich in der Solidarität der Weltgemeinschaft. Besonders deutlich wurde dies bei den Katastrophen am:
- 11. September 2001: World Trade-Center
- 26. Dezember 2004: Tsunami Katastrophe in Thailand

Es ist jedoch auch festzustellen, dass sich in vielen Bereichen kulturelle Identität unterschiedlich entwickelt. Dies ist auch ein Ergebnis der Globalisierung.

Aufgaben

1. Begründen Sie an Beispielen aus eigener Erfahrung, warum ein Perspektivwechsel oft Konflikte lösen kann (M1).
2. Diskutieren Sie die Meinungen von Huntington und Amartya Sen in der Klasse (M2).
3. Erziehungsstil – Geschlechterrollen – Sprache – Kleidung – Essen – Religion – besondere Traditionen – Rituale – Medien
   „Was bedeuten mir die angegebenen Stichwörter für meine persönliche kulturelle Identität?" Sind mir noch andere Merkmale wichtig?
   Notieren Sie sich auf einer Karteikarte die Stichwörter und was Sie persönlich darüber empfinden.
4. Teilen Sie sich mithilfe der Fishbowl-Methode den anderen Mitschülern mit. Informationen zur Fishbowl-Methode finden Sie im Internet unter: http://materialien.fgje.de/download/demokratie_fishbowl.pdf

Bedeutung der eigenen kulturellen Identität in einer globalisierten Welt

M3 **Beispiel Tourismus:**
Hier ist eine Tendenz in Richtung Vereinheitlichung und Angleichung der Kulturen festzustellen. Es wird eine Einheitskultur durch wirtschaftlich weltweit operierende Wirtschaftskonzerne entwickelt. In den Diskussionen geht es häufig mehr um die wirtschaftliche Bedeutung des Tourismus für die einzelne Region, als um die jeweilige Kultur und deren Bedeutung.

M4 **Beispiel Fast Food**
Auf der ganzen Welt findet man Fast-Food-Restaurants, in denen man identische Speisen bekommt – ob in Peking oder in Füssen. Von kultureller Identität ist hier nicht mehr viel zu spüren. „Schnitzel-Toni" an der Costa Brava ist für viele deutsche Urlauber ein wichtiger kultureller Treffpunkt.

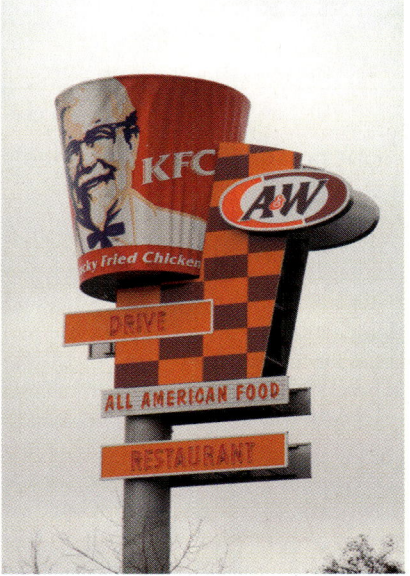

Aufgaben
5. Welche konkreten Maßnahmen der Solidarität gab es für die oben angesprochenen Katastrophen in New York und Thailand jeweils?
6. Aus welchem Grund gab es diese Solidarität?
7. Bewerten Sie die schleichende Vereinheitlichung bestimmter kultureller Identitäten.
8. Überlegen Sie weitere Beispiele, in denen die kulturelle Identität immer mehr an Bedeutung verliert (M3 und M4).

6 Globalisierung in der Diskussion

S. 185 Rund ums Thema – Einsichten

„Köhlers Loblied auf die Chancen der Globalisierung", so lautete eine Schlagzeile im Donau-Kurier vom 02. Oktober 2007. „Globalisierungsgegner protestieren gegen das G-8-Treffen in Heiligendamm" war in allen Zeitungen mehrmals zu lesen. Argumente dafür oder dagegen sind alltäglich in der Diskussion.

6.1 Globalisierung als wegweisendes Phänomen

Die Umfrage des Allensbacher Instituts für Demoskopie zeigt deutlich, was die Bürger in Deutschland mit dem Begriff „Globalisierung" verbinden:

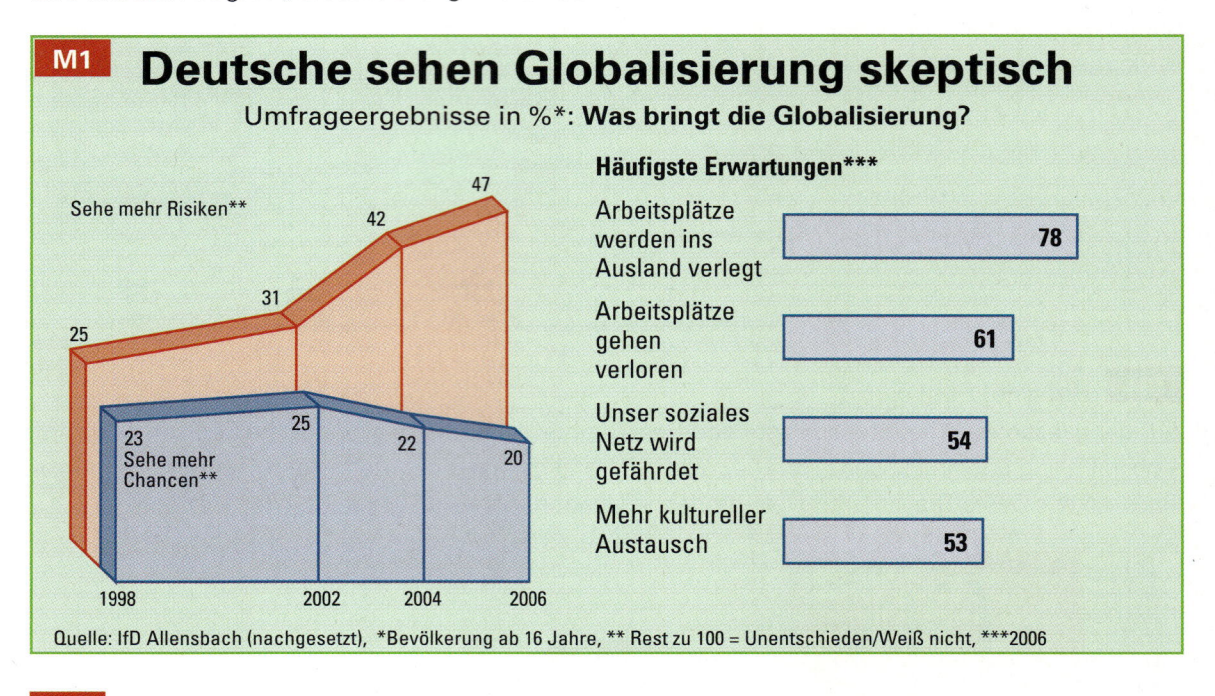

M1 Deutsche sehen Globalisierung skeptisch

Umfrageergebnisse in %*: **Was bringt die Globalisierung?**

Sehe mehr Risiken**: 1998: 25 | 2002: 31 | 2004: 42 | 2006: 47
Sehe mehr Chancen**: 1998: 23 | 2002: 25 | 2004: 22 | 2006: 20

Häufigste Erwartungen* **
- Arbeitsplätze werden ins Ausland verlegt: 78
- Arbeitsplätze gehen verloren: 61
- Unser soziales Netz wird gefährdet: 54
- Mehr kultureller Austausch: 53

Quelle: IfD Allensbach (nachgesetzt), *Bevölkerung ab 16 Jahre, ** Rest zu 100 = Unentschieden/Weiß nicht, ***2006

M2 Je nach Sichtweise oder persönlicher Betroffenheit werden Vorteile oder Kritikpunkte genannt:

1. Beispiel:
„Das mit den Importen in die Bundesrepublik geht schon in Ordnung", sagt Karl Winter. „Natürlich kaufe ich deutsche Produkte, wenn der Preis stimmt, aber ich habe zu Hause drei Kinder und kann mein Geld nicht verschwenden. Diese Schuhe kommen aus Korea, diese T-Shirts aus Hongkong. Und sie sind wirklich viel preiswerter als deutsche Produkte!"

2. Beispiel
Franz Müller hat seinen Job verloren, als die Schuhfabrik in der Stadt pleite ging. Einige bekamen noch Arbeit im Hauptwerk, das 200 Kilometer vom jetzigen Standort und Wohnort entfernt ist, aber die meisten Arbeitsplätze gingen verloren, weil sie nicht mit der Konkurrenz aus Ostasien mithalten konnten. Franz ist verbittert. Zwar hat er eine neue Arbeit bekommen, aber er erhält einen geringeren Stundenlohn. „Hätte die Regierung nicht den billigen Produkten aus Ostasien Tür und Tor geöffnet, hätte ich vielleicht noch meinen Job."

3. Beispiel
Politiker: „Wenn wir erst anfangen unsere Grenzen für ausländische Produkte zu schließen, dann ruhen sich unsere Firmen auf ihren Lorbeeren aus. Die Produkte werden zu teuer, weil es keine Konkurrenz gibt, und der Zwang, wettbewerbsfähig zu bleiben, reicht nicht aus. Damit erweisen wir unserem Land insgesamt nur einen Bärendienst. Hinzu kommt, dass wir schließlich auch Produkte ausführen wollen. Wer kauft unsere Produkte, wenn wir im Ausland selbst keine kaufen wollen. Wir können doch nicht einseitig aus dem Ausland nur für uns Vorteile ziehen."

4. Beispiel
Betriebsrat Uwe Pantel: „Bei den niedrigen Lohnkosten der Ostasiaten können wir doch überhaupt nicht konkurrieren. Und wenn wir die hohen Subventionen sehen, die der Staat dort noch zahlt, nein, dagegen kommen wir nicht an. Wir mussten unseren Zweigbetrieb schließen, um nicht das ganze Werk zu gefährden. Es ist schon bitter für den Betriebsrat, der ganzen Sache zustimmen zu müssen. Wie soll das bloß weitergehen?"

Globalisierung in der Diskussion

Die Dimensionen und Merkmale der Globalisierung werden häufig unterschiedlich bezeichnet. Eine mögliche Einteilung kann wie folgt aussehen:

M3

Dimensionen			
Technik	Wirtschaft	Gesellschaft	Politik
Merkmale			
(Mikro- und Telekommunikation) Arbeitsteilung	Freihandel Kapitalverkehr Mobilität	Eigenständigkeit der Kulturen wird aufgeweicht	Klimawandel Migration Armut globale Konflikte

Dadurch ergeben sich Chancen und Gefahren bzw. Risiken für alle Menschen in der Welt:

M4

Erderwärmung   Demokratisierung   Konkurrenz auf dem Weltmarkt
Abbau von Vorurteilen   Ausbeutung mancher Entwicklungsländer   Preissenkung
erhöhter Abbau von Ressourcen   erhöhter Kostendruck   Warenvielfalt steigt
Überforderung des Einzelnen   Verlust von Arbeitsplätzen   Egoismus der Stärkeren
Überflutung von Informationen   Heranführen von Schwellenländern   Verlust von Heimat
Kontrollierbarkeit von Regimen   Kulturaustausch verbindet   multinationale Unternehmen
Kampf um Rohstoffe   Lebensstandard im Westen sinkt   Arbeitskraft mobil einsetzbar
Zusammengehörigkeitsgefühl wächst   kulturelle Eigenständigkeit geht zurück
soziale Spannungen bei Armen und „Verlierern"   Verantwortung für die Welt steigt

Globalisierung zeigt auch deutlich, dass Probleme, die in einem Land auftauchen, häufig nicht mehr national beherrschbar sind, sondern länderübergreifend behandelt werden müssen, z. B.:

- Vogelgrippe*
- BSE
- Entführungen
- Terror
- Naturkatastrophen
- ...

Aufgaben

1. Benennen Sie Risiken und Chancen durch die Globalisierung für Deutschland (M1).
2. Fassen Sie die unterschiedlichen Sichtweisen zu einer konkreten Aussage zusammen und diskutieren Sie den jeweiligen Standpunkt (M2).
3. Ordnen Sie die einzelnen Schlagworte aus dem Schaubild auf dieser Seite den Dimensionen zu. Ergänzen Sie die Übersicht durch eigene Beispiele (M3 und M4).
4. Wie wurde auf die oben angegebenen Probleme, die länderübergreifend behandelt werden mussten, durch das Global Governance reagiert?

6.2 Lösungsansätze für eine positive Zukunft

Will man das Phänomen Globalisierung in eine für alle positive Richtung bewegen, muss man sich die vielschichtigen Zusammenhänge deutlich vor Augen führen.

Drei-Säulen-Modell der Nachhaltigkeit

M1

Nachhaltige Entwicklung (Sustainability)		
intragenerative Gerechtigkeit Verantwortung der reichen Staaten für in ärmeren Staaten lebende Menschen		**intergenerative Gerechtigkeit** Verantwortung der heutigen Generation für die zukünftigen Generationen
ökologische Säule – Umwelt – Energieverbrauch – CO_2-Emission	**ökonomische Säule** – Wirtschaftswachstum – Finanzen – Staatshaushalt	**soziale Säule** – Menschenrechte – Soziales – Gesellschaftliches

Weder führende Industrienationen noch große internationale Organisationen sind derzeit in der Lage, bzw. sind nicht bereit, globale Probleme ernsthaft zugunsten aller zu lösen. Die Folge ist, dass das Handeln jedes einzelnen Menschen im Sinne einer nachhaltigen und gerechten Entwicklung mehr und mehr an Bedeutung gewinnt. Der Einzelne kann durch sein Verhalten in Wirtschaft und Beruf sowie in Politik, Umwelt und Gesellschaft dazu beitragen, dass die eigene positive Einstellung andere Menschen ansteckt und so ein „Schneeball" entsteht, der zu einer höheren Lebensqualität beiträgt. Es gilt das Motto: „Global denken – lokal handeln!"

Freiheitlich demokratische Grundordnung 4.4

M2 Beispiel: Die lokale Agenda 21

Die Agenda 21 will kein starres Konzept sein, sie lebt vom Mitmachen. Die Beteiligung von Kommunen und Gemeinden ist dabei mitentscheidend für die Verwirklichung der Agenda. In Kapitel 28 des Aktionsplanes werden die Gemeinden aufgefordert, gemeinsam mit Bürgern eine lokale Agenda 21 zu erarbeiten. In sehr vielen bayerischen Gemeinden gibt es Arbeitskreise, die sich um Agenda-Themen wie erneuerbare Energien, Naturschutz, Landwirtschaft, Jugend, Regionalvermarktung, Kultur und Ortsentwicklung kümmern. Beispiel: Fifty-Fifty-Projekt an Schulen. Das durch Energie-, Wasser- und Stromsparmaßnahmen eingesparte Geld teilen sich der Sachaufwandsträger und die Schule, die es dann zur freien Verfügung hat. Die Schüler können mitverfolgen, wie durch ihr eigenes Handeln der Energieverbrauch gesenkt wird und Ressourcen geschont werden. Erfahrungen zeigen, dass durch bewusstes Verhalten der Energieverbrauch um mindestens 10% gesenkt werden kann. Andere Beispiele wie „Stromfresser auf der Spur" oder „Spritsparkurse" sind im „Agenda-Baustein Nr. 10 – Klimaschutz in der lokalen Agenda 21" des Bayerischen Landesamtes für Umwelt (www.lfu.bayern.de) zu finden.

nach: Bayerisches Landesamt für Umweltschutz, Mai 2005 unter: http://www.lfu.bayern.de/komma21/bausteine/pdf/baustein10.pdf, 20.12.2007

Aufgaben
1. Überlegen Sie, welche konkreten Maßnahmen zur Gerechtigkeit und zu den verschiedenen Säulen des Modells der Nachhaltigkeit international vereinbart werden sollen (M1).
2. Erkundigen Sie sich an Ihrem Heimatort, ob eine Arbeitsgruppe der Agenda 21 existiert. Nehmen Sie gegebenenfalls Kontakt auf und berichten Sie Ihrer Klasse darüber.

M3 Beispiel: Bewusster Einkauf des Verbrauchers

QS heißt Qualitätssicherung. Es ist ein Prüfzeichen für frische Lebensmittel. QS-zertifizierte Produkte müssen die Herstellung lückenlos dokumentieren. Beispiel Schweine-Schnitzel: Die Kontrolle geht zurück bis zum Futtermittel des Schweins. QS zertifiziert im Großen und Ganzen, was der Gesetzgeber vorschreibt.

Europäische Union 3.9, 4.9

Transfair steht für „Fairer Handel" und ist z. B. für Kaffee und Tee ganz wörtlich gemeint. Kaffee, z. B. mit diesem Siegel, garantiert u. a., dass der Kaffeebauer in Südamerika keinen Hungerlohn, sondern einen Mindestpreis bekommt.

Natur-Textil
Dahinter steckt der Internationale Verband der Natur-Textil-Wirtschaft, kurz IVN. Kleidung mit diesem Zeichen besteht aus 100 % Naturfasern in Bioqualität. Mehr noch: IVN garantiert Sozialstandards. Die Näherinnen bekommen einen Mindestlohn. Kinderarbeit ist verboten.

Ingeborn Hain, Bayern 1, Radiotreff, 20.10.2006, entnommen: www.br-online.de/bayern1/service/2006/00797/

Angesichts permanenter gewalttätiger Konflikte sowohl in unserer globalisierten Welt als auch in kleinen sozialen Gruppen wie Familie, Clique, Klasse, Sportverein oder in der Disko sollten die Menschen Toleranz beweisen, d. h. auch das Achten der kulturellen Identität des anderen, egal ob Bayer, Norddeutscher, Türke oder Afrikaner.

Weltethos/interkultureller Humanismus

Alles nun, was ihr wollt, dass euch die Leute tun sollen, das tut ihnen auch
(Matthäus 7, 12)

Tu anderen nicht, was du nicht willst, dass sie dir tun
(Gespräche 15, 23 Konfuzius)

Dies ist die Summe aller Pflichten: Tue anderen nichts, das dir Schmerz verursachte, würde es dir getan (Mahabharata 5, 1517 Hinduismus)

Niemand von euch ist ein Gläubiger, bevor er nicht für seinen Brüder wünscht, was er für sich selbst begehrt (Hadith, Islam)

Tu nicht anderen an, was du selbst als verletzend empfinden würdest
(Udana Varga 5, 18 Buddhismus)

www.files.globalmarshallplan.org/vortrag_apenburg.pdf

Aufgaben

3. Überprüfen Sie eine Woche lang Ihr Einkaufsverhalten (M3): Wo kaufe ich was ein? Welche Überlegungen spielen dabei eine Rolle?
4. Erstellen Sie für sich einen konkreten Maßnahmenkatalog, wie Sie im Bereich Einkaufsverhalten, Energieverhalten, politisches Interesse und gesellschaftliche Zivilcourage das Phänomen Globalisierung lokal positiv beeinflussen können.

Rund ums Thema – Einsichten

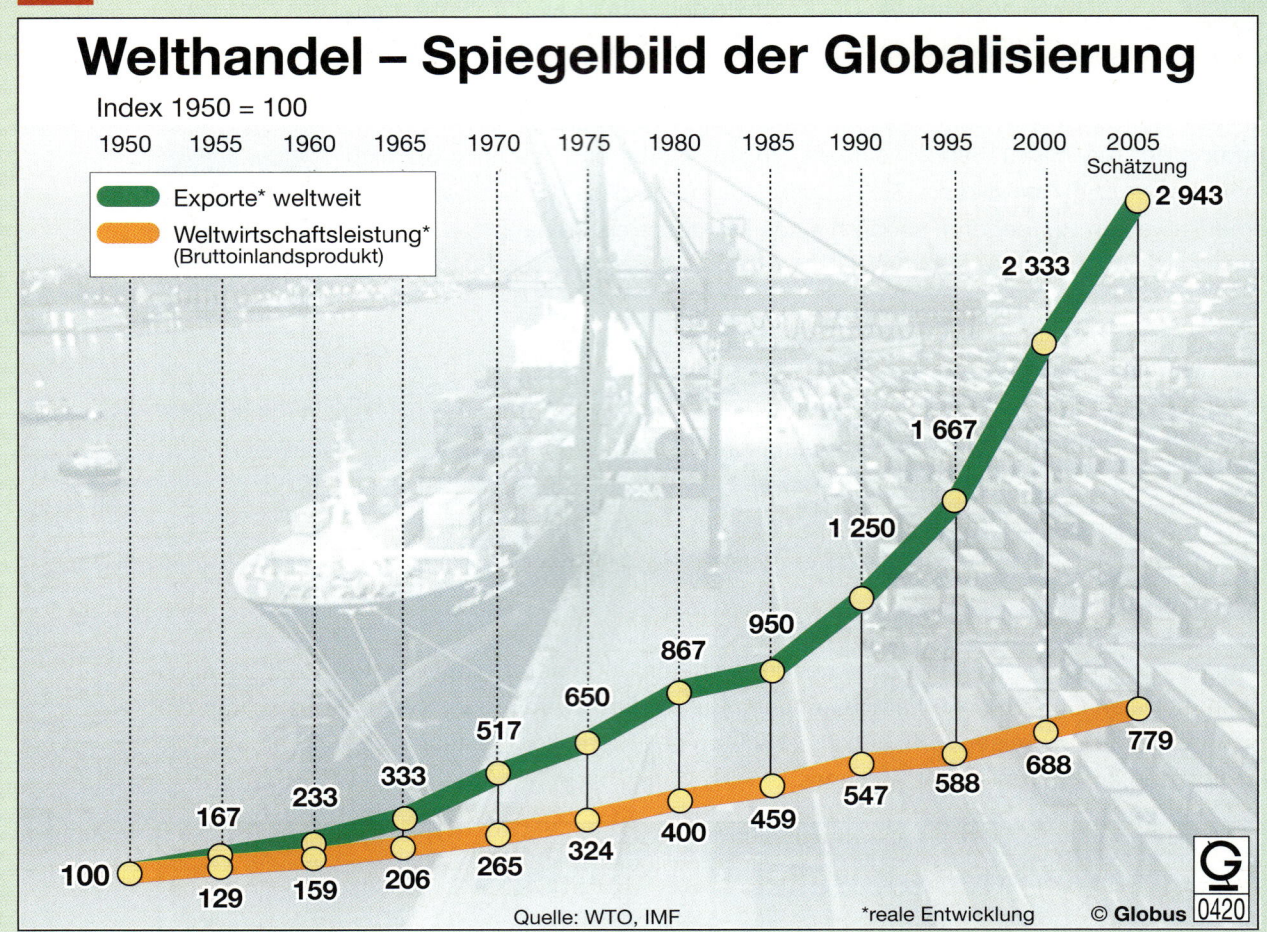

M1

Welthandel – Spiegelbild der Globalisierung
Index 1950 = 100

- Exporte* weltweit
- Weltwirtschaftsleistung* (Bruttoinlandsprodukt)

Jahr	Exporte	Weltwirtschaftsleistung
1950	100	100
1955	167	129
1960	233	159
1965	333	206
1970	517	265
1975	650	324
1980	867	400
1985	950	459
1990	1 250	547
1995	1 667	588
2000	2 333	688
2005 (Schätzung)	2 943	779

Quelle: WTO, IMF *reale Entwicklung © Globus 0420

M2 Globalisierung ist das Ergebnis eines Internationalisierungsprozesses, der so alt ist wie die Geschichtsschreibung. Seit Anfang der Neunzigerjahre ist „Globalisierung" in aller Munde: Für die einen Verheißung, für andere ein Schreckenswort. Die Befürworter der Globalisierung beziehen sich auf die Funktionsfähigkeit der Märkte und die Vorteile der internationalen Arbeitsteilung. Man befürwortet das Grundprinzip des Freihandels, ist also weitestgehend gegen staatliche Eingriffe in die internationalen Wirtschaftsbeziehungen, und sieht die Globalisierung der Märkte als eine Voraussetzung für Wirtschaftswachstum und zukünftigen Wohlstand in Industrie- und Entwicklungsländern.

Kritiker der Globalisierung stehen den Selbstregulierungskräften der Märkte skeptisch gegenüber. Man befürchtet u.a., dass die Schere zwischen Arm und Reich immer weiter auseinandergeht, dass sozialstaatliche Errungenschaften und die Umwelt geopfert werden, dass immer mehr Großkonzerne und demokratisch nicht legitimierte internationale Institutionen Macht ausüben werden. Kritiker sehen einen internationalen Koordinations- und Harmonisierungsbedarf, insbesondere im Bereich des internationalen Kapitalverkehrs. Insgesamt geht es um die Angst vor der Dominanz kapitalistischer über demokratische Prinzipien.

Globalisierung betrifft nicht nur die Ökonomie, sondern fast alle Lebensbereiche: Konsum und Lebensformen, Politik, Recht, Technik. Die Märkte dieser Welt – egal, ob es um Sachgüter, Dienstleistungen, Arbeitskraft oder Kapital geht – wachsen zusammen, ökonomische Aktivitäten sind immer stärker weltweit vernetzt. Das Markenzeichen „Made in Germany" bedeutet immer seltener, dass Güter vollständig in Deutschland produziert werden. Denn Unternehmen können für unterschiedliche Aufgaben im Rahmen des Leistungsprozesses verschiedene Auftragnehmer im Ausland suchen – an jeweils geeigneten Standorten.

Globalisierung ist ein Prozess, der nationalstaatliche Grenzen überwindet, zur Ausweitung und Intensivierung wissenschaftlich-technischer, ökonomischer, politischer und soziokultureller Beziehungen zwischen den Kontinenten führt und schließlich den gesamten Erdball umspannt. In wirtschaftlicher Hinsicht geht es um die zunehmende Beschleunigung der Verflechtung globaler Märkte für Güter, Dienstleistungen und Kapital, die Liberalisierung und Deregulierung der nationalen und regionalen Märkte und das Zusammenwachsen dieser Märkte.

Die Globalisierung ist ein dynamischer Prozess, der nicht aufzuhalten ist. Über die Rahmenbedingungen und Gestaltungsmöglichkeiten der Globalisierung wird jedoch gestritten.

Prof. Hans Kaminski, u.a.: Unterrichtseinheit „Globalisierung" 2006, S. 57 unter: www.handelsblattmachtschule.de/bin/pdf/ve/globalisierung.pdf, 12.12.2007

M3 G8* in Heiligendamm – eine Bilanz

Zu der „Gruppe der Acht" gehören die führenden Industrienationen Deutschland, Frankreich, Großbritannien, Italien, Japan, die USA, Kanada und Russland. Außerdem ist die Europäische Kommission bei dem Treffen vertreten. Die G-8-Staaten sind keine politische Organisation; sie verstehen sich als Gesprächsrunde mit dem Ziel, die Globalisierung aktiv zu gestalten. Die G-8-Staaten repräsentieren zwar nur 13 Prozent der Weltbevölkerung, sie erwirtschaften aber fast zwei Drittel des Bruttonationaleinkommens und betreiben etwa 50 Prozent des Welthandels. Darin liegt die weltpolitische Signalwirkung ihrer einstimmig gefällten Beschlüsse begründet. G-8-Gegner kritisieren, dass auf dem Treffen nur acht Staaten Politik für eine ganze Welt machen.

Meinungen:
„Das war also der Gipfel: Bush akzeptiert, dass die Welt mehr als bisher gegen die Klimaveränderung tun muss ... Ein Milliardenprogramm gegen Armut und Aids in Afrika ... Natürlich ist das zu wenig ... Die Zeit drängt und es müsste längst gehandelt werden, nicht nur verhandelt. Die G-8 haben in Heiligendamm um Ziele gerungen – und sich auf einen Formelkompromiss verständigt."

Uwe Vorkötter: „Erfolg in kleinen Dosen". 09.06.2007. Unter: www.fr-online.de, 12.12.2007, Frankfurter Rundschau, Frankfurt am Main

„Wer geglaubt haben sollte, dass sich in Heiligendamm die Probleme dieser Welt mit einer Zauberformel lösen lassen, glaubt vermutlich auch an den Weihnachtsmann. Die Themen zwischen Ökologie und Ökonomie – von Entwicklungs-, Armuts- und Seuchenbekämpfung bis Klimawandel ... sind untereinander so verfilzt, dass es kein diplomatisches Schwert gibt, mit dem sich dieser gordische Knoten auf einem Schlag trennen ließe ..."

Günther Nonnenmacher: „Der Erfolg von Heiligendamm", 09.06.2007 in: Frankfurter Allgemeine Zeitung. Unter: www.faz.net/s/Rub F0E4F4 ECF-DD24816BCOC6759093EO4F7/Doc~E7957268CF 857498487FOA2475C413D4C~ATpl~Ecommon~S spezial.html

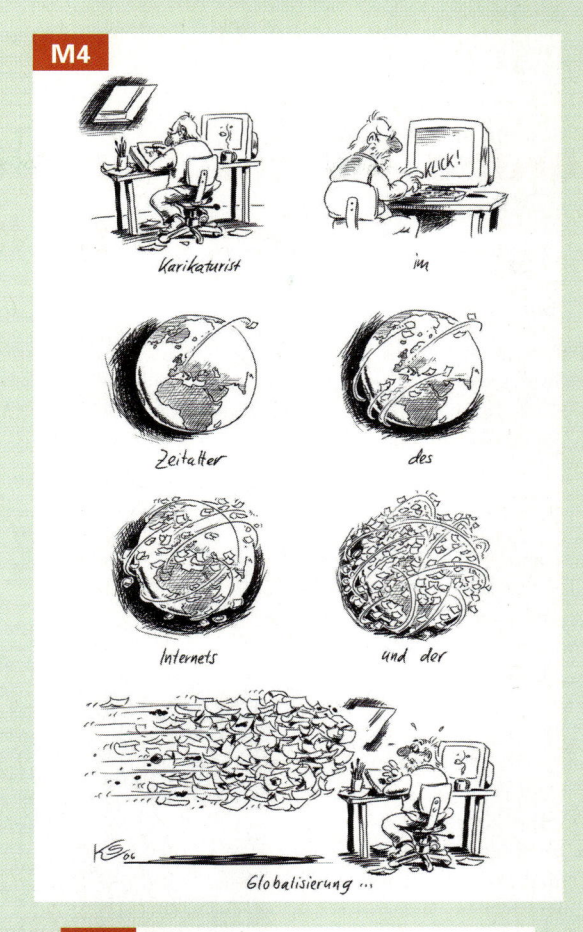

Aufgaben

1. Fassen Sie den Begriff „Globalisierung" zusammen, und gehen Sie auf die Kritiker und Befürworter ein (M1 und M2).
2. Welche Bereiche betrifft die „Globalisierung" (M2)?
3. Was wollen die Karikaturisten ausdrücken? Beschreiben Sie ihre Sichtweise (M4 und M5).
4. Erklären Sie die Zielsetzung der G-8 und zählen Sie ihre Teilnehmer auf (M3).
5. Präzisieren Sie die Kritik am G-8-Treffen in Heiligendamm.
6. Wagen Sie eine Prognose: Wie entwickelt sich die Globalisierung? Begründen Sie Ihren Standpunkt.
7. Fällen Sie Ihr persönliches Urteil: Sind Sie ein Globalisierungskritiker oder -befürworter? Tauschen Sie sich in der Klasse an einem „runden Tisch" aus, indem Sie stichhaltig argumentieren.

Projektvorschlag

Globalisierung: Durchführung eines Jugend-Gipfels in der Klasse/Schule

Die Folgen der Globalisierung gestalten: Das wollen auch Kinder und Jugendliche. Auf dem Junior-8-Gipfel (J8) in Wismar beraten sie parallel zum G-8-Gipfel darüber, wie das funktionieren kann. Die Ergebnisse diskutieren sie anschließend mit den Staats- und Regierungschefs der G-8-Staaten in Heiligendamm.
[…]
Eine Woche lang beraten 74 Jugendliche aus den G-8-Staaten sowie aus zehn Schwellen- und Entwicklungsländern miteinander. Auf der Agenda stehen dabei die gleichen Themen wie bei den Staats- und Regierungschefs in Heiligendamm.
J8 ist ein Projekt von Unicef und der Morgan Stanley Stiftung, das mit Unterstützung der G-8-Präsidentschaft durchgeführt wird. Die Konferenz dient als internationales Forum für den Austausch ihrer Ideen. Es soll Kindern und Jugendlichen aus den G-8-Staaten und den Entwicklungsländern direkt Gehör verschaffen, wenn die Mächtigsten der Welt zusammentreffen. Zudem fördert es das Interesse der Jugendlichen für Politik.
Acht Jugendliche diskutieren persönlich die Ergebnisse und Empfehlungen ihres J-8-Gipfels mit den Staats- und Regierungschefs. Darunter ist auch ein Jugendlicher aus Deutschland.

Bereits vorher sprachen die acht deutschen Teilnehmerinnen und Teilnehmer des J-8-Gipfels mit Außenminister Frank-Walter Steinmeier. In dem Gespräch ging es um die Schwerpunkte HIV/Aids-Bekämpfung, Afrika und Energie. […]

Regierungschefs und die J8

Presse- und Informationsamt der Bundesregierung: „J8-Gipfel gestartet", 03.06.2007, unter: www.g-8.de/Content/DE/Artikel/2007/06/2007-06-01-start-junior8-gipfel-w-zenl.html, 12.12.2007, Claus Zemke

➡ **Vorbereiten und Durchführen eines Jugend-Gipfels in Anlehnung an den J-8-Gipfel**
- *Einigen Sie sich, welche Länder an dem Gipfel vertreten sein sollen.*
- *Legen Sie fest, welche Schüler die jeweiligen Länder vertreten sollen.*
- *Vereinbaren Sie die anzusprechenden Themen/Probleme und legen Sie eine Tagesordnung fest.*
- *Recherchieren Sie für „Ihr" Land die Interessenlage und bereiten Sie Ihre Standpunkte vor.*
- *Gestalten Sie das Klassenzimmer/die Aula als richtigen Sitzungssaal (Fähnchen in der Landesfarbe, Namensschilder, Getränke, Presse, …).*
- *Legen Sie fest, wer den Sitzungsvorsitz hat.*
- *Diskutieren Sie – wie es international üblich ist – in englischer Sprache.*
- *Fassen Sie Beschlüsse.*
- *Verfassen Sie Pressemitteilungen.*
- *Laden Sie einen hochrangigen Politiker Ihrer Stadt zu dieser Sitzung ein.*

Glossar

Aktuelle Stunde: Bei Fragen von allgemeinem Interesse kann von einer Fraktion oder 34 Abgeordneten eine Aussprache verlangt werden.

Anfrage, große: Fragen von Bundestagsabgeordneten über grundsätzliche politische Fragen; sie kann zum Ausgangspunkt einer Debatte gemacht werden.

Anfrage, kleine: Fragen von Bundestagsabgeordneten zu wichtigen Einzelaspekten; sie muss von der Regierung innerhalb von 14 Tagen schriftlich beantwortet werden.

Ausschuss: Die eigentliche Arbeit der Abgeordneten geschieht in einer Vielzahl von Ausschüssen, in denen Abgeordnete aller Fraktionen sitzen, die für die jeweiligen Politikbereiche spezialisiert sind. Während die öffentliche Diskussion politischer Fragen und die Abstimmung über Gesetze im Plenum stattfinden, ist es die Aufgabe der Ausschüsse, die vom Bundestag zu beschließenden Gesetze vorzubereiten. Diese Ausschuss-Sitzungen sind nicht öffentlich, damit die Abgeordneten frei diskutieren können. Die Zusammensetzung richtet sich nach der Größe der Fraktionen.

Bekenntnisschule: Als Bekenntnisschule oder auch Konfessionsschule wird eine Schule bezeichnet, in der Schüler des gleichen Bekenntnisses unterrichtet werden.

Blockheizkraftwerk: Ein Blockheizkraftwerk (BHKW) ist eine aus austauschbaren Elementen aufgebaute Anlage zur Erzeugung von elektrischem Strom und Wärme. Sie wird bevorzugt direkt am Ort des Wärmeverbrauchs betrieben.

Das BHKW setzt dazu das Prinzip der Kraft-Wärme-Kopplung ein. Wird die Anlage optimal genutzt, entspricht die Strom- und Wärmeproduktion eines BHKWs genau der Basislast, d.h., eine Unterdeckung wird durch Netzbezug abgedeckt, eine Überproduktion kann ins Stromnetz eingespeist oder mittels Stromspeichern gepuffert werden. Die Wärme dient zu Heizzwecken und für die Warmwasserbereitung. Der höhere Gesamtnutzungsgrad gegenüber der herkömmlichen Verbindung von lokaler Heizung und zentralem Großkraftwerk ergibt sich aus der Nutzung der Abwärme der Stromerzeugung direkt am Ort der Entstehung. Blockheizkraftwerke können bis zu 40 % Primärenergie einsparen. Als Kraftstoffe kommen in erster Linie Kohlenwasserstoffe wie Heizöl, Pflanzenöl, Biodiesel (für einen Dieselmotor) oder Erdgas bzw. Biogas (für einen Ottomotor, einen Zündstrahlmotor oder eine Gasturbine) zum Einsatz; es werden aber auch nachwachsende Rohstoffe wie Holzhackschnitzel und Holzpellets als Kraftstoffe eingesetzt.

BSE: Bovine spongiforme Enzephalopathie; zu übersetzen mit „die schwammartige Gehirnkrankheit der Rinder"; umgangssprachlich Tierseuche, Rinderwahn.

Budgetrecht: Recht des Parlaments zur förmlichen Verabschiedung des Haushaltsplans der Bundesregierung als Gesetz. Die Kontrolle der Finanzen ist eines der ältesten Rechte des Parlaments und erlaubt eine weitgehende Kontrolle der Regierung.

Bundesausbildungsförderungsgesetz (BAföG): Das Gesetz soll garantieren, dass Jugendliche und junge Erwachsene eine ihrer Eignung und Neigung entsprechende Ausbildung absolvieren können, auch unabhängig davon, ob die finanzielle Lage ihrer Familie diese Ausbildung zulässt oder nicht.

Bundesversammlung: Sie hat nur eine Aufgabe, die Wahl des Bundespräsidenten, und tritt deshalb nur einmal alle 5 Jahre zusammen. Sie besteht zur Hälfte aus allen Abgeordneten des Bundestages und zur anderen Hälfte aus Bürgerinnen und Bürgern, die von den Landtagen der Bundesländer gewählt wurden.

Bürgerentscheid: Mitentscheidung der Bürgerinnen und Bürger in wichtigen Sachfragen auf Gemeinde- und Kreisebene.

Charta der Grundrechte: In dieser Charta werden den Unionsbürgern umfassende Rechte zugesichert wie z.B. Achtung der Menschenwürde, Recht auf Freiheit und Sicherheit, Gedanken-, Gewissens- und Religionsfreiheit, Freiheit der Meinungsäußerung und Informationsfreiheit, Gleichheit vor dem Gesetz, Verbraucherschutz, Gleichheit von Männern und Frauen, Solidarität zwischen den Generationen, Integration von Menschen mit Behinderung, Achtung der Privatsphäre und der Familie, Eigentumsrecht, Recht auf Bildung, Sozialrechte der Arbeitnehmer, unternehmerische Freiheit und Umweltschutz.

Daseinsvorsorge: Dieser Begriff umschreibt die Aufgabe des Staates, für eine Grundversorgung des Menschen mit notwendigen Gütern und Dienstleistungen zu sorgen. Hierzu zählt die Bereitstellung öffentlicher Einrichtungen für die Bevölkerung wie z. B. Verkehrsbetriebe, Wasser- und Elektrizitätsversorgung, Müllabfuhr, Kultureinrichtungen, Kindergärten oder Krankenhäuser.

Demografie: Das Wort stammt aus dem Griechischen und bedeutet Bevölkerungswissenschaft, das ist die Lehre über den Zustand und die Entwicklung der Bevölkerung eines Landes. Sie erfasst mittels amtlicher Statistik die Bevölkerungsgröße, Alters- und Geschlechtsverteilung, Migration (Ein- und Auswanderung) oder wie sich die Bevölkerungszahl durch Geburten und Sterbefälle verändert. Sie hilft damit u. a. den Politikern auf bestimmte demografische Veränderungen zu reagieren.

Demokratie: (Demos = Volk, Kratos = Herrschaft) begegnet uns in vielfältigen Formen. Im Altertum bedeutet Demokratie die direkte Teilnahme und Mitbestimmung an politischen Beratungen und Abstimmungen im griechischen Stadtstaat (= Polis) durch das Volk – das waren die männlichen, in Griechenland gebürtigen „Vollbürger"; Frauen, Sklaven und sonstige Mitbewohner eines Stadtstaates waren von diesen Rechten völlig ausgeschlossen. Siehe auch „direkte Demokratie" und „indirekte/repräsentative Demokratie".

direkte Demokratie: Sie galt lange Zeit als nur in kleinen politischen Einheiten (z. B. in der Schweiz) mögliche Regierungsform.

Diversifizierung: die Aufnahme neuer und/oder andersartiger Produkte in das Angebot des Betriebs, um das Risiko zu streuen bzw. um Wachstumschancen wahrzunehmen.

Ehegattensplitting: Der Begriff stammt aus dem Einkommensteuerrecht und beschreibt den für Ehepaare anwendbaren Steuertarif. Das zu versteuernde Einkommen (zvE) der Ehegatten wird ermittelt und halbiert (gesplittet). Für das halbierte zvE wird jeweils die Einkommensteuer nach dem geltenden Einkommensteuertarif berechnet. Die so errechnete Einkommensteuer wird verdoppelt. Wer etwa einmal 60 000 € versteuern lassen muss, zahlt mehr, als wenn er zweimal für 30 000 € zahlen muss. Denn je höher das Einkommen ausfällt, desto stärker steigt die Steuerlast.

Emissionen: von einer Anlage oder einem technischen Vorgang in die Atmosphäre (Lufthülle, die die Erde umgibt) oder andere Umweltbereiche gelangenden gasförmigen, flüssigen oder festen Stoffe; ferner Geräusche, Erschütterungen, Strahlen, Wärme.

Emissionshandel: Die Industriestaaten haben sich verpflichtet, den Ausstoß klimaschädlicher Gase (z. B. Kohlendioxid) bis spätestens 2012 um 5 % gegenüber 1990 zu senken (Kyoto-Protokoll). Die EU will die Emissionen sogar um 8 % verringern. Im Rahmen des gemeinsamen Marktes hat die Bundesrepublik Deutschland eine Reduzierung von 21 % zugesagt. Der Begriff Emissionshandel besagt dabei, dass der Ausstoß klimaschädlicher Gase mithilfe von Emissionszertifikaten, die handelbar sind, dort reduziert werden kann, wo es am kostengünstigsten ist. Benötigt ein Unternehmen aufgrund seiner günstigen Emissionswerte nicht alle Zertifikate, so kann es diese am Markt verkaufen; liegen die Emissionswerte dagegen über der Anzahl seiner Zertifikate, muss das Unternehmen Zertifikate von anderen Ländern der Gemeinschaft zukaufen.

Enquetekommission: Sie wird zur Vorbereitung von Entscheidungen über umfangreiche und bedeutsame Sachkomplexe eingesetzt. Ihr können auch Personen (z. B. Experten) angehören, die nicht Mitglieder des Bundestags sind.

Europäischer Rat: Der Europäische Rat darf nicht verwechselt werden mit dem Europarat oder mit dem Rat der Europäischen Union („Ministerrat"). Beim Europäischen Rat handelt es sich um die Staats- und Regierungschefs der EU-Länder einschließlich des Präsidenten der EU-Kommission. Er ist kein Organ der EU, gibt aber die für die europäische Integration notwendigen Anregungen und legt die Ziele fest.

Expositionswert: Die Lautstärke des Lärms wird als Schallpegel in Dezibel (A) mit einem Schallpegelmesser gemessen. Die Abkürzung dafür ist dB(A), wobei das „A" für die Berücksichtigung der unterschiedlichen menschlichen Hörfähigkeit bei verschiedenen Frequenzen steht. Die Belastung des Menschen durch Lärm hängt sowohl von der Höhe des Schallpegels als auch von der Dauer der Lärmeinwirkung ab. Als Obergrenze für die tägliche Lärmbelastung des Menschen wurde aus Höhe und Dauer der Lärmeinwirkung die obere Auslöseschwelle bzw. der maximale Expositionswert auf 85 dB(A) festgelegt. Bei Überschreiten dieses Grenzwertes über längere Zeit besteht die Gefahr, dass das menschliche Gehör auf Dauer geschädigt wird. In bestimmten Fällen können Gehörminderungen bereits ab 80 dB(A) eintreten (= untere Auslöseschwelle). Ab diesem Wert empfiehlt es sich, einen Gehörschutz zu tragen.

Fraktionen: Die Abgeordneten, die derselben Partei angehören, schließen sich zu Fraktionen zusammen.

Glossar

In ihnen, die ihrerseits in Arbeitskreise untergliedert sind, diskutieren die Mitglieder ihre Meinungen und Standpunkte und finden eine einheitliche Linie. Im Plenum stellen die Abgeordneten dann nur noch festliegende Parteistandpunkte dar, das Abstimmungsergebnis steht praktisch vor der Debatte fest.

freie Produktionszonen: Die eklatanten Unterschiede der Lohnniveaus (und damit auch der Produktionskosten) zwischen Entwicklungs- und Industrienationen haben zur Auslagerung bestimmter arbeitsintensiver Produktionsstufen, bzw. Arbeitsgänge aus der Manufakturbranche in Niedriglohnländer geführt. Nach dem Scheitern von Importunterstützungsstrategien und in der Hoffnung auf eine künftige industrielle Entwicklung als Ausweg aus der Schuldenfalle wurden in Entwicklungsländern freie Produktionszonen (FPZ/Maquiladora-Systeme) aufgebaut, die sich durch spezielle Vergünstigungen für exportorientierte ausgelagerte Manufakturfirmen auszeichnen. FPZ/Maquiladoras sind aufgrund ihres stark gestiegenen wirtschaftlichen Potenzials, aber auch aufgrund von arbeitsrechtlich und ökologisch umstrittenen Produktionsbedingungen ins globale Rampenlicht gerückt.

freiwilliges soziales Jahr (FSJ): Das FSJ ist ein soziales Bildungsjahr für junge Menschen. Es ist jedoch kein Ausbildungs- und kein Arbeitsverhältnis. Das FSJ bietet den jungen Menschen, die ihre Vollzeitschulpflicht erfüllt und noch nicht das 27. Lebensjahr vollendet haben, die Chance, als Freiwillige etwas für sich und andere Menschen zu tun.

Fürsorgeprinzip: Der/die in Not geratene Bürger/-in hat einen Anspruch an den Staat auf Absicherung, unabhängig von der Ursache seiner Notlage.

G-8-Gipfel: Zum ersten Mal trafen sich die Staats- und Regierungschefs wichtiger Industrienationen 1975 in Frankreich, um die Entwicklungen der Weltwirtschaft zu diskutieren. Sie repräsentierten damals die sechs beziehungsweise sieben größten Volkswirtschaften der Welt. Damit war der heute sogenannte „Weltwirtschaftsgipfel" aus der Taufe gehoben. Auch heute noch sind die G-8-Gipfel der Höhepunkt der einjährigen Präsidentschaft jedes Staates. Mittlerweile umfasst die Themenliste der G-8-Treffen das gesamte Spektrum globaler Politik. Neben der Wirtschaftspolitik werden außen- und sicherheitspolitische, aber auch Fragen der Entwicklungshilfe angesprochen. Zur G8 gehören Deutschland, Frankreich, Großbritannien, Italien, Japan, die Vereinigten Staaten von Amerika, Kanada (seit 1976) und Russland (seit 1998). Zudem ist die Europäische Kommission bei allen Treffen mit dabei. Die G8 sind ein informelles Forum der Staats- und Regierungschefs. Die Gruppe ist keine internationale Organisation, sie besitzt weder einen eigenen Verwaltungsapparat mit ständigem Sekretariat noch eine permanente Vertretung ihrer Mitglieder. Die Organisationsgewalt sowie die thematische Ausrichtung der jährlichen G-8-Gipfel liegen traditionell in den Händen der jeweiligen Präsidentschaft. Während in den G-8-Ländern nur ca. 13–14 % der Weltbevölkerung leben, vereinigen sie zwei Drittel des Welthandels auf sich.

Gebietskörperschaft: Gemeinden und Landkreise sind Gebietskörperschaften, da sich ihre Hoheitsgewalt nicht nur auf bestimmte Personen, sondern auch auf einen bestimmten Teil des Staatsgebietes erstreckt.

Globalisierung: Die zunehmende grenzüberschreitende Verflechtung der Beziehungen zwischen Menschen, Unternehmen, Institutionen und Staaten in den Bereichen Wirtschaft, Politik, Kultur und Kommunikation versteht man unter dem Begriff der Globalisierung. Möglich wurde diese wachsende Vernetzung, die auch gegenseitige Abhängigkeiten erzeugt, u. a. durch die Liberalisierung (= Aufhebung staatlicher Beschränkungen) des Welthandels sowie durch neue Transport- und Kommunikationstechniken.

Hebesatz: Mit dem Hebesatz haben Gemeinden ein Instrument, um ihre Einnahmen aus der Gewerbesteuer und Grundsteuer zu bestimmen. Dieses Recht ist ein Teil der verfassungsrechtlich abgesicherten Selbstverwaltungsgarantie (Art. 28 Abs. 2 Satz 3 GG). Ein hoher Hebesatz führt zu höheren Einnahmen der Gemeinden. Niedrige Hebesätze können ein Mittel der Wirtschaftsförderung sein, da so Unternehmen angeworben werden können.

Immissionsschutz: Immissionen sind die Einwirkung von Verunreinigungen und Lärm auf Menschen, Tiere, Pflanzen und Gebäude. Unter Immissionsschutz werden diejenigen Maßnahmen zusammengefasst, die den Schutz von Menschen, Pflanzen und Tieren sowie materiellen Gütern vor schädlichen Einwirkungen gewährleisten sollen. Zum Beispiel bzgl. der Luftverunreinigung wird die Frage des Immissionsschutzes mithilfe des Bundesimmissionsschutzgesetzes geregelt.

indirekte Demokratie: Auch „repräsentative Demokratie" genannt, löste sie die direkte Demokratie (siehe Stichwort) im 19. Jahrhundert weitgehend ab. Hier beratschlagt und entscheidet das Volk nicht mehr selbst, sondern beauftragt kraft eines Mandats (Auftrags) gewählte Repräsentanten (Abgeordnete eines Parlaments) mit der politischen Entscheidungsfindung bzw. der Gesetzgebung. Voraussetzung ist jedoch, dass das Mandat nur auf Zeit vergeben wird und die Wähler die Möglichkeit haben, immer wieder andere Abgeordnete unterschiedlicher Parteien in das Parlament zu entsenden (Art. 21/38 GG).

Infrastruktur: notwendiger wirtschaftlicher und organisatorischer Unterbau einer hoch entwickelten Gesellschaft (z. B. Verkehrsnetz, Arbeitskräfteangebot)

Integration: die Einbeziehung Einzelner in eine Gruppe oder größere Gemeinschaft. Integriert ist man, wenn man fühlt, dass man dazugehört und kein Außenseiter ist.

iPhone: Nach Angaben der Firma Apple wird das nur ca.12-mm-tiefe Handy fast nur über ein berührungsempfindliches Display bedient, teilweise auch mit mehreren Fingern gleichzeitig. Apple bezeichnet diese Technik als „multitouch". Sensoren sorgen dafür, dass das Handy auch automatisch erkennt, in welchem Winkel es gehalten wird und den Bildschirm daraufhin anpasst. Ein weiterer Sensor misst die Entfernung des Handys zum Ohr und schaltet dementsprechend das Display an oder aus, zum einen um Berührungen auf dem Touchscreen zu vermeiden und zum anderen, um Energie zu sparen. Ziel von Apple ist es, iPod, iPhone und iTunes in einem Gerät zu integrieren, also ein Gerät zum Telefonieren, Musikhören sowie mit Video- und Internetfunktion zu schaffen.

Koalition ist der Zusammenschluss zweier oder mehrerer Parteien, die gemeinsam eine Regierung bilden.

Kodezision: Hierbei handelt es sich um ein Gesetzgebungsverfahren, bei dem der Rat der EU und das Europaparlament über die von der EU-Kommission vorgeschlagenen Gesetze gemeinsam entscheiden, z. B. bei Harmonisierungsvorschriften im Binnenmarkt, bei der Schaffung von transeuropäischen Netzen, bei Fragen der Freizügigkeit der Arbeitnehmer innerhalb der EU oder im Bereich der Umwelt. Wenn keine Übereinstimmung zwischen den beiden EU-Organen erzielt wird, muss ein Vermittlungsausschuss einberufen werden.

Koedukation ist die gemeinsame Erziehung und Bildung von Jungen und Mädchen, es gibt keinen nach Geschlecht getrennten Unterricht.

Kohäsionsfonds: Mithilfe von Geldern aus diesem Fond werden Maßnahmen unterstützt, die das Ziel haben, den wirtschaftlichen und sozialen Zusammenhalt der EU-Staaten zu fördern, sodass sich der Abstand zwischen den Mitgliedsländern und auch zwischen den Regionen in diesen Ländern verringert, insbesondere der Abstand zu Gebieten mit deutlichem Entwicklungsrückstand.

Konflikt: (lat. = Streit, Widerstreit, Zwiespalt) Interessengegensätze und die daraus folgenden Auseinandersetzungen werden zwischen Individuen, Gruppen, Organisationen oder Staaten in offenen oder verdeckten Kämpfen ausgetragen. In gesellschaftlichen (sozialen) Konflikten z. B. sind die beteiligten Parteien darauf bedacht, durch Einsatz von Macht und Einfluss Ziele zu erreichen oder wenigstens einen Kompromiss zu erzielen.

konstruktives Misstrauensvotum: Der Bundestag kann den Bundeskanzler abwählen, wenn die Mehrheit der Abgeordneten dem amtierenden Kanzler das Misstrauen ausspricht und einen Nachfolger wählt (vgl. Artikel 67 GG).

Kreisumlage: Der Finanzbedarf des Landkreises, der durch die sonstigen Einnahmen nicht gedeckt ist, wird auf die kreisangehörigen Gemeinden umgelegt.

kumulieren: einem Kandidaten bei einer Wahl mehr als eine Stimme geben.

LEADER: Mit den Maßnahmen aus dem Programm LEADER fördert die EU innovative Aktionen in ländlichen Regionen mit dem Ziel, deren eigenständige Entwicklung zu unterstützen. Beispiele für geförderte Projekte in Bayern: Ostallgäuer Radroute für Käsegenießer, Grundwasserschutzprojekt Jura, Landwirtschaftlicher Lehrpfad im Unterallgäu sowie die Selbstvermarkter im Donaumoos (Landkreis Neuburg-Schrobenhausen).

Lesung: Beratung und allgemeine Aussprache über eine Gesetzesvorlage im Bundestag.

Markenpiraterie: Viele Firmen kennzeichnen ihre Handelswaren mit bestimmten Zeichen, Logos oder Namen. Wenn diese – meist bekannten und begehrten – Kennzeichnungen gegen den Willen der Herstellerfirma verwendet werden, um den Käufer über die tatsächliche Herkunft der Ware zu täuschen, nennt man dies Markenpiraterie.

Misstrauensvotum: In einer parlamentarischen Demokratie kann im Parlament durch einen Mehrheitsbeschluss die Regierung abgesetzt werden. Siehe auch „konstruktives Misstrauensvotum".

nachhaltige Landwirtschaft: eine Bewirtschaftungsform, die die Bedürfnisse der Gegenwart befriedigt, ohne dass die Möglichkeiten zukünftiger Generationen, ihre eigenen Bedürfnisse angemessen zu befriedigen, gefährdet werden. Eine nachhaltige Landwirtschaft achtet sowohl auf die Umweltverträglichkeit der landwirtschaftlichen Erzeugung als auch auf die Erhaltung der Landschaft und die Sicherung der Artenvielfalt. In dieser umweltfreundlichen Landwirtschaft finden moderne Methoden der pflanzlichen Erzeugung Anwendung, die den Einsatz von Pestiziden (= chemische Mittel gegen tierische und pflanzliche Schädlinge) vermeiden.

NATO: North Atlantic Treaty Organization = Nordatlantisches Verteidigungsbündnis; gegründet 1949 von den USA, Kanada und 10 westeuropäischen Staaten; West-Deutschland trat 1955 bei, die Gesamt-Bundesrepublik 1990. Heute hat die NATO 26 Mitgliedsstaaten. Der Nordatlantikvertrag ist sozusagen ein Defensivbündnis ohne automatische militärische Beistandspflicht der Mitglieder. Zudem verpflichten sich die Mitglieder zur friedlichen Konfliktbeilegung und freundschaftlichen Ausgestaltung internationaler Beziehungen.

Neoliberalismus: Unter diesem Begriff wird eine überwiegend marktwirtschaftliche Ausrichtung der Wirtschaft verstanden, in der das Privateigentum, die Vertragsfreiheit, die Gewerbefreiheit und die Bildung des Preises durch Angebot und Nachfrage gekennzeichnet sind. Aufgabe des Staates ist es, durch seine Wettbewerbspolitik für das Funktionieren des Marktes zu sorgen. Staatliche Eingriffe in den Markt, z. B. durch Subventionen, werden abgelehnt.

Norm ist eine als verbindlich anerkannte Regel bzw. ein Maßstab des Handelns, nach dem das Verhalten eines Menschen als gut oder schlecht, als tragbar oder untragbar bezeichnet wird. Soziale Normen sind die Verhaltensweisen, die vom Einzelnen von der Gesellschaft erwartet werden. Von einem Schüler wird erwartet, dass er täglich die Schule besucht, verstößt er gegen diese Norm wird er bestraft (negative Sanktion). Arbeitet er fleißig im Unterricht mit, wird er vom Lehrer gelobt (positive Sanktion).

OECD: „Organisation für wirtschaftliche Zusammenarbeit und Entwicklung" (engl.: **O**rganisation for **E**conomic **C**ooperation and **D**evelopment). Die OECD ist keine überstaatliche Organisation, sondern hat eher den Charakter einer ständig tagenden Konferenz. Die Organisation ist streng zwischenstaatlich verfasst, ihre Beschlüsse sind völkerrechtlich bindend, in den Mitgliedstaaten aber nicht unmittelbar anwendbar. Die OECD wird auch als die Organisation der Staaten der Ersten Welt bezeichnet. Fast alle der 30 Mitgliedstaaten sind Industrieländer. Die Ziele der OECD sind zu einer optimalen Wirtschaftsentwicklung und einem steigenden Lebensstandard in ihren Mitgliedstaaten beizutragen, in ihren Mitgliedsländern und den Entwicklungsländern das Wirtschaftswachstum zu fördern und eine Ausweitung des Welthandels zu begünstigen. Diese sehr allgemeine Zielsetzung erlaubt es der OECD, sehr flexibel auf neue Fragen und Problemstellungen zu reagieren.

Overkill: Übermaß an Atomwaffen

panaschieren: das Recht des Wählers, seine Stimmen auf Kandidaten verschiedener Parteilisten zu verteilen.

Petitionsrecht: Dieses Recht kann jeder EU-Bürger in Anspruch nehmen, wenn er sich in seinen Rechten verletzt fühlt. Er kann sich an den Petitionsausschuss des Europaparlaments wenden und dort in jeder Amtssprache seine Beschwerde einreichen.

Pluralismus: Nach dem Selbstverständnis westlicher demokratischer Staaten ist der Pluralismus die Ordnungsform ihrer Gesellschaft. Dabei geht man von einer Vielzahl frei gebildeter politischer, wirtschaftlicher, religiöser und anderer Interessengruppen aus, die untereinander in Konkurrenz stehen und um politischen und gesellschaftlichen Einfluss ringen. Dieses Kräftespiel darf sich in einer Demokratie nicht in einem ungeordneten Kampf vollziehen, sondern nur in Form eines konstruktiven, auf Kompromisse aufbauenden Geschehens, das zum Ziel hat, für alle Beteiligten ein zufriedenstellendes Ergebnis zu erreichen.

Produktpiraterie: wenn fremde Unternehmen unerlaubt das technische Wissen einer Herstellerfirma verwenden, um damit die Produktion solcher Waren nachzuahmen, ohne dafür z. B. Entwicklungskosten bezahlt zu haben.

repräsentative Demokratie: siehe „indirekte Demokratie"

Roaming: Dieser Begriff bedeutet wörtlich übersetzt so viel wie wandern oder umherstreifen. Im Bereich der Telekommunikation ist dies die Fähigkeit, per Handy auch über Fremdnetze (z. B. im Ausland) telefonieren zu können, obwohl man dort gar kein Kunde ist. Für den Wechsel in ein fremdes Netz muss man allerdings unterschiedlich hohe Gebühren bezahlen.

Rolle bzw. soziale Rolle beschreibt die Erwartungen, die an das Verhalten eines Menschen in einer bestimmten Position gerichtet werden. Z. B. ein Fünfzehnjähriger nimmt verschiedene Positionen ein, er ist Sohn seiner Eltern, er ist Schüler, Mitglied einer Sportmannschaft oder einer Clique. Von ihm als Schüler erwartet man, dass er regelmäßig seine Hausaufgaben macht, die Eltern erwarten, dass er manchmal im Haushalt mithilft usw.

SAP: Seit mehr als 30 Jahren bürgt der Name SAP (**S**ysteme, **A**nwendungen, **P**rodukte in der Datenverarbeitung) für Innovation, Erfolg und Kreativität. Als drittgrößter unabhängiger Softwarelieferant der Welt entwickelt SAP maßgeschneiderte Unternehmenslösungen für Kunden rund um den Globus.

Schülermitverantwortung: Nach 1945 erhielten die Schüler in der Bundesrepublik Deutschland nach angelsächsischem (England, USA) Vorbild Mitwirkungsmöglichkeiten in den Schulen, die sich auf Anhörungs-, Vorschlags-, Vertretungs- und Beschwerderechte beziehen. Das Recht auf SMV ist in den Schulordnungen und in manchen Ländern (z. B. in Baden-Württemberg) auch in der Landesverfassung verankert. Wie stark der Einfluss der Schüler ist, hängt jedoch weniger von den gesetzlichen Regelungen als vom Engagement der Schüler/-innen selbst ab.

Solidaritätsprinzip: Grundlage für dieses Prinzip ist die Einsicht, dass die Menschen in einem Staat miteinander verbunden sind und Verantwortung füreinander tragen. Solidaritätsprinzip bedeutet die Umverteilung von Lasten und Leistungen zugunsten der sozial Schwächeren.

Sozialstaatsprinzip: das Prinzip der gesetzlichen Sozialversicherungen zur Vorsorge für Risiken bei Krankheit, Unfall, Arbeitslosigkeit, Altersruhe und Pflege sowie das Prinzip des sozialen Ausgleichs zugunsten sozial und wirtschaftlich Schwächerer.

Strukturfonds: Mithilfe dieser EU-Gelder wird versucht, die regionalen und strukturellen Ungleichgewichte in der Europäischen Gemeinschaft zu überwinden. Hierzu zählen z. B. der Europäische Garantiefonds für die Landwirtschaft oder der Europäische Sozialfonds für die Verwirklichung der Sozialpolitik. Der Kohäsionsfonds unterstützt die Strukturpolitik der Gemeinschaft.

Subsidiaritätsprinzip: Das Prinzip bezeichnet den Grundsatz, den jeweils kleineren Verbänden, z. B. Familien oder Selbsthilfegruppen, alle Aufgaben zu überlassen, die sie selbst leisten können. Der Staat greift erst da ein, wenn die Selbsthilfe überfordert ist, und stärkt die kleineren Netze durch finanzielle Unterstützung. Das im Vertrag von Maastricht eingeführte Prinzip besagt, dass die Europäische Union als übergeordnete Einheit nur solche Aufgaben an sich ziehen soll, die von untergeordneten Ebenen (z. B. Bundesländern, Regierungsbezirken oder Landkreisen) nicht erledigt werden können.

TARGET: (**T**rans-European **A**utomated **R**ealtime **G**ross Settlement **E**xpress **T**ransfer) ist die Abkürzung für das Echtzeit-Bruttozahlungssystem der Zentralbanken der EU für den Euro als Einheitswährung. Damit können innerhalb kurzer Zeit Zahlungen nach der Belastung des Zentralbankkontos des überweisenden Geldinstituts dem Zentralbankkonto des begünstigten Geldinstituts gutgeschrieben werden.

Tele-Presence: eine Technologie, die eine neuartige Erfahrung persönlicher Begegnung von Menschen, Orten und Ereignissen im beruflichen und privaten Bereich vermittelt. Die erste Anwendung, die Lösung „Cisco TelePresence Meeting", kombiniert hochauflösende Videobilder in Lebensgröße mit Raumklang und einer speziell gestalteten Umgebung. Die Technologie und die physikalischen Gestaltungselemente erzeugen den Eindruck, mit Gesprächsteilnehmern zusammenzusitzen, die sich tatsächlich aber an weit entfernten Standorten befinden.

Treibhauseffekt: Der Treibhauseffekt wird größtenteils verursacht durch den Ausstoß von Treibhausgasen (THG), hervorgerufen durch menschliche Aktivitäten. Diese in der Atmosphäre angesammelten THG verhindern die Wärmerückstrahlung von der Erdoberfläche ins All. Das ist zunächst ein natürlicher Prozess. Durch die industrialisierte Welt erhöht sich aber der Anteil der Spurengase stetig, sodass es zu einer überdurchschnittlichen Erwärmung kommt. Siehe auch „Treibhausgase".

Treibhausgase: Dies sind Gase in der Atmosphäre, die verhindern, dass die langwellige Wärmestrahlung auf direktem Weg von der Erdoberfläche ins Weltall gelangt. Sie verhalten sich wie die Glasscheiben eines Treibhauses und bewirken ein Aufheizen der gesamten Atmosphäre. Natürliche Treibhausgase sind z. B. Wasserdampf, Kohlenstoffdioxid, Ozon, Methan und Stickoxid. Vom Menschen künstlich hergestellte Treibhausgase sind Fluorchlorkohlenwasserstoffe (FKW, HFKW und FCKW), die zur Herstellung von Schaumstoff, in Kühlanlagen, als Feuerlöschsubstanzen und als Lösungsmittel eingesetzt werden. Sechs Gase (bzw. Kategorien) unterliegen Emissionsreduktionszielen: CO_2 (Kohlenstoffdioxid), CH_4 (Methan), N_2O (Lachgas/Distickstoffoxid), FKW (vollfluorierte Kohlenwasserstoffe), HFKW (teilfluorierte Kohlenwasserstoffe) und SF_6 (Schwefelhexafluorid). Allerdings unterliegen sie nicht einzeln einer bestimmten Reduktion, sondern als „Korb" (= „Basket"). Ein Land kann also zur Erreichung seines Reduktionsziels jedes beliebige dieser Gase reduzieren.

Tutor: (lat. = Vormund, Vertreter) heutzutage ein älterer Schüler, eine ältere Schülerin, der/die den Jüngeren im schulischen Umfeld weiterhilft; z.B. bei der Hausaufgabenbetreuung oder beim Erteilen von Nachhilfe.

UN: Die **Vereinten Nationen, United Nations,** auch häufig **UNO** genannt für United Nations Organization. Mittlerweile ein zwischenstaatlicher Zusammenschluss von 192 Staaten. Die wichtigsten Aufgaben der Organisation sind die Sicherung des Weltfriedens, die Einhaltung des Völkerrechts, der Schutz der Menschenrechte und die Förderung der internationalen Zusammenarbeit. Sitz in New York; gegründet 1949.

Untersuchungsausschuss: Um den Hintergrund bestimmter (meist in der Öffentlichkeit ins Zwielicht geratener) Vorgänge zu klären, kann der Bundestag einen Untersuchungsausschuss einsetzen.

Vogelgrippe: umgangssprachliche Bezeichnung für eine Viruserkrankung der Vögel, hervorgerufen durch Influenzaviren (H5N1-Virus). Bei Ausbrüchen von Influenza-Erkrankungen in der Tierhaltung wird der gesamte Tierbestand der betroffenen Halter getötet. Die Kadaver müssen verbrannt oder auf andere Weise unschädlich gemacht werden, damit eine Übertragung auf andere Tierbestände vermieden wird.

Volksbegehren, Volksentscheid: In vielen demokratischen Systemen ist diese direkte Teilhabe der Wähler an politischen Entscheidungen oder an der Gesetzgebung durchaus üblich, z.B. sieht die bayrische Verfassung dies vor (BV, Art. 74). Ein bestimmter Prozentsatz der Stimmberechtigten „wünscht" während einer festgelegten Frist, dass z.B. eine Gesetzesänderung erfolgt. Wenn die erforderliche Stimmanzahl erreicht wurde, wird ein Volksentscheid das Parlament dazu veranlassen können, die Gesetzesänderung vorzunehmen. Im GG der Bundesrepublik Deutschland – im Gegensatz zu den Länderverfassungen – ist eine Volksabstimmung nur möglich, wenn eine Neugliederung des Bundesgebietes vorgesehen ist (GG, Art. 29).

Sachwortverzeichnis

Abgeordneten 52
Afghanistan 167
AKP-Staaten 115
alternative Energieformen 126
Altersaufbau 8
Anhörungsverfahren 107
Arbeitsplatzverlust 153
Armut 170
atomare Waffensysteme 165
Ausschuss der Regionen 111

Beitrittskandidaten 104
Bevölkerungswachstum 170
Bildung 170
Bodenerosion 172
Bodenversiegelung 172
Bundeskanzler 51, 53, 57
Bundesländer 54
Bundespräsident 51, 57, 59
Bundespräsidenten 53
Bundesrat 54, 59, 60
Bundesregierung 58
Bundesstaat 60
Bundestag 51, 52
Bundesverfassungsgericht 55
Bundesversammlung 51
Bürgerrechte 38

Chancengleichheit von Männern und Frauen 124
Charta der Grundrechte 103
Cotonaou-Abkommen 115

Dauerkrisenherde 166
Demokratie 40

Ehe- und Familienrecht 16
Einbürgerung 23
Einheitlichen Europäischen Akte 102
Elterngeld 13
Energieträger 169
Entscheidungen 107
Entwicklungsländer 130, 170
Erweiterung der Europäischen Wirtschaftsgemeinschaft 104
Erwerb der deutschen Staatsangehörigkeit 22

Erziehungsstile 19, 91
EU-Binnenmarkt 112
EU-Dienstleistungsrichtlinie 125
Euro 116
Eurojust 139
Europäische Bürgerbeauftragte 111
Europäische Investitionsbank 111
Europäische Kommission 110
Europäischen Gemeinschaft für Kohle und Stahl (Montanunion) 100
Europäischen System der Zentralbanken (ESZB) 118
Europäischen Wirtschaftsgemeinschaft (EWG) 101
Europäische Parlament 108
Europäische Rechnungshof 111
Europäischer Fonds für Regionale Entwicklung (EFRE) 121
Europäischer Garantiefonds für die Landwirtschaft (EGFL) 121
Europäischer Gerichtshof 110
Europäischer Landwirtschaftsfonds für die Entwicklung des ländlichen Raumes (ELER) 121
Europäischer Sozialfonds (ESF) 121
Europäische Sicherheits- und Verteidigungspolitik (ESVP) 136
Europäische Verfassung 140
Europäische Zentralbank (EZB) 118
Europol 138

Fairer Handel 185
fairer Handel 130
Familie 10, 14
Familienformen 15
Familienkonferenz 19
Familienpolitik 13
Föderalismus 60

Föderalismusreform 61
Fraktionen 52
Freien Textilproduktionszone 149
Fundamentalismus 162
Fürsorgeprinzip 76

G-8-Gipfel 188
Gemeinsame Agrarpolitik (GAP) 133
Gemeinwohl 91
Gerichte 69
Gerichtsbarkeiten 69
Gesetze 55
Gesetzen 54
Gesetzgebung 58, 60
Gesetzgebungsfunktion 52
Gewaltenkontrolle 56
Gewaltenteilung 56, 68
Gewaltenverschränkung 56
Gleichbehandlung am Arbeitsplatz 124
globale Herausforderung 160
Global Governance 161
Globalisierung 147
Global Player 146
Grundgesetz 37
Grundrechte 38

I
Integration 24
Interessengruppen 46
internationale Arbeitsteilung 148
Irak 166
Islamismus 162
Israel 166

J-8-Gipfel 188
Jugendschutzgesetze 70
Jugendstrafrecht 72

Klimaschutzabkommen 175
Klimawandel 174
Kommunale Selbstverwaltung 64
Kondratjeff-Wellen 154
konstruktiven Misstrauensvotum 51, 57
Konvergenzkriterien 116

Sachwortverzeichnis

Kopenhagener Kriterien 104
Kultur 25
Kulturelle Identität 178
Kulturelle Vielfalt 34
Kulturelle Wurzeln 98

Lobbyisten 46
Lohndumping 125

Massenkommunikation 158
Medien 80
Menschenrechte 38
Menschenwürde 38
Migration 11, 20, 134
Migrationshintergrund 20
Mindestlohn 185
Mindestpreis 132
Mitentscheidungsverfahren 107

Nachhaltigkeit 177, 184
Nähr- und Düngemittel 172
Namensrecht 16
Non-Governmental Organization 161

Opposition 54
Overkill 164

Palästina 166
Parallelgesellschaften 178
Parteien 48
Pestizide 172

Qualitätssicherung 185

Randgruppen 29
Rat der Europäischen Union („Ministerrat") 108
Regierungsbezirk 67
Ressourcenknappheit 168
Richtlinien 107
Rohstoffbedarf 169
Rohstoffvorräte 169
Römischen Verträgen 101

Schengener Abkommen 113
Schülermitverwaltung 82
Solidaritätsprinzip 76
Sozial- und Beschäftigungspolitik 124
soziale Netz 77
sozialen Teilhabe 76
Soziale Ungleichheit 26
Sozialisation 18
Sozialstaat 74
Sozialstruktur 27
Stabilitäts- und Wachstumspakt 117
Strafunmündigkeit 72
Strukturhilfe 120
Subsidiaritätsprinzip 76

Technologie-Transfer 151
Terrorismus 162
Teufelskreis der Armut 171
Toleranz 185

Treibhauseffekt 174
Treibhausgase 126

Überalterung 10, 12
Überschussproduktion 132
Umweltprobleme 172
Umweltschutz 172
Ungleichheit 30

Verbänden 47
Verbraucherschutz 128
Verfassungskern 37
Verordnungen 107
Vertrag von Amsterdam 103
Vertrag von Nizza 103
Vorurteile 21

Wahlen 41
Wettbewerbsvorschriften 123
Wirtschafts- und Währungsunion 116
World Wide Web 158

Ziele der europäischen Einigung 99
Zollunion 101, 114
Zustimmungsverfahren 107
Zuwanderungsrecht 23

Bildquellenverzeichnis

akg-images, S. 156
Bayerische Landeszentrale für politische Bildungsarbeit, S. 35
Bayerisches Staatsministerium des Inneren, S. 63
Bayerisches Staatsministerium für Unterricht und Kultus, S. 24
Bayern Innovation GmbH, S. 151
BilderBox, S. 26 unten links
Borer, S. 172, 176
Brauner, Angelika, S. 8, 9, 64, 67, 164
Bündnis 90/Die Grünen, S. 48
CDU, S. 48
CSU, S. 48
Die Linke, S. 48
Englschall, Stephanie, S. 69
Erich Schmidt Verlag Berlin, S. 16, 20, 50, 158, 160, 169
FDP, S. 48
Fotolia, S. 9 (Carla Marcellini), 18 (Anja Roesnick), 18 (Maya Kova), 26 (Susanne Güttler), 32 (António Duarte), 34 (Sonja Mann), 52 (immodium), 78 (António Duarte), 94 (António Duarte), 129 (quayside), 132 (Olga Lyubkina), 138 (Yuka), 152
Galas, Elisabeth, S. 116,
Globus Infografik, S. 13, 14, 15, 17, 27, 28, 31, 60, 61, 62, 77, 87, 104, 106, 115, 118, 120, 121, 124, 125, 126, 129, 132, 134, 136, 142, 164, 168, 170, 172, 173, 174, 186
Haitzinger, Horst, S. 141
Haus International, S. 24
Heinrici, Christian, S. 149
IMU Infografik, S. 182
IWD, S. 175
Joker, S. 22, 26 Mitte (2x), 81, 159
Leger, Peter/Haus der Geschichte, S. 97

Liebermann, Erich, S. 158
Mandzel, Waldemar, S. 105
Mester, Gerhard, S. 47, 98, 102, 134, 163, 165, 177
MEV Verlag GmbH, S. 18, S. 26 oben links, 26 unten rechts, 34, 51, 62, 98, 115, 155, 184
Mohr, Burkhard, S. 47, 113
Naturtextil, S. 185
picture-alliance, S. 26 oben Mitte (ZB), 26 oben rechts (dpa), 51 (dpa), 52 (dpa), 53 (dpa), 54 (dpa), 55 (dpa-Report), 68 (dpa), 72 (ZB – Fotoreport), 80 (dpa), 84 (dpa), 84 (Berlin Picture Gate), 85 (dpa-Bildfunk), 85 (dpa-Report), 96 (HB Verlag), 97 (akg), 109 (chromorange), 115 (ZB – Fotoreport), 148 (dpa-Report), 156 (akg), 156 (dpa), 158 (dpa-Report), 162 (dpa), 166 (dpa), 167 (dpa), 176 (dpa-Fotoreport), 179 (dpa), 179 (ZB – Fotoreport), 181 (dpa-Report), 188 (dpa)
Plassmann, Thomas, S. 12, 38
Project Photos, S. 9, 97,
QS Prüfsiegel, S. 185
Rauschenbach, Erich, S. 86
Residenz Verlag im Niederösterreichischen Pressehaus, Druck- u. Verlagsgesellschaft mbH, St. Pölten – Salzburg, S. 163
Rulle, Andreas, S. 145
SPD, S. 48
Statistisches Bundesamt, S. 8
Stuttmann, Klaus, S. 60, 187
SV-Bilderdienst, S. 100
Tomaschoff, Jan, S. 21
Tomicek, Jürgen, S. 103
Transfair, S. 185
UPB Energy GmbH Berlin, S. 150
Wetterauer, Oliver, S. 19, 60, 90, 147, 157, 160
Wiedenroth, Götz, S. 147